es 1446
edition suhrkamp
Neue Folge Band 446

Die Moderne wird jener Zeitabschnitt um die Jahrhundertwende genannt, in dem neue Strömungen in der Kunst und ein verändertes Sozialklima den Übergang in das 20. Jahrhundert vorbereiten. An den Schlagwörtern der Belle Epoque läßt sich ablesen, welche Richtung der Zeitgeist nahm: Darwins Formel vom »Kampf ums Dasein« erfährt eine Variation von gleicher Schärfe und Dringlichkeit im »Kampf der Geschlechter«, die »soziale Frage« findet ein Echo in der »sexuellen Frage«. Dies ist der Kontext, in dem Nike Wagner Kraus' Beziehungen zu Erotik und Sexualität – er selbst faßte diese Problematik unter dem Begriffspaar »Geist und Geschlecht« – untersucht; in der bisherigen Beschäftigung trat der Erotik-Theoretiker Kraus hinter dem Satiriker, Polemiker, Kulturkritiker und Sprachkünstler zurück; und dort, wo Kraus' Verhältnis zur Erotik thematisiert wird, gilt er entweder als Frauenhasser oder als Frauenknecht. Die diesen scheinbar widersprüchlichen Verhaltensweisen Kraus' zugrundeliegenden Auffassungen sucht die vorliegende Studie in drei großen Kapiteln zu entfalten.
Nike Wagner lebt und schreibt in Wien.

Nike Wagner
Geist und Geschlecht

Karl Kraus und die Erotik der Wiener Moderne

Suhrkamp

edition suhrkamp 1446
Neue Folge Band 446
Erste Auflage 1987
© Suhrkamp Verlag Frankfurt am Main 1981
Alle Rechte vorbehalten, insbesondere das der Übersetzung,
des öffentlichen Vortrags
sowie der Übertragung durch Rundfunk und Fernsehen,
auch einzelner Teile.
Druck: Nomos Verlagsgesellschaft, Baden-Baden
Umschlagentwurf: Willy Fleckhaus
Printed in Germany

1 2 3 4 5 6 – 92 91 90 89 88 87

Inhalt

Einleitung 7

I. Eros und Doxa 11
   »Die sexuelle Frage« – Einer widerspricht – Krankheiten der Jugend – Import der Moderne – »Die demolirte Literatur« – Wiener Erotik – Tabula rasa – Gegen das Ornament, für den Überfluß

II. Eros und Themis 67
   Geschlechtswissenschaftler – Dokumente der Frauen – Annie Kalmar und die Folgen – Gesetz und Geschlecht oder was ist privat? – Mit Freud, gegen Freud

III. Eros und Logos 132
   Rätsel Weib – Männlichkeitswahn – Kraus liest Weininger – Zuhälter, Dirne, Klient oder die wahre Liebe – Gesunde Décadence – Mit Wedekind gegen Wedekind – Wahl der Qual – Mutter Sprache – Wollust des Geistes – Sprüche und Widersprüche

Anmerkungen 215
Literaturverzeichnis 267
Register 285

Einleitung

Die Moderne wird jener Zeitabschnitt um die Jahrhundertwende genannt, in dem neue Strömungen in der Kunst und ein verändertes Sozialklima den Übergang in das 20. Jahrhundert vorbereiten. An den Schlagwörtern der Belle Époque – der Zeit zwischen den neunziger Jahren und dem Ausbruch des Ersten Weltkrieges – läßt sich ablesen, welche Richtung der Zeitgeist nahm: Darwins Formel vom »Kampf ums Dasein« erfährt eine Variation von gleicher Schärfe und Dringlichkeit in dem Strindbergschen »Kampf der Geschlechter«. Zugleich taucht ein anderer Begriffszwilling auf: die »soziale Frage« findet ein Echo in der »sexuellen Frage«, d. h., die Probleme, die das Aufkommen des Industrieproletariats aufwirft, haben ihr Pendant in den Problemen, die die Forderung der Frau nach Gleichberechtigung in Liebe, Ehe, Beruf und Gesellschaft bewirkt.

Die europäische Moderne ist eine Zeit krisenhafter Unruhe, die von den monarchistischen Systemen der einzelnen Länder nur den Schein äußerer Stabilität bezieht. Die Makart-Zeit in Wien und die Bismarck-Zeit in Deutschland werden von den »Fragen« gleichsam von innen her angegriffen; auf dem Wege einer diffusen Zersplitterung in der österreichisch-ungarischen Monarchie und durch klassenkämpferische Konfrontationen im preußischen Kaiserreich. Der Zusammenbruch des europäischen Staatensystems im Weltkrieg besiegelte nur den äußeren Verfall der »Welt von gestern«.[1] Zu den geistesgeschichtlichen Fermenten, die an der inneren Auflösung mitwirkten, gehörten bestimmte Elemente aus dem Werk Nietzsches, nicht nur der Moral-, sondern der Décadence-Kritik. In den Sog dieser Kritik geriet auch der »dekadente« Mann; ihm wurde das Idealbild vom »Übermenschen« entgegengehalten, jenes Über-Mannes, der die Peitsche nicht vergißt, wenn er zum Weibe geht. Die negative Stigmatisierung des Weiblichen, wie sie patriarchalischen Kulturen immanent ist, erhielt (in der Tradition Schopenhauers) über Nietzsche ihren philosophischen Firnis und die geistige Legitimation. Ein Kult um den Begriff der Männlichkeit ergänzte den um die Jahrhundertwende ausbrechenden Frauenhaß. Und um dieselbe Zeit, als die Mentalität des Bürgertums von solchen Einflüssen geprägt wurde, nahmen die psychiatrischen Wissenschaften an Bedeutung zu und gipfelten in der Psychoanalyse Sigmund Freuds, die auf der ärztlichen Ebene einen Umwertungsprozeß in Kultur und Gesellschaft einleitete. Das »Weib« wurde von der »neuen Seelenkunde«[2] als Störfaktor erkannt und untersucht, als irritierendes Element, das die heimische und die gesellschaftliche Ordnung zu bedrohen begann.

Mit dem Problem Weib traten die Probleme um Erotik und Sexualität langsam ins Bewußtsein der Öffentlichkeit. Zu Zivilisationskrankheiten herangewachsen, ließen sie sich nicht länger verleugnen und wurden Gegenstand internationaler Debatten in staatlichen, juristischen, medizinischen und künstlerischen Kreisen. Weil das Sujet aber eine *terra incognita* darstellte, schoß die Theoriebildung ins Kraut. Die Verwirrung in der Sache spiegelte sich in der Verwirrung der Sprache: biologische Terminologie vermischte sich mit philosophischer, medizinischer Jargon mit psychologischem, poetische Ausdrucksweise mit naturkundlicher. Den vielen Definitionsversuchen entsprach die Vielzahl der Lösungen; paradoxerweise schien jede neue Erklärung und Aufklärung die erotische Krise nur um weitere Aspekte zu bereichern. Die »sexuelle Frage« war zur Frage nach dem Stellenwert des Weiblichen in der Kultur überhaupt angewachsen.

Die formale Fassung eines Problems als »Frage« weist zurück auf die Fragwürdigkeit des Gegenstands der Untersuchung. Er irritiert durch seine Vieldeutigkeit, denn wo viele Antworten möglich sind, ist keine einzige die richtige. In der Wahrheitsflucht bleibt der Fragesteller auf sich selbst verwiesen. Zur intellektuellen Verunsicherung gesellt sich eine psychologische. Um seine Selbstgewißheit zu retten, um seine Identität zu gewährleisten, ergreift der Fragende und Befragte, der Mann, verschiedene Maßnahmen, die das Problem entschärfen sollen: er verfolgt, verleugnet, unterdrückt die Ursache der Verwirrung, oder er stilisiert, idealisiert und entrealisiert sie. Die Misogynie, weniger als Haß auf die einzelne Frau, sondern als Haß auf das weibliche Element in der Kultur, gehörte, ebenso wie ihre Kehrseite, die Idolatrie und Dämonisierung des Weiblichen, zu dem Denk-Habitus der europäischen Intelligenz um die Jahrhundertwende.

In Wien ist es der junge Philosoph Otto Weininger, der der Frauenfeindlichkeit extremen Ausdruck gibt, in Wien dichtet aber auch der Troubadour der Frauenseele, Peter Altenberg, sein überschwengliches Frauenlob. Hier findet Sigmund Freud über die Leiden der »Hysterica« zur Psychoanalyse, und hier widmet sich Arthur Schnitzler der behutsamen Diagnose des Frauenschicksals; hier schreibt Felix Salten den ersten (deutschen) pornographischen Roman von literarischer Geltung, hier visualisiert Gustav Klimt den erotischen Zeitgeist in sinnlichen Frauen-Bildern, und in Wien schließlich partizipiert Karl Kraus, und mit ihm die frühen Mitarbeiter der *Fackel*, an der Diskussion über Natur und Kultur des Weibes, über die Rolle von Erotik und Sexualität in der Gesellschaft, über das Wesen der Geschlechtlichkeit und seine Bedeutung für die Geistigkeit des Mannes. Kraus hat einmal eine kurze Formel benutzt, die den weiten Kontext dieser Problematik zu einem alliterierenden Begriffspaar vereint: »Geist und Geschlecht«.[3]

Zu beachten ist grundsätzlich, daß die Auseinandersetzung mit erotischen und sexuellen Fragen nur einen Teil des vielfältigen Werkes von Kraus ausmacht und daß sie zeitlich begrenzt ist. Beginn, Höhepunkt und Abflauen des Interesses am »Geschlecht« fallen in die Zeit vor dem Ersten Weltkrieg. Polemik und Aphorismus sind die bevorzugten Ausdrucksformen. In der Kriegs- und Nachkriegszeit werden andere, politische Probleme vorrangig, auch bedürfen seine Ansichten über die Frau und den Mann keiner weiteren Klärung mehr; sie werden in lyrische Form gefaßt. Mit der Transposition erotischen Erlebens auf das sprachtheoretische Gebiet entfernt Kraus sich dann endgültig vom Geist der Vorkriegswelt und gewinnt unverwechselbare Kontur. Die vorliegende Arbeit konzentriert sich auf die Zeit zwischen der Gründung der *Fackel* (1899) und dem Ausbruch des Krieges; die späteren Schaffensperioden von Kraus kommen dort ins Blickfeld, wo es sich um Sprachtheorie handelt. Eine Berücksichtigung privater Aufzeichnungen, Memoiren, Tagebücher, Briefe, bis hin zu mündlicher Überlieferung, schien bei einem Thema, das die literarisch-geistige Umsetzung sinnlicher Erfahrungen verfolgt, unentbehrlich. Wenig beachtet, aber einflußreich für den frühen Charakter der *Fackel* sind die Beiträge der Mitarbeiter, die Kraus zwischen 1903 und 1911 aufnahm; in diesem Rahmen kommen sie nur gelegentlich zur Sprache. Ebenso können aus der Fülle der literarischen, historischen, psychologischen und soziologischen Aspekte, die das Thema suggeriert, nur einige wesentliche herausgegriffen werden. Sie so zu gruppieren, daß die kulturellen Zusammenhänge sichtbar werden, aus denen die Krausschen Theorien zu »Geist und Geschlecht« entstanden sind, ist das Ziel.

I. Eros und Doxa

Im Juli 1908 erscheint in der *Fackel* ein Aphorismus, der durch seine ausgeklügelte Vielgliedrigkeit und gelassene Stimmung eine Art Schlußwort- und Bekenntnis-Charakter hat:

> Es kommt schließlich nur darauf an, daß man überhaupt über die Probleme des erotischen Lebens nachdenkt. Widersprüche, die man zwischen seinen eigenen Resultaten finden mag, beweisen nur, daß man in jedem Falle recht hat. Und die Widersprüche zwischen den eigenen und den Resultaten, zu denen andere Denker gelangt sind, entfernen uns nicht so weit von diesen, wie uns der Abstand von solchen entfernt, die überhaupt nicht über die Probleme des erotischen Lebens nachgedacht haben. (F 259-260, S. 39)

Der Aphorismus bewegt sich auf einer Ebene der Abstraktion, die eine präzise inhaltliche Aussage nicht zuläßt. Nur die Kenntnis der *Fackel* spätestens seit dem September 1902 erlaubt ein Verständnis der einzelnen Worte und Begriffe. Im etablierten Kontext bedarf es nur mehr Zeichen. Wenn Kraus vom »erotischen Leben« spricht, so hat das seinen genau nuancierten Sinn. Mit der Liebe aus klassisch-romantischer Sicht, der sich die Literatur eines Goethe oder Stendhal in einfühlsamer Erforschung eines komplexen Gefühls widmete, hat der Krausssche Begriff vom »erotischen Leben« nichts zu tun, noch weniger mit der Liebe des späten 19. Jahrhunderts, das die vorliegenden Modelle – die Liebe als geistreich-galantes Spiel und die Liebe als pathetisch überhöhtes Ideal – langsam ausgelaugt und trivialisiert hat. Kraus vermeidet bewußt das Wort Liebe und benutzt einen Ausdruck, der weniger an die sentimentale als an die physiologische Seite der Liebe erinnert. »Erotisches Leben« impliziert, ja, akzentuiert den physischen Aspekt des Gefühlslebens, den sexuellen. (Aus den Korrektur-Fahnen zu dem Aphorismen-Band *Sprüche und Widersprüche*, erschienen 1909, ist zu ersehen, daß die Adjektiva »erotisch« und »sexuell« vielfach ausgetauscht werden.) Damit knüpft Kraus an einen Liebesbegriff an, wie er im Frankreich des 18. Jahrhunderts gepflegt wurde. Das Thema Sexualität, gesehen als Sonderbereich der Liebe, führte dort zu einer erotischen Literatur und Kunst, denen Diderot und der Kreis der Enzyklopädisten philosophische Tiefe und essayistischen Schliff gaben. Hier finden sich auch die Anfänge einer Physiologie der Liebe, die Anfänge einer freien, deshalb aber nicht bloß frivolen oder vulgären Kultur. Solche Ansätze wurzeln noch in dem moralischen und intellektuellen Raffinement, das für die aristokratischen Salons der Zeit typisch war.

Im Laufe der Machtverschiebung zugunsten bürgerlicher Einrichtungen und Tugenden findet ein progressives Ersticken und Verdrängen des Sexus statt, der mit der Libertinage des *ancien régime* identifiziert wird. Der neue, bürgerliche Sittenkodex entsteht aus der Defensive gegen die »Freiheiten« der oberen Klasse und verkrampft sich darin so, daß zugleich mit den negativen Freiheiten, den gesellschaftlichen Privilegien, auch die positiven Freiheiten, die erotischen, tabuisiert werden.[4] Aus Zensur wird Auto-Zensur. Prozesse gegen Flauberts *Madame Bovary* und Baudelaires *Les fleurs du mal* sind symptomatische Ereignisse, die von dem repressiven Charakter der bürgerlichen Kultur zeugen. Mit der wachsenden Herrschaftsfestigung der Bourgeoisie, die in den Gründerjahren der einzelnen europäischen Länder kulminiert, erstarrt auch das einstige Tugendsystem endgültig zu lebensfremden Dogmen und Normen, Verboten und Geboten, zur Ideologie.

Zentrum dieser bürgerlichen Ideologie ist die Überzeugung von der Dominanz des Mannes in der Gesellschaft. Er bestimmt den ideellen Rang und die soziale Funktion des anderen Teils der Menschheit, der Frau. Damit bestimmt er auch über das Verhältnis der Geschlechter und über die Moral, die das geschlechtliche Verhältnis regieren soll. Wesentlicher Bestandteil dieser bürgerlich-männlichen Geschlechtsmoral ist die Übereinkunft, darüber zu schweigen. Die Geschlechtlichkeit des Menschen ist kein Thema. »Darüber spricht man nicht« – nicht in der Öffentlichkeit, bzw. flüsternd nur im Beichtstuhl. Die legale und also lautstarke Weise, doch »darüber« zu sprechen, besteht darin, die Sprache den akzeptierten Erscheinungsbildern der Frau anzupassen. Den Rahmen hierfür gibt die Familie: sie ist die regulative Institution, die der Frau ihren Platz zuweist, als Gattin und Mutter. Zur Entschädigung für die Sexualität, die die Familie ihr nimmt, garantiert sie ihr, in diesen beiden Rollen, Identität. Außerhalb dieser familiären Struktur gibt es keine Normalität für die Frau, sondern immer nur die anomale, d. h. amoralische Situation der unverheirateten Frau, auf die das Schicksal der alten Jungfer wartet, oder der unverheirateten Frau, die den verschiedenen Formen der Prostitution ausgeliefert ist. Wer in anderer Form als in der sanktionierten von der Frau spricht, wer andere Leitbilder entwirft, führt eine subversive Rede, spricht außerhalb der gesellschaftlich gültigen Spielregeln. Die Schaltstelle zwischen »sozialer Frage« und »sexueller Frage« wird hier wahrnehmbar. Zwischen ihnen besteht ein essentieller, aber nicht offen zugegebener Zusammenhang. Beide »Fragen« zeigen auf die schwachen bzw. faulen Stellen der bürgerlichen Kultur, die auch durch das ängstlich bewahrte Schweigen nicht verhüllt werden können. Eine Möglichkeit, sie gewaltlos zu bewältigen, besteht in ihrer Behandlung als Kultur-Fragen. In dem dunklen und richtigen Gefühl, daß eine Koppelung von sexueller und sozialer Not anarchistische Sprengkräfte freisetzen könnte, die den Untergang der bestehenden Kultur und Gesellschaft bedeuten würden, ist das Bürgertum bestrebt, die »Fragen« auseinanderzuhalten, sie ins Gehege des Kulturellen zu ziehen und sie dort zu befrieden.

Kraus dagegen spricht vom Nachdenken über die »Probleme des erotischen Lebens«. Damit erhält auch das Wort »Leben« in diesem Kontext einen weiteren Sinn: es läßt sich nicht fassen von Theorien, sondern widersteht der Vereinnahmung und Vereinfachung durch die unheimliche Virulenz seiner triebhaften Sphäre. Unterschiedlichste Thesen und Hypothesen machen die Runde. Eine Parteiiung der Unruhigen gegen die, die ihre Ruhe haben wollen, bahnt sich an, eine Allianz der Problembewußten, der »andere(n) Denker«, gegen die *in eroticis* schweigende Menge der Bürger, Spießbürger und Philister. Diese Spaltung zeigt jedoch nur die öffentliche Seite jener Entzweiungsphänomene, jener »Widersprüche«, die Kraus innerhalb seiner eigenen Denkresultate findet.[5] Aus dem, was er im allgemeinen über das Thema von Erotik und Sexualität gesagt hat, sind sie freilich nicht unmittelbar ersichtlich. Er stellt sich vielmehr als derjenige dar, der gegen das Chaos dieses Sujets ein kohärentes System errichtet hat, das alle Aspekte und Ungereimtheiten einbezieht und neu ordnet. Sein Wille zur Kohärenz, zumindest, ist deutlich. Indem der Aphorismus aber von »Widersprüchen« handelt, scheint Kraus sein eigenes solides System, das ihm »in jedem Falle recht« gibt, einer genaueren Revision zu unterziehen, es in Frage zu stellen oder es korrigieren zu wollen.

Um sein Denken über die Erotik zu verstehen, müssen diese »Widersprüche« entwirrt und die Ambivalenzen sichtbar gemacht werden, die sich hinter der dogmatischen Oberfläche seiner Theorien verbergen. Das erfordert eine Skizze der strukturierenden Elemente seiner Persönlichkeit; die wesentlichen Stichworte dazu enthält bereits der eingangs zitierte Aphorismus.

Kraus entwickelt sich erst zum Widerspruchsgeist. Die Jugendschriften, d. h. die Artikel, die er zwischen 1892 und 1898 für verschiedene deutsche und österreichische Zeitungen schreibt, zeigen ihn nicht als den Oppositionellen von Haus aus, sondern als anpassungsbereit und begeisterungssüchtig. Die kulturelle Situation im Wien des Fin de siècle ist verführerisch bequem für einen begabten und witzigen Journalisten und erschwert damit die Arbeit des Dégagements, des Entzugs. Um das Herausbilden seiner Anti-Position begreiflich zu machen, ist es notwendig, an die wesentlichen Bruchstellen in seiner Jugend-Biographie zu erinnern, sie in den sozialpolitischen Zusammenhang des Wiens der neunziger Jahre zu stellen und die Situation des liberalen Bürgertums zu beleuchten, dem Kraus durch Geburt zugehört und in dem er aufwächst.

Diese Schicht befand sich zu dieser Zeit im Spätstadium einer wirtschaftlichen Entwicklung, die mit der raschen Industrialisierung um die Jahrhundertmitte begonnen hatte. Damals hatte sich in einem Staat, der agrarisch ausgerichtet war, aber zum Niveau der Weltwirtschaft aufschließen wollte, das liberalistische Wirtschaftssystem – auch »Wirtschaftsegoismus« genannt – durchgesetzt. Der Börsenkrach von 1873 brachte dem Bürgertum nur eine kurze Ernüchterung, denn nach der folgenden Depression kam es sehr bald zu einer erneuten wirtschaftlichen Blüte, der »Spätgründerzeit«. Die politische Entwicklung des Bürgertums hingegen verlief in absteigender Linie. Die Machtstrukturen blieben feudalistisch, und die Befugnisse des Parlaments eingeschränkt durch die kaiserliche Gewalt. Als politischer Faktor war das liberalistische Programm, entworfen in den Tagen des Vormärz, funktionsuntüchtig und unerheblich geworden. Aber das Bürgertum war zufrieden, denn man hatte seinem liberalen Credo durch formelle Freiheiten wie die der Religionsausübung und der Meinungsäußerung Genüge getan. In den achtziger Jahren hatte sich der österreichische Liberalismus den staatserhaltenden Kräften zugesellt, hatte sich liberales Denken mit konservativem amalgamiert.[6] Den Gegner erblickte man folglich nicht mehr »oben«, in der Aristokratie, sondern »unten«, in dem Proletariat, das mit der Industrialisierung entstanden war. Der Aristokratie konnte sich das liberale Bürgertum aufgrund seiner politischen Entmündigung jedoch nicht als gleichberechtigter Partner assoziieren, sondern nur in der oberflächlichen Form der Imitation ihrer Sitten und Gebräuche annähern. Die Bereiche einer eigenen und konkurrenzfähigen Machtausübung, die Wirtschaft und die Kultur, wurden deshalb mit um so stärkerem Nachdruck gefestigt. Auf beiden Sektoren kam es gegen Ende des Jahrhunderts zu einem unerhörten Aufschwung, ökonomisch durch den Ausbau des »egoistischen« Konkurrenzprinzips, kulturell durch den Aufstieg der Presse – insbesondere der *Neuen Freien Presse* – zur meinungsbildenden Großmacht, unter deren liberaler Hülle Platz war für alles: für die Interessen des Großkapitals, für Liebedienerei am Monarchismus, für antiaufklärerischen Katholizismus, deutschnationale Kulturpolitik und christlich-soziale Anschauungen in der Nationalitätenfrage.

Herkunft und Talent placieren Karl Kraus in genau dieses Milieu, ins spätliberale Bürgertum bzw. dessen intelligenzlerische Randschicht. Sein Vater war ein wohlhabender jüdischer Kaufmann, der, vom Börsenkrach verschont geblieben, 1877 mit der Familie aus dem böhmischen Jicin umzog nach Wien. Von der Freiheit, die das liberalistische Wirtschaftssystem bescherte, profitierte die sich über die Monarchie ausbreitende Firma Kraus, und die kinderreiche Familie konnte den Standards bürgerlicher Prosperität – Stadtwohnung in Ringstraßennähe und Villa in Ischl – vollauf genügen. Eine negative elterliche Prägung, was Liberalismus und Bürgerlichkeit anbetrifft, konnte nicht vorliegen. Auch die ersten Etappen von Kraus' Entwicklung verlaufen konform. Daß der Vater zunächst protestierte gegen das unsichere Metier des Journalismus, den Sohn später, als dieser mit der Gründung eines eigenen Journals beruflichen Ernst zeigte, unterstützte, gehört nur zu den Konventionen einer gutbürgerlichen Erziehung. Noch als Abiturient fängt Kraus an, Berichte über Literatur, Theater und ab 1896/97 auch über die österreichische Innenpolitik zu schreiben. Er hat Erfolg, denn die Tendenzen der Vor-*Fackel*-Phase unterscheiden sich, abgesehen von den ersten Zeugnissen satirischer Begabung,[7] kaum von den liberalen, fortschrittlichen und oppositionellen Ideen, die andere kultivierte Söhne aus dem Bürgertum auch hegten, denen die französischen Boulevardstücke und die faden Klassiker-Epigonen, die »Schablonen und Traditionswirtschaft«[8] in Wien auf die Nerven gingen. Als ihm die *Neue Freie Presse* 1899 den höchst renommierten Feuilletonposten, d. h. die Nachfolge des berühmten Satirikers Daniel Spitzer anbot, schien die Integration in die bürgerlich-liberale Kulturordnung gelungen und eine Journalistenkarriere gesichert. Aber es kommt anders. Was bisher vielleicht jugendliche Aufmüpfigkeit und Lust am satirischen Blick gewesen war, hatte sich zum ernsthaften Einspruch, zum Widerspruch, herausgebildet. Im April 1899 gründet Kraus nicht eine literarische Zeitschrift, wie es dem »literatursüchtigen, politisch völlig ahnungslosen Neuling« – als einen solchen beschreibt er sich selber[9] – entsprochen hätte, sondern ein gesellschaftskritisches Blatt. Im Oktober desselben Jahres tritt er aus der jüdischen Glaubensgemeinschaft aus. Zweierlei Angebote zu traditionsgemäßem Rollenverhalten sind damit zerrissen, das des sozialen und intellektuellen Milieus und das des psychischen und familiären. Überdies bahnt sich bei der Gegnerschaft, die Kraus von dieser Zeit an gegen die liberale und zum großen Teil in jüdischen Händen befindliche Großpresse praktiziert, ein gleichsam immanenter Widerspruch an: als Journalist bekämpft Kraus den Journalismus.

Der Frage, warum es bei so günstigen äußeren Bedingungen zur Negation statt zur Adaptation und Verfeinerung des bestehenden gesellschaftlichen und kulturellen Modells gekommen ist – der gleichaltrige Hofmannsthal etwa hat letzteres gewählt –, soll kurz nachgegangen werden.

Ab 1897 und in verstärktem Maße ab 1898, als er Chronist an der Wiener Wochenzeitschrift *Die Wage* wird, beobachtet Kraus die politische Landschaft in der Monarchie. Einem wachen und kritischen Geist waren da wenig Möglichkeiten zu einer positiven Identifikation gegeben. Seit den achtziger Jahren war es zu tiefen Spaltungen im Bürgertum selbst gekommen. Von der liberalen Mitte, der die Deutschen und die deutschen Juden in den Städten angehörten, schied sich das Kleinbürgertum mit seinen slawischen Völkergruppen. Aus diesem Kleinbürgertum, das durch ein undemokratisches Wahlrecht von der politischen Beteiligung ausgeschlossen war und dessen Haß sich auf die Liberalen konzentrierte, die es mit Kapitalismus und Ausbeutung identifizierte, formten sich allmählich Massenparteien. Unter dem späteren Bürgermeister Karl Lueger wurden die Christlich-Sozialen ab 1895 zur stärksten und einflußreichsten Gruppe. Es gab die radikalen Alldeutschen, die Deutschnationalen, die Klerikalen, die Jungtschechen, die Panslawisten und die Vertreter der übrigen nationalen Minderheiten; vorwiegend aus der Arbeiterschaft rekrutierte sich die von Viktor Adler 1888/89 zur Partei geeinte Sozialdemokratie. Das »Bild einer allgemeinen Zerklüftung«,[10] das sich Kraus geboten hat, konnte ihn nicht von der Notwendigkeit des Parlamentarismus überzeugen. Zu den Deutschnationalen fühlt er sich noch am meisten hingezogen, aber auch diese Sympathie folgt eher dem Prinzip des kleineren Übels als einer aufrichtigen Wahl. Daß ihn der Antisemitismus der Christlich-Sozialen abstößt, ist bei seiner eigenen jüdischen Herkunft verständlich. Noch mehr aber scheint ihn die Reaktion auf diesen wachsenden Antisemitismus abzustoßen. In dem Essay *Eine Krone für Zion* distanziert er sich heftig von den Zionisten.[11] Er sieht in den Propagandisten für die zionistische Bewegung – namentlich in Theodor Herzl, dem damaligen Feuilleton-Chef der *Neuen Freien Presse* – Komplizen der Rasse-Antisemiten und in der Aufforderung zur Auswanderung ins gelobte Land eine absurde Selbstaustreibung. Kraus, selber assimilierter Jude, gerät überdies mit der Ablehnung des assimilierten Teils des Judentums noch tiefer zwischen die Fronten. Diesem will er mit seiner Invektive gegen den

Zionismus keineswegs einen Gefallen tun. Im Gegenteil, er grenzt sich deutlich ab von der jungen Generation der großen jüdischen Dynastien, denen die Assimilation bis zur Annäherung an den Adel, bis zur Verschmelzung mit den Deutsch-Österreichern gelungen war.[12] Daß diese »Besitzenden« für eine »Socialreform«[13] à la Herzl gerade ein geringschätziges Lächeln übrig haben, treibt Kraus – fast – der Sozialdemokratie zu, die in Viktor Adler »ein Beispiel von Heroismus« hervorgebracht hat[14] und von deren »Urkraft« er noch im Jahr 1900, im 49. Heft der *Fackel*, überzeugt ist.[15] Doch auch die Annäherung an die Linke ist nur bedingt und vielfachen Schwankungen unterworfen.[16] Im Jahr 1905, dem Jahr der »ästhetische[n] Wendung« der *Fackel*,[17] resümiert er die Schizophrenie seiner Lage und gibt die Position an, zu der diese ihn verurteilt:

> Könnte ein Kulturmensch überhaupt den Drang verspüren, sich politisch zu betätigen, er würde in Österreich stets zwischen den Parteistühlen zu sitzen kommen. Die Tendenz gegen ihre Vertreter in Schutz nehmen zu müssen, wäre seine erste Erkenntnis. Jede Partei treibt ihn der andern zu. Ehrlicher Antisemit, muß er nach den rednerischen Exzessen des Bürgermeisters einer Haupt- und Residenzstadt fanatischer Judenfreund werden; Zionsgläubiger, wird er beim Anblick eines Volkstheaterparketts zum Anhänger des Herrn Bielohlawek. Die nationale Verblödung des Bürgertums treibt ihn in das sozialdemokratische Lager; der Siegesrausch der Nüchternheit, der Dünkel glanzlosester Diktatur stößt ihn wieder ab.[18]

Es bleiben, in diesem Bündel von Widersprüchen, nur die gesellschaftlichen Extreme, denen er sich – theoretisch – assoziieren könnte: die Aristokratie und das Proletariat. Die einen verkörpern das Leben jenseits der Arbeit, ein Leben der angenehmen Geselligkeit in schöner Umgebung ohne den Zwang zur Legitimierung durch Leistung, ohne »Profilneurose«, ein Leben in Gemeinschaft durch Blutsverwandtschaft;

das Leben der anderen ist Kampf, Not, Häßlichkeit des Daseins, erzwungene Gemeinschaft im Elend. Garten und Schloß, Schwerelosigkeit und Schönheit sind die Substrate auf der einen, Bassenawohnung,[19] Hungerlöhne, Blechwirtschaft[20] auf der anderen Seite. Beiden Schichten gemeinsam aber ist eine intakte soziale Identität und – für Kraus wichtig – die Entfernung vom gedruckten Wort, sei es im produzierenden oder bloß rezipierenden Sinn. Oberklasse und »Unterwelt«, Aristokratie und Proletariat (bzw. proletarisierte Randgruppen) bilden tatsächlich den Horizont, an dem die Figuren seiner emotionellen Zuneigung überhaupt erst auftauchen können. Für die Wahl des Frauentyps, für die Liebeswahl, ist diese zwischen die sozialen Fremdbereiche gespannte Affektlage außerordentlich wichtig. Am oberen Ende der weiblichen Skala thront die schöne Aristokratin; am Fuße der Leiter befindet sich die Frau, die nichts besitzt als ihren Körper, die Prostituierte. Welche Rolle diese beiden Frauentypen in der Biographie und in der Sprachtheorie von Kraus spielen, soll an einer späteren Stelle erläutert werden.

Aus den frühen Jahrgängen der *Fackel* war noch der gute Glaube herauszulesen, daß die Entartungserscheinungen der bürgerlich-liberalen Kultur sich korrigieren ließen; allmählich aber festigt sich im Herausgeber die Einsicht, daß dieser selbst an die Wurzel gegangen werden muß, daß keine homöopathische Behandlung hilft, sondern nur die chirurgische. Die außer- und antibürgerliche Position, die Kraus hiermit bezieht, erlaubt es ihm, die Widersprüche zu sehen, in die sich das Kulturbürgertum verfangen und verfilzt hat. Es sind moralische Widersprüche. Die Theorie des bürgerlichen Alltags zehrt noch von den idealistischen Werten der Emanzipationsepoche, in der Praxis aber ist das Gesicht des Bürgers »häßlich« geworden,[21] d. h., er redet anders als er handelt.

Die Krausschen Reflexionen zu diesem Thema stimmen nicht zufällig mit den Resultaten überein, zu denen Hermann

Brochs grundlegende Analyse *Hofmannsthal und seine Zeit* kommt;[22] Broch hat sich immer dazu bekannt, von Kraus beeinflußt zu sein. Er entlarvt die aus der Kontradiktion von Idealität und Realität entstandene Unverbindlichkeit von Werten als Leere, als »Wert-Vakuum«,[23] als eine Art sozialethischen Hohlraums, in den jederzeit eine jede Anschauung einfließen kann. In der Promiskuität der Werte jedoch wird alles relativ, und in der allgemeinen Relativität entgleiten der moralische Halt und die psychische Stütze. Mit der paradoxen Formel von der »fröhlichen Apokalypse«[24] erfaßt Broch die psychologische und historische Verfassung eines Bürgertums, das sich eines Untergangsgefühls – herrührend aus der Auflösung der Werte und aus der Auflösung des Habsburgerreiches in seine nationalen Bestandteile – nicht erwehren konnte und diese untergründige Angst überspielte durch eine Reaktion, die in der Wiener Mentalität schon vorgebildet war durch forcierten Hedonismus, theatralische Vergnügungen und die Bereitschaft zum *laisser faire-laisser aller,* zum Dahinwursteln. Freud hat dieser schmerzersparenden Lebenshaltung den Namen gegeben: die Verdrängung. »Glücklich ist, wer vergißt, was doch nicht zu ändern ist«, lautet der vielgesungene Refrain aus der *Fledermaus*, der in seiner Offenherzigkeit unüberbietbar ist. Ebenfalls vielzitiert ist Schnitzlers Vers aus dem *Paracelsus*, der auf die geheime Weisheit dieses Nichtwissenwollens hinweist: »Ein Sinn / wird nur von dem gefunden, der ihn sucht. / Es fließen ineinander Traum und Wachen, / Wahrheit und Lüge. Sicherheit ist nirgends. / Wir wissen nichts von andern, nichts von uns; / Wir spielen immer, wer es weiß, ist klug.«[25] Am gründlichsten aber illustriert eine Lebensdevise, die Kraus wiederholt zitiert, das Talent des Durchschnittswieners zum Abschieben des Unbequemen: »Gar net ignorieren!«

Die Verdrängung, ursprünglich einen mechanisch-technischen Vorgang bezeichnend, ist von Freud für die Mechanismen des Seelenlebens beschlagnahmt worden und bildet seither einen Hauptbegriff in der Psychoanalyse. Zentrum der Freudschen Forschungen ist jenes erotische Leben und seine »Probleme«, von denen auch Kraus spricht. In dem Ausdruck »Verdrängung« befestigt sich das Ineinander von »sexueller« und »sozialer Frage«, und es erscheint zugleich der Ort, wo sie brennpunktartig aufeinandertreffen: im Kulturellen. Das Gegenteil der Verdrängung ist das demonstrative Zeigen; das Gegenteil von Vergessenwollen das betonte Ans-Licht-Holen. Der Naturalismus in Literatur und Kunst ist die erste Bewegung, die einen solchen Aufstand inszeniert gegen die allgemeine Verdrängung, wie sie die europäische Bourgeoisie praktizierte.

> Aus dem ölglatten Geist der letzten zwei Jahrzehnte des neunzehnten Jahrhunderts hatte sich plötzlich in ganz Europa ein beflügelndes Fieber erhoben. Niemand wußte genau, was im Werden war; niemand vermochte zu sagen, ob es eine neue Kunst, ein neuer Mensch, eine neue Moral oder vielleicht eine Umschichtung der Gesellschaft sein solle.[26]

Was Robert Musil als eine frühlingshafte Epidemie in Erinnerung hat, ist der Aufbruch in die Moderne, deren früheste und aggressivste Strömung eben der Naturalismus war, der, von Frankreich ausgehend, auch im deutschsprachigen Raum der gesellschaftlichen Indifferenz und geistigen Saturiertheit der Gründerjahre den Kampf ansagte. Der Wunsch nach Veränderung und Erneuerung artikulierte sich in einer Vielzahl von literarischen und satirischen Zeitschriften, in der Bildung sezessionistischer Cliquen, Vereine, Verbände, Freundeskreise, Künstlerkolonien und Bohemezirkel.[27] Die Ideen der naturalistischen Bewegung waren sozialpolitisch und demokratisch inspiriert; man orientierte sich eng an der Wirklichkeit und plädierte für eine Reform der Sitten; als Apostel galten Zola, Ibsen und Gerhart Hauptmann. Eine Welle der Entlarvungs- und Enthüllungsliteratur setzte ein.

Ibsens »Lebenslüge« ist der paradigmatische Ausdruck, der die gesellschaftlichen und familiären Attitüden zusammenfaßt, denen die »Maske vom Gesicht gerissen« werden soll. Zolas Roman *Nana* schildert, wie der Pariser Edelhure die oberen Zehntausend zum Opfer fallen; in Nana, der blauschillernden Schmeißfliege auf dem Misthaufen der Gesellschaft, nimmt die Sexualität Rache für ihre Unterdrückung. Nicht die Rache, sondern den Weg der Selbstfindung durch Emanzipation aus dem Familiennest verkörpert die andere exemplarische Frauenfigur der Zeit, Nora. Die Tür hinter sich ins Schloß werfend, zieht sie eine ungewisse Zukunft der höchst gewissen Infantilisierung im »Puppenheim« vor.[29] Ein Zusammenfließen sozialer und sexueller Motive stellt auch Strindbergs *Fräulein Julie* dar.[30] Der junge Hauptmann verbleibt im Sozialen, aber naturalistische Stürmer und Dränger wie Konrad Alberti und Hermann Conradi sexualisieren die Literatur nachdrücklich; getrieben vom Haß auf die bürgerliche »doppelte Moral« schwelgen sie in Dirnenpoesie, Hurenromantik und in zynisch-derben Beschreibungen des Bordell-Milieus. Auch in Deutschland also wird »aus der gründerzeitlichen Heroine ... ein naturalistischer Sinnlichkeitsteufel«.[31]

Der junge Kraus partizipiert an den Impulsen, die vom Naturalismus ausgehen, und behält einige Kriterien wie die von »Wahrheit«, »Echtheit« und »Leben« (wenngleich inhaltlich verändert) durch sein Werk hindurch bei; überdies kommt der demaskierende Grundgestus der naturalistischen Bewegung seinem eigenen satirisch-kritischen Talent entgegen. Führend für den deutschen Naturalismus wurde die Münchner Zeitschrift *Die Gesellschaft*, herausgegeben von Michael Georg Conrad, der in Paris Zola kennengelernt hatte und Zolaschen Kampfgeist nun nach München importierte, zu Felde ziehend gegen den müde gewordenen Realismus, den abgestandenen Klassizismus eines Paul Heyse:

Fort ... mit der geheiligten Backfisch-Literatur, mit der angestaunten phrasenseligen Altweiber-Kritik, mit der verehrten kastrierten Sozialwissenschaft! Wir brauchen ein Organ des ganzen, freien, humanen Gedankens, des unbeirrten Wahrheitssinnes, der resolut realistischen Weltauffassung![32]

In den Jahren 1892 und 1893 schrieb Kraus allein 30 Beiträge für Conrad, den er auch persönlich verehrte. *Die Gesellschaft* bildet das Forum, von dem aus Kraus die ersten eigenen geistigen Konturen gewinnt – namentlich in der Kritik an dem, der den Naturalismus in Österreich schon »überwinden« wollte, obwohl er sich dort noch gar nicht entfaltet hatte, an Hermann Bahr.[33] Und weil man im Kreise Conrads, trotz der späteren, nationalistisch-konservativen Wendung der Zeitschrift, sozialkritisch gesinnt war, kommt Kraus in Berührung mit der sozialen Seite der Frauenfrage, wie z. B. mit der Frage der Frauenbildung und der Frage nach der Qualität weiblicher Schriftstellerinnen. Im Licht seiner späteren Frauen-Theorien, die die intellektuelle Frau verwerfen, ist es interessant, seine eher positiven Stellungnahmen während der naturalistischen Phase zu beobachten. Zur Eröffnung des Mädchengymnasiums im Herbst 1892 nimmt er in dem Wiener Blatt *Das Rendezvous* eine causeurhafte Pose ein. Er gibt die Notwendigkeit solcher Institutionen zu, um sie gleichzeitig, im Sinne Bierbaumscher Frischluft-Lyrik, zu ironisieren. Dralle, gesunde Mädel und die griechische Grammatik, da scheint dem Ex-Gymnasiasten Kraus ein Mißverständnis vorzuliegen, und er kündigt an, daß er und seinesgleichen (»W i r«) zu »Modistinnen und Confectionärinnen« zu flüchten gedenken.[34] Das ist noch traditioneller Männer Ulk. Knapp sechs Jahre später äußert er sich zu der in den neunziger Jahren heiß diskutierten Zulassung der Frauen zum Universitätsstudium. Gegenüber der Borniertheit und Frauenfeindlichkeit gewisser Professoren der Medizin – einer hatte gerade eine Studentin aus dem

Hörsaal gewiesen, nicht aus persönlichen Gründen, sondern weil er überhaupt »Frauenzimmer in seinem Colleg« nicht dulden könne – scheint ihm die Behauptung von der »geistige[n] Minderwerthigkeit des weiblichen Geschlechts« keineswegs nachgewiesen.[35] Unglaubwürdig ist ihm diese Behauptung auch deshalb, weil sie von Medizinern kam, die sich fachfremd, nämlich novellistisch betätigten . . .[36]

Die naturalistische Bewegung verlagerte sich bald, zum Schmerz des Begründers Conrad,[37] von München nach Berlin und Leipzig. Berlin vor allem, wo der Glanz der politischen und wirtschaftlichen Macht dem Elend des Industrieproletariats kraß gegenüberstand, stellte den geeigneteren Ort für sozialkritische und großstädtische Themen, wie sie der Naturalismus bevorzugte, dar. Hatten schon dem süddeutschen Raum aufgrund geringerer Industrialisierung die entsprechend harten Antagonismen gefehlt, so waren im feudalkatholischen Wien die Voraussetzungen für ein klassenkämpferisches Engagement noch weniger gegeben. Die Produktionsverhältnisse hatten hier eher noch patriarchalisches Gepräge, und die Arbeiter demonstrierten ihre Gutwilligkeit an jenem spektakulären 1. Mai 1890, als die proletarischen Kolonnen über den Ring und durch den Prater marschierten, ohne daß den ängstlich ihre Haustüren verrammelnden Bürgern ein Leid geschah. Ein kompromißbereites soziales Klima, eine durch die besonderen Probleme der Vielsprachigkeit okkupierte kulturelle Atmosphäre und die allgemeine Neigung zur Konfliktlösung durch Schlamperei boten dem Naturalismus keinen günstigen Boden in Wien.

Kraus, der noch 1892 versucht hatte, die als »Kothpoeten« verfemten deutschen Naturalisten in Wien bekannt zu machen,[38] distanziert sich um 1894 von der naturalistischen Bewegung, weil sie ihm in künstlerischer Hinsicht nicht zu halten schien, was sie mit Hauptmanns *Die Weber* versprochen hatte. Enttäuscht von der imitierbaren Schablone, zu der das »Milieu« unter Halbe, Fulda, Sudermann und anderen

Epigonen bald heruntergekommen war, und enttäuscht von der geringen dramatisch-dichterischen Kraft, die dem dokumentaristischen Kunst-Konzept innewohnte,[39] wandte Kraus sich den ersten Anzeichen einer neuen künstlerischen Tendenz zu, die im Wien der Caféhäuser, inmitten der Jugend, der er selber angehörte, entstanden war. In seiner Eigenschaft als Literaturkritiker bespricht er zaghaft anerkennend bis dezidiert abwertend die ersten Produkte der literarischen Wiener Moderne, u. a. Hofmannsthals *Gestern* und *Der Thor und der Tod*, Richard Spechts lyrisch-dramatischen *Sündentraum*, Schnitzlers *Anatol*, Felix Dörmanns Gedichte *Sensationen*, Richard von Schaukals *Gedichte*, Paul Fischers lyrische *Hallucinationen* und die Novellen seines Schulfreundes Karl Rosner, *Décadence*.[40] Diese Moderne hatte sich schon vor Beginn der neunziger Jahre, den Naturalismus gleichsam überspringend, in Wien eingenistet[41] – als der adäquate Ausdruck einer Kultur, die auf sich selbst zu regredieren von den äußeren Umständen gezwungen war. Aber seit 1897, seit den politischen Wirren im Parlament um die Sprachenfrage, seit den Prügeleien und Straßenkämpfen hatte sich im »Sozialklima« das undurchsichtige Gefühl der Bedrohtheit noch verstärkt.[42] Das undeutliche Bewußtsein einer diffusen Zersplitterung des Ganzen schuf eine Stimmung der Ohnmacht, die ihren literarischen Nachhall in der Motivik des Gleitens und Dahintreibens bei Schnitzler und Hofmannsthal fand und ihren philosophischen Niederschlag in der These vom »unrettbaren Ich«, mit der der Philosoph der Wiener Moderne, Ernst Mach, das brüchige Selbstgefühl so treffend formulierte, daß Musil sie in den *Mann ohne Eigenschaften* einarbeitete und Hermann Bahr sie zum Thema eines programmatischen Essays machte.[43] Mit einer Verspätung von etwa dreißig Jahren gegenüber Frankreich begannen die Wiener Schriftsteller mit ihrer Décadence, mit dem Kult des Schönen, der Ästhetisierung des Lebens, der psychologischen Introspektion.

Soziologisch gesehen stellen diese Intellektuellen und Künstler, die sich in den Caféhäusern zusammentaten und eine bohemeartige Subkultur bildeten,[44] die »Sohnesgeneration« dar. Vom unmittelbaren Lebenskampf sind sie im allgemeinen nicht mehr betroffen, weil die Väter den wirtschaftlichen und sozialen Aufstieg geschafft und damit Basis für die arbeitsfreie Existenz der Söhne bereitet haben. Ein Soziogramm wie jenes, das Broch für Hugo von Hofmannsthal durchgeführt hat, darf als Strukturmodell gelten für die Entwicklung bürgerlich(-jüdischer) Familien insgesamt. Ursprünglich aus allen Teilen der Monarchie und oft aus ärmlichen Verhältnissen stammend, waren sie nach Wien gekommen und hatten sich dort, um die Mitte des Jahrhunderts, gesellschaftlich emporgearbeitet bzw. assimiliert. Schnitzlers Vater war ein wohlhabender Arzt, ein Laryngologe, der selber schon Interesse an der Schöngeisterei um Theater und Presse hatte, Stefan Zweigs Vater war ein vermögender Fabrikant, Ludwig Wittgenstein kam aus der Familie der reichen Stahlfabrikanten, Broch war der Sohn eines Textilindustriellen, Richard Engländer alias Peter Altenberg hatte die väterliche Firma H. Engländer & Söhne hinter sich, die Großhandel mit kroatischer Bauernware betrieb, Egon Friedmann alias Egon Friedell war der dritte Sproß des Tuchfabrikanten Moriz Friedmann und konnte zeit seines Lebens von der Erbschaft leben, Otto Weiningers Vater war ein Goldschmied in den besten Verhältnissen, Kraus war der Sohn eines erfolgreichen Papiertüten-Fabrikanten, nur Freuds Vater, ein Wollhändler aus Freiberg, konnte in Wien nicht recht Fuß fassen, und der Sohn mußte sich durchschlagen, ähnlich wie Felix Salzmann alias Felix Salten, von dessen Einkünften in der Journalistik eine Familie in der Leopoldstadt, dem poveren Viertel der ostjüdischen Zuwanderer, ernährt werden mußte.

Das Lebensgefühl dieser Sohnesgeneration war primär ästhetisch ausgerichtet und in vielen Fällen von Realitäts-Unsicherheit gekennzeichnet. Sie konnte so weit gehen wie bei Hofmannsthal, der in einem Brief an den Vater das Angstgefühl durchblicken läßt, in das ihn die Unwissenheit über die finanzielle Grundlage der Eltern und der eigenen Person versetzt. »Das Verhältnis des Fünfers zum Tausender ist mir absolut unklar«, schreibt der immerhin Zwanzigjährige.[45] Die Begegnungen mit der Wirklichkeit waren mehr durch Theatererlebnisse und Literatur vermittelt als durch die direkte Konfrontation mit den sozialen oder psychologischen Härten des Lebens. Liest man Schnitzlers Autobiographie *Jugend in Wien*, so erhält man den Eindruck einer ganzen Heerschar von begabten jungen Männern, die schon in der Gymnasialzeit ihre Jambendramen dichten, Goethesche Liebeslyrik oder Stegreif-Theaterstückchen verfassen, in die Journalistik drängen und in und um das Theater schwärmen.[46] Man hat diesem historischen Stadium des Bürgertums eine »Überproduktion an Intelligenz« nachgesagt, und auch für das Wien der Jahrhundertwende ist dies sicher richtig.[47]

Da diese Generation der »Überproduktion« spät kommt und in einer, wie der Soziologe Ferdinand Tönnies sagte, »alten, satten, regulierten Kultur« aufwächst, die vorzeitig vernünftig oder altklug mache, ist es schwer gewesen, wirklich »jung« zu sein.[48] Ein Anteil an der Realitäts-Entfremdung war denn auch das Bewußtsein, Erbe einer großen Vergangenheit zu sein. Sie lastet auf den Erben[49] und macht sie zu Epigonen. ›Epigonen‹, ein Sonett Hofmannsthals von 1891, imaginiert den Richterspruch, der den »Gegenwartsverächtern« zuteil wird, die fremd im Leben stehen und zweifelnd in der Kunst, zwischen »neuen Farben, neuen, eignen Tönen« und »des Ererbten starren Wächtern«.[50] Erbe aber bedeutet Auftrag, einen Auftrag zu kultureller Leistung. Diese vielleicht nie ausgesprochene, den Vätern selbst nur halbbewußte Delegierung der Söhne, den einstigen bürgerlichen Selbstbeweis fortzuführen, wird oft als Überanspruch empfunden und manchmal sogar zugegeben. Der Jung-Wiener Lyriker Felix Dörmann stöhnt in den *Neurotica* auf: »Wärs nicht besser, / Tausendmal besser, / Statt langsam dahinzusiechen, / Abzusterben Glied für Glied – / Dieses sündenbesudelte, / Elende Dasein / Schnell zu enden? Ich bin nichts und weiß nichts und kann nichts!«[51] Zumeist jedoch wird die Problematik verschwiegen und verdrängt, im künstlerischen Bereich durch das Versteckspiel mit fremden Formen, mit Ghaselen, Stanzen, Sonetten, wie bei Hofmannsthal oder Schaukal, und im psychischen durch die Wendung nach innen, durch die Haltung der Introversion. Eine Thematisierung des eigenen Empfindungslebens, eine Regression auf das Ich, kann für die Kunst nachteilige Folgen haben, sie tendiert zur Verabsolutierung des Formalen, zum Ästhetizismus. Psychischer Narzißmus und objektlose Kunst entsprechen einander. Dem jungen Hofmannsthal schreibt Hermann Broch eine »Erbanlage zum Narzißmus« zu,[52] und der junge Leopold von Andrian stellt seinem 1895 erschienenen Roman-Fragment *Der Garten der Erkenntnis* das Vor-Wort voran: »Ego Narcissus«.[53]

Daß das Spätzeit- und Décadence-Bewußtsein der Jungen, verbunden mit dem verinnerlichten kulturellen Leistungsdruck, auch in der körperlichen Konstitution einen Ausdruck findet, ist nicht verwunderlich. Der ästhetischen Sensibilisierung, der Überfeinerung der Nerven, einem gewissen physischen und psychischen Müßiggang, wie man ihn Schaukals 1901 erschienenen *Intérieurs aus dem Leben der Zwanzigjährigen*[54] und Schnitzlers Schilderung eines typischen Tagesablaufs aus seiner Studienzeit entnehmen kann,[55] geht eine körperliche Zartheit parallel, eine Körperschwäche, die Mangel an Robustheit und Resistenz verrät. Die Jung-Wiener Caféhausclique besteht – mit der Ausnahme des eher dickfellig wirkenden Bahr, der gerne Lederhosen trug – aus nervlich hochempfindlichen Menschen bzw. Neurasthenikern, wie es der unscharfe modisch-medizinische Jargon der Zeit will.[56]

Kraus zählt, rein konstitutionell gesehen, ebenfalls zu den Neurasthenikern. Jeder, der ihn kannte, erwähnt die überaus feingebildeten, nervösen Hände, und zu seiner äußerlichen Kleinheit und Fragilität kommt noch eine Rückgratverkrümmung, die den Eindruck der körperlichen Zerbrechlichkeit erhöht. In der großen Laudatio, die Robert Scheu zum zehnten Jahrestag der *Fackel* schrieb, behauptet er, daß der Übergang, den Kraus von der Gesellschaftskritik zur Kulturkritik vollzogen habe, den eigenartigen Weg »über die Nerven« genommen hätte. Kraus hätte einen neuen großen Gegenstand entdeckt, »[d]ie Rechte der Nerven«, und wäre zum »Anwalt der Nerven« geworden gegen die tausend kleinen Belästigungen des Alltags.[57]

Neben den »Nerven« gehört »das Leben« zu den zentralen Begriffen der jungen Literaten, und auch Kraus macht da keine Ausnahme. In jener um die Jahrhundertwende wirksam gewordenen Lebensphilosophie-Strömung, die seit Nietzsche das europäische Denken prägte, erschöpft sich »Leben« nicht im biologischen Funktionieren, sondern will über sich hinaus »bedeuten« oder will verteidigt sein. »Bedeuten« heißt: ästhetisch-dichterisch überhöht werden. Nietzsches Satz von der Welt, die nur als ästhetisches Phänomen gerechtfertigt sei, wird zur Grundlage des Ästhetizismus des Fin de siècle. Gegen die »Flucht aus dem Leben« durch die Kunst opponiert eine andere Haltung, die ebenfalls für die Moderne charakteristisch ist. Sie strebt nach der »Analyse des Lebens«.[58] Hier dominiert der Impuls zur Verteidigung des Lebens. »Verteidigen« heißt, es gegen die Geschichte verteidigen, gegen den historischen Blickwinkel, der dem Leben den spontanen Gegenwartsbezug nimmt; es gegen die Institutionen verteidigen, die die sinnliche Seite des Lebens unterdrücken oder verwalten, gegen die Reflexion schließlich, die das Leben zum Gegenstand des Denkens macht und es so zerspaltet, dem subjektiven Er-Leben entfremdet.

Ein gebrochenes, distanziertes Verhältnis zum Leben liegt beiden Formen der Bewältigung zugrunde. Den Wiener Modernen begegnet das Leben als das Andere schlechthin.

Zeitweise empfindet Hofmannsthal es als schwer, tückisch und übelwollend[59] – und begibt sich damit in die Nähe von Dörmann, der es einmal als »breites, fahles Bürgerweib« apostrophiert.[60] Oder er stellt es einfach unverbunden neben das Denken, wenn er an Schnitzler schreibt: »So dumme Fragen frage ich nur, wenn ich Gedanken denke, statt mein Leben zu leben. Ich möchte mich also verlieben, oder täglich Lawn-Tennis spielen oder mitunter sogar Macao, oder sonst eine Beschäftigung erleben..«[61] Hier ist das Leben der Bereich des Gedankenlosen, Bewußtseinsenthobenen. Damit ist es auch das Unbekannte, das sich um so mehr entzieht, je bewußter und mikroskopischer man es betrachtet. In der besonderen Akzentuierung des Lebens als Problem wird der Mangel an Leben sichtbar. Damit dieser Mangel nicht schmerzhaft spürbar werde, bedarf es eines schützenden Refugiums. Die realitätsmildernde Treibhausatmosphäre des Caféhauses, seine immergleichen Kulissen und das Karussell vertrauter Gesichter gewähren solchen Schutz und mehr als das; die Gefühle der Lebensfremdheit lassen sich dort in geistigen Genuß verwandeln. ». . . und allnächtlich kam man zusammen, sich mit dem Leben auseinanderzusetzen, oder, wenn's hoch herging, das Leben zu deuten«, schrieb Karl Kraus über die Gewohnheiten im Literatencafé Griensteidl.[62]

Das Lebensgefühl aber wirkt sich entscheidend auf die Beziehung zur Liebe und zu den Frauen aus. Liebesbegegnungen lassen sich zwar stilisieren, träumerisch verwandeln oder überhaupt erfinden, sie lassen sich auch unterdrücken und verleugnen, sie lassen sich übertreiben und pathetisieren, aber in jedem Falle sagen sie etwas aus über die historischen und privaten Schwierigkeiten, mit denen die Autoren zu kämpfen hatten. Daß die Frau, ein fremdes Gegenüber, ähnliche Empfindungen auslöst wie das Leben und mit diesem oft identifiziert wird, ist nicht verwunderlich. Entsprechend der individuellen Veranlagung wird diese Fremdheit als bedrohlich erlebt wie bei Dörmann oder als beängstigend wie bei Hofmannsthal. Dessen geistige Frühreife befähigte ihn zwar, seine puerile Körperlichkeit zu reflektieren, ansonsten aber bezieht der junge Hofmannsthal seine Empfindungen für das andere Geschlecht ebenso aus zweiter Hand, aus Kunst und Literatur, wie seine Lebensgefühle. Schnitzler zitiert ihn in einer Tagebuchaufzeichnung aus dem Jahr 1892: »Loris: ›Ich habe manchmal eine theoretische Angst, daß sich gar keine Sehnsucht nach den Weibern in mir regen wird. Ich habe das mit zehn, elf Jahren durchgemacht, sinnliche Erregungen etc. Im übrigen, Eure Schriften machen mir Angst vor dem Weibe.‹«[63]

Eine weitere, sehr wienerische Lösung, sich dem Problem des Erotischen zu nähern, ist die des sanften Einschmelzens aller Konflikte und Kontraste. Mit weicher Gebärde wird der Schmerz der Auseinandersetzung von vorneherein unterbunden. Ein Beispiel für diese Haltung gibt Leopold von Andrians *Garten der Erkenntnis*. Exemplarischen Charakter hat seine Novelle auch deshalb, weil hier der Verlust des konkreten Gegenwartsbezuges so geschildert ist, daß sich, nach Hofmannsthal, eine ganze Jünglingsgeneration darin erkennen konnte.[64] Die Suche des Helden Erwin, eines jungen Décadents nach dem Muster von Barrès oder D'Annunzio, gilt dem Geheimnis des Lebens, das er als Abbild seiner Stimmungen an sich vorüberfließen fühlt. Dieser Erwin lernt durch einen älteren Freund begreifen, daß es Dinge im Leben gibt, die zugleich schlecht und verboten, aber höchst reizvoll sind. In Wien scheinen dies, nach den dunklen Worten seines Freundes, solche Institutionen wie der Opernball zu sein, die Sofiensäle, das Orpheum, der Zirkus und der Fiaker.[65] Später begegnet Erwin einem weisen Physiker, der ihm von seinem Metier erzählt. Da meint er, alle Zauber des Lebens seien in der Naturwissenschaft enthalten.[66] Mit siebzehn Jahren kommt Erwin nach Wien und ist berauscht von den Schönheiten der alten Barockstadt. Er findet einen Freund, Clemens, mit dem er auch zum Heurigen geht, wo Militärkapellen spielen. Dort befällt ihn das Erlebnis der Einheit konträrer

Empfindungen. Im Walzer ist »Süße und Gemeinheit« zugleich; »und aus den weichlichen und aufreizenden Gesängen einer Cultur, die sich selbst bespiegelt, kam ein einschmeichelndes Gefühl dumpfen Glückes über Clemens und über den Erwin«.[67] Eine vage Selbstliebe steigt in den beiden auf, die in die Liebe zueinander und die Liebe zum Vaterland übergeht. Kurz vor der Matura, als der Held allein durch verschiedene Gärten geht und Verse vor sich hinspricht, schließen sich ihm die vereinzelten Erlebnisse zu der Gewißheit, daß das Prinzip der Erkenntnis nicht in einer deutlichen Markierung der Unterschiede, sondern in der Integration der Formen, Gestalten, Wesenheiten zu finden sei. »Und in diesen kraftlosen Versen Bourgets kamen zwei Worte immer wieder und gaben ihm immer wieder einen Schauer, in dem jetzt vereinigt das Versprechen aller Hoheit und aller Niedrigkeit lag, die er früher getrennt gesucht hatte. Das waren die Worte ›die Frau‹ und ›das Leben‹.«[68]

Eine Karikatur aus dem Jahr 1897 zeigt den Literaten Hermann Bahr als Mutter zweier Säuglinge.[69] An seiner Brust liegen die Wickelkinder Hugo von Hofmannsthal und Arthur Schnitzler. Der Linzer Hermann Bahr, von dessen umfangreichem belletristischen Werk nur Essays und Rezensionen überlebt haben, soll derjenige sein, der den Jung-Wiener Dichtern die Milch der neuen Denkungsart einflößt? Der Karikaturist Theodor Zasche wußte, was er zeichnete. Denn Bahr war im Unterschied zu den seßhaften Wienern im Ausland gewesen, in Berlin, Paris, Petersburg, und er hatte sich umgehört nach den jeweils neuesten »Trends« auf dem Literaturmarkt – nicht nur, um sie den eigenen Romanen und Novellen zu applizieren, sondern um sie heimzubringen ins provinzielle Österreich. Nach dem Marxismus der mittleren achtziger Jahre waren es ab 1888/89 die Ideen der Pariser Avantgarde, die er begeistert in sich aufnahm und ins Café Griensteidl brachte, das soeben, 1891, zum Treffpunkt Wiener Literaten geworden war. »Er trug ganz die Tracht eines Montmartre-Menschen, Pepita-Beinkleider, Sakko aus braunem Samt und dazu den Zylinder. Er regte alle auf und regte alle an durch die Verwegenheit seines Geistes, der in Wort und Schrift nur so Funken spritzte«, erinnert sich Felix Salten.[70] Wie die Tracht, so die Fracht, die Bahr abzuliefern hatte: es ist die »Moderne«. Unter diesem Begriff – den einer aus der Griensteidl-Clique prägte[71] – verstand er alle Spielarten der postnaturalistischen Ära, die sich in Paris schon etabliert hatten, den Impressionismus, den Symbolismus, die Neuromantik. Dem gebildeten Wiener Publikum waren wohl die großen französischen Romanciers bekannt, ein Balzac, ein Victor Hugo; die Entdeckung der *poètes maudits* wie Baudelaire, Verlaine, Rimbaud, Mallarmé, der französischen Décadence mit Huysmans an der Spitze, der »Bas Décadents«[72] wie Paul Bourget, Maurice Barrès, Catulle Mendès, Joséphin Péladan und den Belgiern Verhaeren und Maeterlinck aber blieb der Initiative einzelner überlassen. Da fand Bahr nun ein reiches Feld für seine Talente als Vermittler, Anreger und auch als Entdecker von Begabungen, die den französischen Faden auf wienerische Weise aufzunehmen imstande schienen. Und die Travestie glückt gewissermaßen: Bahr, ein anderer Verlaine, findet seinen Rimbaud in Gestalt des jungen Loris. Darüber hinaus wird er zum Mittelpunkt und »Führer«[73] der Jungen, die »modern« sein wollten und nicht recht wußten, welches Programm, welche Ästhetik dies beinhalten sollte. Bahr, der »Bescheid wußte«, der Vergleiche ziehen und fremde Namen zitieren konnte, verhalf der neuen Sensibilität schon zur historischen Identität, als sie kaum noch entstanden war. Er definierte den Jung-Wienern die spezifisch österreichische Note ihrer Moderne, daß ihnen nämlich die Assimilation des literarischen Imports aus Paris bruchlos und ohne »Qual und Gewalt«[74] gelungen sei; anders als im Deutschland der Revolutionen gegen die eigene Vergangenheit hätten sie einen schmiegsamen Übergang zwischen der Tradition eines Saar und einer Ebner-Eschenbach und dem »Geruch des Tages« von 1890 geschaffen.[75] Das

Dilemma zwischen Altem und Neuem, traditionellen Formen und neuer Empfindungsweise, zwischen der Übernahme von fremden Vorbildern und selbständigem Ausdruck sieht Bahr auf lässig-heitere Art gelöst, wenn er schreibt, daß seine Zöglinge »... gerade wo sie ganz wienerisch tun ... beinahe wie Pariser Originale wirken«.[76]

Bahrs Rolle ist die des Vermittlers und Zwischenträgers zwischen den Kulturen. Sein eigenes künstlerisches Temperament, das »die ganze Fläche dieser breiten Zeit« fassen und über sie hingleiten statt ihr auf den Grund dringen möchte,[77] kommt dieser Tätigkeit des Vermittelns entgegen. Vermitteln bedeutet Verbindungen herstellen, Beziehungen knüpfen, Annäherungen schaffen, Assoziation und Assimilation begünstigen, auf Synthese abzielen. Was Bahr anstrebt, ist nicht nur eine Literatur der kulturellen Synthese; sein Programm erstreckt sich auf die ästhetischen Mittel. Synästhesie ist das Zauberwort der Décadence, das seit Baudelaire zum Inbegriff der poetischen Moderne geworden war. Synästhesie bedeutet den simultanen Appell verschiedener Instanzen an die Empfindung. Empfindungen aber werden über die Nerven vermittelt, über jene Organstränge, die in exemplarischer Weise die Funktion von Zwischenträgern innehaben, weil sie die Botschaften von außen nach innen weiterleiten, weil sie die Vermittlung zwischen Physischem und Psychischem, Haut und Seele, Körper und Gehirn übernehmen. Bahr, auf der Suche nach einem Kennwort für die Moderne, das zugleich die Seite des Lebens wie die Seite der Kunst fassen möge, stürzt sich auf das Stichwort »Nerven« wie auf eine Erleuchtung. Auf die »Nerven« baut er das Konzept der neuen Kunst. Diese ist eine sensualistische Kunst, die ihr moralisches Kriterium, das der »Wahrheit«, nicht mehr, wie der Naturalismus, aus der empirischen Wirklichkeit bezieht, sondern nur noch aus der subjektiven Wahrheit der Sinne. Diese Welt der Sinnesempfindungen und Nervenreize wird, nach verschiedenen Übergangsphasen, autonom gesetzt. Bahr »überwindet« noch die letzten Reste eines psychologischen Naturalismus und feiert als letztes Stadium der Moderne die »nervöse Romantik«,[78] einen »neuen Idealismus«[79]: »Es ist ein Rosiges, ein Rascheln wie von grünen Trieben, ein Tanzen wie von Frühlingssonne im ersten Morgenwinde – es ist ein geflügeltes, erdenbefreites Steigen und Schweben in azure Wollust, wenn die entzügelten Nerven träumen.«[80]

Bahrs organisch-ornamentales, jugendbewegtes Vokabular veranlaßt zu einem Blick auf analoge Entwicklungen des Neuen in der Kunst: der Wiener Jugendstil ist die Kunst der Träumerei »entzügelter Nerven« par excellence. Augenfälliger als die Literatur zeigt er dieselbe Wendung zu einer Kunst auf der Basis der Sinne. Aus dem Moder Makartscher Atelieratmosphäre und aus der überladenen Salonmalerei des Historismus flieht die neue Kunst buchstäblich ins Freie. Sie sucht aber nicht die Natur selbst, sondern eine künstliche, eine durch Stilisierung vergeistigte. Schon im französischen Impressionismus, der Ende der neunziger Jahre in Wien rezipiert wurde, hatte das Bedürfnis nach einer höheren, botschaftstragenden Ebene den symbolistischen Stil eines Ferdinand Khnopff, Jan Toorop, Gustave Moreau, Puvis de Chavanne, Odilon Redon entstehen lassen. Dem *art nouveau* aus Frankreich, Belgien, England und der Münchner *Sezession* von 1892 nachziehend, gründeten die Wiener Maler unter Führung von Gustav Klimt 1897 ihre *Sezession*.[81] Diese *Sezession* ist von Anfang an literarisch geprägt. Wieder ist es Hermann Bahr, der sich zum Herold macht; zusammen mit dem Burgtheaterdirektor Max Burckhard und dem Kunstkritiker Ludwig Hevesi gibt er zwischen 1898 und 1903 die programmatische Zeitschrift *Ver Sacrum* heraus, die in ihrem Titel die beiden sezessionistischen Intentionen vereinigt, den Aufbruch und die weihevolle Form, das frische Leben und die heilige Kunst.[82]

Dieselben Hebammendienste, die Bahr dem literarischen Jung-Wien ein paar Jahre früher geleistet hat, will er nun dem österreichischen Stil in der Malerei angedeihen lassen.

Die Sehweisen und Techniken des französischen Impressionismus sollen mit der echt wienerischen Wehmut vermischt werden:

> Eine österreichische Kunst! Jeder von Euch fühlt, was ich meine. Wenn Ihr durch unsere milden, alten Straßen geht oder wenn Ihr die Sonne auf das Gitter vom Volksgarten scheinen seht, während der Flieder riecht und kleine Wienerinnen über die Schnur hopsen, oder wenn im Vorbeigehen aus einem Hof ein Walzer klingt, dann wird Euch so merkwürdig und keiner kann sagen, warum ihm so zum Weinen froh im Herzen ist, sondern er lächelt nur: Das ist halt Wien! Dieses: was halt Wien ist, müßt Ihr malen . . .[83]

Wie sentimental immer die Bahrschen Impressionen klingen; der Versuch, nicht durch Begriffe und nicht durch klare Konturierung, sondern durch Gefühle zu definieren, wird seinem synästhetischen Kultur-Programm durchaus gerecht. Wie die Literatur so soll die Malerei gesteuert werden von einem Gefühl, das seinerseits gesteuert wird von den Reizeinflüssen der Außenwelt, das also instabil und wechselhaft ist. Insgesamt resultiert daraus der Zustand eines gemischten Gefühls, das keine Kontraste und keine Merkmale mehr kennt. Bahr hat begriffen, daß der kreative Fond der Moderne die möglichst große Offenheit der Sinnesorgane nach allen Seiten, das ständige Oszillieren und Fluktuieren zwischen Impulsen heterogener Art ist, ein synthetischer Gefühlszustand also, dem Träumen verwandt. Die multiple Empfindungsweise[84] ist das emotionelle Pendant zur Synästhesie der Künste, die im Europa des Fin de siècle durch Grenzüberschreitungen und wechselseitige Vertauschbarkeit des Idioms überraschende Beziehungen zwischen Malerei, Musik und Literatur offenbart haben. Auch die Lyrik der *Ver-Sacrum*-Blätter nimmt Anleihe bei den Farben und Linienschwüngen der Malerei, die Gemälde repräsentieren häufig abstrakte Begriffe und Ideen.

Wie insgesamt beim Symbolismus verschwistern sich im Wiener Jugendstil die Künste in der Wahl der Ausdrucksmittel – der Metapher, der Allegorie, des Symbols –, und sie gruppieren sich um dieselben thematischen Zentren: das Weib, die Natur, das Leben.[85]

Die Moderne: Artistik des Vermittelns, Jonglieren mit Tauschbegriffen und Täuschungen, ein Spiel mit Bedeutungen und Beziehungen, das Ineinanderdringen der Formen, und darüber gebreitet ein Schleier märchenhaften Glanzes, märchenhafter Distanz.[86] Die Verwandtschaft zwischen der Gattung des Märchens und der Kunst des Symbolismus kommt nicht von ungefähr – sie kennen beide die Vieldeutigkeit eines Zeichens oder Objekts. Nichts ist das, was es scheint, und eine Verwandlung ins Gegenteil jederzeit zu gewärtigen; der Frosch ist ein Prinz und die Prinzessin ein Aschenputtel. Keine Definition ist sicher, weil es keine eindeutige Perspektive gibt, und weil es diese nicht gibt, öffnen sich viele Perspektiven. Das Märchen hatte noch eine Moral, und die Rätsel, die der Held zu lösen hatte, hat er schließlich gelöst. Ödipus ist klüger als die Sphinx. Im Symbolismus aber siegt weder das Böse noch das Gute und das Rätsel wird nicht gelöst, sondern gezeigt. Eine Sphinx beugt sich nieder zu Ödipus und küßt ihn.[87] Eine schwarze Schlange ringelt sich um den weiß aus dem Dunkel hervorschimmernden Frauenkörper. Ein Leopard mit lächelndem Mädchengesicht schmiegt sich gefährlich nahe an einen ernsthaften, schönen Jüngling. Ein Vampir mit Frauenantlitz kreist über einem zum Skelett abgemagerten Mann. Um eine Madonna schwimmen Samenfäden, und ein Embryo hockt in der Ecke. Auf einer steinernen Sphinx räkelt sich eine Nackte, begrinst vom Satan, der ein Monokel trägt und eine weiße Krawatte. Eine weibliche Spinne zieht kopulierende Menschenpaare in ihr Netz. Ein zartes nacktes Mädchen lagert vor zerstörter Landschaft und hält einen Ölzweig hoch. Lilien zeigt ein durchsichtig-weißes Mädchen, das auch ein Knabe sein könnte, und öffnet fragend den Mund . . .

Im »Weib« haben der ikonographische und der literarische Symbolismus und Jugendstil ihr Hauptthema gefunden. Das Weib – Rätsel Weib genannt – ist, aufgrund der scheinbar unendlichen Vielfalt seiner Inkarnationen von der Hexe, Dirne, Sirene bis zur Heiligen, Jungfrau, Mutter, der Inbegriff der Vieldeutigkeit. Die der inhaltlichen Multivalenz entsprechende bildnerische Technik hat die Malerei der Jahrhundertwende in der Ornamentalisierung entdeckt. Das Ornament, ob flächig oder floral behandelt, ist essentieller und funktioneller Bestandteil des dargestellten Sujets. Es ist Medium und Mittler der Verrätselung. In der Verrätselung eines Sujets aber liegt die Erotisierung des Sujets.

In der Wiener Moderne hätte der junge und von der naturalistischen Verflachung der Kunst enttäuschte Kraus eine ihm gemäße »ökologische Nische« finden können – hier waren Gleichaltrige, hier waren Cliquen, die derselben Lebensweise, dem nächtlichen Caféhausbesuch, frönten, hier waren auch Opposition und Sezession von der Bürgerwelt, und hier war vor allem jener ästhetische Mehrwert, der ihm am »konsequenten« Naturalismus gefehlt hatte. Aber er sagt sich nach anfänglicher Kontaktsuche vor allem bei Schnitzler radikal von den »neurotisch ›überwindenden‹ Kaffeehausdekadenzmodernen« los.[88] Diesen Ausdruck gebraucht er schon im Januar 1893 und bezeichnet sich, um seine Haltung ganz unmißverständlich zu machen, als »Nichtdekadenten«.[89] Den endgültigen Bruch mit der Moderne um Bahr vollzieht er 1896/97, als in der *Wiener Rundschau* die später als Broschüre nachgedruckte Satire *Die demolirte Literatur* erscheint. Mit dieser offenen und zielbewußten Aggression setzt Kraus sich unwiderruflich in die Situation des Widerspruchs, noch bevor die *Fackel* gegründet ist. Seine Kritik an der Wiener Décadence sprüht in erster Linie die Funken boshaften Witzes, präsentiert aber schon die wesentlichen Themen und Motive, die er beibehalten wird. Kraus haßt die Verlogenheit in Leben und Kunst, ob sie als affektierte Lebemann-Pose, modisch gekleidete Manieriertheit, Narzißmus (»– enfin seul mit seiner Cravatte! . . .«) auftaucht,[90] als Import fremder Vorbilder, Kopieren fremder Stile oder als verschnörkeltes »Undeutsch«;[91] er haßt den Schein des Erlebten, der sich Echtheit anmaßt, und die feige Flucht vor der »gemeinen Deutlichkeit der Dinge«;[92] er haßt das Dilettieren in wechselnden Kunstsparten, er haßt das Unkontrollierbare, das Vage, die ›»Seelenstände‹«[93] – mit einem Wort, die ungenaue Sensibilität der ›»[h]eimliche[n] Nerven‹«[94] der symbolistischen Kunst. Ohne daß Kraus näher darauf eingeht, wird an einer Stelle deutlich, daß ihm das (symbolistische) Prinzip der Mischung, der Vermittlung, des unmerklichen Übergangs verdächtig ist: die »Marqueure« (die Kellner) des Caféhauses sind nicht mehr zu unterscheiden von den Schriftstellern; was die einen an Würde und Individualität gewonnen haben, haben die andern verloren. So gibt es Näherungen, Grenzverwischungen zwischen den Personen, analog zu den Wünschen der Gäste nach Vereinigung von Kunst und Küche, »nach seltsamen Farbkompositionen für Gefrorenes und Melange . . .«[95]

Eine solche Einstellung bedeutet in einer Kultur wie der wienerischen, die von dem Gedanken der Vermittlung – auch im Sinn von Nachrichtenvermittlung, d. h. Presse – lebt, eine prinzipielle Loslösung von dieser Kultur. Ein Auf-den-Grund-gehen-Wollen, ein Sichtbarmachen der »gemeinen Deutlichkeit der Dinge« ist ein so tiefer Affront, daß Kraus Risse (Widersprüche) in dem eigenen psychischen Gefüge riskiert. Es wird zu zeigen sein, daß Kraus, zusammen mit anderen Kämpfernaturen wie dem Architekten Adolf Loos, gegen den Strom der Moderne schwimmt, daß er aber, wie auch Loos, eine gewisse »wienerische« Elastizität in seiner künstlerischen Struktur bewahrt hat, die ihm erlaubt, an der Moderne zu partizipieren, ohne dem Modischen zu verfallen. Am Beispiel der Konfrontation mit der *Sezession* bzw. mit dem Werk des größten Sezessionisten, Gustav Klimt, soll jetzt seine Auseinandersetzung mit der Wiener Moderne skizziert werden. Daß diese auch eine Auseinandersetzung mit dem Problem des Ornaments ist, liegt bei einem Stil wie dem Jugendstil auf der Hand; und daß sich dahinter die kompliziertere Auseinandersetzung mit dem Erotischen verbirgt, dafür bürgt wiederum Klimt, der größte erotische Maler seiner Epoche.

Zunehmende Spannungen innerhalb der Künstlergruppe der *Sezession* veranlaßten Klimt, 1905 mit einigen Freunden aus dieser Gemeinschaft auszutreten. Im Sommer 1908 eröffnete die neue Klimt-Gruppe die *Kunstschau Wien*, in der Klimt allein sechzehn Werke ausstellt. Sie umfassen drei Themenkreise: die Menschheitsbilder, Frauendarstellungen und Landschaften. Zu den Menschheitsbildern rechnet der Kunsthistoriker Werner Hofmann den *Kuß* und die *Drei Lebensalter*.[96] Die Frauen sind die *Danae*, die beiden Versionen der *Wasserschlangen* und, als Überleitung zu den berühmten Porträts der Damen der Wiener Gesellschaft, die *Freundinnen*; sodann Gärten, Blumen, Bäume, Wiesen. Damit hat ein Maler die drei Hauptmotive der Geisteswelt des neuen Jahrhunderts exemplarisch vor Augen gestellt: Leben, Weib, Natur. In allen drei Begriffen erscheint der biologisch-materialistische Aspekt eng verbunden mit dem mystisch-verdunkelten. Insofern illustriert der Symbolismus Klimts sehr anschaulich den Zusammenprall zweier Weltanschauungen um die Jahrhundertwende. Der Glaube an die triumphierenden Errungenschaften der Naturwissenschaften, des Positivismus und der Technik löst fast gleichzeitig eine Revolte aus, die eine Hinwendung zu dem Irrationalen, zu einer neuen Romantik bringt. Das Leben erscheint hier als großer biologischer und schicksalhaft unentrinnbarer Zyklus von Werden und Vergehen; die Frau ist Weib in drei Variationen: als mythisch überdimensioniertes Sinnbild von Lust, Selbstvergessenheit und Empfängnis, als animalisch-algenhaftes Elementargeschöpf, evolutionäre Zwischenstufe zwischen Pflanze, Fisch, Sirene, und schließlich als das Kulturweib, das

Weib aus exklusiver Gesellschaft, in erotischer Allianz mit einer Freundin, von japanisierender Boudoir-Eleganz umgeben, in kostbarer, lockender Distanz zum männlichen Blick. Die Natur: die mysteriösen Seen und Sümpfe und die dunklen Pappeln des frühen Klimt – »Metaphern der aristokratischen Einsamkeit des Mannes«[97] – haben sich aufgehellt zu leuchtenden Parks, flimmernden Wiesenflächen, zu dicht gewebten blühenden Apfelbäumen. Es ist eine Natur im Ornat, die sich da präsentiert, eine auf sich bezogene und undurchschaubare Natur.[98]

Die Motivbereiche stehen in enger Beziehung zueinander, die Übergänge zwischen Leben, Frau und Natur sind fließend. Wenn man das Gesamtwerk Klimts überblickt, so wird jedoch klar, daß das motivische Geschehen sich gruppiert um das Haupt- und Zentralmotiv: die Frau. In den Menschheitsbildern dominiert sie über den Mann, dem eine nur farblich ergänzende Rolle zugebilligt wird, und die geheimnisvoll irrlichternde Verschlossenheit der Natur scheint immer ein Echo aufzubewahren von der Rückverwandlung der Nymphe Daphne in ihr Reich.[99] Klimt macht, in einer bisher nicht dagewesenen monomanischen Weise, die Frau zum Hauptthema seines Werkes. Er, der seit der Fertigstellung der Deckengemälde für die Treppenhäuser des Burgtheaters und des Kunsthistorischen Museums (1888) als der Erbe Makarts gilt und der von Kaiser Franz Joseph das goldene Verdienstkreuz dafür erhält, geht über diesen Maler voluptiöser Heroinen hinaus. Klimt zeichnet und malt die Frau nicht, wie Makart, in einer kaum variierten Kostüm-Pose, sondern in allen Metamorphosen, in denen das Weibliche überhaupt erscheinen kann. Er malt die zarten, staksigen Kindfrauen, die allegorisch als Pallas Athene eingekleidete, kämpferisch blickende junge Frau, er malt die dumpf schauenden Schwangeren, die selig lächelnden Mütter, die vertrockneten Greisinnen und noch den weiblichen Leichnam. In Hunderten von Skizzen und Zeichnungen spürt er den seelischen Nuancen, den unbewußten Regungen von Gesichtern und Körpern in sparsamsten Linien nach. Aber er malt auch vielfach das Gegenteil dieser ätherischen Seelen. Er malt die höhnisch lächelnden grausamen Frauen – in Symbolgestalten von Frauen mit Schwertern, Frauen mit Schlangen um den Arm, von schwarzhaarigen Gorgonen und goldenen Parzen; er malt die mythischen »femmes fatales« Judith und Salome, deren Finger sich in die Haare des geköpften Mannes verkrallt haben, und er malt die zeitgenössischen »femmes fatales«, die Gattinnen seiner Mäzene.

Im allgemeinen ist Kraus' Anmerkungen zum Sezessionsgeschehen zu entnehmen, daß die malerische Moderne ihm ebensowenig zusagte wie die literarische.[100] Mit Worten aus dem Vokabular der physiologischen Sphäre distanziert er sich von beiden; er hasse, schrieb er schon 1893 an Schnitzler, »diese falsche, erlogene ›Décadence‹, die ewig mit sich selbst coquettiert, ich bekämpfe und werde immer bekämpfen: die posierte, krankhafte, onanierte Poesie!«[101] und jetzt, Ende 1900, ärgert ihn die »affectierte[n] Impotenz der Jungen der Secession«.[102] Er leugnet, daß es dank der *Sezession*, wie Bahr behauptete, zu einem in ganz Europa anerkannten österreichischen Stil gekommen sei.[103]

Kraus hält aber mit einem direkten Angriff auf Klimt, wie dies die konservative Wiener Kritik tut, zurück. Er beobachtet das Echo, das die Malerei Klimts in Presse und Politik hervorruft, und schließt von ihm auf den Wert der Sache selbst. Der Reklamerummel, den vor allem Hermann Bahr, aber auch Max Burkhard, Ludwig Hevesi und Felix Salten um Klimt entfesseln, stimmt ihn gegen Klimt. Gegen Klimt zu sein bedeutete aber bei den »Obszönitäten«, die dieser in den Augen der Öffentlichkeit malte,[104] sich auf die Seite einer spießbürgerlichen Sittenstrenge zu schlagen. Im März des Jahres 1900 hatte es Proteste vieler Künstler und Wissenschaftler in Berlin und München gegen die geplante *lex Heinze*, ein Gesetz gegen die Unsittlichkeit in der Kunst, gegeben, das nun auch in Österreich dem Für und Wider um Klimt neue Argumente lieferte. Als 87 Universitätsprofessoren gegen Klimts Gemälde *Philosophie* Einspruch erheben, laufen die Liberalen wie Bahr und Hevesi Sturm gegen die offizielle Prüderie und verlangen Freiheit für die Kunst. Kraus wird zwischen die Fronten gedrängt, zwischen die konservativen Protestler, die die *Philosophie* aus moralischen Gründen ablehnen, und den »Freisinn«,[105] der sich gegen die *lex Heinze* beweisen will und Kraus zuwider ist wie alle Emanationen des Liberalismus. Als die Nuditäten und Kruditäten der *Medizin* dann den Skandal auf den Höhepunkt treiben und eine Interpellation im Abgeordnetenhaus dem Unterrichtsminister den Ankauf der Fakultätsbilder sperren will, weil sie den »ästhetischen Gefühlen der Majorität der Bevölkerung« widersprechen,[106] begibt Kraus sich ins Lager der Obrigkeit bzw. des Parlaments, dem er die Berechtigung zuerkennt, sich in künstlerische Angelegenheiten zu mischen.[107] Den Standpunkt gesunden Volksempfindens kann Kraus aber nicht lange durchhalten. Die Beschimpfung Klimts durch den Lokalhumoristen und Feuilletonredakteur des *Neuen Wiener Tagblatts*, Eduard Pötzl, nimmt doch Ausmaße an, die Kraus seine Haltung ausbalancieren lassen. Gegen Pötzl schreibt Kraus:

> Man kann sehr viel gegen die gedankliche Anmaßung der Fakultätenmalerei Klimt's einzuwenden haben, aber es geht doch auf die Dauer nicht an, diesen außerordentlichen Könner deshalb zu verunglimpfen, weil seine Frauengestalten nicht ›mollert‹ sind und dem Ideale der ›Mudelsauberkeit‹ nicht entsprechen.[108]

Der Philister im Kunstgehege scheint ihm schließlich doch gefährlicher als der Snob, den er nur lächerlich findet.

Kraus' modifizierende Äußerungen zu Klimt stammen vom Februar 1904. In der sezessionistischen Kampfzeit zwischen 1899 und 1903 reagiert er auf die neue Ästhetik größtenteils ablehnend. Als impressionistischer Natur-Maler gefällt ihm Klimt, wie er Altenberg gefallen hatte, als Maler von Gedanken mißfällt er ihm; da treibe er »Allegoristerei«,[109] zu der ihn sein falscher Freund Hermann Bahr aufgestachelt habe. Als Maler der Frauen ruft Klimt bei Kraus Mißtrauen und Widerstände hervor. Da die charakteristischen ersten großen Frauenporträts, beginnend mit dem Porträt der Schwester Ludwig Wittgensteins, erst um 1905 erfolgen, können sich die Aussprüche von Kraus nur auf die allegorischen Darstellungen (*Die Musik*, *Die Tragödie*, *Nuda Veritas*) und die Symbolgestalten der Fakultätsbilder und des Beethovenfrieses beziehen. Die »Produkt[e] perversesten Geschmackes«,[110] die »gemalte [...] Pornographie«,[111] »Sodom und Gomorrha up to date«,[112] von der *Neuen Freien Presse* abgelehnt unter dem Vorwand der Häßlichkeit,[113] scheinen Kraus kaltzulassen, sie üben weder einen ästhetischen Reiz auf ihn aus noch appellieren sie an andere Sinne. Die irisierend-zarte, statische Mädchenfigur der *Nuda Veritas* (die in Bahrs von Olbrich entworfener Villa hängen wird) findet er schlicht unsinnig. Im Vergleich zu den Nackten von Rubens oder Tizian, deren Vertrieb als Postkartenreproduktionen im Frühjahr 1901 zur Konfiskation geführt hatte, empfiehlt er die Klimtsche »nackte Wahrheit« als höchst geeignet, die »fleischlichen Gedanken« rasch auszutreiben.[114] Das mag satirisch gefärbt sein, aber Kraus befindet sich um diese Zeit durchaus noch in der Nähe der Ideale von Herrn Pötzl.

Zur gleichen Zeit, eine *Fackel*-Nummer zuvor, gibt er seiner Abneigung gegen einen vom Klimt gemalten Frauentyp Ausdruck, den dieser, wie gesagt, erst ein paar Jahre später voll entwickelt. Kraus' Aversion ist hier insofern signifikanter, als seine erotische Abwehr nicht im ästhetischen Raume hängenbleibt, sondern moralische und soziale Implikationen mit sich führt. Im Gemälde, das die schöne, triumphierend grausame Judith mit dem Kopf des Holofernes darstellt, hat er wahrscheinlich das Modell wiedererkannt, Adele Bloch-Bauer, die Frau eines Wiener Zuckerfabrikanten:

Ob sie nun Hygieia oder Judith, Frau X oder Frau Y heißen, alle seine Gestalten haben die Blässe der berufsmäßig unverstandenen Frauen, und Herr Klimt hat ihnen unverkennbare Schattenringe oder sagen wir lieber gleich Schottenringe um die düster glosenden Augen gemalt.[115]

Ein ganzes Bündel von Abneigungen konzentriert sich bei Kraus auf einen bestimmten Typus: den der »unverstandenen Frau«. Er bedient sich, in einigermaßen pauschaler Weise, des bereits gängig gewordenen Terminus zur (Ab-)Klassifizierung der unzufriedenen, neurotisch vor sich hinkränkelnden Ehefrau aus gehobenen bürgerlichen Kreisen (Schottenring), wie man sie aus den Fall-Geschichten Sigmund Freuds und aus dem Werk Arthur Schnitzlers kennt. Die »unverstandene« ist die psychisch gestörte, ungesunde, »unnatürliche« Frau; dargestellt wird sie im Medium einer Kunst, die von den Zeitgenossen als pathologisch, als »Psychopathia pictoris«[116] empfunden wurde. Zu dieser psychopathologischen Tendenz von Frau und Kunst gesellt sich für Kraus ein Aspekt, den er schon im November 1900 moniert: er verdächtigt die Sezessionskünstler der Unmoral, des unsauberen Kompromisses mit der Welt des Geldes, vornehmlich mit der jüdischen. Er will eine »wachsende ... Innigkeit der Beziehungen von Secession und Börse« festgestellt haben und führt einige Beispiele dafür an.[117] Wie jeder Aristokrat einst seinen Hausjuden gehabt habe, besitze jetzt jeder Börsianer seinen Haus-Sezessionisten. So fließen in das Bild der »unverstandenen Frau« mehrere Quellen aus ganz verschiedenen Kanälen des Krausschen Weltbildes, wie unfertig dies immer in den ersten drei Jahrgängen der *Fackel* gewesen sein mag: antisezessionistische, antipsychologische, antibürgerliche, antikompromißlerische, antisemitische. Ob Klimt mit Frauen à la Judith, die den Betrachter von oben durch schräg geöffnete Augen anblitzt, den Mund halb geöffnet, den Kopf des Holofernes nachlässig-kokett in den Händen und den nackten Oberkörper von einem fließenden Goldornament kaum

verdeckt, wirklich die »unverstandene Frau« gemalt hat und
nicht vielmehr deren Gegenteil, die »femme fatale«, läßt sich
nur im Zusammenhang mit den Intentionen und Techniken
des Malers beantworten.[118]

Hermann Bahr meinte einmal, zu jedem Bilde von Klimt
fiele ihm ein Vers von Hofmannsthal ein, und er bezieht diese
Analogie auf den »Widerspruch zwischen der Reinheit der
Empfindung und einem extremen Raffinement der Form,
die manchmal beinahe preciös wird . . .«.[119] Man würde vom
jungen Hofmannsthal eher sagen, es herrsche eine gemischte
Empfindung vor, eine magische Gefühlsatmosphäre, die aus
dem Vergangenen und dem Gegenwärtigen, dem Innen und
dem Außen einen schwebenden Zustand herstellt. Das formal
raffinierte, leicht preziöse Element der frühen Gedichte
dagegen ist richtig gesehen und läßt sich mit der gold- und
edelsteinprunkenden Ornamentalität des Klimtschen Jugendstils
vergleichen. Diesem Stil gelingt es, Darstellungszweck
und Darstellungsmittel, d. h. die Frau und das Ornament,
so zu amalgamieren, daß eine Wirkung hervorgerufen
wird, die Hofmannsthal selbst als »erhabene Sinnlichkeit«
charakterisierte.[120] Sicher spielte er mit dem Epitheton »erhaben«
auf die Tendenz der Wiener *Sezession* an, das Schöne
mit der Weihe der Kunst, mit einem sakralen Moment zu
versehen. Der idealitätsbesessenen Wahrnehmung aber entgeht,
daß dieses Erhabene nur die äußerliche Firnis, die programmatische
Fassade, ist und daß dem Wiener Jugendstil,
insbesondere bei Klimt, eine maßlose Sinnlichkeit innewohnt,
eine Erotik, deren dynamische Triebkräfte nur durch
formalästhetische Prinzipien gebändigt und filtriert erscheinen.
Realisiert wird dieser Prozeß durch die gegenseitige
Annäherung von Inhalt und Form. Klimt entmaterialisiert
die Körper-Substanz und löst sie in ein dekoratives Bewegungsspiel
auf; zugleich gibt er den dekorativen Accessoires
Gewicht und sinnliche Funktion. So gelingt es ihm, seine
Figuren der exakten Definierbarkeit zu entziehen. Es umgibt

sie immer eine Aura der Ferne, die zugleich Nähe suggeriert. Die großen Schenkel der *Danae* z. B. sind breit und vordergründig ins Bild gelagert, dennoch sind sie von so transparenter, bläulich-grüngelber Hautfarbe, daß sie abstrakt wirken wie ein dunstiger Horizont. Die Oberfläche, die das Bild der Frau zeigt, changiert, sie ist nicht mehr zuverlässig, eine unbekannte Tiefendimension scheint mit hineinkopiert. Eine »objektive« Erfaßbarkeit ist durch das unheimliche Vexierspiel zwischen Vordergrund und Hintergrund, Fläche und Raum, Kleid und Leib, Angebot und Entzug, unmöglich gemacht. Die Frauen Klimts sind mehrdeutig. So kann ein Altenberg sie zu unberührten »Prinzessinnen für bessere zartere Welten« erklären;[121] Kraus die »unverstandene Frau« aus Wien und Salten die archaische Mänade in ihr sehen.[122]

»Es ist schier seltsam zu beobachten«, schreibt Ludwig Hevesi 1903, »wie dieses jetzt einzigartig dastehende System einer dekorativ-ornamentalen Sinnlichkeit sich bei Klimt nach und nach entwickelt hat. Das verruchte Ornament, wo nicht das perverse.«[123] Nicht die Frau selber ist, wie auf vielen unter- oder oberschwellig an Sexualität appellierenden »Weib«-Darbietungen suggeriert wird, »pervers«, sondern erst die Gestaltungsmittel machen sie dazu. Das Ornament wirft das eigentliche erotisch-sexuelle Zwielicht, in das die Frauen ununterscheidbar eingetaucht sind, so daß nicht mehr festzustellen ist, ob sie Objekte der fließenden Linien sind, Gefangene also, oder Subjekte, Erzeugerinnen dieses strömenden Labyrinths. Klimt ornamentalisiert die Frauen, indem er sie einfügt ins vegetabilisch-organische oder ins mosaikartige Grundmuster der Bilder. Und sie scheinen diese Promiskuität zu genießen, scheinen niemals zu revoltieren gegen diese Definition, die sie zu sinnlichen, selbstzufriedenen, narzißtischen Geschöpfen macht. Sie scheinen einverstanden und glücklich als quasi submenschliche Wesen oder als exotische, die wie eingemauert sind in die künstlich starre Pracht ihrer goldenen Umgebung, oder als solche, denen eine pars-pro-toto-Identität genügt – sei es ein blickfangend

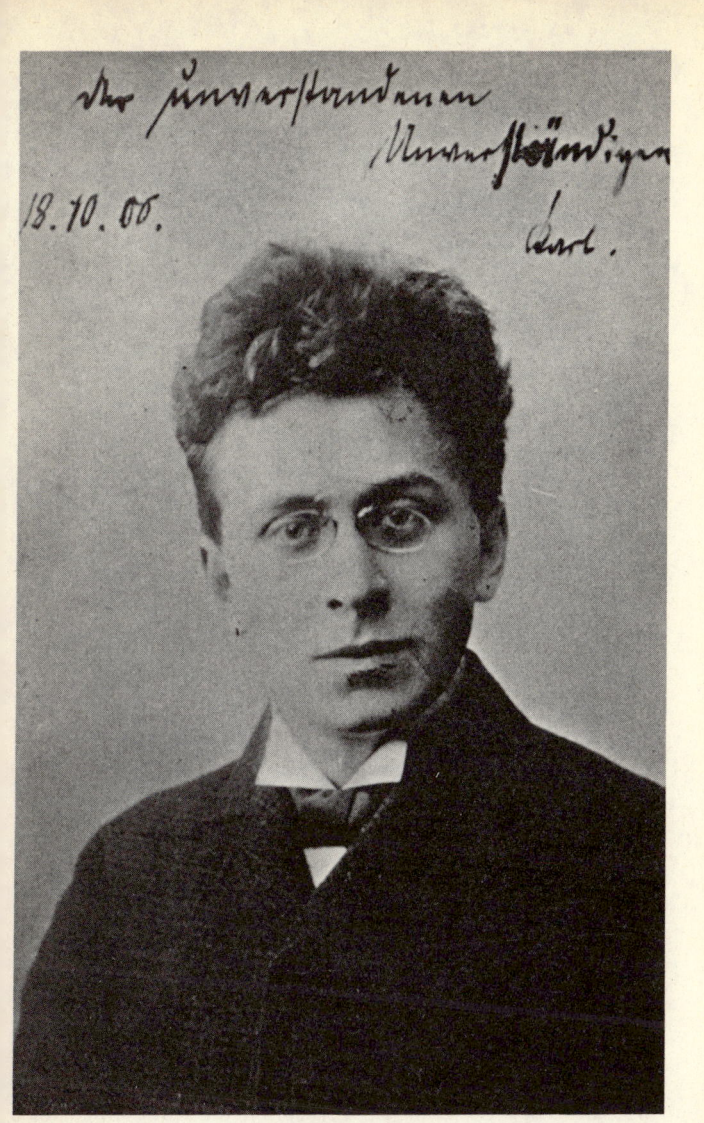

Karl Kraus (1900)

Peter Altenberg

Gustav Klimt

Leopold von Andrian

Hermann Bahr

Felix Dörmann

Felix Salten

Arthur Schnitzler

Hugo von Hofmannsthal

Kärtner-Bar, Wien

Adolf Loos

Haus auf dem Michaeler-Platz, Wien

herausgestellter Körperteil, Mund, Auge oder Schenkel, seien es Kleider-Partikel, Rüschen und Spitzen, die sich vordrängen, oder seien es schließlich die schweren Flechten und Fluten der Haare.

Nichts wird, in der Tat, von den Fin de siècle-Künstlern so fetischisiert und zu formalem Eigenleben erweckt wie das »natürliche« Ornament, das lange Frauenhaar. Die Wiener Sezessionisten bilden da keine Ausnahme. Seit das Haar der einzige Schmuck der paradiesischen Eva war, seit Dalila Samson seiner Kraft beraubte durch das Abschneiden einer Locke, seit Salome gierig verliebt war ins Haar des Jochanaan, seit Lorelei, ihre goldenen Haare kämmend, die Rheinfahrer ins Verderben stürzte, seit die ertrunkene Ophelia von ihrem Haar umflossen im Wasser dahinglitt – im Haar verkörpert sich in idealer, weil von Mythen, Sagen und Poesie beglaubigter Weise der Sinn des Begriffes »Ambivalenz«. Seine Schönheit strahlt erotische Attraktivität aus, seine Erotik verheißt Abhängigkeit, Hörigkeit, Zerstörung. Sein Besitz symbolisiert Jugend, Leben, Glück, sein Verlust Schande, Alter, Impotenz. Das Haar bietet strahlende Oberfläche, dem aber, der sich nähert, undurchdringliche, labyrinthische Wildnis. Langwallend ist es ganz Natur, Hingabe, Freiheit; frisiert, gedreht und aufgesteckt wird es zu einem Kunst-Gebilde von Ordnung, Geschlossenheit und Zucht. Im Laufe der Zeiten hat die Farbe des Haares symbolischen Charakter angenommen. Brandrotes Haar signalisiert das Böse, die Huren und Hexen und Verführerinnen werden traditionell damit versehen. Ähnlichen Zeichenwert hat das nachtschwarze Haar, das ins Tödliche und Traumhafte hinüberweist. Lichtblondes Haar dagegen suggeriert Heldentum, Sieg des Guten oder, bei Frauen, Reinheit, Heiligkeit, Unschuld. Die drei sind eins, eine Trias der Ambivalenz: die Frau, das Ornament, das Haar. In einer Bravourleistung von verbaler Imitation des Optischen, die selber symptomatisch ist für die synästhetische Gestimmtheit der Epoche, gelingt es Ludwig Hevesi, diese drei Ingredienzien eines hochstilisierten Kunstwollens als biologische Signaturen und als zu Ende geführte Natur darzustellen:

> Dann schließlich das Klimtsche Haar. Dieses proteische Element, das ornamentale Prinzip an sich. Ein ins Unendliche behandelbarer Urstoff, spinnbar, krämpelbar, schlängelbar, knüpfbar. Feuriger Wolkenball, der alle Gestalten annimmt, zuckender Blitz und züngelnde Schlange wird, kletterndes Rankenwerk, unauflöslich verstrickende Fessel, triefender Schleier, gespanntes Netz. Hier sieht man ihn den Zauberstoff aus der Natur holen als Schopf, Mähne, Lockengeringel, als Rohstoff zu erfinderischer Verarbeitung. Auf diesen schlichten Blättern sind die natürlichen Keime aller seiner künstlerischen Einbildungen stenographiert, nach dem Diktat des lebendigen Lebens. Und dazu die besonderen Klimtschen Kurven, seine parabolischen und hyperbolischen Linien, die in der Natur nur zum Teile sichtbar sind. In solchen Schwingungen weht vielleicht der Wind, aber wir sehen ihn nicht. Solche Schwellungen hat die große Linie der Meerflut, die wir immer nur als Segment wahrnehmen, weil sie zu lang ist für unser kurzes Gesicht.[124]

In dem Exzeß von Metaphern verrät sich etwas vom Erotischen, ohne daß von ihm direkt die Rede wäre. Ähnlich wie das Mystische, entzieht sich das Erotische dem direkten Ausdruck, es spricht sich über vermittelnde Instanzen, über Bilder, aus, die an die sinnliche Wahrnehmung appellieren. Der sprunghaften Art sinnlicher Wahrnehmung entspricht als Denkform einzig die assoziative. Durch Assoziation entsteht »Stimmung«, und die Stimmung schafft jene Zone, in der erotische Kommunikation stattfinden kann. Der Assoziation als Denkform des Erotischen steht das Episodische als Lebensform gegenüber. *Episode* heißt der dritte Einakter aus Schnitzlers *Anatol*-Zyklus. Zwei junge Wiener Lebemänner unterhalten sich: Max: »Und worin löst sich für dich das Rätsel der Frau?« Anatol: »In der Stimmung.« . . . Max: »Ein wahrer Zauberborn, deine ›Stimmung‹. Alle, die du liebst, tauchen darin unter und bringen dir nun einen sonderbaren Duft von Abenteuer und Seltsamkeit mit, an dem du dich berauschst.« Anatol: »Nimm es so, wenn du willst.«[125] Die dekadente Jung-Wiener Sinnlichkeit und die ornamentale Malerei haben ein gemeinsames Ziel: die Stimmung. Sie ist, bei Anatol, gleichbedeutend mit der Illusion. Diese Illusion zu erzeugen, zu erhalten und sie schützend vor den Einbruch der Realität zu stellen heißt, sich das »Lebenselixir«, die Erotik, erhalten.[126]

Die Technik dieses Erotismus auf der Basis der Illusion wird anschaulich vorgeführt von Peter Altenbergs »poèmes en prose«, wie er seine eigenen Texte, in Anlehnung an die literarische Vorliebe des Helden des Romans *A rebours* von Joris Karl Huysmans, nannte.[127] Wurde von Klimt gesagt, er wolle das »lebendige Leben« einfangen, so sagte Altenberg von sich, er wolle »Extracte des Lebens« geben.[128] Diese Extrakte aber wollen keineswegs Aussagen machen über das Leben, sondern es selbst vermitteln, als wäre es ein Geruch oder eine Farbe. So spontan und intuitiv die Altenbergschen Prosasplitter im allgemeinen freilich wirken, sie sind immer virtuos durchstilisiert; sie sind »Kunst«. »Wir wollen die Kunst, dieses Exzeptionelle, dem Alltag vermählen«, forderte Altenberg einmal.[129] Der Wunsch, Kunst und Leben zu einer Synthese zu bringen, gehört in den Ideenkreis der Sezessionskünstler, zu ihren Vorlieben für Synästhesien, Korrespondenzen und Mischtechniken. Die Erfindung der »naturhaften« Linie aber macht Altenberg erst eigentlich zum literarischen Sezessionisten. Seine Gedankenstriche, Ausrufe- und Fragezeichen, seine Pünktchenreihen erinnern an den geschwungenen, gewundenen Strich bei Klimt. Dieser naturbelassene Zustand der Zeichensetzung bewirkt wiederum eine Erotisierung. Umwege, Umstände, Umschweife sind erogen, nicht das Zur-Sache-Kommen, nicht die teleologische Gradheit, nicht die kürzeste Verbindung zwischen zwei

Punkten. »Die Wollust liebt die Mittel, nicht den Zweck«, formuliert Hofmannsthal theoretisch.[130] In der dichterischen Praxis, bei Altenberg, sieht ein Spätsommer-Nachmittag so aus:

> . . . Dann gingen sie in das Klavierzimmer des Casino.
> Ein kahler dunkler Raum, der nach Keller roch – – –.
> Der Bruder des Mädchens spielte Chopin, étude As dur.
> Es war wie See-Wellen, die singen, herangleiten und zerrinnen – – –.
> Es wurde ganz dunkel.
> Draußen am Fenster verneigten sich die Kastanienblätter vor den Windstößen und der Sturm machte sch sch sch – –.
> In der Ferne schimmerte eine Glaslaterne – – –.
> Drinnen glitt die As Dur-Etüde heran, legte sich an die Herzen und zerrann – – –.
> Der Herr und die Dame rauchten – –.
> Man sah nur die glühenden Spitzen der Cigaretten – –.
> Er saß ganz nahe bei ihr und bebte – – –.
> »Tanzen wir – – –« sagte sie.
> Draußen verneigten sich die Kastanienblätter vor den Windstößen, die Cigaretten leuchteten auf dem Fensterbrett, der Bruder spielte und die Zwei tanzten im Dunkel langsam, lautlos dahin – – –.
> Später sagte sie: »Wie heißt diese Etüde, die Du da früher gespielt hast – – –?!«
> »Chopin As dur – –« sagte der Klavierspieler.
> Dann fügte er hinzu: »Robert Schumann sagte Wunderbares über dieselbe.
> Warum fragst Du?!«
> »Nur so – – –.«
> Der junge Mann aber war wie in einer andern Welt – –. Er fühlte auch Wunderbares über die As dur-Etüde, aber er konnte es nicht ausdrücken wie Schumann – – –. Er sagte nur leise zu dem Mädchen: »meine gütige Königin – – – – –!«[131]

Der Unterschied zu Schnitzlers *Reigen*, in dem auch die Gedankenstriche »das Eigentliche« ersetzen, ist gravierend.[132] Altenberg erzielt durch seine Auslassungszeichen »Stimmung«, er läßt die seelische Bewegung, das Unaussprechliche, im Unausgesprochenen schweben. Er schreibt den »Telegrammstil der Seele«,[133] die sich nicht anders mitteilen kann als durch die Chiffren des Ersatzes. Schnitzlers Auslassungszeichen sprechen ebenfalls das Unsagbare nicht aus, aber diesmal handelt es sich um den sexuellen Vorgang selbst. Die Gedankenstriche schwingen nicht elegisch aus wie bei Altenberg, sondern brechen heftig in den Fluß des Geschehens ein. Der Kontext ist überdies so gebaut, daß die Striche nicht kaschieren, sondern wie brutale Hinweise auf den Akt wirken, wie Striche quer durch das Tabuisierte. Als bei der Uraufführung des *Reigens* in Berlin, 1920, statt der Gedankenstriche jedesmal der Vorhang fallen mußte, bekam eine Zuschauerin hysterische Zustände.[134] Altenberg sublimiert, wo Schnitzler hart am Boden der Tatsachen bleibt. Die graduellen Unterschiede, die zwischen Erotik und Sexualität herrschen, sind zugleich jene zwischen »Mittel« und »Zweck«. Das »Mittel«, das Vermittelte, das erotisch Verfeinerte ist bei Altenberg nahe an der Ersatzhandlung, nahe an der Verlogenheit gegenüber der gewalttätigen Natur des Sexus, der »Zweck«, das Animalische, auf das Schnitzler hinweist, läßt die Gefahr erkennen, die der Geschlechtlichkeit von der anderen Seite droht – daß sie zur stumpfsinnigen Funktionserfüllung herunterkommt. Die Reihe der Gedankenstriche aber ist in beiden Fällen das sichtbar gemachte Schweigen über die »sexuelle Frage«.

Kraus spricht vom Erotischen, aber nicht in Gedankenstrichen. Den Gedankenstrich beargwöhnt er als einen »Strich durch den Gedanken«.[135] Er will weder zensurierte Gedanken noch die andeutende, indirekte Sprechweise, die ihm die halbherzige Komplizin des verordneten Schweigens scheint. Wie Kraus auf die Grundfesten der Grammatik für das Leben der Sprache vertraut, so vertraut er auf die klare Artikulierbarkeit des Lebens durch die Sprache.[136] Sie kann alles ausdrücken, sie versagt nicht vor metaphysischen Problemen noch vor denen des »erotischen Lebens«. Sie braucht keine Instanzen der Vermittlung – weder die Gedankenstriche noch die französischen Stilgewänder, weder den Stimmungs-Balsam noch die Farbanleihen bei der Sezessionskunst. Den Jung-Wiener Dichtern wirft er ein »Leben der Linie« vor,[137] d. h. ein Leben an der Oberfläche, dem eine Kunst der Linie, eine dekorativ-flächenhafte Kunst ohne Tiefendimension entspricht. Das Leben ohne verbindliche Moral, ein ästhetisches Leben, ruft eine Kunst ohne moralisches Fundament, eine halt- und wesenlose Kunst hervor. Das träumerische Dahingleiten unter »buntgefärbten Abasjours«[138] oder nächtlichen Caféhauslampen, der assoziative Denk- und Schreibstil und der (moralische) Verrat an der Kultur stehen für Kraus in einem ursächlichen Zusammenhang.

Agenten dieses Verrats sind alle Formen der Vermittlung, weil sie vom Schein einer Leistung profitieren, ohne die Leistung wirklich vollbracht zu haben. »Wir leben in einer Übergangszeit von oben nach unten«, heißt es in der Aphorismensammlung *Nachts*; »Die Ware vermitteln die Zwischenhändler, das Wissen die Zwischenträger und die Wollust die Zwischenstufen.«[139] Durch das Einschalten von Zwischeninstanzen entsteht dieselbe Undeutlichkeit und Entstellung einer Sache wie beim Verbreiten eines Gerüchts. Im Klima der Undeutlichkeit wächst die Unwahrheit. Das Wahre und das Falsche rinnen ununterscheidbar ineinander, und im allgemeinen Durcheinander tauschen sie unbemerkt die Plätze.

Kraus setzt sich in Opposition zu dem Kunstbegriff der Moderne. Seine Auffassung ist dem sezessionistisch-jungwienerischen Traum von einer Verschmelzung von Kunst und Leben völlig konträr. Verschmelzung hieße für ihn Gesichts- und Identitätslosigkeit. Kunst aber ist Rebellion und Desillusion, sie dient dazu, »die Augen auszuwischen«,[140] sie will »mißfallen«[141] und weder gefällig noch selbstgefällig sein, sie darf und kann nur von »Absage« kommen, vom »Aufschrei«.[142] Kunst als »künstliches Mittelding«[143] ist ein Kompromiß, ist ein Verbrechen wider den Geist. Weil Kraus eine moralische Haltung einnimmt, mischt er die Kunst nicht ins Leben, sondern weist ihr eine Funktion zu. Kunst dient in erster Linie dem Leben. Kunst muß aber auch ihren eigenen Auftrag erfüllen, und dieser lautet auf Wahrhaftigkeit. Wahrhaftigkeit ist ihre Form der Wahrheit. Redundanzphänomene verfälschen eine Sache, sie müssen beschnitten und beseitigt werden, denn nur das Notwendige kann Anspruch auf Wahrheit erheben. Kunst muß notwendig sein, sonst wird sie unwahr. Sie muß sich deshalb des Überflüssigen und Unreinen, der Schlacken entledigen, die aus ihrer Fusion mit dem Leben herrühren, oder es entsteht jene Konfusion, die Kraus für sein Epochen-Merkmal hält: »Schlechte Kunst und schlechtes Leben beweisen sich an einer gräßlichen Identität.«[144] Oder: ». . . Leben und Sprache liegen einander in den Haaren, bis sie in Fransen gehen, und das Ende ist ein unartikuliertes Ineinander, der wahre Stil dieser Zeit.«[145] Eine separatistisch ausgerichtete Ethik macht Kraus zum Antipoden der Jung-Wiener Verschmelzungstheorien und Vermittlungstechniken. Auf diesen aber beruht das Geheimnis des erotischen Klimas, das die moderne Kunst ausstrahlt und die das Leben aufsaugt und rückstrahlt. Kraus widerspricht diesen Prämissen der Erotik grundsätzlich. Stempelt ihn dieser Widerspruch zum Anti-Erotiker – ?

»Loos' Ästhetik ist auf die Welt der Sachen angewandte Ethik«, schrieb Alfred Polgar zum 60. Geburtstag des Wiener Architekten Adolf Loos.[146] Das Beispiel Loos mag helfen, die Schwierigkeiten verständlich zu machen, in die ein oppositioneller Charakter gerät, wenn er sich auf das Feld der positiven Zuwendungen begibt. Auch Loos ist eine Widerspruchsfigur. »Der Mann, der Nein sagt«, nennt ihn ein

Zeitgenosse.¹⁴⁷ Zugleich ist er einer, den seine Biographie als erotisch Interessierten und Aktiven ausweist, der außer vielen Affären drei Ehen absolviert hat und, 1928, gar in einen Sittenskandal verwickelt wurde.¹⁴⁸ Kraus beobachtet ihn, als er zwischen 1899 und 1900 gelegentlich Kunstkritiken für die *Neue Freie Presse* schreibt, und wird ihn um diese Zeit wohl auch im Caféhaus kennengelernt haben. Er ist von seinem klaren und originellen Geist beeindruckt¹⁴⁹ und orientiert sich nach ihm in Fragen des Kunstgeschmackes. Loos, der Sohn eines Steinmetzen, war in den neunziger Jahren in Amerika gewesen, »und er predigte Amerika in Wien. Er predigte: Vernunft, Wahrhaftigkeit, Hygiene, Zeitersparnis, anständige Lebensführung«.¹⁵⁰ In anderen Worten: Loos, vom Handwerk herkommend, strebte nach einer strikten Trennung von Kunst- und Gebrauchsgegenstand. Jener ist die »privatangelegenheit« des Künstlers,¹⁵¹ dieser hat einen bestimmten »offiziellen« Zweck, reibungslos muß seine Form den Erfordernissen der Funktion nachkommen. Zusätzlicher Zierat, überflüssiges Zubehör, aufgeklebte Verschönerungen machen den Gebrauchsgegenstand unbrauchbar und nähern ihn auf unzulässige Weise dem Kunstobjekt. Beide nehmen Schaden durch diese Verwischung der Grenzen, durch diese Vermischung der Genres; wird hier der Zweck durch Kunst vertuscht, erniedrigt sich dort die Kunst im Dienste des Zwecks. »Nie und nimmer kann ein Regenschirmständer, die Zigarettendose, ein Haus unserer Zeit schön sein, wenn der von Literatur und schlampiger Morbidezza gezeugte Wiener Ästhet, genannt Kunstgewerbler, dem Tischler oder Maurer die Arbeit aus den Händen schwindelt«, heißt es weiter in der zeitgenössischen kleinen Schrift.¹⁵²

Zunächst noch auf seiten der sezessionistischen Moderne, veröffentlichte Loos 1898 im *Ver Sacrum* seine Abrechnung mit dem historistischen Ringstraßen-Wien, das er als »potemkinsche stadt« beschimpfte.¹⁵³ Seine Allianz mit der *Sezession* ist jedoch von kurzer Dauer: 1899 öffnet das Café

Museum seine Türen, dessen Inneneinrichtung Loos entworfen hatte. »Café Antisecession« nannte es ein Rezensent der *Wiener Rundschau*,[154] denn dort herrschten Einfachheit und Klarheit, nichts Überflüssiges stand im Wege. Jedes Material wirkte seinem Wesen gemäß, Messing sollte nicht wie Gold wirken, Fichte nicht wie Mahagoni, Wachstuch nicht wie Marmor. »Die Secession arbeitet decorativ und strebt dahin, die Construction der Decoration anzupassen; Loos arbeitet alles aus der Construction heraus«, schreibt derselbe Kritiker.[155] Aus der Loosschen Perspektive erscheint das dekorative Element des Sezessionsstils wie eine verjüngte, erschlankte, gleichsam flüssig gewordene Variante des figürlichen, protzig schweren Gründerzeit-Ornaments. Als es seinen Siegeszug über Malweise, Häuserfassaden und Gebrauchsgegenstände (*Wiener Werkstätten*, 1903) antrat, blieb Loos – und mit ihm sein Freund Karl Kraus – in der antiornamentalen Opposition. Während die aristokratische Kunst des Jugendstils[156] sich aus der anfänglichen Exklusivität zur ästhetischen Phantasieblüte der großbürgerlichen Salons entwickelte, schuf sich Loos, ebenso wie Kraus, eine neue, rationale Exklusivität; während Klimt zum Inbegriff des Wiener Selbstverständnisses avancierte, wurde Loos zum Architekten der *tabula rasa,*[157] und Kraus machte sich an die »Trockenlegung des weiten Phrasensumpfes«[158] in der Presse und an die Amputation von Wort- und Bildungsornamentik in der Literatur. »Wer nicht Temperament hat, muß Ornament haben. Ich kenne einen Schriftsteller, der es sich nicht zutraut, das Wort ›Skandal‹ hinzuschreiben, und der deshalb ›Skandalum‹ sagen muß. Denn es gehört mehr Kraft dazu, als er hat, um im gegebenen Augenblick das Wort ›Skandal‹ zu sagen.«[159] So werden Loos und Kraus zu immerwährenden Antipoden sowohl des altphiliströsen wie des neosensualistischen Geschmackes in Wien.

Der Kampf gegen das Ornament ist von haßerfüllter Intensität. Mit schwerem, kulturmoralischen Geschütz fahren die Kritiker dem bunten Gespenst zu Leibe. Kraus: »Geistesschweinerei«[160], Loos: »ornament-seuche«.[161] Die beiden steigern sich derart in ihre Abwehrhaltung hinein, daß aus den Helden Fanatiker werden, aus den Wächtern Polizisten. Im Exzeß der Tugend werden die Grenzen der Tugend sichtbar. Erst im Unterschied zwischen einer Urne und einem Nachttopf, behauptet Kraus, könne die Kultur noch einen Spielraum haben.[162] Hier färbt satirische Übertreibung noch den Ton; gravierender aber wird es, wenn ihn sein Affekt irreführt, gegen den Künstler Klimt und ins Einverständnis mit obrigkeitlichen Richtlinien. Verbieten lassen will Loos die Perforation auf Herrenschuhen und die Großbuchstaben, das panierte Schnitzel und eingebranntes Gemüse. Es wird absurd. Auf ihre Weise handeln die Berserker wie ihre deklarierten Feinde in Staat und Gesellschaft, die Zensoren, die dort leere Stellen bzw. glatte Flächen schaffen, wo staatsgefährdende, anarchistische oder »unsittliche« Äußerungen sich breitmachen – wie vielerorts in der *Fackel*. Kraus und Loos antworten einer von Tabus umstellten Kulturwelt mit Tabus.

Die paranoiden Formen, die die Abwehr des Ornaments angenommen hat, lassen vermuten, daß die Angriffe einer unheimlicheren und größeren Sache gelten als bloß dem Liniengewirr: der Abwehr von Angst und der Abwehr einer ungewissen Affinität. Es ist die Angst vor dem Unberechenbaren, dem Irrationalen, dem Subversiven, das die Besitzer fester Begriffe und klarer Definitionen in Frage stellt, und es ist die Unterdrückung eines geheimen Appells, dem sie sich nicht entziehen können. Irgend etwas in ihnen antwortet sympathisch auf die unbewußten Regungen der Epoche, die im Ornament nach oben drängen, und um so nachdrücklicher muß die Ablehnung ausfallen. Eine paradoxe Situation ist entstanden. Die libidinös-erotischen Impulse, die vom Ornament ausgehen, haben eine verunsichernde Wirkung, zugleich aber bilden sie den schöpferischen Grundantrieb des Künstlers. Loos erkennt dies:

Das erste ornament, das geboren wurde, das kreuz, war erotischen ursprungs. Das erste kunstwerk, die erste künstlerische tat, die der erste künstler, um seine überschüssigkeiten los zu werden, an die wand schmierte. Ein horizontaler strich: das liegende weib. Ein vertikaler strich: der sie durchdringende mann. Der mann, der es schuf, empfand denselben drang wie Beethoven, er war in demselben himmel, in dem Beethoven die neunte schuf.[163]

Dennoch verflucht der Künstler Loos, was den Anfang der Kunst bedeutete, mit Worten wie »verbrecherisch«, »degeneriert«.[164] Er zieht die Kastration ornamentalen Exzesses (d. h. die erotische Selbstverstümmelung) der Hingabe ans orgiastische Triebspiel (d. h. den moralischen Selbstverlust) vor. Daß es zu solch psychokünstlerischen Zerreißproben überhaupt kommen mußte, lag nicht bloß am übersensiblen Gewissen eines Loos oder Kraus. Im Wesen des Ornaments selbst liegen Widersprüche, zumindest ist es zutiefst zweideutig, zweideutiger, als seine Zensoren es wahrhaben wollen. Sein doppelter Boden, seine Ambiguität, besteht darin, daß es ebenso verhüllend und verschleiernd wie ausplaudernd und verräterisch wirkt. Schmückendes Beiwerk, das über die Wahrheit eines zugrundeliegenden Materials hinwegspielt, hinweglügt, ist es zugleich eine Botschaft aus dem Unbewußten,[165] das in seinen spielerischen Windungen und Voluten jene anarchisch-lustvolle Freiheit nachbildet, wie sie nur im Traume herrscht. Das Ornament kann »Verbrechen« sein, um mit Loos zu sprechen, weil es sich gegen den sozialen Fortschritt stellt, indem es die Handwerker zwingt, überflüssige Arbeit zu leisten,[166] und doch kann diese Überflüssigkeit eine psychische Notwendigkeit darstellen, ein Verströmen irrationaler Energien, die in Anlehnung an das Rankenwerk der Natur das Entfremdungsgefühl des Großstädters in einer gleichnishaften Geste aufzufangen und zu trösten vermögen. Es kann ästhetischer Ballast sein, kulturhemmender Faktor, oder ästhetische Erholung und Erotisierung des Alltags, denn indem es verhüllt, weist es auf etwas hin; wie ein raffiniert geschnittenes Kleid auf den unsichtbaren Körper. Es kann sinnentstellend und erstickend wirken wie die blumige Rhetorik, aber es kann auch der übertragenen Rede einer Parabel ähneln, die mit verschiedenen Sinn-Ebenen spielt, oder einem Wortspiel, oder einem Rebus, einer Metapher...

Die Ornamentkritiker entkommen dem untergründigen Appell nicht, den das Ornament aussendet; sie entkommen dem Zeitgeist nicht so vollends, wie sie durch die Härte ihrer Haltung glauben machen. Im Falle Loos ist die Ornamentfeindschaft schon in sich gebrochen, denn seine Abscheu gilt weniger dem ornamentalen Prinzip an sich als der besonderen Form des historistischen Ornaments, das in seiner Imitation und Vermischung vergangener Stilepochen tatsächlich eine Perversion des Ornaments, einen künstlerischen Wechselbalg und eine historische Unwahrheit darstellt. Die Drastik seiner Pamphlete gegen das Ornament, die in einem an Nietzsche geschulten hyperbolischen und zugleich federnd eleganten Stil geschrieben sind, darf nicht darüber hinwegtäuschen, daß Loos dem individualistisch und aristokratisch ausgerichteten Jugendstil nähersteht als dem durchrationalisierten *Bauhaus*-Stil der zwanziger Jahre. Dessen industrielle Reproduzierbarkeit entlarvt die Berufung auf Loos als Mißverständnis, denn Loos wollte »Kunst« und nicht die kopierbare Schablonenarchitektur, die sich aus den Bauhaus-Gesetzen fortentwickelt hat zu der antiornamentalen, antihumanen modernen Nachkriegsarchitektur. Die bekanntesten Loos-Schöpfungen in Wien, die Loos-Bar (1907) und das Michaeler-Haus (1910), weisen Charakteristika auf, die eine Fortsetzung des exklusiven Schönheitsverständnisses des Ornaments mit anderen Mitteln sind. Die Front des Hauses am Michaelerplatz ist glatt, aber sie wirkt nicht kahl, die Marmorsäulen sind Zeugen eines sinnlichen Interesses am Materialwechsel, die kubisch herausstehenden, enggegitterten *bay-windows* der unteren Fensterreihe verraten dekorative

Sensibilität, ebenso wie die vielfache Stufung und die geschwungenen Ecken des Dachgesimses. Die sorgfältige Proportionalität, die nicht stumpfe Ausgewogenheit, sondern ein raffiniertes Bezugsspiel der Flächen bezweckt, tut ein übriges, um eine höchst disziplinierte Form »ornamentaler« Bauweise vorzuführen. Ähnlich die Loos-Bar, wo luxuriöse Materialien wie Mahagoni mit Marmor und Messing abwechseln und wo das geometrische Kassettenmuster an der Decke in einer verspiegelten Wand ins Unendliche fortspielt. Die Sachlichkeit verträgt sich bei beiden Bauten mit dem Nutzlosen, Funktionalität mit Schönheit, Notwendigkeit mit Überfluß.

»O schöne Überflüssigkeit!« – mit diesem Stoßseufzer, der eine Welt von Liebe, Lust und Glück umfaßt, endet eines der biographisch wichtigsten Gedichte von Kraus an seine Geliebte, die Baronesse Sidonie Nádherný von Borutin.[167] Dieses Gedicht, entstanden am 30. April 1915 in Rom *Vor einem Springbrunnen* (so der Titel), spricht gleichnishaft vom Liebesakt und führt die komplementären Bedingungen der Geschlechter in der Metapher von (männlicher) Fontäne und (weiblicher) Brunnenschale vor. Die Lust des »daseinsseligen Elemente(s)«, des Wassers, ist »zwecklos« und sich selbst genug. Von seinem »holden Überfluß«, den keine »Pflicht« und keine »Scham« einengt und bindet, gewinnt der Geist seine hochaufschießende Kraft; er verdankt dem überquellenden Brunnen »ein Regenbogenspiel« – das Gedicht. Das überströmende Leben befreit die Kunst zur spielerisch bewegten Arabeske. Um auf der vordergründigen Ebene der Metapher zu bleiben: im zwecklosen Auf und Ab des Wasserstrahls verkörpert sich die Lust der Kunst an sich selber, darf das Schöne identisch sein mit dem Überflüssigen. Im Kern des Krausschen Wertgefüges gibt es einen Bereich, in dem das Schöne, ohne Selbstverrat zu begehen, gelöst ist vom moralischen Druck des Wahren und Notwendigen, wo Freiheit herrscht von Zensur und Selbstzensur, von der »Zentnerlast«

Mit dir vor einem Springbrunnen
(Frascati 30. April 1915)

Wie hoch die Kraft des Wassers hebt!
Es steigt und spreitet, schwillt und schwebt,
es steht im Strahl, es kommt und fällt
in diese wache Gotteswelt;

die gewissenlos wie am ersten Tag
bloß ihrer Lust genügen mag
und von dem holden Überfluß
an keiner Schuld verstocken muß.

Wie jenes einen Mayst dich trägt,
die sie aufführt — zum Himmel steigt,
ist Dank, wie immer, früh und spät,
ewiglich wachsendes Gebet.

Das grüßt und weint, selb einmal und eins
im absichtslosen Lament;
es fällt empor und heißt hervor —
Ruh! ist die Sonne, heißt der Herb.

Und so es lebt, indem es stürzt,
des Lichts noch in dem Wasser wirkt:
die Gischt, dem solches Licht gefiel,
lenkt ihr ein Regenbogenspiel!

Ob auch die Schale überfließt,
ob Alles sich in nichts ergießt:
Der Geist, der es besieht, gewinnt,
und ob auch Licht und Zeit verrinnt.

Und nichts besteht und Alles bleibt,
den heiligen Geist einverleibt
der nach dem Aufhören, tröst' sich echt
fortlebt vom heiligen Geschlecht.

Der brennen weiß, was ihm verbrannt
vom Herzchen bis zum Ungeland,
den ewigen Ton, der ihm uns sagt,
daß hier die Licht die Welt beklagt,

die ihr Licht zum Feinde wurde,
das allem Licht als Leben pocht;
die sich die eignen Lieder hält
und sich bespricht mit Stern und Qual.

Noch fließt die Quell, noch strömmt ein Licht,
noch ...... wird zum Gedicht,
noch schießt die Sehnsucht hoch empor,
noch öffnet sich ein Himmelsthor —
noch wär' ich auf den Regenbogen
hinauf und Dir dort eingezogen,
daß uns verrinnen Licht und Zeit!
O schöne Überflüssigkeit!

des guten Gewissens.[168] Jenseits von moralischer Wertung, dort, wo das reine Material sich selbst feiert in der Verschwendung, ist das Glück, die erlaubte, die gelungene Vereinigung von Kunst und Leben.

Es ist nicht zufällig ein Liebesgedicht, in dem Kraus an die spielerische Verschwendung des rein Stofflichen appelliert. In der Idee ungehemmter, strömender Verausgabung gipfelt sein Ideal vom Erotischen. Die Fähigkeit aber, den Körper unaufhörlich herzugeben und herzuschenken, ist eine spezifisch weibliche. Und erst der »stofflichste« Typus von Frau kann die Selbstverschwendung verkörpern, die frei wäre von formellen Hemmungen. Die »reine« Frau wäre aus dieser Sicht die sexuellste Frau, nicht die Jungfrau und nicht die Ehefrau. Dem Körper als reinem Zweck der Lust steht der Körper als Mittel zum Zwecke der Verheiratung entgegen. Jener lebt aus seiner Wahrheit heraus, dieser beschmutzt seine Wahrheit durch moralisches Zubehör, durch soziale Verschnörkelung. Der Begriff des Überflusses, wie ihn Fontäne und hemmungslose weibliche Hingabe repräsentieren, gehört wohl zum Geist des Ornaments, aber eben eines Ornaments in einer gereinigten, puren, sozusagen abstrakten Form.

Auf eine fast ironische Weise jedoch führt der erotische Zirkelschluß von »Überfluß« und »Frau« zurück ins Zentrum der ästhetischen Moderne, zurück zu Klimt. Schließlich hatte selten ein Maler die Frau so mit dem Exzeß, mit dem Fließend-Überfließenden identifiziert wie dieser, und selten hatte einer die asoziale, die zwecklos-selbstsüchtige Natur des Eros so darstellen können. Hat Kraus diese geheime Verwandtschaft denn nicht bemerkt? War er selber, der seine Geliebte in Bilder fassen konnte wie: ». . . du blasse Schwester des Mondes, / süße Verlobte des klagenden Windes, / schwebend unter fliehenden Sternen –« denn immer so weit entfernt von der Klimtschen Welt?[169] Daß seine visuelle Empfindlichkeit längst nicht so ausgebildet war wie seine auditive, mag vielleicht erklären, warum keine Näherungen stattgefunden haben. Wahrscheinlich hat Kraus nie wirklich unterscheiden können zwischen dem gängigen Jugendstil und Klimt, zwischen der imitierbaren Dutzendware und dem genialen Strich.[170]

Dem Wink folgend, den ein bedeutsam verschlüsselter Aphorismus von Kraus gab, wurde auf den Zusammenhang hingewiesen, in dem der Begriff des Widerspruches bei Kraus mit dem des erotischen Lebens steht. Bestimmend für die Ausbildung seines individuellen Geschmackes wurde das Modell, das die Wiener Moderne ihm bot, deren Erotik in der Kunst des Sezessionismus und in dem Lebensstil des Jung-Wiener Kreises eine intensive und charakteristische Ausprägung fand. Kraus artikuliert sich im Widerspruch zu dem künstlerisch-weltanschaulichen Programm dieser Moderne, die in formaler und inhaltlicher Hinsicht dem Prinzip der allseitigen Vermittlung folgt. Das »Ornament« ist das Mittel und die »Stimmung« der Zweck der modernen Bestrebungen, Kunst und Leben ineinander aufgehen zu lassen. Im Verwischen und Überschminken der Gegensätze, im diffusen – erotischen – Ineinanderspielen aller Bereiche aber erblickt Kraus eine moralische Gefährdung der Kultur. Er sucht die »wahre« Erotik, die weder dem feinnervig stilisierten Erotismus der Modernen ähnelt, geschweige denn der phantasielosen Sinnenplumpheit der Spießbürger – und gelangt in den Bereich des absoluten Sexus. Seine Sehnsucht gilt einer reinen, ausschließlich lustbezogenen Selbstverschwendung im Exzeß, die eine Möglichkeit und Fähigkeit des Weiblichen ist. Der Begriff des Überflusses trifft auch auf eine Kunst zu, wie er sie liebt, jenseits von Zwang und Zweck, ganz poetische Autonomie.

Wie Kraus sich in Widerspruch zu den meisten kulturellen Phänomenen der Epoche setzt, so kultiviert er auch die Widersprüche, die im Erotischen selbst angelegt sind. Nur zwischen klar konturierten Gegensätzen kann sich das Element der Spannung – nicht der Stimmung – entwickeln. Analog zur Polemik, die ein ausgeprägtes Feindbild braucht, um fruchtbar zu werden, benötigt Kraus in der Erotik die starken Extreme, um inspiriert zu werden. Das Bindewort »und« in der Formulierung »Geist und Geschlecht« trügt: in erster Instanz ist seine Funktion die der Trennung. Es markiert den Abstand zwischen den beiden Begriffen, es schafft eine Beziehung der Distanz.

II. Eros und Themis

Für das geistige Klima der Moderne sind die oppositionellen Abzweigungen, die Sezessionen, kennzeichnend. Aber wie hier fast gleichzeitig Bewegung und Gegenbewegung, Naturalismus und psychologischer Impressionismus, aufeinandertreffen, so ist insgesamt eine Gegentendenz zu den segregatorischen Bewegungen bemerkbar: der Drang zur Synthese, zur Bilanzierung des Wissens der Epoche. Angesichts der wachsenden Kluft zwischen Natur- und Geisteswissenschaften, die von der fortschreitenden Spezialisierung der Fachgebiete hervorgerufen wurde, will man noch einmal versuchen, den Ursprung und die Grundlagen der Zivilisation zu erklären und die weltanschauliche Summe zu ziehen. Analog zum Historismus des ausgehenden 19. Jahrhunderts, der alle vergangenen Stil-Elemente sammelt und miteinander vermischt, entsteht bei diesen Kultur-Resumés eine eigenartige Vermischung der verschiedenen Genres, der Biologie, der Ökonomie, der Ethik, der Philosophie, der Psychologie und der Poesie. Nietzsches Werk bildet den Höhepunkt und die artistische Vollendung dieser Methode der Transposition der Kriterien. Er schlägt die Brücke von Schopenhauer zu Darwin, indem er die Moral als biologisches Phänomen interpretiert; er antizipiert Freud, indem er die psychologischen Determinanten der Moral bloßlegt. Im *Zarathustra* (1883/84) verschmilzt er Philosophie und Poesie, die Theorie des Willens zur Macht mit der tänzerisch bewegten Sprache des dichterischen Jugendstils.

Im Zuge der späten, aber wirkungsträchtigen Nietzsche-Rezeption um die Jahrhundertwende macht diese Methode Schule. Nietzsche wird imitiert, popularisiert und nach allen Seiten hin trivialisiert. Im Namen der Décadence-Kritik treffen sich so unterschiedliche Tendenzen wie die antiintellektuelle, völkisch-deutsch-konservative eines Lagarde und

Langbehn und die naturwissenschaftlich-positivistische eines Max Nordau, dessen *Entartung* (1892/93) die Erscheinungen in Literatur, Kunst und Musik nach den der Psychopathologie entnommenen Kriterien von Krankheit und Gesundheit auswertet. Erfolgreich und folgenreich aber sind Houston Stewart Chamberlains 1899, im Gründungsjahr der *Fackel* (deren Mitarbeiter er mit zwei Beiträgen war), erschienenen Bände *Die Grundlagen des neunzehnten Jahrhunderts*. Stolz bekennt sich der Verfasser dieser eklektizistischen Kulturphilosophie eingangs zu seinem Dilettantismus und polemisiert gegen die allzu engen Grenzen der exakten Wissenschaften. »Einzig künstlerische Gestaltung«, meint er, könne die in einzelne Fakten aufgesplitterte Welt noch meistern.[1] Zur Rechtfertigung seiner interdisziplinären Grenzüberschreitungen bedient Chamberlain sich des Begriffs, dem Nietzsche zu wissenschaftlich-philosophischer Dignität verholfen hatte: des »Lebens«. Das Leben halte er für »höher und heiliger als alles Wissen«, und es entschuldige seine, des Autors, Irrtümer und Vorurteile.[2] Von dieser vage organisch anmutenden Konzeption kommt er zu der Behauptung, daß alles, was er in seinem die alte und neue Welt, die Ursprünge der Menschheit und den zivilisatorischen Prozeß bis zum Jahre 1800 umfassenden Werk geschrieben hat, »erlebt« sei.[3] Was aber vorliegt mit den *Grundlagen* ist bekanntermaßen ein wirres Gebräu aus allen reaktionären Ideologemen der neunziger Jahre, aus germanischer Rassentheorie, Antisemitismus, Antidemokratismus, Irrationalismus, Fortschrittsfeindlichkeit und Kunstmythologie, ein Gebräu aus kulturellen Hypothesen und pseudowissenschaftlichen Beweisführungen, dargebracht in einem Zwischending aus gelehrter Bildungssprache und persönlichem »Ich«-Stil nach dem Muster Nietzsches. Das Buch ist ein Dokument für das Mißverständnis der Zeit, im Namen der Revolte gegen das »Jahrhundert der Wissenschaft« und unter der Chiffre des »Lebens« Tür und Tor zu öffnen für ein ankerloses Herumgeistern zwischen allen Genres und Jargons. Daß hier die Unterscheidbarkeit von Meinung und Information, von Person und Sache aufgehoben erscheint, liegt im Programm solcher Synthesen und bewirkt auch die bisweilen ungeheure Resonanz solcher Bücher. Das Kultur-Resumé Oswald Spenglers, das noch in den Vorkriegsjahren geschriebene Werk *Der Untergang des Abendlandes*, übernimmt in der Folge die unheilvolle Erbschaft Nietzsches: wissenschaftlichen Wahrheitsanspruch und künstlerische Subjektivität zur absoluten Lehre zu vereinen.

Einen Sensationserfolg und fünfundzwanzig Auflagen in zwanzig Jahren hatte ein Buch, das ». . . auch dem geistigen Range nach, erst recht im historischen Prozeß, zwischen Nietzsche und Spengler« steht,[4] Otto Weiningers *Geschlecht und Charakter*. Die philosophische Dissertation, im Mai 1903 als Buch erschienen, nennt sich im Untertitel *Eine prinzipielle Untersuchung* und will in ein System bändigen, was in die Spezialgebiete der positivistischen Wissenschaften (Biologie, Physiologie, experimentelle Psychologie) und der nichtpositivistischen Wissenschaften (Philosophie, Ethik, introspektive Psychologie) zerfällt.[5] Ungewöhnlich aber ist der Ansatz Weiningers: der dreiundzwanzigjährige Verfasser ». . . unternimmt es, das Verhältnis der Geschlechter in ein neues, entscheidendes Licht zu rücken«.[6] In zwei Teile zerfallend wie die Geschlechter selbst, will das Buch sozusagen das letzte Wort sprechen nicht nur in den einzelnen Disziplinen, sondern in der Geschlechterfrage, die allen Betrachtungen zugrunde gelegt wird. Von den empirischen Grundlagen des Wissens ausgehend, von Beobachtungen und Messungen, gelangt Weininger zu Kultur- und Menschheitsfragen. Von der breiten phänomenologischen Basis der »sexuellen Mannigfaltigkeit« (Teil I) gewinnt er durch Abstraktion die »sexuellen Typen« (Teil II): Mann und Weib. Vom Prinzip »M« und »W« leitet er Erkenntnisse ab für die Logik, für die Theorie des Komischen, der Liebe, der Ästhetik und des Wertes, für Probleme der Einsamkeit und Ethik, für das

Phänomen der Genialität, des Unsterblichkeitsbedürfnisses und des Judentums.[7] Weiningers hierarchische Progression vom Stoff zum Geist bezieht ihre Legitimation aus der Methode, Schritt für Schritt über die jeweilige Disziplin mit den Mitteln der nächsten hinauszugelangen. Als Psychologe überwindet er die Biologie, als Philosoph überwindet er die Psychologie. Nur der Ambition auf Kunst enthält er sich, der ein Chamberlain noch erlegen war oder auch andere, wie Wilhelm Bölsche und Max Nordau.[8] Damit vermeidet Weininger, in die vielleicht fatalste Kategorie zu fallen, in die des dichtenden Wissenschaftlers bzw. wissenschaftlichen Dichters. Die Schlußfolgerungen jedoch, zu denen er kommt, sind so absurd, daß die an sich nötige Synthese von Natur- und Geisteswissenschaften, daß die Methode der Verschmelzung beider selbst diskreditiert erscheint.

Heute ein Kuriosum, traf das Buch damals den Nerv der Zeit. Max Nordau, Journalist, Kulturkritiker, Romancier und Mediziner, rezensierte es kurz nach seinem Erscheinen und bezeichnete es als einen »Schuß im Nebel«.[9] Diese Metapher umfaßt zweierlei: sie ist eine Anspielung auf den Pistolenschuß, mit dem der Autor, wenige Monate nach Erscheinen seines Werkes, am 4. Oktober 1903 seinem Leben ein Ende setzte, und eine Charakterisierung der Wirkung von *Geschlecht und Charakter*. Im »Nebel« der allgemeinen »Geschlechts«-Literatur von anthropologischer, kriminalistischer, medizinischer, sittengeschichtlicher, psychologischer Seite, im »Nebel« der unübersehbaren Aufklärungs-, Warn- und Belehrungsbroschüren, im »Nebel« der meist anonym geschriebenen, unter dem Ladentisch weitergereichten, per Versand aus dem Ausland erhältlichen erotischen, pornographischen oder bloß zotig-witzigen Literatur, wirkte die Rigorosität und Radikalität, mit der Weininger *tabula rasa* machte mit der Frage nach der Frau tatsächlich wie ein »Schuß« ins Dickicht der Meinungen. Im Nachlaß Otto Weiningers fand sich ein Brief von August Strindberg, den Kraus in der *Fackel* abdruckte. Es ist weniger ein Brief als ein

Stoßseufzer der Erleichterung, mit dem der Repräsentant der dichterisch gestalteten Geschlechtsnot sich an den jungen Universalisten in Wien wandte, sichtlich aufatmend, daß endlich einer eindeutige Richtlinien aufgestellt hat im Chaos der Sexualität. »Herr Doktor«, schreibt Strindberg am 1. Juli 1903, »schließlich – das Frauenproblem gelöst zu sehen ist mir eine Erlösung und so – nehmen Sie meine Verehrung und meinen Dank!«[10]

Die internationale sexualkundliche Literatur, die Weininger heranzieht, gibt einen Überblick über den Stand der Geschlechterforschung seit der Mitte des 19. Jahrhunderts. Es seien hier nur die damals einflußreichsten Standardwerke aufgezählt, deren sich Weininger z. T. auch bedient hat, um ein Bild zu vermitteln von der breiten Streuung, die das Thema »Geschlecht und Charakter« zu verzeichnen hatte. Wichtig ist, hierbei zu zeigen, daß es kein Vokabular gab, kein begrifflich sauberes Instrumentarium, mit dem das zwischen Physischem und Psychischem schillernde Phänomen der Erotik und Sexualität zu fassen gewesen wäre. Es schien unmöglich, die »sexuelle Frage« ohne tendenziöse Aspekte zu erörtern: ohne moralisch-pädagogische Mahnungen, spiritistische Verdunkelung, lüsternen Voyeurismus, biogenetische Einseitigkeit, ohne naturwissenschaftlichen Plauderton, charakterologische Werturteile, sozialökonomische Utopien, mathematische Differenzberechnungen oder anthropologisch-geschichtliche Distanznahme. Dem ungeheuren Aufschwung der Sexualwissenschaften und ihres populärwissenschaftlichen Nachtrabs[11] liegen meiner Ansicht nach folgende Fragen zugrunde: Ist der Charakter eines Menschen vom Geschlecht bestimmt? Wie lassen sich aus dem physiologischen und anatomischen Geschlechtsunterschied psychologische Folgen nachweisen? Wie lassen sich aus den psychischen Unterschieden gültige spezifische Eigenschaften und Fähigkeiten für die Frau und den Mann ableiten? Sind die gefundenen Werte relative oder absolute Werte, erworbene Kultur oder ewige Natur? Wie lassen sich aus ihrer psychosexuellen Beschaffenheit endgültig die Stellung und Bestimmung der Frau in ethischer und sozialer Hinsicht festlegen? Welche Normen müssen gelten, um das in Unruhe geratene Verhältnis der Geschlechter in Ordnung zu bringen, was, schließlich, auf erotischem Gebiet, hat als krankhaft, pervers und strafbar zu gelten und was als normal und gesund?

Kompilatorische Ambitionen haben Werke wie das des Engländers Havelock Ellis: *Mann und Weib. Eine anthropologische und psychologische Untersuchung der sekundären Geschlechtsunterschiede* (dt. 1894). Ellis versammelt alle beobachtbaren und meßbaren Eigenschaften der Geschlechter und betrachtet sie auf ihre psychosexuelle Bedeutung hin; er weist z. B. die Geschlechtsunterschiede bis in die Zellgewebe hinein nach und bis in die Zusammensetzung des Blutes. Während er sich hier auf die bloße Symptomatik beschränkt und Veränderungen durch äußere Einflüsse einräumt, kommt er in seiner Betrachtung über das geschlechtliche Schamgefühl, das er ethnographisch und psychologisch analysiert, zu dem Schluß, daß alle nicht »normalen« Ausübungen des Geschlechtsverkehrs krankhaft seien. Ein erfolgreicher Vielschreiber war der Berliner Sexualforscher und Medizinhistoriker Iwan Bloch. *Das Sexualleben unserer Zeit in seinen Beziehungen zur modernen Kultur* (1908) gibt einen umfangreichen Grundriß der Sexualwissenschaft, in dem Bloch sich um Vorurteilslosigkeit bemüht. Von ihm stammt auch das monumentale Werk über *Die Prostitution* (1912), das dieses Thema, unter Heranziehung der verstecktesten Quellen, erschöpfend zu behandeln unternimmt. Unter dem Pseudonym Eugen Dühren schreibt er über den weitgehend unbekannten, da polizeilich verbotenen Marquis de Sade (1904), er gibt die *Sexualpsychologische Bibliothek* heraus (1909), das *Handbuch der gesamten Sexualwissenschaft in Einzeldarstellungen* (1912) und untersucht die medizinischen und kulturgeschichtlichen Ursprünge des größten Übels der Zeit, der Syphilis (1901-1911). Zu Weiningers Studienmaterial gehörten auch die Veröffentlichungen des Berliner Arztes Albert Moll, dessen Arbeit über *Das nervöse Weib* (1898), die *Untersuchungen über die libido sexualis* (1898) und *Die konträre Sexualempfindung* (1899). Zusammen mit anderen Gelehrten gibt Moll ein *Handbuch der Sexualwissenschaft* heraus (1912). Dort werden das Sexuelle in seinen Beziehungen zu Literatur, Kunst und Kulturgeschichte erörtert, die Pathologien des Sexuallebens dargelegt und Methoden der Bekämpfung alles dessen, was den Geschlechtstrieb anregt, empfohlen. Das Ziel des *Handbuchs* entpuppt sich schließlich als pädagogisches und ethisches. Das Interesse des mehrfach in der *Fackel* als Gerichtsgutachter in den Prozessen Moltke und Eulenburg ironisch erwähnten Dr. Magnus Hirschfeld, eines Arztes aus Charlottenburg, gilt besonders der Homosexualität und den *Geschlechtsübergänge(n)*, wie der gleichnamige Titel eines Buches heißt (1905). Er habe den Mischmasch der Natur kategorisiert, meinte Kraus, wohl in Anspielung auf Hirschfeld als den Herausgeber des *Jahrbuch(s) für sexuelle Zwischenstufen* (1899-1923).[12] Unter den vielen sich anthropologisch gebenden Sittengeschichten der Zeit, die unter dem Vorwand der Allgemeinbildung die »Giftschränke« der bürgerlichen Häuser gefüllt haben mögen, könnte das Gelehrtenwerk von Hermann Heinrich Ploß gewesen sein, das nach seinem Tode von Max Bartels überarbeitet wurde und es bis 1927 auf neun Auflagen brachte: *Das Weib in der Natur- und Völkerkunde* (1885). Herausragend durch Kenntnis und Verwendung literarischen und bildlichen Materials, aber auch durch moralische Neutralität ist die bei Langen-Müller von 1909 bis 1912 erschienene *Illustrierte Sittengeschichte* von Eduard Fuchs. Es ist interessant, bei Fuchs eine Darstellung desselben Kriminalfalles zu finden, den Kraus zum Anlaß seiner großen Auseinandersetzung mit der abendländischen Kultur genommen hat, der Schrift *Die chinesische Mauer*. Im Chinesenviertel einer amerikanischen Stadt war die Amerikanerin Elsie Siegel (sic) von dem Chinesen Leon Ling ermordet worden. Vielleicht hatte Fuchs die eher ungewöhnliche Parteinahme Kraus' für den Mörder gekannt, denn er schreibt die Schuld, ähnlich wie Kraus, nur in weniger apokalyptischen Dimensionen, der heuchlerischen amerikanischen Erziehung zu, die den Mädchen wohl erlaubt, aufreizend zu flirten, dann aber gebietet, die sexuelle Erfüllung zu verweigern.[13] Ein weiteres Werk gibt Eduard Fuchs, zusammen mit Alfred Kind, heraus, dessen Titel bezeichnend genug ist, die dreibändige *Weiberherrschaft in der Geschichte der Menschheit* (1913/14).

Daß die »sexuelle Frage« überhaupt langsam in die Öffentlichkeit kam, ist als Verdienst des Freiherrn Richard von Krafft-Ebing anzusehen, eines Nervenarztes, der 1889 die Leitung der Ersten Psychiatrischen Universitätsklinik in Wien übernommen hatte und ab 1892 der Nachfolger Theodor Meynerts wurde. Otto Weininger hat ihn noch persönlich konsultiert.[14] In seiner *Psychopathia sexualis*, einer *klinisch-forensische(n) Studie* (1886), versucht er, eine Liste aller pathologischen Erscheinungen des Sexuallebens aufzustellen und sie auf gesetzmäßige Bedingungen zurückzuführen. Enttäuscht von den »trostlosen Weltanschauungen« eines Schopenhauer und Eduard von Hartmann, enttäuscht von den Büchern Michelets *(L'amour)* und Mantegazzas *(Die Physiologie der Liebe)*, die für ihn über »geistreiche Causerien« nicht hinauskommen,[15] und enttäuscht von den Fehlurteilen einer Justiz, die er als Gerichtsarzt beobachten konnte, will Krafft-Ebing rein wissenschaftlich vorgehen. Gleichwohl entschuldigt er sich vor den Ästhetikern und Ethikern, die sich bisher in die Betrachtung der Liebe geteilt hätten, daß er dem Ebenbild Gottes die Maske abreißen müsse.[16] Doch was immer den schönen Schein beleidige, sei der Krankhaftigkeit der Erscheinungen anzulasten. Und, zurückschreckend vor der eigenen Courage, meint er, durch die Übersetzung anstößiger Stellen ins Lateinische den Unberufenen die Lektüre erschwert zu haben.[17] Historisch wichtig ist seine Studie deshalb, weil sie eine Grenze zu ziehen versucht zwischen

Delikten aus Immoralität und Delikten auf psychopathischer Basis, für welche Strafmodifikationen getroffen werden müßten. Das Ausmaß des zeitgenössischen Dilemmas zwischen gutbürgerlich-prüder Erziehung und wissenschaftlicher Unparteilichkeit wird sichtbar am Problem der Beurteilung der Päderastie. Krafft-Ebing spricht die Päderasten teilweise frei vom Verbrechertum, stempelt sie aber im gleichen Atemzug zu Geisteskranken.[18] Eine althergebrachte Abneigung gegen das »abscheuliche Laster« läßt ihn doch gegen eine Aufhebung des § 175 votieren.[19] Vollends konservativ, d. h. an die sittlichen Normen seiner Schicht gebunden, zeigt er sich in der Frauenfrage. Im Gegensatz zu dem lebhaften geschlechtlichen Bedürfnis des Mannes sei das sinnliche Verlangen des Weibes nur ein geringes, behauptet er und tritt den Evidenzbeweis an, daß sonst ja die Welt ein Bordell und Ehe und Familie undenkbar wären.[20] Da das Weib monogam, der Mann polygam sei, wiege deshalb der Ehebruch der Frau schwerer, sei also auch gerichtlich schwerer zu ahnden. Aus solchen Voraussetzungen folgt wie selbstverständlich die Eingrenzung der Frau auf den einzig akzeptablen Status: »Auf der Culturhöhe des heutigen gesellschaftlichen Lebens ist eine socialen und sittlichen Interessen dienende sexuale Stellung des Weibes nur als Ehefrau denkbar.«[21] Noch Freud wird seine wichtigsten Theorien, wie z. B. die des Ödipuskomplexes, anhand der Analyse von Männern erstellen; ein Krafft-Ebing ist erst recht ratlos, was die Sexualität der Frauen anbetrifft. Weibliche Homosexualität ist ihm weitgehend unbekannt, und unter die weibliche Hysterie rechnet er schon das Nacktgehen im Zimmer oder das Anlegen von Männerkleidern.[22]

Die Darwinsche Evolutionslehre und die Mendelschen Forschungen zur Heredität von Eigenschaften hatten eine Auseinandersetzung um die Frage der geistigen und biologischen Minderwertigkeit der Frau entfesselt, die jahrzehntelang andauern sollte. Um die Frau kreisten die Hoffnungen und Ängste, da über sie die Erbanlagen weitergegeben wurden, sie entschied letztlich über Gedeih und Verderb einer Familie, darüber hinaus über den Wert der Gattung und Rasse. Die Diskussion über Entartung bzw. Degeneration rief zugleich das Interesse an der Eugenik hervor; es bildeten sich in England und Amerika Eugeniker-Bewegungen, die auf Maßnahmen zur Erhaltung der weißen Rasse drängten, während auf dem Kontinent in den Alkoholikern und Paralytikern die Gefahr gesehen wurde. Gleichzeitig mit der Frau entdeckte die Wissenschaft auch den Verbrecher. Die Theorie seiner Entstehung aus erblich vorbelasteten oder trunksüchtigen Familien wurde erst durch die psychiatrischen Erkenntnisse erweitert und bereichert. Die kriminalanthropologische Untersuchung der Italiener Cesare Lombroso und Gugliemo Ferrero traf in der Koppelung der beiden Figuren deshalb genau ins Zentrum des Interesses: *Das Weib als Verbrecherin und Prostituierte. Anthropologische Studien, gegründet auf eine Darstellung der Biologie und Psychologie des normalen Weibes* (dt. 1894). Das vielgelesene Werk stützt sich nicht nur auf Belege aus der Literatur, sondern vor allem auf Beweismaterial aus dem Tierreich. Dieselben Autoren, die sich dem anderen beliebten Thema der Zeit, dem Zusammenhang zwischen Genie und Irrsinn, widmeten, kommen hier zu dem Schluß, das Weib sei ein halbkriminaloides Wesen von geistiger Inferiorität. Die profeministische Streitschrift eines Zeitgenossen karikiert solche Auffassungen durch Anwendung der Theorien auf den Alltag:

> Wenn z. B. Lombroso Recht hätte, wäre das Weib ein ganz gefährliches Geschöpf; kein Mann wäre vor der ›latenten Kriminalität‹ des Weibes sicher, und besonders der Ehemann müßte beständig in der Furcht leben, daß seine Frau eines Tages gänzlich unmotiviert auf die Straße liefe und sich dem nächstbesten Syphilitiker prostituierte, um nachher den eigenen Mann inficieren zu können, daß sie ihm Gift ins Essen mischte, oder daß sie ihn im Schlaf erdolchte.[23]

Für die ethische Bestimmung des Liebeslebens setzte sich der Schweizer Psychiater und Sozialreformer August Forel ein. Zwei seiner Bücher werden von Otto Soyka, einem Wiener Schriftsteller, in der *Fackel* besprochen[24]: *Die sexuelle Frage. Eine naturwissenschaftliche, psychologische, hygienische und soziologische Studie für Gebildete* (1905) und *Sexuelle Ethik* (1906). Forel bevorzugt pädagogische Aspekte und schlägt einige rassehygienische Maßnahmen wie geschlechtliche Zuchtwahl und eine planmäßige sexuelle Erziehung vor, um die Ausartung des Trieblebens, die durch starke Genußmittel, verweichlichenden Müßiggang und erotisierende Literatur begünstigt werde, einzudämmen. Für Soyka bietet Forel nichts als die Gemeinplätze eines jeden durchschnittlichen Sittenreformers, bei dem nichts definiert wird, sondern, in wissenschaftlichem Gewande, das Reine, Sittliche gepriesen und das Ausschweifende verworfen wird. Dem Axiom Forels, der »immanente Zweck« der sexuellen Liebe sei die Fortpflanzung der Art, konfrontiert er die Erkenntnisse der sensualistisch-impressionistischen Philosophie Ernst Machs, der in der *Analyse der Empfindungen* ein derart christlich-bürgerliches Dogma als absurd denunziert, als »›das biologische Seitenstück des berüchtigten physikalischen perpetuum mobile‹«.[25]

Positiv gegen Forel stellt Soyka ein Buch, das ebenfalls 1905 erschienen war, Freuds *Drei Abhandlungen zur Sexualtheorie*. Dieser neben der *Traumdeutung* wichtigste Beitrag Freuds zur Wissenschaft vom Seelenleben enthält dreierlei: eine Analyse der Perversion als ursprünglich allgemeiner Anlage des Geschlechtstriebes, aus welcher sich durch organische Veränderungen und psychische Hemmungen (Scham, Ekel, Mitleid) das normale Sexualverhalten entwickle (»Die sexuellen Abirrungen«), den Nachweis der Existenz frühkindlicher Sexualität (»Die infantile Sexualität«) und die Darstellung der späteren Verwandlungen der triebhaften Strebungen vom eigenen Körper weg zur Objektfindung (»Die Umgestaltungen der Pubertät«). Erleichtert stellt Soyka fest, daß hier einer einmal kein großspuriges »letztes Wort«

spricht, sondern das erste nüchterne und sachgebundene zur »reinen Physik der Liebe«.[26]

Durchgesetzt in jenen Jahren hat sich aber nicht Freud, sondern »modern« war die Sexualethik eines Forel. Gegen solcherart reformistische Modernität wandten sich die Schriften eines im Kaiserreich geradezu volkstümlich gewordenen Privatdozenten für Philosophie und Moralpädagogik in Zürich, eines Dr. Friedrich Wilhelm Foerster. 1907 erschien seine *Sexualethik und Sexualpädagogik* mit dem Untertitel *Eine Auseinandersetzung mit den Modernen*. Hier sind nahezu alle Argumente versammelt, die die Grundfesten der bürgerlichen Moral bilden und ohne die das Werk eines Wedekind und gewisse freizügige Aphorismen von Kraus nicht zu verstehen sind. Foerster vertraut auf die Problemlösungen der christlich-religiösen Anschauung, auf eine geistbetonte Ethik und eine Pädagogik der heroischen Selbstüberwindung. Er steht im Kampf gegen die moderne Freigeisterei, die für die sexuelle Aufklärung eintritt, gegen die »Auslebetheorie« der Modernen,[27] die die sinnliche Seite des Lebens, wenn nicht gar die Zeugungsorgane selbst mystisch feiert und vergöttlicht. Wie so viele, ist auch Foerster Décadence-Kritiker, auch er hat seinen Nietzsche gelesen, auch er stimmt in das Klagelied vom Untergang der Kultur durch nervöse Degeneration, sexuelle Verwilderung der Jugend und Sittenlaxheit ein. Homosexualität, Masturbationsorgien unter Schülern und Frivolität in der Kunst seien die Folgeerscheinungen, zu denen auch die Neuerungen »naturalistischer« Art gehörten, die sich anschickten, den Funktionen des Körpers Rechenschaft zu geben, wie z. B. die Mittel zur Konzeptionsverhütung, die ein Herr Forel vorschlage. In der Monogamie erblickt Foerster das »wahre Bollwerk der sittlichen Freiheit«,[28] und außereheliche Mutterschaft, weil nicht aus tiefem Pflichtgefühl entstanden, sei scharf zu verurteilen.[29] Statt für sexuelle Aufklärung plädiert er für ein gesteigertes Entwickeln des Schamgefühls.[30] Durch Willensübungen und Enthaltsamkeit sei der charakterschädigenden Onanie beizukommen, die jeden zum Lügner mache, und mehr als das, jeden Lügner zum Masturbanten prädestiniere. Gegen den erwachenden Trieb der Knaben helfe körperliche Hausarbeit, denn aus der beseelenden Tätigkeit der häuslichen Arbeit bezögen die Frauen ihre höhere ethische Bildung. Sportliche Übungen empfiehlt der Verfasser nur bedingt; sie könnten geschlechtliche Erregung bewirken. Die größte sexualpädagogische Kraft jedoch komme der Religion zu:

> Wir Modernen sind heute vielfach zu einseitig damit beschäftigt, die sexuelle Frage von unten, von der Materie aus zu lösen – die Religion löst sie von oben, sie geht von der geistigen Heilbehandlung aus, sie gibt keine materielle Aufklärung, sondern sie weist mit majestätischer Gebärde nach oben und erregt durch ihre erlösten Gestalten die tiefverborgene Sehnsucht des Menschen nach vollkommener Freiheit ...[31]

Ein anderes Werk, die *Lebensführung* (1911), steht dieser Verlogenheit in nichts nach. Um zu verschleiern, daß die Frau zurückgedrängt ist auf das Wirkungsfeld der berühmten drei K's: Kinder, Küche, Kirche, wird sie stilisiert und idealisiert. Sexualität hat sie keine, aber eine Kulturmission:

> In dem unverdorbenen Weibe wehrt sich geradezu ein tiefstes Schamgefühl dagegen, daß die geschlechtliche Vereinigung zu einem Selbstzweck gemacht wird ... Welches ist nun diese (Kulturmission) der Frau? Wir meinen: Über allen Berufen und Lebenszwecken steht ihr eigentlicher und innerlichster Beruf, der allen anderen erst Sinn und Inhalt gibt – der Beruf der Priesterin des Ideals. Zu solchem priesterlichen Beruf aber gehört auch eine priesterliche Kleidung. Die Frau muß an Goethes Iphigenie denken ... Am erstaunlichsten ist dabei die Gleichgültigkeit vieler Gatten und Brüder, die es dulden, daß ihre Königinnen jedem sinnlichen Klotz zur kitzelnden Augenweide dargeboten werden.[32]

Die Ratlosigkeit vor dem Fleisch, der Natur bzw. der Frau suchte sich die verschiedensten Wege, um mit der Forderung nach sexueller Abstinenz zurechtzukommen, die im Grunde nicht mehr zu halten war angesichts der Erkenntnisse der modernen Physiologie und Psychologie. Ein Weg, das alte christliche Verbot zu vereinen mit der Naturwissenschaft und dabei gleichzeitig die unbestimmte Angst vor der Sexualität auszunutzen, bestand in dem Trick, nach dem Zusammenhang zwischen geistiger Vitalität und sexueller Verausgabung zu fragen. *Die sexuelle Belastung der Psyche als Quelle künstlerischer Inspiration* nennt Oskar Panizza einen Aufsatz in der *Wiener Rundschau* vom 15. Februar 1897. Den Titel so formulieren heißt hier, das Problem beantworten; sexuelle Not, die sich nicht »auslebt«, wirke sich positiv aus auf die künstlerische Produktivität. Die Verwandtschaft mit Freuds Sublimationstheorie ist offensichtlich. Panizza ist Anti-Philister genug, um dieselben Bedingungen auch der »jungen Dame« zuzugestehen, die »allemal interessanter, geistig gerüsteter, allerdings auch leidender ist als eine junge Frau gleichen Alters, die geboren hat«.[33] Um seiner These größere Glaubwürdigkeit zu verleihen, fügt Panizza in den Fußnoten Zitate aus wissenschaftlichen Werken hinzu – ohne zu bemerken, daß diese seiner eigenen Vorurteilslosigkeit schaden. Dort erzählen die Autoren Ploß-Bartels in schönster Trivialität vom vermagerten Busen der Engländerin, Amerikanerin und Berlinerin, während sie, entzückt, »Fülle und Schönheit des Busens sowie Grazie und blühende Körperformen bei der intellectuell tiefer stehenden Wienerin« konstatieren. Dort muß ein Norbert Grabowsky, ein geistiger Verwandter von Otto Weininger, den leistungsorientierten bürgerlichen Intellektuellen in noch tiefere Gewissenskonflikte stürzen mit Erklärungen wie:

> Es ist das wohlverstandene eigene Interesse, welches Jeden antreiben sollte, Enthaltsamkeit zu üben. In dunkler, geheimnisvoller Weise verliert, wer sich dem Weibe hingibt,

mehr weniger (sic) die Fähigkeit, metaphysisch zu denken, sein höheres Ich (sic) gewahr zu werden. Überhaupt ist aller Sinnengenuß Feind der Erkenntnis.[34] (*Die geschlechtliche Enthaltsamkeit als sittliche Forderung*, 1894)

Jede ethische, philosophische, religiöse Betrachtung des Triebes, den wir, nach Foerster, »leider mit jedem Hasen und Büffel gemeinsam haben«,[35] rubriziert ihn nolens volens unter die Metaphysik der Liebe. Den vollendeten Widerspruch hierzu entwickelt erst August Bebels 1879 zuerst erschienenes, dann bis 1909 immer wieder überarbeitetes Buch: *Die Frau und der Sozialismus:* »Die sogenannten tierischen Bedürfnisse des Menschen nehmen keine andere Stufe ein als die sogenannten geistigen.«[36] Würde nicht schon der Sozialismus insgesamt das Verhältnis von Herren und Knechten, Herrschenden und Beherrschten im Sinne einer Gleichstellung und Gleichberechtigung verändert sehen wollen – die Forderung nach Gleichheit der Geschlechter ergäbe sich konsequent aus der Bebelschen Gleichsetzung des Leiblichen und des Geistigen.

Vorläufer der sozialen, ökonomischen und geistigen Befreiung der Frau aus der Versklavung durch den Mann war John Stuart Mill mit seinem 1869 erschienenen, im selben Jahr ins Deutsche übersetzten Essay *Die Hörigkeit der Frau.*[37] Mill argumentierte nicht sozialistisch, sondern vom aufklärerisch-empirischen Standpunkt her. Dennoch kommt er zu einer Kritik dessen, was auch die sozialistische Theorie unter der bürgerlichen »Natur«-Ideologie versteht: als »Natur«, ewig weibliche Natur alle diejenigen Eigenschaften und Erscheinungsbilder der Frau zu verklären, die in Wirklichkeit gesellschaftlich deformiert sind, in dieser Form aber dem patriarchalischen System bzw. der persönlichen Bequemlichkeit und den privaten Interessen des einzelnen Mannes und Vaters dienen und deshalb aufrechterhalten werden müssen.

Eine Liste solcher »Naturanlagen« gibt die zwischen 1900

und 1906 populär gewordene und vieldiskutierte Trivialschrift des Leipziger Arztes Paul J. Möbius: *Über den physiologischen Schwachsinn des Weibes*, die eine Art Kompendium der vorherrschenden Klischees darstellt und von der sich Weininger nur im intellektuellen Niveau, dem Inhalt nach aber kaum unterscheidet. Die Frauen, nach Möbius, sind Gattungswesen, keine Individuen. Ihr Beruf und ihre Berufung ist die Ehefrau bzw. Mutter; sexuell sind sie passiv. Sie opfern sich gerne auf und ordnen sich gerne unter. Ihre Moral ist Gefühlsmoral, ihre Handlungen sind instinktgebunden. Deshalb stehen sie dem Tier nahe, sind unselbständig und sorglos-heiter. Das macht sie mitunter anziehend. Da sie außerordentlich suggestibel sind, laufen sie, die doch konservativ sind, jeder Mode nach. Im Grunde kennen sie kein Gesetz und keine Sitte, deshalb darf die Furcht vor Strafe oder die Dressur durch den Mann nicht nachlassen. Sie sind kokett, eitel, eifersüchtig, egoistisch, schwatzhaft und könnten gefährlich werden, würden sie nicht meist durch die Umstände und durch ihre körperliche und geistige Schwäche daran gehindert. Intellektuell und künstlerisch sind die Frauen steril, denn unter der Gehirntätigkeit würde die Fruchtbarkeit leiden. Logisches Denken ist ihnen fremd. Aber sie sind schlau, und das befähigt sie zu Meisterleistungen in der Lüge. Sie altern früh und investieren darum alle Kräfte und jede Verstandestätigkeit in Liebesangelegenheiten. Haben sie dann einen Mann gefangen, lassen die Reize bald nach. Haben sie keinen Mann, gründen sie, nach französischem Vorbild, einen Salon und betätigen sich als »Dame«, die mit der Liebe spielt. Dort aber ist gesellschaftliche Fäulnis – ebenso wie bei Frauen, die entartet sind wie Ibsens Nora, denn das natürliche Weib will keine Freiheit, sein Glück liegt in der Gebundenheit. Erwerbstätigkeit ist zu vermeiden, es sei denn, wirtschaftliche Not zwingt dazu. Heilsamer freilich wäre es, auf den Klostergedanken zurückzugreifen ...[38]

John Stuart Mill dagegen, dreißig Jahre früher: »Was man aber jetzt die Natur der Frauen nennt, ist etwas durch und durch künstlich Erzeugtes – das Resultat erzwungener Niederhaltung nach der einen, unnatürlicher Anreizung nach der anderen Richtung.«[39] Über moralische und intellektuelle Unterschiede der Geschlechter lasse sich so lange nicht urteilen, als es keine mutterrechtliche Gesellschaft zum Vergleich gebe und die psychologische Kenntnis von der Charakterbildung nicht über die Gemeinplätze von Ärzten und Physiologen hinauskomme. Mill geriet in Vergessenheit. Erst die materialistische Geschichtsauffassung nahm den Faden wieder auf und bediente sich zum Nachweis ihrer These von der Gleichheit von Mann und Frau der vorgeschichtlichen Grundlagenforschung Bachofens[40] und Lewis H. Morgans.[41] Auf verschiedene Weise waren beide, Bachofen aus mythologischen Quellen und Morgan aufgrund ethnologischer Studien, zu der historischen Gewißheit gekommen, daß mutterrechtliche Kulturen den vaterrechtlichen vorangegangen waren. Damit war die Vertauschbarkeit von Rechten und Gesetzen, Eigenschaften und Aufgaben bewiesen, mithin die Unzulässigkeit absoluter Normen. Bebel nun beschreibt die Lage der Frau im Laufe der Kulturentwicklung. Ihre Verwandlung von einer freien in eine unterworfene entspräche der Entwicklung vom primitiven Kommunismus der mutterrechtlichen Urgesellschaften zur Herrschaft des Privateigentums, des Patriarchats. Seither, genauer: seit der griechischen Antike und der jüdisch-christlichen Welt der Vaterreligionen, sei die Frau als soziales wie als geschlechtliches Wesen ein Mensch zweiter Ordnung.[42] Unter bürgerlich-kapitalistischen Verhältnissen, dem Konkurrenzkampf aller gegen alle, sei sie das ausgebeutete Objekt, dessen Wert abhängig ist von der Hausse (»Geldehe«)[43] oder der Baisse (»Die Ehe als Versorgungsanstalt«)[44] ihrer materiellen Lage. Als Ehefrau sei sie Spekulationsobjekt, das an der »Ehebörse«[45] (oft in Gestalt einer Zeitungsannonce) gehandelt werde, als Geliebte ein rechtloses Genußobjekt, als unverheiratete Frau nutzlose »alte Jungfer«, ausgeschlossen vom Produktions- und Reproduktionskreislauf, als Prostituierte ein

Objekt gröbster Befriedigung und sozialer Ächtung und als Heim- oder Industriearbeiterin schließlich Objekt ökonomischer Ausbeutung – Frauen sind billigere und zu Zeiten flauer Konjunktur sofort abstoßbare Arbeitskräfte. Ihre Chance liege in der Solidarität mit dem ebenfalls Ausgebeuteten und Rechtlosen, dem Proletarier, und im gemeinsamen Kampf gegen den Kapitalismus.[46] Bebel trägt dem biologistischen Rausch der Epoche durchaus Rechnung und versäumt nicht, auf das damals so gern betriebene Messen von Schädeln und Wiegen von Hirnen einzugehen, mit denen die Gegner der Frauenbewegung ihre Thesen von der geistigen Inferiorität der Frau untermauerten.[47] Aus vorgefundenen stofflichen Differenzen, meint er, dürften keine Schlüsse auf politische oder soziale Verschiedenheit gezogen werden. Geschlechtliche Eigenart sei ein Produkt von Herrschaft, historisch bedingt und relativ zu den Verhältnissen. Die Frau der Zukunft, der freien, sozialistischen Gesellschaft, würde dieselbe Erziehung erhalten wie die Männer, sie würde sozial und ökonomisch unabhängig sein, frei in der Wahl der Arbeit und frei in der Liebeswahl. Die Befriedigung des Geschlechtstriebes würde wieder eine von natürlicher, unverlogener Moral geregelte Privatangelegenheit sein – in einer durch den Sozialismus herbeigeführten Wiederherstellung der »natürlichen« Gesellschaft auf höherer Kulturstufe. Für Bebel und die Sozialisten ist die Lösung der Frauenfrage unmittelbar abhängig von der Lösung der sozialen Frage.[48] So unleugbar richtig diese Ansicht ist, so unleugbar frappiert aber auch die gläubige Naivität, mit der die frühen Theoretiker, den Begriff »Natur« mit Sozialismus gleichsetzend, die Frauenfrage schon beantwortet haben, ohne das zutiefst Irritierende des Geschlechtlichen selbst, als eigenes Problem, anzuerkennen oder auch nur wahrzunehmen.

In den Diskussionen über die Frau blieb die Frau nicht gänzlich stumm. Es gab Autorinnen, die der rechtlich-politischen Frauenbewegung nahestanden, und es gab die freien Schriftstellerinnen, die sich einzelnen Reformen widmeten oder auf künstlerischer oder essayistischer Ebene zur Frauenfrage Stellung nahmen.[49] Insgesamt war die Zahl der schreibenden Frauen jedoch gering. Schriftstellerin zu sein, wenn man nicht Blütensammlerin in der heimischen Gartenlaube à la Marlitt oder Eschstruth sein wollte, war gleichbedeutend mit dem Risiko gesellschaftlichen und privaten Außenseitertums. Um sich gegen die Vorurteile der bürgerlichen Umwelt zu behaupten, in der es nicht von gutem Ton zeugte, sich zu »engagieren« oder überhaupt zur Feder zu greifen, bedurfte es einiger Selbstsicherheit oder materieller Selbständigkeit. Die auffallende Vielzahl männlicher Pseudonyme um die Jahrhundertwende bezeugt diesen Zustand in ähnlicher Weise wie das plötzliche und gehäufte Auftreten adliger Damen in diesem Metier: eine Fürstin Lichnowsky, Freiin von Bülow, Gräfin von Reventlow oder eine Baronin von Suttner geb. Kinsky waren sich des Affronts, den sie darstellten, durchaus bewußt.

Die Frauenfrage selbst thematisieren zwei berühmt gewordene (Trivial-)Romane, die vom Scheitern emanzipationssüchtiger Mädchen handeln, Gabriele Reuters *Aus guter Familie* (1895) und Helene Böhlaus *Halbtier* (1899). Hier ist es die Tochter eines Regierungsrates, deren Ansätze zu einem selbstbewußteren geistigen Leben in einem Wahnsinnsausbruch enden und dann gar verkümmern, dort ist die Heldin eine Künstlerin, die den Mann, der sie auf ihre (halb-) tierhaften Funktionen reduzieren will, niederschießt. Für die freie Liebe und gegen die Knebelung der weiblichen Natur durch die Schwangerschaft setzte sich die aus Pommern gebürtige Lyrikerin Margarethe Beutler ein, eine Bohemienne, die sich den Münchner Kreisen um Wedekind und Conrad anschloß und mit Erich Mühsam befreundet war; Kraus druckt zwischen 1906 und 1907 vier Gedichte der begabten Dichterin ab.[50]

Wandlung

Ich fühle mich so grauenvoll verändert,
Ich bin nicht ich, ein Fremdes wohnt in mir,
Aus diesen Augen, flackernd und umrändert,
Blickt hinterlistig ein gereiztes Tier.

In wildem Brüten wandle ich die Tage
Ich bin nicht ich, und weiß nicht, wer ich bin –
Und weiß nur eins: daß ich ein Wesen trage,
Und daß ich neuen Lebens Hüterin ...

Und wie ich selbst mir täglich fremder werde,
Wird fremd und sinnlos mir Geburt und Tod,
Und fremd das tolle Blühen dieser Erde,
Und fremd der eignen Fruchtbarkeit Gebot – –

Natur, Du Törichte! – Nimm diese Bürde,
Die Frucht, die ohne Segen schwillt und Glück,
Die ich hinschleppe ohne Mutterwürde,
Eh' sie ins Leben reift – nimm sie zurück! – –
(F 219-220, 1907, S. 23)

Die österreichischen Frauenbewegungen formierten sich mit leichter zeitlicher Verspätung gegenüber den englischen und deutschen. 1892 begründete Adelheid Popp (*Die Lebensgeschichte einer Arbeiterin*, 1909) – eine Frau mit »klassischer« Proletarierbiographie: fünfzehntes Kind einer Inzersdorfer Weberfamilie, der Vater ein Trinker, nach drei Jahren Schulbildung Schwerstarbeit in der Fabrik, physischer Zusammenbruch, 1885 Mitglied der sozialdemokratischen Partei, danach Publizistin und Agitatorin – die *Arbeiterinnen-Zeitung*. Dort kämpfte sie für die Rechte der Frau auf Arbeit, für ihre freie Entfaltung in Familie und Öffentlichkeit und auch für eine Verständigung zwischen Frauenrechtlerinnen und Arbeitern, die bei der bestehenden Konkurrenzangst am Arbeitsplatz gefährdet war.

Um sich abzusetzen von den sozialdemokratischen Arbeiterinnen und von den Frauenbünden der christlich-sozialen Partei, gründeten die »freigesinnten, bürgerlichen Frauen«[51] unter der Leitung von Auguste Fickert und der Schriftstellerin Rosa Mayreder 1893 den Allgemeinen Österreichischen Frauenverein. Die Ziele des Vereins lagen, wie dem Gründungsblatt zu entnehmen ist, ganz auf der Linie des österreichischen Liberalismus in Politik, Presse und Wirtschaft.[52] Er ist reformistisch, fortschrittlich und evolutionär gesinnt, dient der Aufklärung durch Diskussionsabende und Vortragszyklen, gewährt Frauenrechtsschutz durch Beratung und sieht Kurse vor zur Ausbildung beruflicher Wohlfahrtspflege. *Dokumente der Frauen* werden die Blätter genannt, die der Verein zwischen 1899 und 1902 herausgibt; Annoncen dieser *Dokumente* erscheinen auch in den ersten Heften der *Fackel*. Sie wollen mit den Tatsachen des Lebens, d. h. des sozialen Elends, bekanntmachen, mit dem »Kampf ums Dasein«, der in der »Familienliteratur« verschwiegen oder verschleiert wird.[53] Das Frauenbild dieser »Frauen aus den höheren Ständen«[54] geht aus einer Petition an das Abgeordnetenhaus vom 26. Oktober 1895 hervor, in der um Zulassung der Frauen zum medizinischen Studium und zum Arztberuf angesucht wird. Weiblichkeit sei Natur, nicht anerzogen, sondern »hehres Attribut«. Weiblichkeit sei »Inbegriff der Sittlichkeit«, einer Sittlichkeit, die in »erhöhtem Schamgefühl« ihren vollkommensten Ausdruck findet. Eben dieses Schamgefühl ließe die Frauen lieber an Frauenkrankheiten zugrundegehen, als daß sie einen männlichen Arzt aufsuchten.[55] Wie sich die Emanzipation der liberalen Frauen innerhalb des bestehenden gesellschaftlichen Rahmens vollziehen soll, so werden hier auch die traditionell geltenden Anschauungen von der Frau auf das eigene Geschlecht projiziert. (Freilich ist zu beachten, daß solch prononcierte Mimikry männlicher Sprach- und Denkweisen zweckdienlich ausgerichtet ist: um das Anliegen durchzubringen, muß die Sprache geredet werden, die der Gegner, das hohe Abgeordnetenhaus, versteht.) Ein anderer Emanzipationsansatz richtet sich nicht nach männlichen Mustern in Arbeit und Beruf, sondern fordert die Emanzipation der Frau zur Frau, vertraut also auf ein weibliches Prinzip, von dem eine Verbesserung der durch maskulines Herrschaftsdenken korrumpierten gesellschaftlichen Verhältnisse erhofft wird. Geschlechtsgleichheit oder Geschlechtsbesonderheit, Imitation und Konkurrenz oder Individuation und Muttertum – das ist eine Frage, die schon in den Anfängen der Frauenbewegung Uneinigkeit hervorruft. Dieser Uneinigkeit entspricht eine Polarisierung der Lebenshaltungen: Betonung des Männlichen, Sachorientierten, Rationalen auf der einen Seite und Betonung des Weiblichen, Natur- und Kosmosgebundenen auf der anderen.

Individualität – jenseits der teleologischen Geschlechtsbestimmung – ist das Losungswort von Rosa Mayreder in ihrem Buch *Zur Kritik der Weiblichkeit*, einer ethisch-psychologischen Studie. Sie geht ebenfalls die Resultate der biogenetischen Forschung durch, kann ihr aber keine Formel entnehmen, um die Weiblichkeit oder die Männlichkeit exakt zu bestimmen. Außerdem lehre die Realität, daß psychische Geschlechtscharaktere beliebig auf Männer und Frauen vertauscht erscheinen. Auch auf nichtsoziologische Weise stellt sich so heraus, daß Weiblichkeit ein Kultur- und kein Naturprodukt ist.[56] Mit Geschick analysiert Rosa Mayreder, die aus einer alten Wiener Bürgerfamilie stammte, Musikerin, Malerin, Dichterin und Essayistin war, die widersprüchlichen Definitionen des Weiblichen bei Frauen. Sie geht auch den Spuren nach, die die Verinnerlichung männlicher Denkkategorien im Denken und Empfinden der Frauen hinterlassen hat,[57] und vergleicht die verschiedenen Frauenbilder bei Schriftstellerinnen ihrer Generation, bei Lou Andreas-Salomé und bei Laura Marholm. Die Frau der Salomé ist ein in sich geschlossenes, ruhendes Geschöpf, konzentrisch wie die Eizelle, ursprünglich im eigenen Sein wurzelnd, wenig individualisiert, von intakter Harmonie und noch teilhabend an den Kräften des Alls, während der Mann das höher spezialisierte, differenzierte, friedlos schweifende Wesen ist, das des

Hauses, der Schranke und der Sitte bedarf, um sich nicht zu verlieren. Die konventionellen Tugenden wie Häuslichkeit, Religion, Unterordnung, Reinheit sind keine sekundären, erworbenen Eigenschaften, sondern symbolische Illustrationen der tieferen weiblichen Art. Das Weib ist mystische Totalität, auch in der Geschlechtlichkeit. Von dieser positiven Bestimmung her nähert sich Lou Andreas-Salomé der negativen »Weibmaterial«-Auffassung der Antifeministen: »In irgendeiner geheimnisvollen und höchsten Bedeutung wird es wahr, was die schamlose Brutalität der Sinnlichkeit vom wahllos aufgegriffenen Weibe ausspricht: ›daß Weib oder Weib dasselbe gelte‹.«[58] Jedes Konkurrieren mit dem Manne auf geistigem oder praktischem Gebiet ist demgemäß eine Gefahr für die natürliche Größe des Weibes. Diese Salomésche Idee einer elementaren Selbstgewißheit des Weiblichen kritisiert Rosa Mayreder als eine Form von weiblichem Machtwahn, der zwar auf den intellektuellen Mann durch die Suggestion größerer Naturnähe einen erotischen Zauber ausübe, sittlich gesehen aber Egoismus sei, der die Liebesgemeinschaft gefährde und zur Degradierung des Mannes als »großes Kind« bzw. zur Männerverachtung führen könne.[59]

Ein markanter Spruch der Frau des schwedischen Dichters Ola Hansson, der in den neunziger Jahren vielgelesenen Laura Marholm, bezeichnet die Gegenposition: »›Des Weibes Inhalt ist der Mann‹.«[60] Die Frau habe kein Zentrum in sich, sondern hinge ab vom Mann und von der Konvention. Es sei ihre Natur, sich nach dem Wunschbild des Mannes zu richten, bis sie, deren Geschlechtlichkeit eine »durchseelte, verinnerlichte« ist,[61] im Kind ihre Unbestimmbarkeit verliere. In der geistigen Nähe von Laura Marholm betätigt sich auch die schwedische Essayistin und Vortragsreisende Ellen Key, die mit den Büchern *Das Jahrhundert des Kindes* (dt. 1900) und *Über Liebe und Ehe* (1904) bekannt geworden war und auch in Wien, außer von der *Fackel*, mit Begeisterungsstürmen aufgenommen wurde. Das ist nicht verwunderlich, denn Ellen Key, die sich mit einem verwaschenen »sozialen Individualismus« der Erotik nähert, sprach sicherlich einem großen Teil des männlichen Publikums aus dem Herzen.[62] Sie galt als Frauenrechtlerin, vertrat jedoch ausgesprochen antiemanzipatorische Gedanken. Das moderne »Hirnweib(...)«[63] scheint ihr ein Schreckgespenst, eine Gefahr für die Kultur; die Autorin stellt sich gegen das Recht auf Arbeit der Sozialistinnen und preist statt dessen die Mutterschaft als Erlösung des Weibes und der Menschheit.[64] Wie viele Nachbeter der Wissenschaft huldigt sie der darwinistischen Theorie von der natürlichen Auslese. Diese werde durch den Artveredelungs-Instinkt bewerkstelligt, nach dem das Mädchen keine Liebe zu dem erotisch liederlichen Jüngling empfinden könne und umgekehrt der Mann sich nur der reinen Frau zuwenden könne. Das Liebesgefühl hinge also eng mit dem Gattungsgefühl zusammen und werde nur dadurch ethisch geadelt. Dementsprechend wiederholt sie andere Gemeinplätze: daß der Umgang mit Prostituierten den Mann geistig und gesundheitlich zerrütte, daß die Naturbestimmung der Frau in der Monogamie liege und daß die Liebe der Frau Beseelung sei. In ihrem verquollenen Stil hört sich das so an:

> Und besonders ist es die Frau, die jetzt ihre eigene erotische Natur – mit ihrer warmen Durchdrungenheit und versuchungsfreien Einheitlichkeit – zum ethischen und erotischen Maßstab für die des Mannes – mit ihrer heißen Plötzlichkeit und gefahrvollen Halbheit – machen will.[65]

Völlig integriert hat Ellen Key die Ideologie, daß die Frauen ihre eigentliche Identität bezögen aus der Aufopferung für andere: für Rosa Mayreder zu Recht nur eine Variante der erotischen weiblichen Abhängigkeit. Eine Haltung, die unter Zwang entstanden war, hat sich zur Stilisierung und Sentimentalisierung eines »Bedürfnisses« pervertiert.[66]

Mitarbeiterin an den *Dokumenten* war auch die aus Prag stammende Grete Meisel-Hess. Sie ist ebenfalls vom biologisch-darwinistischen Gedankengut der Zeit beeinflußt, hat aber auch Freud und Wilhelm Stekel gelesen und verarbeitet. Im Unterschied zu Ellen Key plädiert sie für die moralische Anerkennung jeder, auch der illegitimen Mutterschaft, wirbt um Verständnis für die Prostitution, tritt für die sexuelle Wahlfreiheit der Frau ein und wendet sich gegen die Monopolisierung der Ehe als der einzig möglichen Geschlechtsgemeinschaft. Sie bezeichnet es als Lüge, daß die Polygamie des Mannes ein stärkerer Trieb sei als die Polyandrie der Frau – das Gegenteil sei vielmehr wahr; was beim Manne Funktion, sei beim Weibe ein Zustand (*Die sexuelle Krise*, 1909).[67] Andere Österreicherinnen wie Bertha von Suttner[68] und Irma von Troll-Borostyáni widmeten sich dem Nachweis der Relativität der sogenannten spezifischen Eigenschaften; letztere kommt, aufgrund einer Analyse von Kriminalstatistiken, zu einem ähnlichen Schluß wie Grete Meisel-Hess: daß die Frau von Natur aus keineswegs von geringerer Sinnlichkeit und größerer Sittenstrenge sei und daß sie, einmal vom Druck gesellschaftlicher Einengung befreit, die Maske des Anstands vom Gesicht schleudern und ihren Begierden umso wilderen Lauf lassen würde, je ärger sie von der Sitte geknebelt worden sei (*Das Märchen von der ›besseren Natur‹*, 1888).[69]

Die Liste der Publikationen zum Geschlechter-Thema ließe sich beliebig verlängern. Der Widerstreit der Meinungen ist bis heute nicht abgeschlossen, nur haben die typologisierenden und evolutionären Gesichtspunkte ihre Aktualität verloren. Um die ideologischen Theoreme wieder in das Medium der schönen Literatur zurückzuführen, sei noch ein aufschlußreicher Reflex erwähnt, den der massive Einsatz geschlechtskundlicher Werke um die Jahrhundertwende in einem Roman hinterlassen hat. Im dreiundzwanzigsten Kapitel aus Musils *Der Mann ohne Eigenschaften* gerät Diotima, eine edle, aber unverstandene Natur, in die Flutwelle der Aufklärungsschriften. Musil hält mit seiner Kritik nicht zurück:

Schon damals waren viele jener Bücher entstanden, die mit dem reinen Sinn eines Turnlehrers von den ›Umwälzungen im Geschlechtsleben‹ sprechen und den Menschen dazu verhelfen wollen, verheiratet und dennoch vergnügt zu sein. In diesen Büchern hießen Mann und Frau nur noch ›der männliche und der weibliche Keimträger‹ oder auch ›die Geschlechtspartner‹, und die Langweile, die zwischen ihnen durch allerhand geistig-körperliche Abwechslung vertrieben werden sollte, taufte man ›das sexuelle Problem‹.[70]

Musil verknüpft nun die Stichworte dieses Zeitgeistes auf eine ironische und denunziatorische Weise mit der gleichzeitig ablaufenden Liebeshandlung. Bonadea, ein weibchenhafter Typ, etwas vulgär, etwas dumm, immer im Konflikt zwischen ihrer Sinnlichkeit und dem schlechten Gewissen, das der Ehebruch erzeugt, hat einen »Rückfall«;[71] sie fällt zurück in die Arme des treulosen Freundes Ulrich. Angeregt wird dieser Rückfall durch die komische Wichtigtuerei, mit der sie versucht, ihm die neuesten sexualwissenschaftlichen Weisheiten vorzutragen. Bonadea stolpert über die vielen physiologischen Fremdwörter und muß zugeben, daß ihre Theorien aus zweiter Hand sind, eben von Diotima, einer Kusine Ulrichs, die ihre etwas grobe Ehe mit dem Sektionschef Tuzzi durch analytisches Durchdringen der Liebesprobleme auf ein höheres ethisches Niveau heben möchte. Was auf der vordergründigen fiktionalen Ebene eine amüsante Brechung der Perspektiven ergibt – der Fachjargon über das Weib wird von zwei Frauen in betulicher Manier adaptiert und auf die subjektive Lebenspraxis bezogen –, offenbart eine tiefe Animosität des Autors gegen jedweden Positivismus in der Liebe. Er hält den Begriff der Liebesleidenschaft eher für einen religiösen als für einen sexuellen und bedauert den Verlust dieser Dimension für seine Zeit.[72] Im Roman unterstreicht er diese Haltung, indem er Ulrich sich unmittelbar nach der Vereinigung mit Bonadea mit »Abscheu« abwenden läßt.⁷³ Das wirkliche, metaphysische Bedürfnis des Mannes nach »luftstille(r) Fernliebe« meldet sich.⁷⁴ Ähnlich wie Musil, ist auch Kraus die wissenschaftliche Erforschung der Geschlechtsgeheimnisse zuwider. Es sei hoffnungslos, meint er, zu glauben, daß es in der Erotik ein »erweislich Wahres« gebe oder einen »objektiven Befund«.⁷⁵ Erotik hat für ihn ihre Heimat im Nachbarreich des Religiösen, in der Kunst. Es sei höchste Zeit, »aus einer Welt, die den Denkern und Dichtern gehört, die Juristen und die Mediziner hinauszujagen«.⁷⁶

Diese Jagd auf Juristen und Mediziner nimmt Kraus selber auf. Dabei gerät er wieder in die Situation, gegen zwei Richtungen kämpfen zu müssen, um Mißverständnissen und Vereinnahmungen zu entgehen. Der Zauber, mit dem die Terminologie der Aufklärung das Geschlechtsleben umgibt, scheint ihm ein ebenso fauler wie die antiaufklärerische Vernebelung, die im Namen der Sittlichkeit über die Existenz der Sexualität hinwegmogelt. Um die »wahre« Erotik zu retten, muß Kraus im gleichen Atemzug gegen die moderne Enthüllungs- wie gegen die althergebrachten Verhüllungs-Tendenzen arbeiten. Den auslösenden Faktor für sein öffentliches Engagement in Dingen der Erotik und Sexualität bildet ein tiefgreifendes eigenes Liebeserlebnis. Bestimmt wurde dieses von den Schwierigkeiten, die der emotionellen Entwicklung der meisten jungen Männer seiner Generation in den Weg gelegt waren. Ihr allgemeines erotisches Dilemma erscheint unübertrefflich präzise und ehrlich formuliert in einem Gespräch, das Arthur Schnitzler mit seinem Vater führte und von dem er rückblickend in seiner Autobiographie berichtet:

> Im Verlauf unseres Gesprächs drängte sich mir die Frage auf die Lippen, wie es denn eigentlich ein junger Mensch anstellen solle, um nicht entweder mit den Forderungen der Sitte, der Gesellschaft oder Hygiene in Widerspruch zu

geraten. Verführung, Ehebruch seien unerlaubt und gefährlich, Verhältnisse mit Kokotten und Schauspielerinnen bedenklich und kostspielig, dann gab es noch eine gewisse Sorte von sozusagen anständigen Mädchen, die zwar schon vom Pfade der Tugend abgewichen waren, bei denen man aber geradeso wie bei einer Verführten nach dem Ausdruck meines Vaters ›hängenbleiben‹ könne; so blieben also wirklich nur Dirnen übrig, was immer, selbst wenn man sich gesundheitlich zu schützen wisse, eine recht widerwärtige Angelegenheit zu bedeuten habe. Und ich stellte an meinen Vater das Ansinnen, mir selber einen Rat zu geben. Mein Vater ließ sich auf Erörterungen nicht ein, sondern mit einer erledigenden Handbewegung bemerkte er einfach und dunkel zugleich: ›Man tut es ab‹.[77]

Aus einer Kollektion von Frauenbriefen – das früheste Dokument datiert von 1894 – geht hervor,[78] daß das geschilderte erotische Dilemma Kraus zwang, gewisse Präferenzen in der Liebe auszubilden, und ihm half, gewisse Charakterzüge zu verstärken. Es müssen in der Regel halb analphabetische, mittellose, hilfsbedürftige oder kokette, jedenfalls dirnenartige Geschöpfe gewesen sein, die er traf.[79] Eine geht ihn um Geld an, weil sie offenbar von einem anderen, der es ihr abpreßt, abhängig ist; eine andere bittet ihn in fehlerhaftem Französisch, das plötzlich ins Wienerische abgleitet, zum Rendezvous ins »Maison francine« in die Johannesgasse, nicht ohne ihm vorher die Finanzierung ihrer »bicycle-leçons« abgebettelt zu haben; eine dritte (»Lieber Herr Krauß«) möchte sich unter ihrer Maske nicht zu erkennen geben, ist aber bereit, wieder eine Redoute mit ihm zu besuchen, er möge nur ungesehen zu ihr in den Wagen zusteigen. Auch Kraus hat seine punktuellen Anatol-Erlebnisse – mit dem gravierenden Unterschied, daß die leicht ausnutzbaren und sich stets in irgendwelcher Bredouille befindlichen Mädchen seine Beschützer- und Retterinstinkte wachrufen. Er begibt sich lieber selbst in die Rolle des Ausgenutzten, als daß er sich Rücksichtslosigkeiten dem »schwachen Geschlecht« gegenüber zuschulden kommen ließe. Die Vorstadien einer erotischen Richtung sind zu erkennen, es bedarf nur mehr des Anstoßes durch eine tiefere Beziehung, daß die Keime Blüten treiben.

Das zweite *Fackel*-Heft bringt die Besprechung einer französischen Posse von Alexandre Bisson, die im Deutschen Volkstheater Premiere hatte. Kraus lobt unter den Mitwirkenden den genialen Volksschauspieler Alexander Girardi und, gleich darauf, ein Fräulein Annie Kalmar. Die Anerkennung ihres Talents verbindet er mit einem Tadel am konventionellen Voyeurismus im Theater: »Sie, die Herrlichste von Allen, wird von Publicum und Kritik immerzu noch als die ›Solodame‹ *pur sang*, als Ausstattungsgegenstand des Theaters behandelt.« Ihre Schönheit stehe der Erkenntnis ihrer »ungemein natürliche(n) Humorbegabung« im Wege.[80] Im nächsten *Fackel*-Heft bekräftigt Kraus anläßlich eines neuerlichen Auftritts von Annie Kalmar seine Begeisterung für ihre Begabung; diesmal aber hat er sich bereits gegen die »grinsenden Gesichter[n]« zu verwahren, die ihm eine Parteilichkeit aus persönlichen Gründen unterstellen möchten.[81] Wie fremdartig sich die Vorstellung eines uneigennützigen Lobes im Theaterbetrieb ausnimmt, in dem doch jeder mit jedem »verbandelt« ist, bezeugt der Leserbrief, den Kraus von einer neidischen Kollegin daraufhin erhält und den er mit den Beteuerungen seiner Integrität beantwortet – er kenne die Kalmar nicht persönlich, noch habe er je ein Wort mit ihr gewechselt.[82] Wie lebenswichtig es war, »genannt« zu werden, und wie entscheidend selbst eine gerade erst anlaufende, überdies politisch engagierte Zeitschrift in dieser Richtung wirken konnte, geht auch aus dem Dankesschreiben hervor, das die Schauspielerin an Kraus richtete. Auch sie betont die Ungewöhnlichkeit eines Lobes »aus ganz reiner Quelle«. Und sie ruft den jungen Publizisten zu Hilfe gegen ihre Ausbeutung als Schaustück in »minderwerthigen französischen Komödien« und gegen eine Vertragsklausel, die ihr verbot, andere und bessere Rollen außerhalb des Deutschen Volkstheaters anzunehmen.[83] Die Einschränkung von Entwicklungsmöglichkeiten war jedoch nur *ein* negativer Aspekt ihrer Situation. Schnitzler berichtet in dem Stück *Freiwild* von 1896 über die perfide Verknüpfung von beruflichem Aufstieg und privater Dienstleistung, die an den meisten Bühnen üblich war.[84] Bühnen, insbesondere Sommertheater, sahen damals Vergnügungsetablissements ähnlicher als seriösen Kunstinstituten. Die jungen Schauspielerinnen, die Rollen ergattern und berühmt werden wollten, galten als »Freiwild«. Zeigten sie sich den Wünschen einflußreicher Herren nicht geneigt, wurden sie nicht mehr engagiert. »Das ›Fallen‹ gehört zum Beruf, die Karriere hängt davon ab. Nur wer fällt, steigt.«[85] Überdies erhöhte die schlechte Bezahlung die Abhängigkeit, und die schlechten Arbeitsbedingungen steigerten die Anfälligkeit für Lungenkrankheiten. Annie Kalmar gehörte dieser sozialen Welt an und war ihren Gebräuchen ausgeliefert wie Anna Riedel, die Hauptfigur bei Schnitzler, doch ohne deren Kraft zum Protest, ohne deren Weigerung, die »Freiwild«-Rolle zu akzeptieren.

In den Briefen, die Annie Kalmar im Winter und im Frühjahr 1900/1901 an Kraus richtet, heißt die Anrede: »Mein lieber Carl«, »Mein süßes liebes Kind«, »Mein einziges Engelchen«.[86] Kraus hat Annie Kalmar nach Schluß der Theatersaison 1900 kennengelernt, sich in sie verliebt und ihr ein Engagement am Deutschen Schauspielhaus in Hamburg, das mit Alfred Freiherrn von Berger einen neuen Direktor bekam, vermittelt.[87] Im August 1900, wenige Monate vor ihrem Antritt im Hamburger Schauspielhaus – Berger hatte sie zunächst für die Titelrolle in dem Märchenstück *Die Königin* von Theodor Wolff vorgesehen, dann aber als Maria Stuart eingeplant –, erkrankte Annie Kalmar an jener Krankheit, an der so viele Heldinnen der Fin de siècle-Literatur dahinschwinden, an der Tuberkulose. Kraus besuchte sie täglich im Sanatorium Purkersdorf bei Wien, wo sie sich kräftigen sollte. Berger schrieb aufmunternde Briefe.[88] Kurz vor der

Premiere in Hamburg, die Kraus inkognito, im Zuschauerraum versteckt, miterleben wollte, um sich erst nach der Vorstellung überraschend zu präsentieren, mußte die Schauspielerin in ein Spital eingeliefert werden. Man gab Kraus telegraphisch Bescheid, die Premiere wurde verschoben, und er blieb in Wien, wo er gefangen war durch den Prozeß, den Hermann Bahr und der Direktor des Volkstheaters, Emmerich von Bukovics, wegen Verleumdung gegen ihn angestrengt hatten. Er konnte sich nur alle zehn Tage etwa freimachen für einen Besuch in Hamburg, erhielt aber täglich telegraphischen Bericht über Annies Gesundheitszustand und tat alles, was in seiner Macht stand, um ihr zu helfen. Sie durfte ärztlicherseits keine Briefe schreiben, schrieb ihm aber dennoch, und diese Briefe sind Zeugnisse eines sehr warmherzigen, einfachen, nachgiebigen Charakters. Sie dankt ihm für die häufigen Geldspenden, beteuert ihre Zuneigung und wiederholt, daß er der einzige sei, der sie wirklich kenne. Am 2. Mai 1901 stirbt Annie Kalmar, bevor Kraus, der auf dem Wege zu ihr war, sie wiedergesehen hätte.

Von einem Wiener Bildhauer ließ Kraus ein Grabdenkmal meißeln, auf dem ihr Antlitz mit seinem Namenszug unter den Gedenkworten vereint ist. Er kümmerte sich bis zu seinem Tod um die Pflege des Grabes und sicherte diese testamentarisch ab.[89] Er bezieht seine Freunde ein in den Kult um die Tote, der nun beginnt. Baron Berger berichtet ihm von der Bestattung, nicht ohne literarisierenden Beigeschmack:

> Ich hatte gehofft, daß außer mir Fräulein Balling und Detlev Liliencron der Ceremonie beiwohnen würden. Das wäre ein sinniges Leichengefolge gewesen: eine Hetäre, ein Dichter und ein Theaterdirektor. Wenn Sie noch dabeigewesen wären, der noch die Tote so liebt, wie der dritte Bursch in Uhlands Lied der Wirtin Töchterlein, so hätte die Szene selbst, auch ohne Worte und Reime, ein Gedicht gegeben, wie es kein Moderner besser machen könnte.[90]

Oft spaziert Liliencron, stellvertretend für Kraus, durch den Hamburg-Ohlsdorfer Friedhof und schickt kleine Stimmungsberichte nach Wien, Rosen- oder Efeublätter von Annies Grab beilegend.[91] Der Toten ist jedoch keine Ruhe beschieden. Eine häßliche Keilerei um ihren Nachlaß und um die Bezahlung ihrer Schulden bei den Ärzten beginnt, in die auch Kraus hineingezogen wird. Ein obskurer Herr Kirsch, dem die Mutter Annie Kalmars, eine Frau Kaldwasser, vorwirft, er sei nicht der Geliebte ihrer Tochter gewesen, sondern ». . . nur der Ausbeiter« (sic),[92] mischt sich als selbsternannter Bevollmächtigter in die Nachlaß-Angelegenheiten und scheint Kraus um einiger Photographien und um einer Büste willen, die er verschwinden ließ, erpressen zu wollen. Kraus nimmt brieflichen Kontakt mit der Mutter auf und ist schließlich in den Besitz der begehrten Photographien gekommen. Eines geht jedenfalls aus diesem Briefwechsel hervor: Kraus konnte nicht in der Illusion gelebt haben, bei Annie Kalmar »der einzige« gewesen zu sein. Es wird ihm die Liste ihrer Juwelen, die zur Versteigerung gelangten, vom Auktionär zugeschickt. Die Menge der aufgezählten Brillanten, Ringe und Perlen ist beträchtlich, auch wenn es sich herausstellte, daß sie größtenteils unecht waren. Annie, die von ihrer geringen Gage nicht leben konnte, war ganz offensichtlich von Männern ausgehalten worden. Ihr Ruf in Wien war der einer Kokotte, zumindest einer kindlich Naiven mit nymphomanen Zügen.[93] Und es paßt ins Bild, daß sie nicht nur Bewunderer hatte, sondern daß klatschsüchtige Neider hinter ihr her waren. Noch vor ihrem Tod, am 13. April 1901, war ein Journalist des *Neuen Wiener Journals*, Bernhard Buchbinder, in der Theaterklatsch-Rubrik »Hinter den Coulissen« in gemeine und ironische Schmähungen gegen sie ausgebrochen, anonym natürlich: »Die arme Sklavin des Lebensgenusses! 24 Jahre und eine halbe Million Mark, aber verweht, gestorben, zu leerer Luft geworden . . .«[94] Kraus vermutet, aufgrund der Verbreitung des *Journals* auch in Hamburg, daß der Sterbenden die »niedliche Todesreclame«

zugeschickt worden war.⁹⁵ Damit nicht genug, auch ein Anonymus der *Wiener Caricaturen* ließ sich zu Witzeleien über die Tote herbei. Die Mutter Kaldwasser strengte einen Prozeß an.⁹⁶ Die verantwortlichen Redakteure der beiden Zeitungen zogen sich durch öffentliche Abbitte aus der Affäre; die *Caricaturen* durch den Abdruck einer entschuldigenden Notiz, Buchbinder durch ein Eingeständnis der Ungehörigkeit vor Gericht. Der Chef des *Wiener Journals*, Jakob Lippowitz, verhinderte freilich die Wiedergabe der Ehrenerklärung in seinem Blatt. Kraus reagierte entrüstet: »Der Gentleman hat der Beleidigung einer Sterbenden Raum gegeben; aber er duldet nicht, daß die Leser auch Kenntnis von der Genugtuung erhalten, die dem Andenken der Gestorbenen zuteil wurde.«⁹⁷ Er mußte einsehen, daß das Preßgesetz einer doppelten Moral pflegte: der Zeitungsunternehmer zeichnet nicht verantwortlich für die »Unthaten«, die er geschehen lassen darf.⁹⁸ In diesem Zusammenhang wirft Kraus sich in den Kampf gegen den Preßgesetz-Entwurf der Regierung von Koerber, der einer praktischen Straflosigkeit von Ehrenbeleidigungen durch die Presse nichts entgegensetzte.⁹⁹

Die unliebsamen Nachwehen der Kalmar-Liebesgeschichte sind damit nicht beendet. Ein Journalist von gefährlicherem Format, Maximilian Harden, der Herausgeber der *Zukunft*, zu Beginn der *Fackel* von Kraus als mutiger politischer Antikorruptionist geschätzt, verletzt Kraus, sieben Jahre nach den Ereignissen, indem er in einem Zeitungs-Interview auf ihn anspielt und von seinem »grotesken Roman mit der . . .« spricht.¹⁰⁰ Kraus hatte sich schon um 1904 von Harden zu lösen begonnen, weil er dessen Taktik, politischen Skandalen durch Indiskretionen aus dem Privatleben Nachdruck zu geben, und dessen obrigkeitsfreundliche Gesinnung in sexualmoralischen Fragen verabscheute.¹⁰¹ Auf dem Felde der Sexualaffären, anläßlich der Moltke-Eulenburg-Prozesse, kam es denn auch zur großen Auseinandersetzung mit Harden, zur »Erledigung« Hardens.¹⁰² Harden, ein Gegner Wilhelms II., hatte geglaubt, politisch zu handeln, als er Enthüllungen über die Homosexualität des sogenannten Liebenburger Kreises, des engsten Freundeskreises um Wilhelm II., verbreitete und die »Perversität« des Grafen Moltke und des Fürsten Eulenburg zum ausschlaggebenden Moment hochspielte, um die beiden entmachten zu können. Kraus, der in Harden den »Erzphilister« in erotischen Dingen schon erkannt hatte,[103] weist ihm die Unredlichkeit einer ursächlichen Verknüpfung von normwidrigen »Nervenwünsche(n)«[104] und der Befähigung zu einem politischen Amte nach, solange ein direkter Zusammenhang mit der Verletzung der Dienstpflichten nicht gegeben war.[105] Den Kampf Hardens gegen die Korruption am Hof hält Kraus nicht für einen politischen, sondern entlarvt ihn als ein Geschäft mit der Sexualneugier. Er »erledigt« Harden aber nicht nur als den Handlanger eines »menschenmörderischen Strafparagraphen«,[106] er »erledigt« ihn als Schriftsteller und Stilisten. Die schwulstige Sprache Hardens, die bezeichnenderweise dann, wenn es sich um Sexualität handelt, die tollsten Kapriolen schlägt, wird Kraus zum Anlaß einer wichtigen sprachkritischen, sprachethischen Etappe: in den ornamentalen Exzessen der Hardenschen Journalistik[107] entdeckt er das Indiz für die Verlogenheit des Inhalts. Stil ist zum »Maßstab ethischer Werte« für Kraus geworden.[108] Von der Stil-Analyse geht er über in den vernichtenden Spott der »Übersetzung aus Harden«, die diesen in Deutschland, wo die *Fackel* auflag, lächerlich gemacht haben muß[109]:

Der kränkelnde, in der schweren Schule der Verstellung scheu gewordene Sinn schweift über das seiner Brunst widerstrebende Diesseits hinaus	Päderasten werden Mystiker
Soll der Schoß der deutschen Frauen aus edel ge-	Sollen die deutschen Hausfrauen unbefrie-

züchtetem, unerschöpftem Stamm verdorren, weil dem Herrn Gemahl Ephebenfleisch besser schmeckt?	digt ausgehen, weil sie einem kultivierten Geschmack zu langweilig sind?
Der Ruch der Männerminne	Der Verdacht der Homosexualität[110]

Harden schwieg – bis auf jenes Interview, in dem er Kraus unter die Gürtellinie zu schlagen versuchte mit der höhnischen Bemerkung vom »grotesken Roman« Annie Kalmar. Einer polemischen Revanche waren seine Fähigkeiten nicht gewachsen. Kraus hingegen gewinnt aus der Empörung über den Mißbrauch seines intimsten Erlebens die Strahlkraft einer glänzenden Formulierung und den scharfen Durchblick auf die psychischen Mechanismen eines kompensatorischen Rachebedürfnisses von seiten zu kurz gekommener bzw. in die Enge getriebener Männlichkeit: »Die Unfähigkeit, vor dem Geist zu bestehen, vergreift sich am Geschlecht.«[111] Das ist, *in nuce*, eine Analyse des Verhältnisses von Sexualität und Journalismus, eine Analyse auch des Erfolgsprinzips der Regenbogenpresse. Kraus geht ein auf die Stichelei Hardens und stellt den fruchtbaren inneren Entwicklungsprozeß dar, zu dem ihm das Kalmar-Erlebnis verholfen hatte:

Mein grotesker Roman lag Herrn Harden nicht als Rezensionsexemplar vor, aber er wußte von ihm, weil ich ihn besuchte, wenn ich auf einer Reise zu einem Sterbebett in Berlin Station machte. Für die groteske Art dieses Romans leben Zeugen wie Alfred v. Berger und Detlev v. Liliencron. Deutschlands großer Dichter weiß, wo der Roman beendet liegt, und hat das Grab in seinen Schutz genommen. Herr Harden in seinen Schmutz. Ich aber sage ihm: Ein Roman, den der Andere grotesk findet, kann mehr Macht haben, eine Persönlichkeit auszubilden, als selbst das Erlebnis, von einem Bismarck gerufen, von einem Bismarck hinausgeworfen zu sein. Aus den Erkenntnissen dieses grotesken Romans erwuchs mir die Fähigkeit, einen Moralpatron zu verabscheuen, ehe er mir den grotesken Roman beschmutzte ... Herr Harden ist tot, aber der groteske Roman lebt. Er hat die Kraft, immer wieder aufzuleben, und ich glaube, ich verdanke ihm mein Bestes.[112]

Kraus verdanke Annie Kalmar sein Bestes? Er verdankte diesem Erlebnis eine Erschütterung, wie sie ihn, als Siebzehnjährigen, nur beim Tod der Mutter getroffen hatte. Von den Strapazen des Prozesses zusätzlich mitgenommen, bricht er nervlich zusammen und muß sich einen längeren Erholungsaufenthalt gönnen.[113] Mehrfache Konsequenzen lassen sich aus dieser inneren Erschütterung ableiten: Kraus ist aus den Kinderschuhen der unbegriffenen Gelegenheits-Amouren mit schlechtem Gewissen insofern hinausgewachsen, als er die unbestimmte erotische Richtung, die er schon eingeschlagen hatte, nun auf das feste Fundament einer Überzeugung stellen kann. Er hatte sein typisches Erlebnis und zieht daraus die Gewißheit seiner erotischen Identität. Aus der verunsichernden Vielfalt der umherschwirrenden Frauen- und Eros-Theorien hat er die für seine Person geltende Wahl getroffen.

Er verdanke ihr sein Bestes – hyperbolische Formulierungen gehören, nicht nur bei Kraus, zu den Kunstmitteln der Satire. In positiven Bekenntnissen aber darf man seine »übertriebenen« Ausdrücke als verbindlich für die Wahrheit eines überstarken Gefühls, man darf sie beim Wort nehmen, *seiner* einzigen Möglichkeit einer Umsetzung von Gefühlen in Ausdruck. Er verdankte Annie Kalmar seine Dankbarkeit der Frau gegenüber. Die reale, positive Erfahrung der Liebe bewahrt ihn davor, ein so halbschlächtiger und schwankender Charakter zu werden, wie ihn etwa Schnitzler im Bild des jungen Dichters Fedor Denner gezeichnet hat, der zwar in theoretischer Vorurteilslosigkeit bereit ist, die allgemeine Verachtung für »gefallene Mädchen« als ein *Märchen* aus vergangener Zeit abzutun, der aber in der Praxis nicht imstande ist, darüber hinwegzukommen, daß er nicht »der Erste« war, und seine Liebe zu einer Schauspielerin, die schon vom Pfade der Tugend abgewichen war, zu realisieren.[114] Kraus' Dankbarkeit der Frau gegenüber ist deshalb außergewöhnlich, weil sie der Frau gilt, die ihm nicht allein gehört, der untreuen Frau, die er potentiell und reell mit anderen Männern teilen muß. Sollte ihm Annie Kalmars »Vergangenheit« zu ihren Lebzeiten verborgen geblieben sein, nach ihrem Tode konnte sie es sicherlich nicht. Indem er andere Männer bewußt mit hereinnimmt in seine Privatgeschichte, den Baron Berger, Peter Altenberg, der ihr in der *Fackel* den Nachruf schreibt,[115] und Frank Wedekind, dem er zum Zeichen der Gemeinsamkeit ihrer Anschauungen über die Frau ein Photo von Annie Kalmar übersendet,[116] betont Kraus sein Einverständnis mit dem Typus Dirne bzw. mit einer Komponente des weiblichen Sexus, die den Gedanken an Besitz ausschließt, und erhebt das Phantom der polyandrischen Frau, idealiter verkörpert in der Schauspielerin, zum Inbegriff des Weiblichen überhaupt.

Es scheint, daß Kraus mit dieser Entscheidung auch die Eifersucht, die untrennbar mit dem Besitzanspruch verbunden ist, bewältigt hat – zumal er auch die Konsequenzen bejaht, die sich aus der Erkenntnis von der unbeständigen, unersättlichen Natur des Eros ergeben. Durch dieses Liebes-Konzept ist er seinen Zeitgenossen weit voraus, und seien es so aufgeklärte, kritische und profeministische wie Schnitzler, Altenberg oder Wedekind. In diesen behauptet sich ein zäher Rest von Besitz-Moral, der ein stimmiges Verhältnis zwischen Theorie und Praxis verhindert. Zwischen der theoretisch als absurd verworfenen Treuepflicht der Monogamie und dem individuellen Ausschließlichkeits-Bedürfnis gibt es keinen Ausgleich. Die Kritiker der bürgerlichen Moral benehmen sich in der Realität ihrer Zweierbeziehungen ganz nach dem Muster Othellos. Schnitzler quälte seine Jugendliebe, die Kunststickerin Jeanette Heeger, mit maßloser Eifersucht auf ihre Vergangenheit, während er sie gleichzeitig, in dem vollen Bewußtsein seiner doppelten Moral, mit anderen Frauen hinterging.[117] Marie Glümer gegenüber, einer Schauspielerin, die ihn zur Gestalt der Fanny Theren im *Märchen* inspiriert hat, treibt ihn seiner Eifersucht, nicht »der Erste« gewesen zu sein, zu sadistischen Ausbrüchen.[118] Zahllose Briefe Peter Altenbergs geben Aufschluß über seine Wutanfälle, wenn ihm wieder einmal einer der Freunde, sei es Kraus oder Loos, eine Geliebte »weggenommen« hat, und Frank Wedekind, der amoralische Bürgerschreck, machte Tilly Newes, der Wiener Lulu-Darstellerin, als er sie erst einmal geheiratet hatte, das Leben mit häuslichen Eifersuchtsszenen schwer.[119]

Jahre später, im Juli 1909, erscheint in der *Fackel* ein Aphorismus, der den Weg beschreibt, den Kraus in Fragen des erotischen Besitzrechtes und der Eifersucht inzwischen gegangen ist: »Lieben, betrogen werden, eifersüchtig sein – das trifft bald einer. Unbequemer ist der andere Weg: Eifersüchtig sein, betrogen werden und lieben.«[120] Eine Generosität aber, die den Lauf der »normalen« Gefühle umzukehren sich anmaßt und noch stolz ist auf die Schmerzen, die ein solcher Entschluß mit sich bringt, muß verblüffen. Ist seine lautstarke Option für die Frau, die allen gehört, nicht vielleicht eine extrem vereinfachte Konstruktion? Daß die erotischen Thesen von Kraus doppelten Boden haben, soll vorläufig nur angedeutet werden. Wichtig ist hier, das Schlüsselerlebnis aufzuzeichnen, durch das der junge *Fackel*-Herausgeber *in eroticis* vom »Erleben« zum »Denken« gelangt ist.[121] Er hat Annie Kalmar nie vergessen. Ihr Tod, der seiner Liebe keine weitere Entwicklung ließ, hat sie zum Symbol werden lassen. Sie ist die Adressatin des Essaybandes *Die chinesische Mauer*,[122] das Urbild zu der nachtwandlerisch liebenden Schauspielerin seines Theaterstücks *Traumtheater* (»In memoriam Annie Kalmar«)[123] und das weibliche Idol, dem so viele Aphorismen gelten. Noch nach dreißig Jahren, mitten in seinen Bemühungen um eine »Offenbach-Renaissance«[124]

und zwischen den gehetzten Verabredungen mit der zweiten Frau seines Lebens, Sidonie von Nádherný, erscheint in der *Fackel* ein Dank- und Erinnerungsgedicht an Annie Kalmar (»Als ob es gestern war, daß eine Sonne / hinging in Nacht . . .«), zusammen mit ihrem Photo und einem hymnischen Brief Peter Altenbergs aus ihrem Nachlaß.[125]

Durch die Liebe zu ihr, die aufgrund ihrer sozialen Notlage zur Beute der Männerwelt geworden war, findet er zu einem engagierten Mitleid mit den verachteten, »gefallenen« Geschöpfen, findet er den Mut zu einem Kampf, der zunächst »Eros und Themis« überschrieben wurde.[126] Kraus nimmt dieses große Thema, in dem sich die »sexuelle Frage« mit der »sozialen Frage« vermischt, souverän in Angriff, obwohl er, wie er in dem Brief vom 14. August 1902 an Alfred von Berger schreibt, »förmlich Angst« davor hat.[127] Später berichtet er noch von einem anderen Erlebnis, das den Impuls zu *Sittlichkeit und Kriminalität* gegeben habe: er habe einmal beobachtet, wie ein Wiener Hausmeister eine Prostituierte mit der Peitsche vom Gehsteig vertrieb.[128] Dem Gesetz nach war dies zulässig, denn sie erregte ja »öffentliches Ärgernis« . . .

»Man versteht nichts von diesem Manne, solange man nicht erkennt, daß mit Notwendigkeit alles, ausnahmslos alles, Sprache und Sache, für ihn sich in der Sphäre des Rechts abspielt«, schreibt Walter Benjamin in seinem großen Essay über Kraus.[129] Der Begriff des Rechts bei Kraus ist ein sehr komplexer, der von moralischer Gerechtigkeit bis zur grammatikalischen Richtigkeit viele Nuancen umfaßt. Die Polemiken, die später in dem Band *Sittlichkeit und Kriminalität* gesammelt wurden, handeln von der irdischen, von der österreichischen Rechtsordnung und Rechtsprechung, von der Jurisdiktion in Wiener Gerichtshöfen und von einzelnen Prozessen und Strafverfolgungen. Die Polemiken berühren also jene prekäre Zone, in der die Rechte und Pflichten, die Ansprüche und Kompetenzen zwischen Staat und Individuum durch Gesetze geregelt erscheinen. Hinter ihrer traditionellen Würde und Autorität verbirgt sich oft genug ein »Übermut der Ämter«,[130] verbergen sich Amtsmißbrauch, Überschreitungen des Zulässigen, Fehlurteile, Justizirrtümer. Gesetze spiegeln außerdem den Geist und die Moral derjenigen wider, in deren Interesse die Gesetze formuliert wurden. Wenn Kraus sich mit den Gesetzen befaßt, so befaßt er sich deshalb mit zweierlei Aspekten: mit der Existenz- und Anwendungsberechtigung des einzelnen Gesetzes und mit der Gesittung der Gesellschaft, in deren Namen das Gesetz gebraucht wird. Dabei wird klar, daß der Kraussche Begriff des Rechts immer einen Bezug zum Naturrecht bzw. zu einer natürlichen Gerechtigkeit hat. Diese Einstellung führt ihn in Kollision mit der bestehenden österreichischen Rechtsordnung, die im Jahre 1902, kurz vor der Hundertjahrfeier, einen Zustand von Überalterung, Engstirnigkeit und Inhumanität aufwies, der zur Kritik herausfordern mußte.

Benjamins apodiktische Feststellung, daß sich »ausnahmslos alles« bei Kraus in der »Sphäre des Rechts« abspiele, ist jedoch, mit Rücksicht auf das vorliegende Thema, zu präzisieren. Kraus ist bestrebt, die Sphäre des Rechts genau abzugrenzen von einer Sphäre der Freiheit vom Recht. Es gibt für ihn einen Bereich des menschlichen Lebens, den er aus der Welt der Normen und Gesetze heraushalten will: es ist der erotische Bereich. Was auf der »Nachtseite der Gesellschaft« geschieht,[131] will er ausgeschlossen wissen von staatlicher oder juridischer Kontrolle. Welches Gesetz auch könnte sich unterfangen, die Varietäten und Bizarrerien des Eros auf einen einzigen Nenner zu bringen, nach einer starren Norm zu richten?

> Wir sehen hier einen tüchtigen General, wie er von einer Prostituierten geschlagen und zur Kapitulation gezwungen wird, oder wie er in dem ›Anbinden‹, das doch als Militärstrafe längst abgeschafft wurde, eine Wohltat er-

blickt, dort einen Geistlichen, der am Fensterkreuz stöhnt; hier einen Minister, der der Frau eines Subalternbeamten den Schuh küßt oder die Schleppe nachträgt, dort einen Gelehrten, der vor den Reizen einer Gassencirce sieht, daß wir nichts wissen können.[132]

Richtung, Art und Geschmack in der Erotik sind für Kraus Privatangelegenheiten, die den Richter und Staatsanwalt nichts angehen, das individuelle Gefühlsleben zieht der öffentlichen Recht- und Unrechtsprechung eine Grenze, die zu überschreiten sie nicht befugt ist. Kraus' Abneigung gegen ein ornamentales Ineinander der Verhältnisse, gegen ein vermittelndes Zwielicht der Kompetenzen, bewährt sich auch auf ganz anderem Feld. Aufgrund seiner Forderung nach sauberer Trennung von privater und öffentlicher Sphäre in sittlichen Dingen gelingt es ihm, das »österreichische[n] Paragraphendickicht[s]« gründlich in Ordnung zu bringen.[133] Diese Ordnung ist freilich so gründlich, daß sie einer Neuordnung der gesellschaftlichen Basis gleichkommt. Kraus entwirft ein Kehrbild der liberalen Übereinkünfte: er will eine starke staatliche Kontrolle der sozialen Güter, d. h. Eingriffe in die Zone, die sich der Bürger freigehalten hat, die Privatwirtschaft, dafür aber die Ausschaltung strafgesetzlicher Maßnahmen auf dem privaten Sektor, dem Sektor der Sittlichkeit:

> Das ›Rechtsgut der Sittlichkeit‹ ist ein Phantom. Mit der ›Moral‹ hat die kriminelle Gerichtsbarkeit nichts, hat nur die des Bezirksklatsches zu schaffen. Was die Justiz hier erreichen kann, ist der Schutz der Wehrlosigkeit, der Unmündigkeit und der Gesundheit. Auf diese noch arg verwahrlosten Rechtsgüter wende sich die Sorge, die heute das Privatleben von staatswegen belästigt.[134]

Kraus besteht nicht ohne guten Grund auf dem Begriff der Privatheit. In Wien war die Privatheit niemals eine so abgezirkelte, behütete Enklave des Persönlichen wie z. B. in

Preußen, wo sich eine gewisse deutsche Innerlichkeit als Bollwerk gegen die gesellschaftlichen Institutionen behauptet hat. Im geselligen, tratschsüchtigen, intrigenspinnenden Wien ist der private Bereich von vornherein mit dem öffentlichen zu einer diffusen Halböffentlichkeit verronnen.[135] Die topographische Agentur für diese fluktuierende Atmosphäre ist das Caféhaus, für die geistige Dispersion sorgen die Zeitungen, die dort ausliegen. Über die Zeitungen stieß Kraus auf die Probleme der Rechtsprechung – er brauchte nur die Rubrik der »Gerichtssaalberichte« zu studieren, in der die Dialoge im Gerichtssaal wörtlich abgedruckt und mit Kommentaren versehen standen; in der also die Halböffentlichkeit eines Prozeßverfahrens mit allen Ehrenrührigkeiten, Indiskretionen, schmutzigen Details ins ganze Licht der Preß-Öffentlichkeit gezogen wurde. Zu allgemeiner Kenntnis gelangt, war damit das Privatleben eines oder einer Angeklagten rettungslos der Sensationslust, der Klatsch- und Tratschgier und der Diffamierung ausgeliefert. Eine mögliche Resozialisierung, selbst nach Freispruch, geschweige denn nach verbüßter Strafe, war dadurch stark gefährdet, denn die Instinkte der Menge, einmal aufgestachelt, neigen zur Verfolgung einzelner, an denen das soziale Sündenbock-Bedürfnis abreagiert wird.

Kraus' Empörung gegen Unrecht, mehr noch als sein Gefühl für Recht, läßt ihn anläßlich eines Doppelprozesses wegen Ehebruchs eingreifen in die Aktualität eines Rechtsfalles. Doch geht dieser Eingriff weit über die übliche publizistische Einmischung in Fragen des Tages hinaus: Kraus beginnt den Essay *Sittlichkeit und Kriminalität* mit literarischen Referenzen – Shakespeare ist die angerufene Instanz –, und eine grundsätzliche theoretische Einleitung folgt, die die ungeheuren ökonomischen und psychologischen Dimensionen des öffentlichen Unrechts entwirft, vor denen der Einzelfall zum »Anlaß« zusammenschrumpft. Diese Technik, mit der Kraus der relativen Unbeträchtlichkeit eines »Falles« historische Perspektive zu verschaffen weiß, hat er in den

Jahren 1902 bis 1909, den Jahren, in denen er mit der Justiz ins Gericht geht, beibehalten. Sie hat sich bewährt und all den Protokollen, in denen der Konflikt zwischen den Sittengesetzen und dem »ewigen Reich der sinnlichen Triebe«[136] aufgezeichnet ist, die Qualität und die Gewichtigkeit von Anklagen gegen die Kultur selbst gegeben. Zur Technik der Anklage bei Kraus gehört auch die Detailgenauigkeit, die Personalisierung. Er ist Anwalt der Justiz-Opfer, scheut sich aber nicht, die »Sünder in Talar« namentlich zu brandmarken,[137] seien es die Gerichtspsychiater Hinterstoißer, Krafft-Ebing und Wagner von Jauregg, die sich an der Jagd auf die Prinzessin Louise von Coburg beteiligen,[138] weil sie dem »monogamen Gestüt« ihrer unglücklichen Ehe entfliehen will,[139] sei es der Hofrat Johann Feigl, der einen trunkenen Jugendlichen wegen eines minimalen Vergehens zu lebenslänglichem schweren Kerker verurteilt,[140] oder sei es der Oberlandesgerichtsrat Granichstätten, der einer zum Tode verurteilten Kindsmörderin, einem Opfer sozialer Umstände, noch unflätige Worte hinterherraunzt.[141] Er erzählt von den Demütigungen, die sozial schwache Personen, vor allem Frauen, durch die Spießermoral dünkelhafter Justiz-Chargen zu erleiden haben, von den schnüffelnden Indiskretionen, die Ehebrecherinnen und Bigamistinnen aushalten müssen, und von den Selbstmorden in der Folge unerbittlicher Moral-Justiz. Neben der Summe von Unrecht und Schuld, die die Justiz aufhäuft, verschwinden die realen Delikte des einzelnen. Kraus definiert diese schiefen Proportionen in der berühmten Formulierung: »Ein Sittlichkeitsprozeß ist die zielbewußte Entwicklung einer individuellen zur allgemeinen Unsittlichkeit, von deren düsterem Grunde sich die erwiesene Schuld des Angeklagten leuchtend abhebt.«[142]

Der Grundsatz, daß Sinnlichkeit und Sittlichkeit auseinandergehalten werden müssen, verhilft Kraus zu einer Perspektive, die ihm das paradoxe Resultat enthüllt, das aus der Verflechtung der beiden Zonen entsteht: es ist die öffentliche

Sittlichkeit, die Kriminalität erzeugt. Es ist die phantasielose Rigorosität der bürgerlichen Moralbegriffe, die die Sittlichkeitsverbrechen hervorruft. Die konsequente Auslegung eines Gesetzes, das von schablonenhaften Vorstellungen wie der »Heiligkeit der Ehe« oder der »Ehre« ausgeht und jede »Abweichung vom horizontalen Pfad der Tugend unter Strafsanktion stellt«,[143] leistet dem Verbrechen und den Vergehen Vorschub. Die anarchische Natur des Trieblebens läßt sich vom bürgerlichen Gesetzbuch nicht reglementieren, sondern es ist das Gesetzbuch, das der Vielfalt der sexuellen Möglichkeiten Rechnung tragen müßte. Denn es blüht sonst, wie Kraus sagt, »auf dem Fettboden der Strafsanktion der Weizen der Erpressung«.[144] Vor allem die strafrechtliche Verfolgung der Homosexualität läßt diesen Weizen blühen, und darüber hinaus alle Arten der geschlechtlichen Abirrungen, die die Justiz mit dem Wort »Unzucht« belegt und nach dem § 130 des Strafgesetzbuches mit schwerem Kerker bis zu fünf Jahren bestraft. »Man öffne das Moralventil, und die Erpressungen, die bisher bloß nicht angezeigt und nicht verfolgt wurden, werden auch nicht begangen werden.«[145] Moralische Entrüstung ist es ebenfalls, die den Vertretern des Gesetzes, die über das Thema »Prostitution« debattierten – und man debattierte viel zwischen den Lagern der »Abolitionisten« und den Befürwortern einer Reglementierung –,[146] die Augen verschließt über die verbrecherischen Folgen ihrer gesetzlichen Maßnahmen gegen das »Schandgewerbe«. Das alte Österreich zählte bei seinem Zusammenbruch 551 staatlich geduldete Bordelle und 6797 Kontrolldirnen, meinte ein Chronikerdes Bordellwesens. Auf Wien allein entfielen dabei rund 40 000 Prostituierte.[147] Die Zahl der Bordelle war also nicht allzu groß; sie wurden freilich ergänzt durch das System des freien Wohnens der Dirnen.[148] Wer dafür aber eine Unterkunft zur Verfügung stellte, wurde wegen Kuppelei bestraft, mit Arrest, bei Rückfälligkeit auch mit Ausweisung aus dem Wohngebiet, und sogar mit schwerem Kerker bis zu fünf Jahren. Kraus erstellt eine nüchterne ökonomische Analyse dieser Zustände, die später durch den großen Bordellskandal um die mächtige Kupplerin Regine Riehl (*Der Fall Riehl, Die Ära nach dem Prozeß Riehl* 1906/ 1907)[149] ihre öffentliche Bestätigung erhält:

> Wucher und Ausbeutung gedeihen, solange den Liebeshändlern das strafgesetzliche Risiko mitbezahlt werden muß, und auch das Verbot jener harmloseren Vermittlung, die bloß Gelegenheit schafft, nicht vergewaltigt, mehrt nur die Chancen des Zwischenhändlergewinns: es drückt auf den Lohn, der empfangen wird, und treibt den Preis, der gezahlt wird, in die Höhe.[150]

Die Kuppelei durch Sexualannoncen in der Presse hingegen – die *Neue Freie Presse* und vor allem das *Neue Wiener Tagblatt* waren hier führend – genießt Straffreiheit. Kraus hält solche Kundenwerbung für durchaus verdienstvoll, wehrt sich aber gegen den Zusammenhang, in dem die Inserate erscheinen. Die sittlichen Ideale, die auf der Vorderseite verkündet werden, kompromittieren die ehrliche Sittenlosigkeit auf der Schattenseite, der Rückseite desselben Journals . . .[151]

Verbrechensfördernd wirken auch die staatlichen Versuche, die »Schanddirnen« sittenpolizeilich unter Kontrolle zu halten. Diese Kontrolle bedeutete keinen Schutz, denn die Polizei schützte nicht die gemeldeten Dirnen, sondern schützte das Publikum vor den Dirnen.[152] Ob sie daher kontrollierte Prostitution betrieben oder heimliche, vor den Gefahren der Straße schützte sie nur der Zuhälter, der »Strizzi«, der seinerseits eine soziale Gefahr bedeutete (Schlägereien, Erpressungen). In der Minderzahl waren die Prostituierten, die die Demütigungen, welche eine polizeiliche Reglementierung mit sich brachte, auf sich nahmen.[153] Diese bedeutete Meldepflicht und den Besitz eines Gesundheitsbüchleins, d. h., sie mußten sich zweimal in der Woche, auf eigene Kosten, amtsärztlich untersuchen lassen[154] und wurden im Falle einer Unterlassung dieser Pflicht mit Arrest bis zu acht Tagen bestraft. Dienst in einem Bordell zu tun, brachte Drangsalierungen, Freiheitsentzug und finanzielle Abgaben an die Inhaberin mit sich. Außerdem war die Polizei befugt, ein Bordell jederzeit aufzuheben.[155] Es florierte daher die sogenannte geheime Prostitution, die nicht einmal die Statistik erfassen konnte, bezog sie doch das (unterbezahlte) Heer der Frauen und Mädchen aus dem Dienstleistungsgewerbe ein, die ausgehaltenen Choristinnen, Statistinnen und Schauspielerinnen, die stellungslos vagierenden Volkssängerinnen und Gelegenheitsprostituierten aus dem Bürgertum.[156] Die da den »Gassenstrich« bildeten, waren offiziell verboten, inoffiziell erlaubt.[157] Kraus berichtet einmal von einer besonders scheußlichen Art, wie ein Polizist einer »Geheimen« habhaft wurde. Die siebzehnjährige Albine N., eine Caféhauskassiererin, promenierte auf der Mariahilferstraße, als ein gutgekleideter Herr sie ansprach und zu einem tête-à-tête einlud. Er wolle ihr acht Kronen schenken, wenn sie ihm ins Hotel folge. Das Mädchen willigte ein, folgte ihm in ein Haus – das aber kein Hotel war, sondern das Polizei-Kommissariat. Der Kavalier entpuppte sich als Detektiv, und Albine N. wurde nach § 5 des Vagabundengesetzes zu einer Woche strengen Arrestes verurteilt.[158] Die geheime Prostitution war gesetzlich verboten, und also strafbar. Strafbar sei sie besonders dann, wenn eine »sittliche Verwahrlosung« vorläge, die ein »repressives Einschreiten« notwendig mache, so die Formeln des entsprechenden Polizei-Direktions-Erlasses.[159] Die Dehnbarkeit eines solchen Begriffes – wie überhaupt des Begriffes der öffentlichen Schamhaftigkeit[160] – amüsiert Kraus dann, wenn er, in einer Mischung aus Dichtung und Wahrheit, die Absurditäten verfolgt, die sich aus dem Befolgen solcher Bestimmungen ergeben müssen. Man hat nicht zu Unrecht vorgeschlagen, folgendes Kabinettstückchen sittenpolizeilicher Logik als Operettentext zu lesen.[161] Nach einem Bordellskandal war die Zulassung zur kontrollierten Prostitution von den Behörden verschärft worden:

Karl Kraus (1908)

Annie Kalmar

Postkarte von Peter Altenberg

Richard von Krafft-Ebing

Friedrich Wilhelm Foerster

Leopold von Sacher-Masoch

Adelheid Popp

Rosa Mayreder

Lou Andreas-Salomé

Alma Mahler

Ein Gericht also wird künftig die Frage zu entscheiden haben, ob ein Mädchen ›das Schandgewerbe‹ ergreifen darf. Freuen wir uns, daß die öffentliche Vertrottelung in sexuellen Dingen bis zu dieser Kristallform gediehen ist, in der sie auch der Trottel erkennt. Und daß der ›Beweis der völligen sittlichen Verkommenheit‹ erbracht werden muß. Szene in einem Kommissariat: ›Ja, was wollns denn?‹ ›Ich möchte das Schandgewerbe anmelden!‹ ›Ja, könnens denn (hochdeutsch:) den Beweis der völligen sittlichen Verkommenheit erbringen?‹ (Verlegen:) ›Nein.‹ ›Nacher schauns, daß S' weiter kommen! – So a Schlampen!‹ Ein humaner Kommissär, der mit sich reden läßt, wird der Partei den Rat geben, vorerst ein wenig verbotene Prostitution zu treiben. Aber die ist doch gerade verboten? Natürlich ist sie verboten! Aber sie muß bewiesen sein, um das Recht auf ihre ›Ausübung‹ zu gewährleisten. Protektion hilft natürlich auch da, und der Beweis völliger sittlicher Verkommenheit wird manchmal als erbracht angesehen werden, wenn einer Petentin sogar nachgewiesen werden könnte, daß an ihr noch etwas zu verderben sei. Dagegen wird streng darauf gesehen werden, daß kein Fall von ›clandestiner Prostitution‹ der behördlichen Kenntnis entzogen bleibe, auch wenn er als Befähigungsnachweis für die Ausübung des Schandgewerbes gar nicht in Betracht kommen sollte. Die Erteilung des Büchls aber ist eine Art Prämie auf die Selbstanzeige wegen geheimer Prostitution ... Schwieriger als die Anmeldung des Schandgewerbes ist die Abmeldung. Es muß nämlich auch abgemeldet werden. Eine Prostituierte kam neulich auf den polizeiwidrigen Gedanken, zu ihrer Mutter zurückzukehren. Und was weiter geschah, davon erzählt ein Gerichtssaalbericht. Der Beweis der sittlichen Läuterung muß gleichfalls, und zwar binnen vierundzwanzig Stunden erbracht werden, und dies hatte das Mädchen unterlassen. Die Polizei machte Anzeige beim Gericht, und das Gericht verurteilte die Verdächtige wegen unbefugter

Ausübung der Ehrbarkeit oder wegen clandestiner Sittlichkeit – ich weiß nicht, wie das Delikt lautet – zu vierundzwanzig Stunden Arrest. Darauf erklärte die Angeklagte, daß sie jetzt wieder das Büchl nehmen werde ...[162]

»Strizzi Staat« nennt Kraus einen Staat, der es nicht zugibt, daß er die Kontrolle der Prostitution nur deshalb nicht unterlassen will, weil er aus den konzessionierten Bordellen Steuergewinne einzieht.[163] Unmoralisch benimmt sich der Staat auch in der Frage der Geschlechtskrankheiten. Er mißt die Geschlechter mit zweierlei Maß. Ein Wiener Sittenschilderer erzählt, daß bei den nächtlichen Polizeistreifen die Frauen angehalten und zur Untersuchung abgeführt werden, die sie begleitenden Männer aber unbehelligt bleiben und ihre Krankheiten auf diese Weise weiter übertragen. Begründet ist diese doppelte Moral im Vagabundengesetz von 1885. Jede Frau, die sich verkauft, ist eine Vagabundin und kann festgenommen werden, während der Mann, der sich ihren Leichtsinn oder ihre Unerfahrenheit zunutze macht, ein ehrenwertes Mitglied der Gesellschaft bleibt.[164]

Zweierlei Wert- und Strafmaßstäbe für die Geschlechter bilden die Grundlage der bürgerlich-patriarchalischen Rechtsordnung. Die doppelte Moral ist tief im Weltbild der »Herren der Schöpfung« – Kraus setzt sogleich die Parenthese »Herren der Zerstörung«[165] – verankert und spiegelt sich in den Gesetzen, spiegelt sich in sozialen Verhaltensweisen. Die Frau ist im Grund rechtlos, d. h., ihre Rechte richten sich nach dem kommerziellen Wert, den sie in verschiedenen Stadien ihres Lebens darstellt. Dieser Wert, und damit die Rechte, sind abhängig vom sozialen Status, den sie vom Manne erhält. Um den Mann dreht sich alles, ihre Rechte, ihr gesellschaftlicher Kurswert, ihre Existenz. Ohne den Mann, den Vater, den Ehemann, den Sohn an ihrer Seite hat sie ihr Leben verfehlt, ist sie dem sozialen Mitleid ausgeliefert. (Schnitzlers »Chronik eines Frauenlebens«, der zum Alterswerk gehörige Roman *Therese*, schildert auf differenzierteste Weise und ohne plumpe Sozialkritik das langsame, eintönige Abrutschen eines solchen Frauenschicksals in eine Tragödie ohne Tragik.[166] Hat die Frau einen Mann, so bedeutet dies nur einen Wechsel der Abhängigkeit: als junges Mädchen gehört sie den Eltern bzw. der Familie, dann gehört sie dem Ehemann, der zumeist vom Vater bestimmt wird, oder, in jüdischen Familien, vom Schadchen. Ihr Wert bei der ehelichen Transaktion richtet sich nach dem Vermögensstand, der Mitgift, vor allem aber auch nach ihrer Unberührtheit. Vorzeitiger Verlust der Jungfräulichkeit läßt ihre Chance auf dem Heiratsmarkt wesentlich sinken. »Virginitätsschacher«[167] nennt Kraus kurz und treffend diesen Handel mit weiblicher Ware, den er in seiner öffentlichen Form, der Heiratsannonce, besonders kritisch beobachtet.[168] Geht die Ehe schief – Strindbergs Ehegeschichten von 1884, *Heiraten*, bilden nur Variationen dieses unendlichen Themas – und begeht die Ehefrau Ehebruch, so wird sie nach dem Gesetz strenger bestraft als der Mann, über dessen »Kavaliersdelikte« man augenzwinkernd hinwegsieht. (Die ängstlichen Vorsichtsmaßnahmen, die viele verheiratete Frauen bei Schnitzler treffen, um dem Detektiv oder dem Erpresser zu entgehen, wenn sie ihren Geliebten treffen, sind durchaus realistisch; wenn der betrogene Ehemann sie verjagt, sind sie mittel- und rechtlos.) Der Grund für die strengere Ahndung des weiblichen Seitensprungs ist im Gesetzbuch nicht ausgeführt, aber leicht zu ersehen: es geht um die Wahrung des Besitzes durch rechtmäßige Erbnachfolge. »Bastarde« sind deshalb eine Schande, weil sie Unruhe und Zersplitterung in die Besitzverhältnisse bringen. Die Ehe muß daher auf die Monogamie der Frau gegründet sein. »Wirtschafts-Ehemoral« überschreibt Kraus eine Zuschrift, die er in der *Fackel* abdruckt und die diesen Zusammenhang aus einer rigoros sozialistischen Perspektive analysiert.[169] Das »pater semper incertus« ist jedenfalls der Schrecken bürgerlicher Ehemänner, er kann neben dem materiellen vor allem den psychischen Ruin bedeuten. Strindberg hat diese Ungewißheit, in die die Frau und Mutter den Gatten versetzen kann, im Drama *Der Vater* zur metaphysischen Katastrophe ausgeweitet.[170]

Wirtschaftliche Erwägungen haben also ihren Anteil an dem Tabu, mit dem die Geschlechtlichkeit junger Mädchen und verheirateter Frauen umgeben wird. Dieses Verbot wirkt sich jedoch höchst zweischneidig aus. Die künstlich aufrechterhaltene Lebensunkenntnis macht aus den jungen Mädchen eine leichte Beute für Verführer, oder es finden die überspannten Liebeserwartungen in der Ehe kein Genügen, und sie drängen ins Abenteuer. Vom »Fehltritt« zur »Gefallenen« bis zur Prostituierten sind es dann oft nur mehr wenige Stationen. Die Prostituierten aber, vom zynischeren Teil der Bürger als ein notwendiges Übel betrachtet, weil sonst »unsere Frauen, unsere Töchter ... der frivolen Sinnenlust anderer zum Opfer fallen würden«,[171] werden von der offiziellen Moral vollends zum Abschaum der Menschheit gerechnet. Sie oder ihr Gewerbe namentlich zu bezeichnen, gilt in der guten Gesellschaft als undenkbar, obschon es zum Klischee der Jung-Männer-Erziehung gehört, daß die sexuelle Initiation, wenn nicht durch das Dienstmädchen, durch die Prostituierte geschieht. Das Verschleiern und Hinweglügen ihrer Existenz, deshalb schwierig, weil sie, wie Stefan Zweig schildert, in unübersehbaren Scharen die Straßen bevölkerten und das Fundament des damaligen erotischen Lebens bildeten,[172] drückt sich in der rechtlichen Nichteinklagbarkeit des »Schandlohnes« aus, d. h., die Prostituierte konnte vom Klienten jederzeit um die Bezahlung betrogen werden und mußte dies hinnehmen.[173] Kraus erkannte in der Abwehrstellung der bürgerlichen Gesellschaft gegen die Sexualität die Abwehr des Weiblichen. Seine Aufzeichnungen sind Dokumente einer »Hetzjagd auf das Weib«.[174] Mit den rhetorischen Mitteln eines Marc Anton entlarvt er das Doppelantlitz der »brutalen Männermoral«[175]:

Es ist nicht wahr, daß die Menschen den Ursprung ihres Werdens und den Quell ihrer Glückseligkeit fliehen, wie man einen pestverseuchten Ort flieht, daß sie am Tag besudeln, was sie des Nachts ersehnen, daß der Mann sich belügt und die Frau um ihre Lebensfülle betrügt, und daß er die Huldinnen dieses armen Daseins in den sozialen Verachtungstod hetzt. Es ist nicht wahr, daß er dieselbe Tugend, auf deren Zerstörung seine Instinkte zielen, zum Maß der Frau macht, und daß er den Wert der Frau ins verkehrte Verhältnis zu der Summe der Freuden setzt, die sie gespendet hat . . .[176]

Auf die Feindschaft gegen den Journalismus, für die Kraus bekannt war, reagierte die Presse mit Repressalien – Kraus wurde »totgeschwiegen«, d. h., es gab in den Wiener Zeitungen keine Rezensionen seiner Bücher. Wollte er auf seine Veröffentlichungen außerhalb der *Fackel* aufmerksam machen, so mußte er sie in der *Fackel* selbst besprechen lassen. Der Schriftsteller Otto Soyka schrieb ihm eine scharfsinnige und einsichtige Würdigung des Buches voll »Gift, Haß und Überzeugung«, von *Sittlichkeit und Kriminalität*.[177] Er erkennt, daß in diesem Werk auch eine Auseinandersetzung mit der ärztlichen Wissenschaft stattfindet, mit den Inkriminierungen und Diskriminierungen des Geschlechtstriebes durch seine Pathologisierung: »Sittlichkeit und Medizin«.[178] Die zeitgenössische Verbrechens-Diskussion hatte in der Tat begonnen, die Erkenntnisse der Neurologie und Psychiatrie in die Urteilsfindung hereinzunehmen. Seit den neunziger Jahren, in denen die neurologischen Disziplinen einen enormen Aufschwung zu verzeichnen hatten, zog man daher bei komplizierten Sittlichkeitsdelikten die Gutachten der Gerichtspsychiater heran. Sicherlich wurden damit Teilerfolge erzielt und die Triebverbrechen in einem milderen Licht gesehen; dennoch bahnte sich durch die Verschiebung der ehemals moralischen Kriterien auf die wissenschaftliche

Ebene eine unheilvolle Entwicklung an. Die moralisch(-religiösen) Urteilsgewohnheiten schmiegten sich in tückischer Weise der psychologisch-medizinischen Terminologie an. »Gesund« wurde mit »gut« identifiziert und »krank« mit »böse«. Erotische Eigenheiten wie Homosexualität, Fetischismus, Sadismus gerieten nun zusätzlich ins Zwielicht des Kranken, Pathologischen. Das ethische Verdikt, anstatt durch die wertneutrale Wissenschaft gereinigt und beseitigt zu werden, erhielt durch die medizinischen Epitheta erst recht die Aura des Abseitigen, Verdammungswürdigen. Vom sogenannten »gesunden Volksempfinden« her gesehen sind die Perversionen kulturschädigend und müssen, im Interesse des Ganzen, ausgemerzt werden. (Von dem, was Max Nordau in der *Entartung* als kulturelle Verfallszeichen gekennzeichnet hat, zieht sich ein kohärenter ideologischer Faden zur Rassenpolitik des Dritten Reiches.) Kraus hat gewußt, warum er sich so mißtrauisch und schließlich ablehnend gegen die Gerichtspsychiatrie verhielt.[179] Als Instrument des kulturellen Fortschritts schien sie ihm dubios, und auch im besten Falle stellte sie nur eine Entwicklungsstufe dar, die überwunden werden mußte: »Der Weg menschlicher Befreiung bezeichnet die Erkenntnis, die das Verbrechen zur Unmoral, diese zur Krankheit, die Krankheit zur Neigung mildert.«[180]

Auf diesem Weg findet Kraus jedoch einen Bundesgenossen: Sigmund Freud. Freud hatte ab 1886 in Wien, als Facharzt für Nervenleiden, eine Privatpraxis eröffnet und hielt seit dieser Zeit Vorlesungen an der Universität Wien; erst 1902 wurde er zum außerordentlichen Professor ernannt. Der Inhalt seiner Forschungen stieß in der Fachwelt jahrelang auf ablehnende Reaktionen. Freud stützte sich deshalb auf die Anerkennung von wenigen Schülern, die jeden Mittwoch bei ihm zusammentrafen und mit denen er schließlich die Wiener psychoanalytische Vereinigung bildete.[181] Von einem Beginn der Ausbreitung der Psychoanalyse kann man erst ab

1908, seit der ersten internationalen Zusammenkunft von Psychoanalytikern in Salzburg sprechen; bis dahin stand die neue Lehre im Geruch einer obskuren Sekte. Freuds grundlegende Schriften waren freilich längst erschienen. 1895 hatte er mit Josef Breuer zusammen die *Studien über Hysterie* herausgegeben, und noch vor der Jahrhundertwende, sieben Monate vor Erscheinen des ersten *Fackel*-Heftes, lag die *Traumdeutung* in den Schaufenstern der Fachbuchhandlungen. Eine Analyse der Fehlleistungen wie des Vergessens, Verlesens, Versprechens bringt, 1901, die *Psychopathologie des Alltagslebens*. Vier Jahre später erscheint eine Zusammenfassung der wichtigsten Erkenntnisse der Psychoanalyse, die *Drei Abhandlungen zur Sexualtheorie*. Geschrieben wurde diese Arbeit Freuds allerdings schon im Jahre 1901, zu jener Zeit, als Kraus sich dem Thema »Sittlichkeit und Kriminalität« näherte.

Die psychoanalytischen Theorien mochten in den Caféhäusern nur sehr oberflächlich, nur schlagwortartig rezipiert worden sein, als eine weitere, besonders anstößige Manier, die »sexuelle Frage« zur Menschheitsfrage überhaupt zu erheben. Bemerkungen aus der *Fackel* jedoch lassen darauf schließen, daß Kraus mehrere Schriften Freuds, und sei es nur dem Inhalt nach, gekannt hat, die *Traumdeutung*, die *Drei Abhandlungen* und den Essay *Der Witz und seine Beziehung zum Unbewußten* (1905).[182] Die Behauptung des Freud-Biographen Ernest Jones, Kraus sei einer der erbittertsten Gegner gewesen, ist zur gängigen Vorstellung geworden, zumal Kraus eine Unzahl von Aphorismen geschrieben hat, die diese These bestätigen würden.[183] Seit der *Fackel* Nr. 229 vom 2. Juli 1907 und noch bis in die Aphorismensammlung *Nachts* (1919) ist die Rede von der Psychoanalyse. Seine darin dokumentierte negative Haltung gegen die Lehre Freuds darf jedoch nicht darüber hinwegtäuschen, daß diese Ablehnung sich erst allmählich und dann aus gegebenem Anlaß entwickelte – sein Mitarbeiter, der Freud-Schüler Fritz Wittels, »psychoanalysiert« Kraus am 12. Januar 1910 vor der halböffentlichen Runde der Freudschen Mittwochsgesellschaft[184] – und daß ihr sehr differenzierte Anschauungen über die Kunst und das menschliche Genie zugrunde lagen. Hier sei festgehalten, daß Kraus den Forscher Freud nie satirisch angegriffen hat, sondern sich nur von bestimmten Aspekten der Psychoanalyse und von den Adepten Freuds distanziert hat. Im Septemberheft 1913 gibt Kraus in der *Fackel* auf eine für ihn untypische, weil ganz unaggressive Art bekannt, wie er es mit Freud schließlich zu halten gedenke: »Den Weg zurück ins Kinderland möchte ich, nach reiflicher Überlegung, doch lieber mit Jean Paul als mit S. Freud machen.«[185]

Kraus ist, in der Phase von *Sittlichkeit und Kriminalität*, Freudianer.[186] Er ist sich bewußt, daß er parallel zu Freud gegen die gesellschaftlichen Pressionen auf den »eigenwillig(en) und ungefügig(en)« Sexualtrieb arbeitet.[187] Er ist auch Freudianer auf eigne Faust, denn es gelingen ihm punktuelle Analysen der Mechanismen der Triebverdrängung, die von einer erstaunlichen Intuition in psychologischen Dingen sind und über ein angelesenes Wissen hinaus selbständigen Charakter haben. Indem er an sprachlichen Äußerungen, wie an Krankheitssymptomen, die geistigen Defekte erkennt, nimmt er im Prinzip denselben Weg wie Freud. Dieser hatte, noch mit Breuer, eine mögliche Therapie psychogener Störungen über die Sprache gefunden. Die Psychoanalyse, eine Art Redekur, wird in den *Studien über Hysterie* noch als die »kathartische Methode« bezeichnet, denn in der Sprache fände der Mensch ein Surrogat für die Tat, mit dessen Hilfe ein Affekt nahezu vollständig abreagiert werden könne.[188] Kraus versteht es auch, wie Freud, die psychischen Affekte zu entziffern, welche den Redestrom unterirdisch speisen. Er versteht sich auf die Untertöne, von denen die offiziellen Verlautbarungen bisweilen sogar übertönt werden. Bei einer gerichtlichen Investigation z. B. leitet die Figur der Mörderin die Phantasie der Gerichtspersonen um auf das sachfremde Gebiet des Erotischen. Zwischen »schmutziger Tat« und »schmutziger Sexualität« besteht plötzlich ein kausaler Zusammenhang, der nur mehr die Mentalität der Beteiligten beleuchtet. Die Verschiebung des Interesses hat überdies den Vorteil, daß die Schwäche der kriminalistischen Beweisführung verdeckt wird: »Und siehe, der Mangel an Beweisen dafür, daß Frau Klein gemordet hat, ward reichlich wettgemacht durch den Überfluß an Beweisen für ihren unsittlichen Lebenswandel.«[189]

Versagt gebliebene Wünsche oder Bedürfnisse drängen ins Licht der Sprache, finden eine Ersatzbefriedigung in der Verbalisierung. Jedes Gespräch über das Geschlecht sei eine geschlechtliche Handlung, bemerkt Kraus einmal.[190] Wie sich das verdrängte, aber aggressiv gebliebene Triebbedürfnis Luft macht, kommt in einer andern Szene aus dem Gerichtssaal zum Vorschein, die wie ein Beispiel aus der *Psychopathologie des Alltagslebens* wirkt. Der hypnotische Sog, den das »Verbotene« ausübt, lenkt die Verhandlung in einer Weise vom Thema ab, die Kraus den Kommentar erspart:

> Bezirksgericht. Der Richter redet einer des Diebstahls angeklagten Frau ins Gewissen: Hab'n S' nix g'stohl'n? – Angeklagte: I hab nix g'stohl'n. – Richter: Wie kommen denn dann die fremden Sachen in Ihren Koffer? – Die Angeklagte erwidert, sie besitze einen Teil dieser Sachen schon seit zwei Jahren. Sie habe sie angeschafft, als sie mit einem Kinde niederkam. – Richter: **Sie sind ja gar net verheiratet, wie kann ma denn da a Kind kriegen!** – Angeklagte (kurz): Ledige Leute kriegen aa Kinder. – Richter: **Ja, leider! Schamen S' Ihna!** . . .[191]

Zu den Reaktionen, in denen sich Affekte entladen, zählen Freud und Breuer das Weinen und alle möglichen Akte der Rache.[192] Eine Form der Affektreinigung durch rachsüchtiges Verhalten ist auch die Verfolgung und Bestrafung von erotischen Lizenzen, die einem selber verwehrt sind. Shakespeare hat dieser Rache im *Lear* Verse gegeben, die Kraus seinen Auseinandersetzungen mit der Justiz als Motto voranstellt.[193] Er selber analysiert die Herkunft solcher Aggressionen am Beispiel der Hetze, die über die Bigamistin Leontine von Hervay hereinbricht, bzw. am Beispiel des überdeterminierten Eifers der ihr nachspürenden Kriminalbeamten:

> Plötzlich hört man aus irgendeinem Gebirgswinkel, daß ein Gerichtsvorsteher zwei Liebesleuten die Alternative gestellt hat, zu heiraten oder auseinanderzugehen. Geschlechtsneid, meine Herren; der sich doch wenigstens feindselig mit den Dingen befassen will, auf die er wie gebannt starrt, deren Namen (Kokotte, Konkubinat) seine Einbildungskraft beschäftigen und auf deren Genuß er von amtswegen verzichten muß. Dieses Leben eines österreichischen Kriminalbeamten, der die außerordentliche Liebe als ein ›unerlaubtes Verständnis‹ betrachtet und neben jeder ›beischlafähnlichen Handlung‹ einen Paragraphen aufsteigen sieht, muß ein gräuenvolles sein.[194]

»Geschlechtsneid«: In der *Fackel* Nr. 221 erscheint zur Illustration desselben Begriffs eine kurze Novelle. Der (Geschlechts-)Neid auf die in glücklicher Ehe lebende Schwester treibt eine junge Frau zu Verleumdung und Mord *(Die drei Schwestern)*.[195] Andere kleine Novellen in der *Fackel* thematisieren den ödipalen Grundkonflikt des Mannes: ein junger Mann sieht im Traum seine Mutter nackt; die Angst vor dem Bruch des Inzest-Tabus läßt ihn auf das Bild der Mutter das eines begehrten jungen Mädchens projizieren. Doch die traumatische Inzest-Angst wiederholt sich in der Realität, und er muß das Mädchen, ohne es selber zu verstehen, zurückweisen *(Ladislaus Posthumus)*.[196] Eine Variation des hinderlichen Wirkens der Inzest-Schranke bringt die Erzählung *Die Versuchung des jungen Prenberger*. Einer, der noch ein halber Knabe ist, muß zu seinem Erstaunen plötzlich ablassen von der Frau, die er liebt, die aber dem Alter nach seine Mutter sein könnte.[197] Literarisch umgesetzt werden auch die von

Freud beschriebene archaische Deflorationsangst[198] und ihre hysterische Reaktionsbildung, die exaltierte Haß-Liebe: ein Mädchen macht nach dem ersten, kindlichen Kuß ihres Spielgefährten eine Wesensveränderung durch und verfolgt den erwachsenen Mann so lange mit ihrem Haß, bis sie seine Existenz ruiniert hat, bis sie aber auch, sich selbst die Adern aufschneidend, ihm liebend in die Arme sinken kann.[199] Autor dieser psychoanalytischen Novellen – die im Gewande historischer Miniaturen daherkommen – ist Dr. Fritz Wittels, Arzt und Mitglied der Mittwochsgesellschaft bei Freud. Durch ihn hatte Kraus eine direkte Verbindung zum jeweiligen Stand der psychoanalytischen Fachdiskussionen. Belletristisch verpackt, in Form medizinisch-wissenschaftlicher Abhandlungen oder als kulturkritische Pamphlete erscheinen von Wittels zwischen Februar 1907 und Mai 1908 dreizehn Beiträge in der *Fackel*. Auch die *Fackel* entzieht sich also nicht dem psychologisch orientierten Zeitgeist, der mit schreibenden Ärzten (Dr. Wilhelm Stekel)[200] und ärztlich Schreibenden (Arthur Schnitzler) osmotische Beziehungen zwischen Literatur und Medizin geschaffen hat.

»Ö.G.Z.B.D.G.« – so lautet der Titel eines Textes von Kraus aus der *Fackel* Nr. 250 vom April 1908. Hinter diesen Chiffren versteckt sich die Österreichische Gesellschaft zur Bekämpfung der Geschlechtskrankheiten. Daß Kraus sich von der absurden Abkürzung, mit der diese Gesellschaft annoncierte, zu einer Glosse inspirieren ließ, liegt auf der Hand. Sein Witz, der so gern den Effekt aus der komischen Diskrepanz zwischen Anspruch und Wirklichkeit zieht, hält sich hier schadlos an der Diskrepanz zwischen großspurigem Reformunternehmen und kleinmütig-schamhaftem Verklausulieren des Zweckes. Auf humoristische Art fertigt Kraus die eben noch, in demselben Heft, von Wittels mit blutigem Ernst geführte Auseinandersetzung um die »Sexuelle Aufklärung« ab. »Ö.G.Z.B.D.G.« wurde in den Essay-Auswahlband übernommen, der auf *Sittlichkeit und Kriminalität* folgte: *Die chinesische Mauer*. Hatte Kraus bisher, in den Jahren 1902 bis 1907, die Justizvergehen aneinandergereiht und Beweise gesammelt für seine primär gesellschaftskritisch motivierten Thesen, so bilden die Polemiken der *Chinesischen Mauer* (1907-1909) eine neue Periode, nicht so sehr in thematischer als in sprachlicher Hinsicht. Die dokumentarischen Interessen treten zurück zugunsten sprachkünstlerischer Durchdringung des Stoffes und einer Erweiterung des Horizontes vom Bezirksgericht zum Weltgericht, vom Einzelfall zur Prophetie des Untergangs der Kultur. Kraus' Sprache wird insgesamt freier und bilderreicher *(Der Prozeß Veith)*, seine Satire lockerer und spielerisch *(Das Ehrenkreuz)*. Dennoch gibt es thematische Verknüpfungen mit *Sittlichkeit und Kriminalität*: zwei Polemiken, denen Sexualfälle zugrunde liegen, flankieren den Band, und manche der ausgewählten Essays scheinen austauschbar. Die Angriffe auf Harden und die Beiträge zur Homosexualität, placiert in *Die chinesische Mauer*, gehören ganz in den früheren Bereich des Kampfes gegen die Fusion von Öffentlichkeit und Privatleben; eine grundlegende theoretische Erörterung wie der Artikel *Perversität* von 1907, der in *Sittlichkeit und Kriminalität* abgedruckt wurde, könnte durchaus einen Platz neben der Abrechnung mit der abendländischen Kultur, neben der *Chinesischen Mauer* von 1909, beanspruchen. Auch die dort beschriebenen raffinierten Anpassungskünste des Eros an die jeweiligen Bedingungen seiner Unterdrückung erinnern an die Nähe zu Freud zwischen 1904 und 1906. Nur ist die Metapher jetzt vorrangig und verändert den Ton der Anklage zum Dichterisch-Pathetischen hin. Und ein neuer Feind ist hinzugekommen, der zwar immer schon präsent war, der aber in der *Chinesischen Mauer* erst vollends vom Licht der *Fackel* erfaßt wird:

> Als die christliche Nacht hereinbrach und die Menschheit auf Zehen zu der Liebe schleichen mußte, da begann sie sich dessen zu schämen, was sie tat. So trat man ihr die

Augen aus. Da lernte sie die erotische Blindenschrift. So legte man sie in Ketten. Da liebte sie die Musik der klirrenden Ketten, also die Perversität. Aber sie schämte sich der Gefangenschaft nicht, sondern der Gedanken, auf die sie darin verfiel; nicht der Ketten, aber des Geräusches. Sie hatte sich der Freiheit ihrer geschlechtlichen Natur geschämt, und sie schämte sich der Perversion, welche die Kultur der sexuellen Unfreiheit ist. Sie brannte und verstellte sich den Notausgang. Und trug Stein um Stein herbei, bis eine Mauer ihr Reich der Mitte umgab, ihr himmlisches Reich. Dieses geschah um 500 nach Confucius. Die große chinesische Mauer der abendländischen Moral schützte das Geschlecht vor jenen, die eindringen wollen und jene, die eindringen wollen, vor dem Geschlecht. So war der Verkehr zwischen Unschuld und Gier eröffnet, und je mehr die Pforten der Lust verschlossen wurden, um so ereignisvoller wurde die Erwartung. Da schlägt die Menschheit an das große Tor, und ein Weltgehämmer hebt an, daß die chinesische Mauer ins Wanken gerät. Und das Chaos sei willkommen – denn die Ordnung hat versagt![201]

Dieser letzte Satz ist nicht mehr auf dem Boden einer Anschauung gewachsen, die die herrschende Rechtsordnung in Sittlichkeitsdingen nur »interpretieren«, nicht »negieren« will.[202] Kraus ist sich dieser seiner Illusion aus dem Jahr 1904 bewußt geworden und schlägt nun die Flucht nach vorn ein, in das Fahrwasser anarchistischer Ideen. Der in spruchbandartig gehacktem Zweierrhythmus gebaute Satz hätte von seinem Freund, dem Anarchisten Erich Mühsam, sein können, sicherlich aber nicht von dem Kampfgefährten gegen die Sexualheuchelei, von Sigmund Freud. Trotz der partiellen Übereinstimmungen, die zwischen Kraus und Freud herrschen und die Freud in einem Brief vom 12. Januar 1906 betont,[203] gibt es doch Unterschiede, die sich zunächst wie feine Risse ausnehmen, die aber letztlich die gemeinsame

Front ins Wanken bringen. Sie rühren nicht aus sozialen Inkompatibilitäten, denn beide sind Bürger und Außenseiter, und nicht aus charakterlichen Unvereinbarkeiten, denn beide sind kompromißlose Bekenner ihrer Auffassungen; sie rühren aus dem unterschiedlichen Zuschnitt ihrer Geistigkeit: Kraus ist Satiriker, Polemiker, Dichter, Freud ist Arzt, Wissenschaftler und Forscher. Die Welt des Künstlers ist immer eine künstlerische Welt (trotz des ethischen Fundaments bei Kraus), die sich von der Welt des Wissenschaftlers, der keine »Tendenzen« haben darf und will,[204] durch gesteigerte Subjektivität und Radikalität unterscheidet. Seine Wahrheit ist nur bedingt an die Welt der Tatsachen und Beweise gebunden, an der sich die Phantasie des Forschers erst bewährt. Nur ein Künstler darf behaupten, daß nichts mehr gegen eine Theorie spräche als ihre Durchführbarkeit,[205] und nur ein Forscher kann zu Formulierungen kommen, die besagen, daß Anatomie »Schicksal« sei.[206] Sind die kritischen Bestandsaufnahmen, die Diagnosen der erotischen Erkrankungen der Zeit einander noch verwandt, so unterscheiden sich doch die Schlußfolgerungen und Parteinahmen erheblich. Die Beurteilung der Frau und die Einschätzung der Kulturarbeit sind die Faktoren, die einen Keil zwischen Künstler und Forscher treiben.

Die »kulturelle« Sexualmoral und die moderne Nervosität von 1908 ist Freuds für die *vita sexualis* der Zeit und ihre Reflexe in der Literatur äußerst aufschlußreicher Essay. Er enthält eine Ehekritik, eine Kritik der Abstinenz-Ideologie, eine Darlegung ihrer Folgen, der nervösen Erkrankungen, und pessimistische Bemerkungen zu den Antagonismen zwischen Kultur und Triebleben. Er gibt eine Zusammenfassung und soziologische Erweiterung von Themen, die drei Jahre zuvor, in den *Drei Abhandlungen zur Sexualtheorie*, schon angeschnitten waren. Auch jetzt verfolgt Freud die Entwicklungsphasen des Sexualtriebes, sieht sie aber in Zusammenhang mit den Kulturforderungen. Drei Kulturstufen scheinen ihm charakteristisch:

> . . . eine erste, auf welcher die Betätigung des Sexualtriebes
> auch über die Ziele der Fortpflanzung hinaus frei ist; eine
> zweite, auf welcher alles am Sexualtrieb unterdrückt ist bis
> auf das, was der Fortpflanzung dient, und eine dritte, auf
> welcher nur die legitime Fortpflanzung als Sexualziel zu-
> gelassen wird. Dieser dritten Stufe entspricht unsere ge-
> genwärtige ›kulturelle‹ Sexualmoral.[207]

Diese kulturelle Einengung bedingt die Klassifizierung derjenigen, die durch eine abweichende individuelle Konstitution solchen Geboten nicht nachkommen können. Freud
zählt die einzelnen Gattungen der »Perversen« auf, deren
Triebe, in infantiler Fixierung an ein vorläufiges Sexualziel,
den Fortpflanzungsanspruch ignorieren.[208] Er nennt die Fetischisten. Als Beispiel für den alltäglichen Fetischismus der
Verliebten zitiert er in den *Drei Abhandlungen* Goethe:
»Schaff' mir ein Halstuch von ihrer Brust, / Ein Strumpfband
meiner Liebeslust!« Abgelöst von der Person aber und zum
alleinigen Sexualobjekt erhoben, gehöre der Fetischismus
unter die pathologischen Verirrungen, die Perversionen.[209]
Kraus' aphoristisches Echo kontrapunktiert ganz bewußt,
wie einem Brief seines Mitarbeiters Karl Hauer zu entnehmen ist,[210] diese Wertung Freuds bzw. der »Clique« (Fritz
Wittels!). Er vertauscht die Begriffe von »normal« und »gesund« und nimmt die Perspektive des »Perversen« ein, aus
welcher das normale Sexualziel als pathologische Zutat erscheint: »Es gibt kein unglücklicheres Wesen unter der
Sonne, als einen Fetischisten, der sich nach einem Frauen-
schuh sehnt und mit einem ganzen Weib vorlieb nehmen
muß.«[211] Zu denen, die der kulturellen Sexualdressur entgleiten, zählt Freud auch die Homosexuellen und Invertierten.
Durch Störungen in der Entwicklung werde ihre Triebrich-
tung umgelenkt auf das eigene Geschlecht. Die »Schädlich-
keit« dieser Gruppe veranschlagt er als gering, da der Sexualtrieb der Invertierten in vielen Fällen eine besondere Eignung
zu kultureller Sublimation aufweise.[212] Der Preis allerdings,

den solche »Perverse« für die (weit häufigere) Unterdrückung ihrer Wünsche zahlen müßten, wenn sie den vorgeschriebenen Moralforderungen genügen wollen, sei hoch: die Kräfte, die sie zur Unterdrückung aufwenden müssen, sind so groß, daß sie sich in dieser Leistung erschöpfen und der Kulturarbeit verloren gehen. Die Ersatzerscheinungen, die dann auftauchen, entsprächen jenen, die auch die zur Abstinenz gezwungenen Männer und Frauen entwickeln, es sind die Psychoneurosen. Freud konstatiert ganz allgemein eine Zunahme der neurotischen Erkrankungen in der Gesellschaft, die von der Steigerung der sexuellen Einschränkungen herrührt. Neurasthenische, impotente Ehemänner und frigide Frauen, deren Sexualhemmung sich in »Denkhemmung« fortsetzt, sind für ihn die phänotypischen Ergebnisse der kulturellen Sexualmoral.[213]

Als ein weiteres Produkt, das der durch Moral und Hygiene gegängelte Sexualtrieb hervorbringt, bezeichnet Freud die perversen Spielarten der Liebe. Und obwohl er diese ableitet aus den sittlichen Regelungen der Gesellschaft, klagt er die Gesellschaft nicht an, sondern integriert, im Gegenteil, einen Teil ihrer moralischen Verdikte in seine wissenschaftlichen Betrachtungen. Er belegt die Formen, in denen dem Fortpflanzungsdiktat ausgewichen wird, mit dem Ausdruck »ethisch verwerflich«, da sie die »ernste Sache«, die eine Liebesbeziehung darstellt, herabwürdigen zu einem »bequemen Spiele ohne Gefahr und ohne seelische Beteiligung«.[214] Ein gewünschtes Ziel mühelos, anstatt »durch energische Kraftanstrengung« zu erreichen, erscheint ihm verderblich für den Charakter.[215] Also gehören heldenhafte Selbstüberwindung und mannhaftes Widerstehen gegen die Versuchung, wie sie Kirche und Staat lehren, also gehört die Fesselung der Sinnlichkeit doch zu den positiven Idealen, auf die eine Kultur nicht verzichten darf? Die »höllische Sexualmoral« der *Fackel* ist da anderer Ansicht.[216] Wo Freud bürgerliche Anschauungen bejaht, urteilt Kraus als Künstler und Décadent,[217] der immer schon die bürgerlichen Trieb-Normierungen verlacht, wenn nicht verabscheut hat. »›Perversität‹ gibts nicht«, verkündet er lakonisch in dem Essay *Perversität*[218], der in den Tagen der Harden-Prozesse geschrieben wurde und der ausgeht vom Problem der Homosexualität und übergeht in das der Erotik im allgemeinen:

> Der fromme Blödsinn hat jede Nuancierung der Lust, jede Erweiterung der Genußfähigkeit und die Eroberung neuer erotischer Sphären, die in allen Kulturen, nicht bloß in der griechischen, das ureigenste Recht des Künstlers und den Vorzug jedes höher organisierten Menschen gebildet haben, als Wüstlingslaster verfemt . . .[219]

Während Freud die Tendenzlosigkeit der psychoanalytischen Wissenschaft bekräftigt, hat Kraus sich längst schon eine »Befugnis« zur ästhetischen Wertung der Welt, und eben auch der erotischen Welt, zugestanden – im Bewußtsein der widersprüchlichen Lage, in die er, der die Ästheten angegriffen hatte, sich damit begibt.[220] Die ästhetische Wertung kultiviert den Begriff des Perversen nicht nur aus gesellschaftlicher Opposition, sondern weil sich im »Abseitigen« erst der weite Raum eröffnet, in dem der Künstler seine individuellen erotischen Gesetze setzen und durchsetzen kann. Es ist ein Spiel-Raum, sonst wäre er kein erotischer Raum, d. h. eine souveräne Zone, in der sich das Spiel der Anziehungen und Abstoßungen männlich-weiblicher Elemente vollziehen kann.

Perversität führt eine komplizierte Neuordnung des Geschlechtslebens vom Standpunkt des Künstlers Kraus vor. Im Zentrum erscheint ein Frauenbild, das demjenigen Freuds fremd ist: die Frau, die Freud für eine Art verkümmerten Mann mit schwächerem Sexualtrieb hält,[221] wird von Kraus zum Inbegriff einer universalen Geschlechtlichkeit erhoben, zum Sexualwesen jenseits der Anforderungen der Kulturarbeit, jenseits von gut und böse. Da alles an ihr sexuell und auf die Erfüllung von Triebwünschen ausgerichtet ist, entzieht sie sich den Vorstellungen von Perversität, Pathologie, Kriminalität, die noch für den Mann – auch bei Kraus – gewisse Gültigkeit haben. Als in der Mittwochsgesellschaft bei Freud vom 15. Mai 1907 der *Fackel*-Aufsatz von Fritz Wittels, *Weibliche Ärzte,* diskutiert wird,[222] der das ästhetisch-sexuelle Frauenbild propagiert, die »große Hetäre«, die sich »auslebt«, reagiert Freud negativ. Das Idol der Hetäre sei unbrauchbar für unsere Kultur, und sie, die Psychoanalytiker, würden verlangen, daß nach der Bewußtmachung der Sexualverdrängung die »normale Unterdrückung« stattfinde.[223] Ein emotioneller Nachsatz entschlüpft Freud, der seine Herkunft aus der bürgerlichen Ethik nicht verleugnen kann: an einem Weib, das, wie die Hetäre, in der Sexualität nicht »verläßlich« sei, an dem sei nichts, es sei ein »Haderlump«.[224] Verläßlichkeit aber ist eher das Kriterium einer reibungslos funktionierenden Geschäftswelt als eine Tugend des Eros. Für die Idee, gar Verherrlichung der »Hetäre« ist Freud zu real orientiert. In derselben Diskussion meint er, das sexuelle Problem sei vom sozialen nicht zu trennen. Daß es aber primär die sozialen Probleme sind, die die Prostituierte auf den Plan rufen, sieht er nicht. Es flößt ihm der Schein des Zwielichtigen, Betrügerischen, der die käufliche Frau umgibt, vielmehr jenen charakteristischen Abscheu ein, den man in großem Maßstab im Staatswesen wiederfindet: in der Form des Reglements des Dirnenwesens (vom »Haderlump« zur Anwendung des Vagabundengesetzes ist nur ein kleiner Schritt), in der Benachteiligung der Ehefrauen vor Gericht und der ungleichen Moral, die dem weiblichen Geschlecht weit schwerere Opfer abverlangt als dem männlichen.

Nicht in der Analyse der erotischen Mechanismen, der moralischen und psychosomatischen Folgen der Triebverdrängung, aber in der Frage nach der Frau scheidet sich der Forscher vom Künstler, der Bürger vom Gesellschaftskritiker, der Therapeut der Frau vom Ritter in Frauendiensten; der, für den die Kulturarbeit das höchste Ziel ist, von dem, für den die Kultur erst dann beginnt, wenn die »Menschenqual« nicht ihr Preis ist.[225]

Sittlichkeit und Kriminalität, die Verteidigung privater Sinnlichkeit gegen die öffentliche Moral und gegen Moraljustiz, ist eine Entwicklungsstufe von Kraus, die ihn, über den Weg des Juridischen, zu einer Klärung und zur Formulierung seiner erotischen Anschauungen bringt. Seine Gedanken aber über das Wesen und die Funktion der Frau, über die Psychologie des Mannes und die ideologische Rechtfertigungsstruktur der patriarchalischen Moral und des Christentums behalten Gültigkeit für ihn. Kraus löst eine Vielzahl von Sätzen aus ihrem aktuellen und polemischen Kontext und nimmt sie, teils umgearbeitet, teils belassen, in jenen anderen Kontext auf, in dem die erotischen Theorien die maßgebliche, weil künstlerisch durchgeformte Gestalt gefunden haben, in die Aphorismen. Hauptakteurin der erotischen Aphorismen ist das »Weib«: an den Konturen dieses »Weibes« aber haben die Idol-Vorstellungen der Zeit und des Milieus deutlich mitgezeichnet.

III. Eros und Logos

Wie bist Du Weib – auf die symptomatische Frage, die der Titel eines sexualkundlichen Werkes aus Wien stellt,[1] gibt die Literatur der Jahrhundertwende viele Antworten. Weil der Ausdruck »Weib« den gattungsmäßigen, geschlechtsgebundenen, naturhaft-mythischen Aspekt der Frau betont, bevorzugen ihn die Dichter und Schriftsteller gegenüber der »Frau«, die sich unpoetisch ausnimmt, real und vom Odium des Frauenrechtlertums umgeben. Das »Weib« und die »Frau« sind zu antagonistischen Begriffen geworden. Die ästhetisch-erotische Sphäre, in die die Künstler das »Weib« versetzen, ignoriert die soziale Seite, auf deren Existenz die Sozialisten und Feministen beharren. Gelöst aus den Fesseln empirischer Gebundenheit, wird das Weib in der erotischen Literatur zur idealen Folie für alle möglichen Projektionen, zur hohlen Form, in der die verschiedensten phantasmatischen Wunscherfüllungen Platz haben. Vom »subjektiven Geschlechtsidol« des Mannes spricht Rosa Mayreder,[2] über das »Frauenphantom des Mannes« schreibt Ria Schmuljow-Classen einen Essay, den sie Hofmannsthal zuschickt.[3] Daß das Weib eine Illusion des Mannes sei, haben die Autoren auch selber durchschaut. Von diesem Thema handeln Strindbergs kurze Prosastücke *Mann und Weib* in der *Fackel,*[4] und Otto Weininger betont schon im Vorwort zu *Geschlecht und Charakter*, daß der sexuelle Egoismus des Mannes die Frau verkläre, damit er sie lieben könne.[5] Eine frühe Schnitzler-Figur wie Anatol ist sich darüber klar, daß der geschlechtliche Status der Frau von seiner Imagination abhinge,[6] eine späte Schnitzler-Figur bekräftigt die Rolle der Phantasie in der Liebe. Der Dichter Ambros Doehl aus der *Komödie der Verführung* gibt zu, daß er sich die Ersehnte nach seinem Sinn zurechtdichte.[7] Peter Altenberg sagt es rundheraus: »Une femme est un état de notre âme.«[8]

Nach den Frauenbildern des Mannes wird die Wirklichkeit der Frau geformt, denn um den Mann zu erobern, muß sie seinen erotischen Vorstellungen entsprechen. »Die erweckung der liebe ist die einzige waffe, die das weib im kampf der geschlechter gegenwärtig besitzt«, schreibt Adolf Loos 1898.[9] Der Weg zum Liebesgewinn führt über den sinnlichen Anreiz, primär über die körperliche Schönheit bzw. über diejenigen Attribute der Weiblichkeit, die dem männlichen Geschmack gerade als erotisch stimulierend erscheinen. Die Frauen, deren rezeptive Ichlosigkeit in bezug auf den Mann eine emanzipiertere Alma Mahler beklagt,[10] richteten sich instinktiv nach dem Diktat der Männerwünsche. Ihre chamäleonartige Geschicklichkeit in der Anpassung an Gewünschtes, ein Kennzeichen, das längst zu den Klischees über die weibliche »Natur« gehörte, war eine Lebens- und Überlebensnotwendigkeit. Das Gros der (bürgerlichen) Frauen stellte deshalb eine Fleisch und Blut gewordene Imitation poetischer Tagträumereien dar. Wieder ist es Adolf Loos, der in einem Essay über *Damenmode* diese gehorsamen Adaptationen der Frau an maskuline Direktiven resumiert:

Ende der siebziger und anfang der achtziger jahre strotzte die literatur jener richtung, die durch ihre realistische aufrichtigkeit zu wirken suchte, von beschreibungen üppiger frauenschönheit und flagellationsszenen. Ich erinnere nur an Sacher-Masoch, Catulle Mendès, Armand Silvestre. Bald darauf wurde volle üppigkeit, reife weiblichkeit durch die kleidung scharf zum ausdruck gebracht. Wer sie nicht besaß, mußte sie vortäuschen: le cul de Paris. Dann trat die reaktion ein. Der ruf nach jugend erscholl. Das weibkind kam in mode. Man lechzte nach unreife. Die psyche des mädchens wurde ergründet und besungen: Peter Altenberg. Die Barrisons tanzten auf der bühne und in der seele des mannes. Da verschwand aus der kleidung der frau, was weiblich ist. Sie log sich ihre hüften hinweg, starke formen, früher ihr stolz, wurden ihr unbequem. Der kopf erhielt durch die frisur und durch die großen ärmel den ausdruck des kindlichen. Aber auch diese zeiten sind vorüber.[11]

Zwischen Diktat und Anpassung besteht aber das Wechselverhältnis gegenseitiger Beeinflussung. Literarische Phantasien orientieren sich oft an exzentrischen Einzelfiguren, die zu erotischen Leitbildern erkoren werden. Mit Schauspielerinnen und Tänzerinnen, denen immer schon der Ruf erotischer Freizügigkeit anhaftete, wurde ein besonderer Kult getrieben. Sarah Bernhardt und die Duse haben die Jung-Wiener Dichter hingerissen. Prototyp der Schauspielerin, die mit ihren Launen die Umwelt sekkiert und deren Leidenschaft sozusagen zum Beruf gehörte, war Adele Sandrock. Ihre schillernde Wesensart (»Dämon, liebes Kind, Engerl, Tragödin, Genie, Fratz, Canaille, Liebling, süßes Herz, fascinierende Person . . .«) hat Schnitzler, von dem diese Aufzählung stammt,[12] zur Gestaltung der Schauspielerin angeregt, die in seinem Werk, als sinnverwirrendes, sinnliches Geschöpf, eine erhebliche Rolle spielt. Berühmte Tänzerinnen wie die Duncan waren oft direkt mit den Literaten, in diesem Falle mit Hermann Bahr, befreundet, oder sie regten zur Schöpfung literarischer Figuren an wie Ruth St. Denis zu dem Mädchen Ruth, der Heldin des Jugendstil-Romans *Die tanzende Törin* des Maler-Schriftstellers Albert Paris-Gütersloh.[13] Er habe die englischen Barrison-Sisters Mallarmé, Barrès und Verlaine tanzen sehen, berichtet ein Journalist und Jugendfreund von Kraus: »Man denkt an das Manieriert-Mondäne, das Aromatisch-Bizarre, an jenen neuen, infernalischen, und doch so gütig-milden Schauer, den uns das Weib des verglühenden Jahrhunderts in stummer Sprache und unbewußt verkündet.«[14] Die Schwestern Wiesenthal aus Wien, vergöttert und angedichtet von Altenberg, verhalfen dem neuen, »diätetisch« genannten Schlankheitsideal zum Durchbruch. Das unruhige Leben und frühe Sterben der schönen und begabten Marie Baskirtseff, einer russischen Malerin und poetesse, deren *Journal* 1893 erschien, mutet wie eine Fin de siècle-Novelle an; es wurde von Hofmannsthal und anderen in der *Wiener Rundschau* auch dementsprechend rezipiert.[15] Unter dem Einfluß »panerotischer« Musen wie Alma Mahler-Werfel entstanden Werke wie Franz Werfels *Spiegelmensch*,[16] und Lou Andreas-Salomé war indirekt beteiligt an der Entstehung von Nietzsches *Zarathustra* und direkt an der poetischen Selbstfindung des jungen Rilke.[17] Das erotisch und geistig selbständige Leben der beiden Frauen verhalf der Begeisterung für die freie Liebe zu neuen Beweisen. Ebenso trugen emanzipierte Schriftstellerinnen wie Franziska von Reventlow, die der Mittelpunkt des Schwabinger Hetärenkultes war,[18] oder Mechthilde Fürstin Lichnowsky, deren schriftliche Erzeugnisse den Beifall von Kraus fanden, oder, etwas später, die lebenstüchtige Gina Kaus, die erfolgreiche Romane und Erzählungen schrieb und die erotische Heroine der Wiener Literatenkreise um Franz Blei war,[19] zum künstlerisch-erotischen Aufbruch der Frau um die Jahrhundertwende bei. Und da waren die grandes und petites amoureuses der Caféhauswelt, die den Männern »das Weib« vorahmten oder die es den Entwürfen der Dichter auch nachahmten: Lina Obertimpfler, Diseuse und Schauspielerin, wurde von Altenberg und Egon Friedell geliebt, geheiratet hat sie Adolf Loos; die englische Tänzerin Bessie Bruce, verehrt von Altenberg, wurde ebenfalls von Loos geheiratet. Adele Sandrock (»Dilly«) wechselte von einem Liebhaber zum anderen, von Max Burckhard zu Schnitzler, von Schnitzler zu Salten; ihre ebenfalls schauspielernde Schwester Wilhelmine (»Willy«) rekrutierte aus denselben Kreisen, sie war liiert mit Hermann Bahr.[20] (Beide Schwestern schrieben zwischen 1899 und 1904 billets-doux an Kraus).[21] Promiskuität und Frauentausch gehörten zu den erotischen Gepflogenheiten, an denen auch Kraus teilnahm.

Als er am 29. Mai 1905 eine Privatvorstellung von Wedekinds *Die Büchse der Pandora* in Wien veranstaltete, spielte dort eine Irma Karczewska die Rolle des Grooms Bob, eine Schauspielerin, die Kraus entdeckt hatte und die er später in das Cabaret »Nachtlicht« vermittelte. Er hielt sie für ein »ungewöhnlich begabtes Geschöpf«, das mit einem Blick ins Publikum mehr Leben in die Bude bringe als ein Dutzend ausgewachsener Chansonnièren.[22] Aus seinem Briefwechsel mit Karl Hauer und Erich Mühsam geht hervor, daß er die Liebe Irmas, die »das Tierchen« oder »die Kleine« genannt wurde, mit diesen *Fackel*-Mitarbeitern teilte. Amüsiert verständigen sich Mühsam und Kraus einmal über den Tripper, den Irma ihnen beiden angehängt hatte. Mit einem Dritten, mit Fritz Wittels, kam es ihretwegen zum Konflikt. Derselbe Fritz Wittels verewigte das junge Mädchen als große Hetäre in seinem Roman *Ezechiel der Zugereiste*, der unter anderem eine Schmähschrift gegen Kraus ist, versetzt mit autobiographischen Elementen.[23] Berthe Maria Denk, die spätere Frau des Bassisten Richard Mayr, war ebenfalls Schauspielerin, doch schien sie sich mehr auf ein polygames Wanderleben eingerichtet zu haben. Sie war die Geliebte von Wedekind und pflegte mit Kraus zwischen 1895 und 1908 einen teils intimen, teils lockeren brieflichen und persönlichen Kontakt.[24] Aus seinen Briefen ist ersichtlich, daß einige seiner Aphorismen zur Erotik und zum Weib auf diese Berthe zurückgehen,[25] und man darf annehmen, daß das Gebahren der vielgeliebten Irma ebenfalls zu seiner Anschauung von der sinnlichen Natur der Frau beigetragen hat. Schauspielerin ist auch Kete Parsenow gewesen, die schöne Freundin Else Lasker-Schülers und Peter Altenbergs, die jahrelang, etwa ab 1903, die Freundin von Kraus war und der er, wie immer und überall den Frauen,[26] in beruflichen und finanziellen Dingen zur Seite stand.

Literatur und Leben, Fiktion und Realität befruchteten einander in ungewöhnlicher Weise in jenem »erotomanischen« Zeitabschnitt der Jahrhundertwende. Mit Ausnahme der gelungenen »großen« Frauen Hofmannsthals, der Helene Altenwyl, der Marschallin oder der Cristina, schuf lebensnahe Frauengestalten aber fast nur Arthur Schnitzler, weil er die Vielschichtigkeit der Liebes-Gesetze durchschaute und in Relation setzte zu den sozialen Ehrbegriffen und Rollenzwängen. Er formte nicht nach einer bestimmten »Weib«-Theorie, sondern nach einer »Praxis«, die ihn gelehrt hatte, die Zusammenhänge zwischen der allgemeinen Triebnatur des Menschen (». . . die dunklen, ewigen Ströme, die unaufhörlich fließen von Mann zu Weib und von Weib zu Mann . . .«)[27] und seiner individuellen Veranlagung zu beachten. Seine Frauen sind glaubhaft: die »Mondaine«, die sich insgeheim nach den Liebesfreuden des anspruchslosen »süßen Mädls« verzehrt *(Anatol)*,[28] das Mädchen Christine, das *Liebelei* mit Liebe verwechselt und daran zugrunde geht,[29] die heitere Mimin Josefine, die sich als Vorstadtmädel verkleidet, um einmal die Perspektive des Liebesabenteuers zu wechseln *(Die kleine Komödie)*,[30] die im Titel schon so bezeichnete *überspannte Person*, die ihren Liebhaber zu ernst nimmt, um ihn, weil sie von ihm schwanger ist, mit ihrem Gatten betrügen zu können,[31] die unersättliche und maulende Liebesgefährtin, die ihren erschöpften Freund auch nachts um *Halbzwei* nicht entlassen will,[32] die Ehebrecherin Emma, die sich, in Panik vor der Entdeckung des Betrugs, unbewußt verrät *(Die Toten schweigen)*,[33] die tapfere Cäcilie, die das Experiment einer aufrichtigen Ehe mit ihrem Mann wagt *(Zwischenspiel)*,[34] die vom Leben ferngehaltene, sich ins Leben stürzende Vatermörderin Marie *(Der Ruf des Lebens)*,[35] die selbstsichere Sängerin Anna, die zu ihrer Liebe trotz der sozialen Schranken steht *(Der Weg ins Freie)*,[36] die unglücklich treulose Ehefrau Genia *(Das weite Land)*[37] oder die inzestuöse Frau Beate, die lieber einen gemeinsamen Tod mit ihrem Sohn inszeniert, als ihn an eine andere Frau zu verlieren *(Frau Beate und ihr Sohn)*.[38] Das psychologische Rezept für die Glaubwürdigkeit seiner Frauen, trotz ihrer häufig extremen Seelenlage, legt Schnitzler dem Helden der Tragikomödie *Das weite Land*, dem zynisch-klugen Charmeur

Friedrich Hofreiter, in den Mund. Zugleich übt Schnitzler Kritik an den überhitzten Frauendeutungen seiner Zeitgenossen:

> Ich halte es überhaupt für sehr einseitig, die Frauen nur aufs Erotische hin zu beurteilen. Wir vergessen immer wieder, daß es im Leben einer jeden Frau, auch wenn sie Liebhaber hat, eine Menge Stunden gibt, in denen sie an ganz andere Dinge zu denken hat als an die Liebe. Sie liest Bücher, musiziert, sie veranstaltet Wohltätigkeitsakademien, sie kocht, sie erzieht ihre Kinder, – sie kann sogar eine sehr gute Mutter sein, ja manchmal auch eine vortreffliche Gattin. Und hundertmal wertvoller – als eine sogenannte anständige Frau.[39]

Die klassische Typologie des literarischen Fin de siècle-Weibes kennt jedoch wenig Rücksicht auf das subtile Zusammenspiel psychischer und sozialer Faktoren, die eine Figur über den Typus hinaus lebendig machen. Das »Rätsel Weib« wird gelöst, nicht indem die Frau differenziert, sondern indem sie simplifiziert wird. Im Prinzip erscheint die Frau aufgeteilt in zwei relativ konstante Gestalten: die »femme fragile« und die »femme fatale«. Daß diese beiden Extreme eine Form der forcierten Bewältigung derselben Ratlosigkeit, derselben erotischen Nervosität darstellen, wurde in einer eingehenden Studie bereits untersucht.[40] Beide »femmes« sind die Transfigurationen erotischer Wünsche, aber sie symbolisieren Tendenzen, die einander diametral entgegengesetzt sind. Der Sexualangst und Sexualablehnung auf der einen Seite entsprechen die Sexualekstase und Sexualüberschätzung auf der anderen. In beiden Fällen ist ein entrealisiertes, enthumanisiertes Kunst-Geschöpf das Resultat.

»Fragil« sind die idealisierte Märchenprinzessin, die überirdisch dahinsiechende Kranke, die madonnenhaft edle Schönheit, das kindlich träumende Mädchen, die seelendurchglühte Unverstandene, die einsam Wartende, die weiße Braut: eine Tradition, die mit den Undinen der Romantik begonnen hatte, wurde auf dem Weg über die englischen Präraffaeliten von der symbolistischen und neuromantischen Dichtung aufgenommen und assimiliert. Um nur einige der ausgeprägt Fragilen zu nennen[41]: Barrès' Bérénice (1891), Maeterlincks Mélisande (1892) und seine Princesse Maleine (1889), D'Annunzios Maria (1889) Hauptmanns Hannele (1893/1896), das Rautendelein (1896) und die Pippa (1906), Keyserlings Beate (1903), Thomas Manns Gabriele Klöterjahn (1903), die Frauen und Mädchen vieler Gedichte von Rilke, Hofmannsthals Dianora (1897), Sobeide (1897) und Vittoria (1898), die namenlosen Traumgestalten aus Beer-Hofmanns Roman *Der Tod Georgs* (1900) und seine Désirée (1904), Schaukals Mimi Lynx (1901) und vor allem die hilflosen Frauen und präpubertären kleinen Mädchen, die das Werk Peter Altenbergs in geradezu obsessioneller Manier durchziehen.

Fern von Fleischlichkeit und Wollust, ganz entkörperte Psyche und Reinheit, erlösen solche Marien-Gestalten den Mann vom sexuellen Leistungszwang, von Potenz-Ängsten und ehelichen Pflichten, erlösen ihn auch von den Qualen der Begierde, erlösen ihn zur eigenen Sündelosigkeit, »ziehen ihn hinan«, zum höheren Ich, zum geistigen Sein. Darüber hinaus versetzt die »femme fragile« den Mann in die dominierende Position; er ist der Schirmherr vor den Brutalitäten des Lebens, d. h. vor den Abgründen der Sexualität, er ist der Bruder und vor allem der Dichter, der ihre Seele versteht und verklärt, der sie, die so sterblich und schwach ist, zur Unsterblichkeit der fernen Geliebten erhebt. (In denselben Kontext, auf eine philosophische Ebene, gehört die Utopie der einzigen und wahren Liebe, die Musil im *Mann ohne Eigenschaften* beschrieben hat, die Utopie des geschwisterlichen Eros, den erst die Realität, der vollzogene Inzest, zum Scheitern verurteilt.) Die »femme fragile« ist das Kult-Objekt des übersensiblen, wirklichkeitsscheuen, »dekadenten« Mannes, des femininen Künstlers. Hofmannsthal, Rilke, Altenberg, Schaukal, Andrian sind die österreichischen Varianten eines Dichtertyps, der vor allem in Frankreich und England – die Homosexualität eines André Gide oder Oscar Wilde ist gleichsam nur die konsequente Weiterentwicklung – für die Moderne repräsentativ gewesen ist.

Eine andere Phalanx von »Weib«-Deutern tritt diesen einfühlsamen Verehrern der Frauenseele entgegen. Kraus gehört zu ihnen, Wedekind, Dehmel, Sternheim, Heinrich Mann, Karl Hauer, Erich Mühsam, Otto Soyka, Stanislaw Przybyszewski und in gewisser Weise auch Strindberg und Weininger. Was solche Schriftsteller, pauschal gesehen, kennzeichnet, ist ein betont maskulines Selbstverständnis, eine virile Ideologie in Fragen der Kultur, die noch von Nietzsches Décadence-Kritik geprägt ist, häufig aber auch eine Psychologie, die in der Selbsterniedrigung ihre Lust findet. Ihr Idol ist die »femme fatale«. Als dämonische Hexe, als »Vampyrweib«,[42] männerverderbende Nymphomanin, lasterhafte Unschuld, angebetete Hetäre oder als perverses Kindweib geistert sie durch die Romane, Gedichte und Theaterstücke der Moderne. An Urbildern mythischer und historischer Art fehlt es nicht. Die Sünderin Eva, Verführerin des Mannes zum Bösen, ist nur die christliche Version der heidnischen Astarte und Venus. Aus der Antike übernehmen und kultivieren die Antidécadents die Figur der Hetäre, in der sich höhere Erotik mit Prostitution verknüpft.[43] (Lukians *Hetärengespräche* kamen 1907, von Franz Blei neu übersetzt und mit Zeichnungen von Klimt versehen, in Leipzig heraus.) Als Ausgeburten der Kastrationsangst des Mannes gelten Omphale, Dalila und Judith, und die römische Messalina trägt die sagenhaften Züge der immer wieder, auch in der *Fackel*, beschworenen großen Hure von Babylon.[44]

Für den österreichisch-ungarischen Raum wurden die Phantasien eines Leopold von Sacher-Masoch einflußreich. *Grausame Frauen* ist der Titel einer Reihe von Erzählungen,[45] die doch nur variieren, was mit der *Venus im Pelz* populär geworden war, die theatralische Ausbeutung des engen Zusammenhangs von Wollust und Grausamkeit, von Sexualität und Schmerzempfindung.⁴⁶ Wanda, die Venus im (bestialischen) Pelz, ist die Despotin, die den Mann zum Liebessklaven erniedrigt und ihn – von ihrem Liebhaber – auspeitschen läßt. Ihr Name hat sich als Chiffre für die Erfüllung masochistischer Gelüste (Krafft-Ebing hat den Namen des Autors ohne dessen Einwilligung zum psychopathologischen Begriff gemacht) bis in die Sexualannoncen der Wiener Zeitungen durchgesetzt. In den »Antworten des Herausgebers« macht Kraus einer »[s]trengen Masseuse« klar, daß ihre Anzeigen im Zusammenhang mit der verlogenen Presse unredlich seien:

> Hätte die ›Neue Freie Presse‹ (die in diesem Sommer zum erstenmal das Wort ›Syphilis‹ ausgesprochen hat, ohne daß ihre Leser angesteckt wurden) einige Sympathie für das, was Sie wollen, sie zwänge Sie nicht zu dieser unwürdigen Jagd nach Pseudonymen. Denn wenn die ›Wanda Massochin‹ vom Juli im August ›Madame Sachomassoch‹ und im September ›Wanda Sachomas‹ heißt – wer soll sich da noch auskennen?⁴⁷

In Felix Dörmanns Gedichtsammlung *Neurotica*, die von der Zensur verboten wurde, tobt das lyrische Ich seine Schmerzwollust mit der bleichen Madonna Satanella und mit der unersättlichen Madonna Lucia aus.⁴⁸ »Sätze«, von Marquis de Sade, bringt die *Fackel* zweimal,⁴⁹ eine Würdigung de Sades und eine Besprechung des Romanes *Juliette* nimmt Karl Hauer vor,⁵⁰ und Kraus empfiehlt die *Juliette* seiner Freundin Berthe Maria Denk persönlich.⁵¹ *Erotik der Grausamkeit* heißt eine intelligente kulturpsychologische Abhandlung Karl Hauers (er hatte sich in der *Fackel* unter dem Pseudonym Lucianus vorgestellt), die dem Anteil der atavistischen Grausamkeitslust an den verschiedenen Trieben in Politik, Religion und Kunst nachgeht.⁵² Durch die Kulturarbeit von

Jahrhunderten seien diese Instinkte verinnerlicht und pervertiert worden. Hauer mündet in das Lob der Frau aus vorpsychologischer Zeit, deren grausame Lüste noch unverbildet und direkt auf das Objekt, den Mann, zielten, im Gegensatz zum passiven und unterwürfigen Frauentypus der Gegenwart.

Der Enthusiasmus der Moderne für Frauenfiguren von heidnisch-antiker Ungezähmtheit findet auch in Ibsens *Hedda Gabler* und in der Rebekka aus *Rosmersholm* Beispiele, an denen sie sich berauschen konnte.[53] Die Generalstochter verlangt vom ungetreuen Liebhaber, er solle »in Schönheit sterben«, und sie erschießt sich selbst, als die Banalität ihres bürgerlichen Ehealltags sie wieder einzuholen droht; Rebekka ist eine Frauengestalt, deren erotische Besitzgier, unter dem Deckmantel der Liebe, sich im Mord Bahn bricht.[54] Als *Hedda Gabler* und *Rosmersholm* 1905 in Wien aufgeführt wurden (mit der Duse als Hedda, die Sandrock hatte sie schon 1893 gespielt), spricht Bahr von dem »Problem der dionysischen Frau«[55] und Rebekka nennt er »prachtvoll schlecht«, eine, an der Nietzsche seine Freude gehabt hätte.[56] Wedekinds Lulu-Tragödien *Erdgeist* und *Die Büchse der Pandora*, erschienen zwischen 1895 und 1904, und Wildes *Salome*, in der deutschen Fassung von 1903, repräsentieren das Kindweib, das ungerührt und amoralisch über (Männer-)Leichen hinweggeht; als »wilde(s) schöne(s) Tier« Lulu,[57] als lasziges, verwöhntes Prinzeßchen Salome. In der symbolischen Handlung des Tanzes als dem genauesten Ausdruck der erotischen Geladenheit treffen sich die beiden Figuren, auf die Kraus in der *Fackel* immer wieder hinweist, weil er sie für die dichterisch geglücktesten Verkörperungen des elementaren Weibes hält. Zwischen Urweib, Kindweib und Hetäre macht Fritz Wittels in seinem Aufsatz *Das Kindweib* keinerlei Unterschiede.[58] Wie eine ironische, »realistische« Paraphrase auf die auch in der *Fackel* betriebene Mythisierung des verruchten Kindweibes wirkt der 1905 anonym erschienene pornographische Roman *Josefine Mutzenbacher. Die Lebens-*

geschichte einer wienerischen Dirne, von ihr selbst erzählt.[59] Die *Mutzenbacher* wurde, das weiß man inzwischen, von Felix Salten geschrieben, der für seine rührenden Tiergeschichten bekannt geworden ist; den geschulten Literaten hatte das variationsreiche Vokabular schon verraten, nur war nicht Schnitzler der Autor, wie es gerüchteweise lange verlautete. Salten läßt seine Josefine alles erleben, was eine Frau erleben kann, und zwar ab dem zarten Alter von fünf Jahren. Damit karikiert er auch die Kampagne der seelenvollen Ellen Key, die das *Jahrhundert des Kindes* ausgerufen hatte, des heiligen, unschuldigen Kindes, das man seine volle Persönlichkeit entwickeln lassen müsse.

Die erste literarische Hetärenfigur, die Kraus faszinierte, war – neben der »Italienerin« aus der gleichnamigen Novelle Alfred von Bergers[60] – Heinrich Manns Herzogin von Assy in ihrer dritten Inkarnation als »Venus«.[61] Nachdem die Herzogin als »Diana« den Idealen der Freiheit nachgestrebt war, als »Minerva« die Kunst für den absoluten Wert im Leben gehalten hatte, findet sie als überdimensionale Liebesgöttin, deren orgiastische Fähigkeiten ganze Heerscharen von Menschen, nicht nur Männern, an sich zieht, die Erfüllung. Der sexuelle Exzeß zerstört ihre Persönlichkeit nicht, sondern bestätigt sie (1903). In einem anderen Roman von Heinrich Mann, *Die Jagd nach Liebe* (1904), tauchen wieder die erotischen Stereotypen auf: die rothaarige Schauspielerin Ute zerstört den nach ihrer Liebe lechzenden Claude, einen neurasthenischen Ästheten.[62] Als »femme fatale« eines deutschen Professors ist die Tingeltangel-Künstlerin Rosa Fröhlich berühmt geworden (*Professor Unrat*, 1905).[63] Kraus hatte nur kurzfristig Kontakt mit Heinrich Mann und beschränkt sich auf den Abdruck zweier seiner Novellen, in denen wiederum ein triebhaftes weibliches Wesen im Mittelpunkt steht. »Alt«, so heißt die eine Geschichte, ist der Mann, der sich ein wildes Zigeunerkind heranzieht, das sich aber vom Liebes-Besitzwahn des ihr verfallenen »Vaters« nicht einfangen läßt.[64] Und

»Die Unschuldige« ist die Bezeichnung für eine schöne junge Frau, die – vielleicht – ihren Mann ermordet hat um eines anderen willen, dessen absolute, von Normen unabhängige Liebe sie durch ein raffiniertes Versteckspiel auf die Probe zu stellen weiß.[65] Von seinem Lieblingsdichter unter den zeitgenössischen, Wedekind, druckt Kraus drei Szenen aus dem Stück *Totentanz*, das den Zusammenprall einer rabiaten Frauenrechtlerin mit einem Mädchenhändler zeigt, die sich beide zum Gegenteil ihrer bisherigen Anschauungen bekehren: die Suffragette verwandelt sich in eine tobende Mänade, die nur noch die Rechte der Sinnlichkeit interessieren (»Ich will mich auf dem Blutaltar sinnlicher Liebe schlachten lassen!«), und der Idealist der Sexualität begeht, desillusioniert, Selbstmord: »Der Sinnengenuß – Menschenquälerei – Menschenschinderei – endlich – endlich – Erlösung!«[66] Von Wedekind erscheinen aber auch viele Gedichte, die dessen antibürgerliche, tabuverletzende, vitalistisch getönte Dirnen-Romantik spiegeln (*Confession, Ave Melitta!*).[67] Doch für noch viel stärkere Kost hat die *Fackel* Raum, für insgesamt drei Texte des polnischen Satanisten Stanislaw Przybyszewski. Der Essay *Das Geschlecht* steht im Zeichen der kosmischen Religion des Sexus[68] und die Novelle *Auf Kains Pfaden* im Zeichen der tödlichen, der satanischen Gewalt der Geschlechtsliebe, die den Menschen gegen die christlichen Liebesgebote revoltieren läßt.[69] Die Umkehrung christlicher Werte gehört auch zu den treibenden Motiven der in Duktus und Ausdruckssteigerung expressionistisch anmutenden Novelle *Die Tat*. Sie erzählt vom Mord, dem wohltätigen, gottgefälligen Mord an einer bis ins Mark verderbten kleinen Hure, der ein Leben in Elend und Häßlichkeit erspart werden soll.[70]

Als fragwürdigster Höhepunkt der Fahndung nach erotischen Absonderlichkeiten und aufpeitschenden Sensationen aus dem Triebleben seien noch Hermann Bahrs literarische Eskapaden erwähnt, aus einer Zeit stammend, in der Bahr noch Anleihen bei den schwülen Themen und Motiven der gehobenen französischen Trivialliteratur machte. In dem Roman *Die gute Schule* (1890) geht ein Maler in Paris bei einem Mädchen Fifi durch die Schule der maßlosesten, von Bissen und Blutströmen gekennzeichneten sexuellen Ausschweifungen, um dann erleichtert ins behagliche Bürgerleben einzumünden.[71] Es folgt der Novellenband mit dem zeitgemäßen Titel *Fin-de-Siècle* (1891), den lesbische Frauen und lasterhafte Herren bevölkern.[72] In dem Drama *Die Mutter* (1891),[73] von Kraus ».. . ein Tendenzstück für Blutschande, Sadismus und Masochismus . . .« genannt,[74] beutet Bahr die neuesten Erkenntnisse aus, wonach die Mutterliebe zur Geschlechtsliebe höchst ambivalente Beziehungen unterhält. Der Sohn, ein weibisches Bürschchen, wird zerrissen von den Besitzansprüchen zweier Frauen; da ist Terka, die dämonische »femme fatale« im japanischen Boudoir, eine Schauspielerin, der der Sohn verfallen ist, und da ist seine Mutter, ebenfalls Schauspielerin, die ihn nicht hergeben will. Um das Netz der erotischen Obsessionen noch dichter zu stricken, läßt Bahr eine Vergangenheit durchblicken, in der die beiden Rivalinnen ein zärtliches Verhältnis miteinander verband. Es kommt zum Inzest zwischen Mutter und Sohn, und letzterer stirbt an der Liebe, wie schon sein Vater, dem die Mutter, in wilder Liebesgier, das Mark aus den Knochen gesaugt haben muß. »Alle Frauen sind Mörderinnen am Manne. Es ist in der Natur« lautet das Fazit des eklektizistischen, kruden Stücks,[75] dem auch der junge, von Bahr protegierte Hofmannsthal keine Anerkennung spenden konnte.[76]

Wie meistens bei Hermann Bahr sind die dichterischen Ausführungen mißlungen, die zugrundeliegende Problematik und Programmatik aber nah an den Obsessionen der Zeit. Seine drei Stichworte: »Mord«, »Natur« und »Mann« umreißen sehr genau die Kontur und den Kontext der »femme fatale«. Selten tötet sie direkt, und nur in propagandistischen Gedichten findet man Stellen wie: »›So wisse, daß das Weib, / gewachsen ist im neunzehnten Jahrhundert!‹ / sprach sie mit großem Aug', und schoß ihn nieder.«[77] Sie läßt den Mann vielmehr sich selbst töten wie Lulu den Maler Schwarz oder Hedda den Eilert Lövberg, oder sie schaut zu, wie er langsam durch sie zugrunde geht wie Claude durch Ute oder Strindbergs Rittmeister durch Laura *(Der Vater)*. Sie führt mitunter den »Unfall« herbei wie Lulu – den Medizinalrat trifft der Schlag, als er sie in flagranti ertappt, und ihr Schuß auf Schön kann immer noch als Notwehr gedeutet werden –, oder sie läßt die Männer einander umbringen. Auf Befehl von Herodes stirbt Johannes der Täufer, und Kungu Poti erschlägt den treuesten Liebhaber Lulus, Alwa. Sexus, Tödlichkeit und Unschuld verquicken sich im Bild der »femme fatale« zu einer exzentrischen Mischung: für die Anhänger dieses Frauentypus, auch für Kraus, bedeutet sie das herrliche Undomestizierte, die »Natur«.

Daß es in der »Natur« der Frau liegt, den Mann zu zerstören, gehört in den Ideenbereich der »schwarzen Romantik«, die von einem mystischen Ineinander von Eros und Tod als dem eigentlichen Ziel der Liebe wissen will.[78] Hermann Bahr jedoch meint ein psychologisches Problem, das der Doppeldeutigkeit der Frau. Geschlechtswesen und Mutter zugleich, schafft sie erotische Verwirrung unter den Männern, jene Verwirrung, aus der das bunte Panoptikum der unterschiedlichsten Frauen-Bilder entstanden ist. Die Frau ist das Sinnbild der Vereinbarkeit des Unvereinbaren; sie ist das Begehrenswerteste und das Verbotenste in einer Person. Das ungewisse Schillern zwischen prostituierbarem Lustobjekt und mütterlicher Unantastbarkeit, zwischen Hure und Heiliger, hat Schnitzler in dem Stück *Der Schleier der Beatrice* interessiert;[79] Freud hat die Herkunft dieser männlichen Orientierungsschwierigkeit aus der unbewältigten infantilen Fixierung an die Mutter erklärt,[80] und Alfred Adler, sein abtrünniger Schüler, hat die schwankenden Wertungen, denen die Frau unterliegt, als die spezifische Neurose des »nervösen Charakters« erkannt.[81] Das nervöse Schwanken, die ambivalente Gefühlshaltung zum andern Geschlecht, betrifft jedoch die Frau mindestens so wie den Mann. Freud stellt für das weibliche Liebesleben dieselben katastrophalen Folgen durch den langen Aufschub der Sexualbetätigung fest wie für den Mann; sie litte durch die Inhibitionen der moralischen Erziehung unter derselben »psychischen Impotenz«, welche aus dem Nichtzusammentreffen zärtlicher und sinnlicher Regungen resultiere. Da das »kulturelle Weib« das Sexualtabu vor der Ehe im allgemeinen befolge, erwerbe sie ». . . die innige Verknüpfung zwischen Verbot und Sexualität«.[82]

Aus dem Zusammenwirken von Triebspaltung und verbotener Sexualität entstehen bei der Frau Reaktionen, die dem Mann unverständlich sein müssen und letztlich zu der von Strindberg zum Dogma hinaufgeschraubten Feindschaft der Geschlechter führen. Strindberg schreibt im *Vater* einen Dialog, die wie eine Dramatisierung der Freudschen Feststellungen klingt:

> Rittmeister: Ich, der in der Kaserne und vor der Truppe der Befehlende war, ich war bei dir der Gehorchende, und ich wuchs an dir, ich sah zu dir auf wie zu einem höher begabten Wesen, und ich hörte auf dich, als wäre ich ein unverständiges Kind.
> Laura: Ja, so war es damals, und deshalb liebte ich dich, als wärst du mein Kind. Aber weißt du – du sahst es ja doch –, jedesmal, wenn deine Gefühle ihre Natur änderten und du als mein Geliebter vor mir standest, da schämte ich mich, und deine Umarmung war mir eine Freude, der Gewissensbisse folgten, als ob das Blut Scham fühlte. Die Mutter wurde Geliebte. Hu!
> Rittmeister: Ich sah es, aber ich verstand es nicht. Und als ich glaubte, bei dir Verachtung meiner Unmännlichkeit zu bemerken, wollte ich dich als Weib dadurch gewinnen, daß ich Mann war.
> Laura: Ja, aber darin lag der Irrtum, siehst du. Die Mutter war dein Freund, aber das Weib war dein Feind, und die Liebe zwischen den Geschlechtern ist Kampf.[83]

Erlaubt ist die Liebe zum Kind, verboten die Geschlechtsliebe. Die Wahrheit solcher soziopsychologisch determinierter Trieb-Kanalisationen bestätigt sich sogar noch an Beispielen erotisch selbstbewußter Frauen. Vor allem jene, deren Mission es ist, »Muse« zu sein, unterliegt dem Zwang, den Mann verkindlichen zu müssen. Alma Mahler-Werfel ist hier exemplarisch. Ihre Jugendliebe zu Gustav Klimt blieb unerfüllt. Ihren ersten Mann, Gustav Mahler, nannte sie »kindhaft«,[84] was die Diagnose Freuds, daß Mahler in jeder Frau die Mutter suche, ergänzt. Alma war aber wohl zu jung, um diese Rolle zu übernehmen, und so stimmte die psychische Konstellation nicht. Folgerichtig findet sie keine erotische Beziehung zu Mahler, was ihr mit anderen Männern, die in die Kind-Rolle passen, leidenschaftlich gelingt: mit Kokoschka (»Ich liebte das Genie und das ungezogene, störrische Kind in ihm«)[85] und mit Franz Werfel (»Aber ich liebe ihn, so wie man ein Mannkind liebt«).[86] Auch Lou Andreas-Salomé, die ein männlich-geistiges Leben führte, findet erst mit dem zarten, muttergebundenen Rilke zu einem Liebeserlebnis von sinnlichem Charakter.[87]

Den Mann zum Kind, zum verhätschelten Spielzeug zu machen, ist für Freud Anzeichen eines gestörten Verhältnisses zur Genitalität der Liebe. Diese »psychische Impotenz« nennt er bei der Frau Frigidität.[88] Geschlechtskälte ist aber nicht nur eine Erkrankung der Frauen der bürgerlichen Schichten, sondern Merkmal des wahllosen Sexualgebahrens der Nymphomanin und der Prostituierten. Die frigide Frau hat ihre Komplementärerscheinung im »Psychanästhetiker«.[89] Seine »psychische Impotenz«, durch die Respektshaltung vor der Frau als Mutter tief eingerastet, spiegelt sich im physischen Versagen. Um sich davon zu heilen, muß er Bedingungen der Weiblichkeit finden, die ihn aus der Respektshaltung erlösen, also sozial und ethisch »niedrige« Weiber, käufliche Frauen, Dirnen. Zerrbilder der menschlichen Liebe tauchen auf, denen es noch möglich ist, sexuelles Glück zu verwirklichen: die anonyme Frau und der kulturelle Mann. Doch wartet auf diesen schon die Falle. Was ihm den Liebesvollzug ermöglicht, demütigt seine Selbstachtung. Er fängt sich in den Fallstricken der Anschauungen von Sitte und Religion, die ihm zur zweiten Natur geworden sind und die ihm Abscheu und Ekel vor den Prostituierten eingeimpft haben. Es bleibt ihm eigentlich nur die Enthaltsamkeit. Wieder illustriert die Figur Gustav Mahlers, stellvertretend für den sensitiven, künstlerischen Mann, dieses Dilemma. »Er war Zölibatär«, schreibt seine Frau, »und fürchtete das Weib. Seine Angst, ›heruntergezogen‹ zu werden, war grenzenlos und so mied er das Leben . . . also das Weibliche.«[90]

Die Entfremdung der Geschlechter, an der die kulturelle Verfeinerung um 1900 ebenso ihren Anteil hatte wie die restriktive bürgerliche Sexualmoral, war unübersehbar geworden. Aus dem Abgrund der Fremdheit, zu welchem der Riß in der Schöpfung gediehen war,[91] stiegen Bilder der Angst auf, denen der österreichische Maler Alfred Kubin den schrecklichsten und genauesten Ausdruck gegeben hat. Es ist das Unbekannte, das Angst erweckt, und die Frau war nicht nur sich selbst, sondern vor allem dem Mann unbekannt. Um eine unbekannte Gefahr zu bannen, muß man sie bekannt machen, sie definieren. »Wir erwehren uns der Welt durch unsere Begriffe«, schrieb der, der der Sexualangst ausgeliefert war wie kaum einer, Otto Weininger.[92] Die »Weib«-Definitionen sind Strategien der Befreiung von Angst. Die Anämisierung des Sexus im Bild der »femme fragile« und die Hypertrophierung des Sexus im Bild der »femme fatale« enthüllen sich als Maßnahmen zur Entschärfung des Frauenproblems, als künstlerische Selbsttherapie. Vor der spiritualisierten, infantilisierten Frau kann keine Angst aufkommen, und einer übersexualisierten Frau zu unterliegen ist »schließlich keine Schande«. Vor einer Art Naturkatastrophe zu versagen ist nicht ehrenrührig, sondern vereinbar mit dem Selbstbewußtsein und gibt obendrein noch Gelegenheit zu verständnisinniger Koketterie.

Im Kern der Frauenfrage steckt die Frage nach dem Mann. Ist die Frau ein Projektionsphänomen des Mannes, so muß die Lichtquelle selbst beleuchtet werden, damit die projizierten Bilder verständlicher werden. Die Frauen, die im Schein der *Fackel* auftauchen, haben zwei vollkommen kontrastierende Gesichter. Es gibt Aphorismen von Kraus, in denen sich die grausamste Weiberverachtung spiegelt, und solche, die das Weib hymnisch und demütig preisen. Es gibt, sozusagen, Weininger und Strindberg in Kraus ebenso wie Wedekind und Altenberg. Die paradoxe Verbindung von Misogyn und Troubadour in einer Person aber wirft Fragen auf – Fragen nach dem Männlichkeitsbegriff von Kraus. Dieser hängt eng zusammen mit den allgemeinen Männlichkeitsvorstellungen der Epoche. Zum Teil entspricht sein Bild vom Mann den herrschenden Idealen, zum andern aber erzwingt die Abwehr der unmenschlichen Bedingungen, die dieses stellt, einen Gegenentwurf.

In dem Wort »Imperialismus«, dem politischen Etikett der Jahrhundertwende, kommt zum Ausdruck, was sich nach innen, in den kulturellen Strukturen, als »Phallokratismus« wiederholt, als Herrschaft des männlichen Prinzips. Der Imperialismus stützt sich auf die Apologie und Verklärung der Macht, der Glanz der Macht strahlt auf im Glanz der militärischen Uniformen und der imperialen Paläste. Zwischen Macht und Gewalt sind die Grenzen fließend, denn die Erlangung von Macht ist ohne Gewalt nicht möglich. Für den Staat bedeutet sie die Unterdrückung fremder Völker, für die Zivilisation Unterdrückung der Frauen und »minderwertigen« Rassen und für die Kultur Unterdrückung und Verleugnung des weiblichen Prinzips. Das imperialistische Begriffsfeld von Macht, Gewalt und Unterdrückung war grundsätzlich positiv besetzt. Diese positive Besetzung erfuhr eine Verstärkung, die an Verkrampfung grenzte, als alle äußeren und inneren Bereiche durch Gegenströmungen bedroht wurden: durch die nationalen und demokratischen

Bewegungen, durch die Frauenrechtsbewegung und durch die künstlerische Moderne, die Décadence. Die maskuline (auch bürgerliche) Weltanschauung, die auf der Basis von Begriffen wie Rationalität, Leistung, Fortschritt steht, sah sich in Frage gestellt von Begriffen wie Seele, Spiel, Natur. Den prometheischen Kulturhelden der Arbeit, Männern der Tat (Napoleon/Bismarck) und den Geistesfürsten (Goethe/Schiller), wurden Antihelden entgegengehalten, Orpheus und Narziß: »Ihre Imago ist die der Freude und Erfüllung, ist die Stimme, die nicht befiehlt, sondern singt; die Geste, die gibt und empfängt; die Tat, die Friede ist, und das Ende der Mühsal der Eroberung, ist die Befreiung von der Zeit, die den Menschen mit Gott, mit der Natur eint.«[93] Musil würde mit dem *Mann ohne Eigenschaften*, mit Ulrich, sagen, der »Möglichkeitssinn« des Menschen wehre sich gegen den »Wirklichkeitssinn«; in Freudscher Terminologie hieße es, das »Lustprinzip« revoltiere gegen das »Realitätsprinzip«.

Im männlichen Individuum können die Spannungen dieser Umbruchzeit qualvoll aufeinanderstoßen. Geprägt von erzieherischen Normen, die eine heroische Männlichkeit hochhalten (»ein Mann weint nicht«), treibt ihn eine Sensibilität, die den Druck dieses Panzers nicht erträgt, in den Konflikt. Strindbergs Rittmeister formuliert die Krise des Männlichkeitswahns in erschütternder Deutlichkeit.

Ja, ich weine, obwohl ich ein Mann bin. Aber hat ein Mann denn keine Augen? Hat er nicht auch Hände, Glieder, Sinne, Neigungen, Leidenschaften? Lebt er nicht von der gleichen Nahrung wie ein Weib? Wird er nicht durch die gleichen Waffen verwundet, von dem gleichen Winter gekühlt, von dem gleichen Sommer erwärmt? – Bluten wir nicht, wenn ihr uns stecht? Lachen wir nicht, wenn ihr uns kitzelt? – Warum sollte ein Mann nicht klagen dürfen, ein Soldat nicht weinen? – Weil es unmännlich ist. – Warum ist es unmännlich?[94]

Kraus, aufgewachsen in den Jahren gründerzeitlich-männlicher Selbstherrlichkeit, sieht das Drama *Der Vater* zum erstenmal im Mai 1897, sieben Jahre nach der deutschen Erstaufführung, anläßlich eines Berliner Gastspiels in Wien. Der junge Rezensent, beeindruckt von der »Tragik, die wunderbarerweise von der verbohrten Einseitigkeit des Strindbergschen Standpunkts ausgeht . . .«, zitiert die oben angeführte Stelle in seiner Besprechung.[95] In seinem Nachruf auf Strindberg, 1912, hält Kraus an dem Begriff der Tragik fest, ja, er nennt Strindberg eine tragischere Natur als Otto Weininger, weil er den Ausweg in den Selbstmord nicht gefunden habe.[96] Tragisch empfindet Kraus auch hier die Einseitigkeit. Es sei die Einseitigkeit der absoluten Männlichkeit, die es nicht verwinden könne, an das Weib eine Rippe abgegeben zu haben, und die sich daher immer im Status des Mangels fühle, eines metaphysisch-christlichen Mangels, der von Gott das Fehlende einklagen möchte. Aus dem Mangel aber ist das Weib geschaffen worden, und seine Existenz stört die Schöpfung, die doch das Heil des Mannes zum Ziel gehabt habe. Kraus vergleicht Strindberg mit Adam und mit Faust, den zwei symbolischen Figuren abendländischer Übermenschlichkeit, d. h. Übermännlichkeit. Sein Kampf der Geschlechter ist der Kampf um ein (über-)männliches Selbstbildnis. Am Mißlingen dieses Kampfes ist das Weib schuld, dem deshalb sein Haß gilt. Kraus schält sich aus der Strindbergschen Wahnwelt, die die kulturelle Forderung nach Männlichkeit bis ins Psychopathologische integriert hat, seine eigene Position heraus. Er grenzt seine Affinität und seine Divergenz ab: »Strindbergs Wahrheit: Die Weltordnung ist vom Weiblichen bedroht. Strindbergs Irrtum: Die Weltordnung ist vom Weibe bedroht . . .«[97]

Die Weltordnung – bedroht vom Weiblichen? Kraus meint dies kulturhistorisch. Ein paar Zeilen vorher hatte er von den »Mißformen der Weibkultur« gesprochen, und in den Aphorismen schimpft er auf sein »vaginale[s] Zeitalter«.[98] Ein beständiges Echo haben solche Formulierungen bei verschiedenen Mitarbeitern der *Fackel* gefunden. ». . . unser feminines Jahrhundert«, sagt Karl Bleibtreu in seinem Artikel über Otto Weininger, als sei dies eine allgemein gültige Tatsache.[99] Karl Hauers radikaler Essay *Weib und Kultur* malt den ästhetischen Verfall einer profeministisch ausgerichteten Kultur aus.[100] Der Mathematiker und Naturwissenschaftler Ludwig Erik Tesar beklagt den »femininen Gegenwartsatem«, der das Schöpferisch-Männliche erstickt habe, betrauert den »Feminismus der gegenwärtigen Wissenschaften«.[101]

Die Fackel partizipiert deutlich an der maskulin orientierten, antimodernen Zeitströmung, die eine Ablehnung und Verachtung aller als »weiblich« geltenden Symptome an den Tag legt. Damit ist, um es noch einmal zusammenzufassen, eine vage Verweiblichung gemeint, eine Verweichlichung, ein Aufweichen der scharf umrissenen Konturen der Formen. Dies können, für Kraus, die Formen eines Charakters sein, die durch kompromißlerische Neigungen verwaschen, die Formen der »sexuellen Typen«,[102] die durch äußere Angleichung verwischt, die Formen der Malerei, deren Linien ornamental verwirrt, und die Formen der Sprache, deren inhaltliche Aussagen durch Phrasen verschliffen sind. Das Resultat von immer schlampiger werdenden Formen ist eine gegenseitige Annäherung bis zur Identität. Der größte Theoretiker der Misogynie, Otto Weininger, hat auch das gröbste Wort für die von Kraus gefürchtete Kultur der Durchdringung und Verschlingung der Werte, der Vermischung des männlichen Prinzips »M« mit dem weiblichen Prinzip »W« gefunden: »K o i t u s - K u l t u r«.[103] Sie bedeutet den Untergang des Mannes durch das Weib, denn im Mahlstrom der geschlechtlichen Anziehung werde, nach Weininger, das vernichtet werden, was die Männlichkeit des Mannes ausmacht: Geist, Bewußtsein, Wille, Ethik, Logik, Eros, Genie, Transzendenz. In seinem Buch *Geschlecht und Charakter* stellt Weininger einen Kanon der Männlichkeit auf, der zum größten Teil die Klischees der »heroische[n] Weltanschauung« reproduziert.[104]

Es sind aber jene Vorstellungen von Männlichkeit, die Kraus auch hegt. Wie Weininger will er die größtmögliche Trennung der Prinzipien »M« und »W«, will er dualistische Verhältnisse, weil nur so die Kultur gerettet, weil nur so der Mann gerettet werden kann. Das Bild, das Kraus von sich selbst hat, ist betont »männlich«. Er ist der Angreifer, der Aggressor, der »Krieger«,[105] und in seiner Arbeit geht er einer »maskulinen Beschäftigung« nach.[106] »Denn Satire ist in Wahrheit nur mit einer Funktion: der des Mannes vereinbar, ja sie scheint sie geradezu zu bedingen.«[107] Auch für die anderen Formen seiner Tätigkeit findet er Vergleiche, die ihn in männlicher Rolle zeigen. Seine Vorlesungen erinnern ihn an einen Geschlechtsverkehr, den er mit einer hysterischen bürgerlichen Frau (dem Publikum) ausübt: »Meine Wirkung ist nur die des Spielers auf das Weib. Im Zwischenakt sind sie alle gegen mich, je mehr sie im Akt bei der Sache waren.«[108] Wenn Kraus an seinem Satzbau feilt, so berichtet er, befalle ihn eine Art Schwindel. Es ist der »Zweifel« nach den glücklich bestandenen Wagnissen der Sprache; er nennt ihn den »produktiven Zweifel«, der ihm seinen – unbewußt – gelungenen Satz plötzlich in das Licht des Bewußtseins rückt.[109] Diesen Mut, diese Fähigkeit, das Chaos *nach* der Ordnung wieder heraufzubeschwören, bezeichnet er als die »höchste und männlichste«.[110]

»Trauer und Scham sollten alle Pausen wahrer Männlichkeit bedecken. Der Künstler hat außerhalb seines Schaffens nur seine Nichtswürdigkeit zu erleben.«[111] Schon in seiner Jugend, als er die Schrot-und-Korn-Dichter des naturalistischen Deutschlands gegen die literarische Décadence Jung-Wiens ausspielte, war Kraus' Begriff von Kunst verbunden mit dem Begriff des Männlichen, Kraftvollen. Er sieht darin die Garantie für das Unverwechselbare eines Kunstwerks, für das Echte und Authentische. Nur solche Eigenschaften, die sich mit dem Prädikat »männlich«, d. h. originell, individuell, vereinbaren lassen, schützen vor der Gefahr eines Schöpfertums aus zweiter Hand, das die übermächtige Tradition

(Goethe, Heine) den Modernen nahelegt. Wie kompliziert aber das Problem von Authentizität und Reproduzierbarkeit ist, erfährt Kraus am eigenen Leib. Als sein Antikorruptionismus der ersten *Fackel*-Jahrgänge Erfolg hat und von anderen Wiener Journalen imitiert wird, also zur Fratze verkommt, fühlt Kraus sich veranlaßt, eine »ästhetische Wendung« zu vollziehen und den »moralische(n) Niedergang« zum Programmpunkt zu erheben.[112] Er zieht, männlich entschlossen, die Konsequenzen, denn er weiß, daß von der Öffentlichkeit kein Gespür für die Unterschiede zwischen Original und Surrogat zu erwarten ist. Originalität aber ist eng verwandt mit einem zentralen Begriff bei Kraus, mit dem mystisch angehauchten Begriff des »Ursprungs«, von dem er seine Wertvorstellungen bezieht.[113] Dort, in einer Art harmonischen Urzustands von Zeichen und Bezeichnetem, sind »Wort und Wesen« noch eins.[114] Dieses Ideal einer Einheit findet er in der Vergangenheit bei Shakespeare verwirklicht. Shakespeare, den er liebt, liest, zitiert, übersetzt, hat die Kraft des »heroischen Verses«.[115] Daß er Shakespeare für einen »männlichen« Dichter hält, geht auch aus der Tatsache hervor, daß er Shakespeare mit Bismarck in einen etwas abstrusen Zusammenhang bringt.[116] Zeilen aus einem Shakespeare-Sonett erscheinen mitten in dem einleitenden Vortrag zur Privataufführung der *Büchse der Pandora*, den er in der *Fackel* Nr. 182 abdruckt.[117] Unter den Modernen ist Frank Wedekind die Inkarnation des männlichen Dichters. Die »gewaltige Hetärentragödie«[118] der Lulu habe nur eine dichterische »Individualität« hervorbringen können.[119] Es sei eine »Urkraft, die hier Stoff und Form zugleich gebar . . .«, »Weltanschauung und Theateranschauung« seien bei Wedekind zu »absoluter Kongruenz« gebracht.[120] Folglich nennt er Wedekind den »neuen Shakespeare«.[121]

Kraus, Wedekind, Weininger: es verbindet sie eine gemeinsame Theorie der Frau, aber sie gruppieren sich zu wechselnden Allianzen, was die Schlußfolgerungen aus dieser Theorie anbetrifft und die Bestimmung des Mannes in Erotik und Sexualität. In den Feststellungen, zu denen *Geschlecht und Charakter* über die Frau kommt, finden sich der Philosoph, der Aphoristiker und der Dramatiker, in den Wertungen sind sich nur Kraus und Wedekind einig, auch lehnen die beiden Weiningers Lösung der Frauenfrage ab, die auf eine Mannwerdung des weiblichen Geschlechtes zielt.

Weiningers Buch geht von der Annahme einer grundsätzlich zwiegeschlechtlichen Anlage des Menschen aus, von der Bisexualität. Prozentuale Anteile der konträren Geschlechtlichkeit erhielten sich bei allen Individuen zu verschiedenen Graden und aus den Ergänzungsverhältnissen ergäben sich die Gesetze der sexuellen Anziehung. Jedes Individuum suche dabei, seinen unvollkommenen Prozentsatz von »M« oder »W« zu vervollständigen. In idealtypischer Abstraktion heißt dies, daß immer ein ganzer Mann (M) und ein ganzes Weib (W) zueinander streben. Diesem biologisch-chemischen Urverhältnis, das den Menschen zum Misch-Charakter verdammt, will der philosophische Weininger entkommen. Der prinzipielle Dualismus des M-W-Systems ließe noch eine Balance der Gegensätze zu, einen möglichen Kontakt. Erst die Setzung von »M« über »W« bannt die Versuchung zur Vereinigung, erlöst in die Reinheit. Diese ethisch begründeten Reinheitsvorstellungen führen zu seinen Werttheorien. Weininger hat das Weib in einer, Eindeutigkeit und Radikalität definiert, die mit der Schwarmgeisterei um das »Rätsel« für immer aufräumen wollen. Das Weib als Sphinx anzusehen, hielt er für den ärgsten Unsinn. Komplizierter, rätselhafter sei der Mann.[122] Ausgehend von der biologischen Andersartigkeit der Frau schließt er auf deren Anderswertigkeit. Diese Anderswertigkeit als Minderwertigkeit darzulegen und keinen Aspekt der alltäglichen, naturwissenschaftlichen, psychologischen und philosophischen Perspektive auszulassen ist Zweck seines Werkes. Daß Weininger aus einem Haushalt kam, in dem der Vater die dominierende Rolle innehatte und die kränkelnde Mutter nichts galt, wird bei dieser Konzeption ebenfalls eine Rolle gespielt haben.[123] Er wendet sich gegen das Weibliche auch in der Philosophie, d. h. gegen die impressionistisch-sensualistische Zeitströmung (»das Mach'sche Ich, dieser bloße Wartesaal für Empfindungen«),[124] und bekennt sich zu der Kantschen Ethik, die ihm »die Geburt ... des heroischesten Aktes der Weltgeschichte« zu sein scheint.[125] Daß ihn der moderne, sezessionistische Geschmack in der Ästhetik und überhaupt die »Manier der Synästhesien« abstoßen, ist folgerichtig und zeigt die innere Nähe zu Kraus.[126] Ein rigoroser Platonismus in der Liebe, der den Geschlechtsakt »in das Reich der Säue« verweist[127] und der das Aussterben der Gattung vorzieht, weil alle »Fécondité« nur »ekelhaft« ist,[128] entfernt ihn wieder von Kraus. Die Liebe des Mannes ist, nach Weininger, nur gerechtfertigt als eine jeder Erfahrung bare »transcendentale Idee«.[129] Das starke Ich, der Wille zum Wert, die Last absoluter Forderungen gelten jedoch nur für den Mann. Die Frau, gemäß dem philosophischen Dualismus, der sich bei Weininger zum Antagonismus verschärft, steht unter völlig anderen Gesetzen, den Gesetzen der weiblichen Natur, die sie unerbittlich an ihre Geschlechtlichkeit ketten.

Was Kraus, der Weiningers Buch unmittelbar nach seinem Erscheinen gelesen hat,[130] so angenehm und wesensverwandt berührt, ist der Schlag, den der Verfasser, in Umkehrung der landläufigen Ansicht, gegen die Philistermoral führt: das Weib sei polygam, erklärt er, und der Mann monogam. »Das Weib ist fortwährend, der Mann intermittierend sexuell.«[131] Weiblichkeit sei »universale Sexualität«.[132] In den Aphorismen vom Juli 1907 heißt es in sinngemäßer Übereinstimmung bei Kraus: »Mann: funktionelle, Frau: habituelle Sexualität«.[133] Aus dieser Definition der Frau leitet Weininger alle seine Erkenntnisse ab: das Weib ist nur Gattungswesen und keine Individualität, es besitzt keine Seele und kein intelligibles Ich, keine Moral (»ontologische Verlogenheit«)¹³⁴ und kein Unsterblichkeitsbedürfnis; es ist ein Stück Materie, das unbewußt vegetiert, gedächtnislos, undifferenziert, ein elementarer Aggregatzustand, abhängig vom Geschlechtsinstinkt und dadurch ewig in der Knechtschaft des Mannes. Die Wertung, die daraus folgt, ist evident. »Der tiefststehende Mann steht also noch unendlich hoch über dem höchststehenden Weibe...«¹³⁵ Der »reine« Mann ist für Weininger das Ebenbild Gottes, das Weib dagegen ein Symbol des Nichts.¹³⁶ Bemerkungen zur weiblichen Substanzlosigkeit, Oberflächlichkeit, Unbewußtheit und Amoral gibt es bei Kraus zur Genüge. Doch verleiten ihn solche Ansichten nicht zu den Schlußfolgerungen Weiningers, daß den Mann vor diesem »lockenden Abgrund des Nichts« die Furcht ergreife.¹³⁷ Daß sich zu dem Antifeminismus Weiningers außerdem ein ebenso grundstürzender Antisemitismus gesellt (er versieht den Juden zum großen Teil mit den Eigenschaften des Weibes), trägt, mehr als zu den irrwitzigen, zu den tragischen Aspekten des Werkes bei, da Weininger selber jüdisch war.¹³⁸

Geschlecht und Charakter, eine »postpubertäre Explosion« genannt,¹³⁹ ist nur scheinbar ein systematisches Werk. Die Emotionalität des Autors ruft immer wieder Selbstwidersprüche hervor. Auch die wissenschaftlichen Deduktionen, die die neutrale Basis bilden, können nicht über die Angst vor dem Weiblichen hinwegtäuschen, die, in Haß verwandelt, den Motor der Gedanken abgibt. Kraus muß das abwegige, verstiegene, dennoch in seiner Monomanie und Aufrichtigkeit eindrucksvolle Buch, das voller feiner psychologischer Einzelbeobachtungen steckt, mit Anteilnahme aufgenommen haben. In der Diskussion, die nach Weiningers Selbstmord in psychiatrischen Fachkreisen und medizinischen Journalen losbrach, stellte Kraus sich, den Verdacht auf Geisteskrankheit entschieden zurückweisend, auf den philosophisch-ethischen Standpunkt. Weininger sei im »Feuerbrand seines Geistes« getötet worden, lautet die Diagnose von

Kraus, der schon aus Gründen der Geistesverwandtschaft keine Theorie dulden konnte, die das aufsehenerregende Buch auf das Produkt eines Epileptikers oder zumindest eines geistig gestörten Menschen reduziert hätte.[140] Er veröffentlicht, neben anderen apologetischen Dokumenten, einen Nachruf Strindbergs, der die Ansichten Weiningers bestätigt und sein Andenken als das eines »tapferen männlichen Denkers« ehrt.[141]

Die Einflüsse Weiningers auf den Aphoristiker Kraus sind beträchtlich. Es gibt aber nur einen Aphorismus, der sich direkt auf den Philosophen bezieht. Er enthält das Fazit ihrer Gemeinsamkeiten und Unterschiede im Denken über das Weib:

›Ein Frauenverehrer stimmt den Argumenten ihrer Frauenverachtung mit Begeisterung zu‹, schrieb ich an Otto Weininger, als ich sein Werk gelesen hatte. Daß doch ein Denker, der zur Erkenntnis der Anderswertigkeit des Weibes aufgestiegen ist, der Versuchung nicht besser widersteht, verschiedene Werte mit dem gleichen intellektuellen und ethischen Maß zu messen! Welch systematische Entrüstung! Aber wo Hirn- und Hemmungslosigkeit so hohe Anmut entfalten, Mangel an Verstand und Mangel an Gemüt sich zu ästhetischem Vereine paaren und die Resultante der schlechtesten Eigenschaften die Sinne berückt, darf man vielleicht doch an einen besonderen Plan der Natur glauben, wenn man überhaupt an Pläne der Natur glauben darf.[142]

Es ist, als schlage Kraus einen Purzelbaum und lande dort auf den Füßen, wo Weininger, tödlich getroffen, mit dem Kopf aufschlägt. Der »Mann« in Kraus muß der männlichen Optik, die an der Frau nur die Mängel an maskulinen Attributen erkennen kann, recht geben. Aber an die Summe dieser Mängel legt er nicht ethische, sondern ästhetische und hedonistische Maßstäbe an. So kapriziert er sich nicht auf die Herabsetzung des Weibes, sondern freut sich seiner »negativen« Eigenschaften. Seine Überzeugung von der Andersartigkeit der Frau stagniert nicht in sich, sondern schwingt hinüber in die Überzeugung von ihrer Gleichwertigkeit. Schon 1901, im Nachruf auf Annie Kalmar, hatte er seine Aufteilung des Mann-Frau-Verhältnisses in zwei ebenbürtige Hälften durch Peter Altenberg paradigmatisch aussprechen lassen, daß nämlich ». . . der geistigen Genialität des Mannes die ästhetische Genialität der Frau vollkommen gleichzustellen . . .« sei.[143] Kraus war durch die Liebesbegegnung mit Annie Kalmar sozusagen gefeit gegen die Versuchung der Konsequenz eines Denkens, das in die Einseitigkeit des Frauenhasses mündete. Was er als Strindbergs »Irrtum« bezeichnet hatte – daß die »Weltordnung vom Weibe« bedroht sei, vom empirischen, natürlich-sexuellen Weib –, muß Kraus auch als den »Irrtum« Weiningers deklarieren.

Drei Jahre nach dem Erscheinen des oben zitierten Aphorismus und sieben Jahre nach der Veröffentlichung von *Geschlecht und Charakter* druckt Kraus, anläßlich des Todes des Wiener Bürgermeisters Lueger, Auszüge aus dem zehnten Kapitel des Weiningerschen Buches, aus »Mutterschaft und Prostitution«.[144] Der Zusammenhang besteht darin, daß der sterbende Lueger, wie die Zeitungen berichteten, von seiner Mutter geträumt habe. Was Kraus' Interesse erregte und ihm zu einem lange ausstehenden Beweis verhalf, war die Verbindung von »Tatmensch« und »Mutter«, die hier gegeben war. Den Schluß desselben *Fackel*-Heftes, das den Weininger-Text bringt, bildet ein Kommentar von Kraus, der ein zentrales Anliegen ausspricht und ein letztes Mal seine Gedanken von der »Linienführung« des Philosophen absetzt.[145] »Mutterschaft und Prostitution« ist ein Kapitel, in dem Weininger psychologische Paare zusammenstellt: zum Politiker und Feldherrn gehört die Prostituierte, zum Künstler und Genie die Mutter. Zunächst aber entwickelt er eine Theorie der beiden Frauentypen; er verdeutlicht sie als die polaren Möglichkeiten des Abstraktums »W«. Beider Zwecke seien verschieden, die Mittel jedoch dieselben. Die Mutter wolle – über den Mann – zum Kind, zur Gattung, zur Ewigkeit; die Dirne wolle – über den Mann – zu sich selbst, zur Lust, zur Selbstvernichtung. Die Mutter müsse im Dienste der Erhaltung des Lebens kleinliche Sorge tragen; ihre Liebe stellt Weininger auf eine niedrigere Stufe, da sie reflexartig funktioniert und nicht der Individualität gilt, also unethisch ist. Die Liebe der Prostituierten hingegen, zu denen er auch die »Musen« zählt, wertet er höher. Sie lebe verschwenderisch und antisozial; ihr Verzicht auf die Güter der Ehre mache sie stolz, und sie genieße ihre Macht über die Männer. Die Stelle aus *Geschlecht und Charakter*, die Kraus nun zitiert, dient ihm offensichtlich zur Bestätigung und Legitimierung seiner erotischen Identität:

> ›Ihre (der Hure) Stellung außerhalb des Gattungszweckes, der Umstand, daß sie nicht bloß als Aufenthaltsort und Behälter, gleichsam nur zum ewigen Durchpassieren für neue Wesen dient und sich nicht darin verzehrt, diesen Nahrung zu geben, stellt die Hetäre in gewisser Beziehung über die Mutter ... Es hängt damit zusammen, daß nur solche Männer sexuell von der Mutter sich angezogen fühlen, die kein Bedürfnis nach geistiger Produktivität haben ... Bedeutende Menschen haben stets nur Prostituierte geliebt ....‹[146]

In zahllosen Aphorismen deklariert Kraus es: er liebt die Prostituierte – die Prostituierte im weitesten Sinne, die »niedrige« Hure oder die »höherstehende« Hetäre, die amoralische, antisoziale Frau, die sich hemmungslos verschwendet, die sich »auslebt«, um ihres eigenen Genusses willen, die Frau, die sich ganz zu dem bekennt, was Kraus für ihre »Natur« hält, zu ihrer Sexualität. Ohne Rücksicht auf soziale Determinationen nennt er die Prostitution einen »Naturtrieb«.[147] Da aber sein Bannerträger Weininger das Genie zur Mutter gesellt, weil beide in die Zukunft wirken statt, aufleuchtend »wie

Meteore«, zu vergehen wie der »große Tribun« und die »große Prostituierte«, sieht Kraus sich gezwungen, Weininger zu korrigieren.[148] Er verschiebt das Parallelogramm. Zu ihm, dem geistigen Mann der Tat, dem Künstler, gehört die sexuelle Frau und nicht die mütterliche. Der Grund, den er für dieses umgekehrt gekreuzte Ergänzungsverhältnis angibt, ist ein sehr präziser und sehr entscheidender:

> Wenn sich der Mann, der ein Bedürfnis nach geistiger Produktivität hat, zur Prostituierten hingezogen fühlt, so muß dieser wohl die Gabe der geistigen Erregung zugesprochen werden, also eine zukunftwirkende Kraft in einem höheren Sinne, als sie der Mutter eignet ... So ganz zwecklos, ohne ein Bleibendes zu hinterlassen, ohne alle Ewigkeit, für menschliche Weisheit sinnlos, verraucht die Sinnlichkeit des Weibes nicht. Ein Meteor währte einen Augenblick; aber sein Glanz bleibt im Blick des schöpferischen Auges.[149]

Prägnanter und kürzer heißt es zu Beginn der *Sprüche und Widersprüche:* »Des Weibes Sinnlichkeit ist der Urquell, an dem sich des Mannes Geistigkeit Erneuerung holt.«[150] Es geht, bei der Krausschen Dirnenliebe, um das Ganze, es geht um die Zukunft und Ewigkeit des Geistes bzw. der geistigen Schöpfung, der Kunst. Der sie schafft, der Mann, bezieht seine Inspiration aus der ekstatischen Begegnung mit dem Sinnlichen, Materiellen, mit der Frau. Die Rechnung, die die Geschlechter miteinander abzumachen haben, hebt sich bei Kraus in die Ausgewogenheit einer Gleichung auf. Statt einer gegnerischen, feindlichen Beziehung herrscht eine diplomatisch vermittelte, eine komplementäre Beziehung. Denn was die weibliche Sexualität an Gedanken schenkt, erstattet ihr der Körper des Mannes an Lust zurück. Einer ist des andern Anlaß, zu sich selbst zu kommen. Typologisch ausgedrückt hieße es: Komplize des Künstlers ist die Hure.

Das Geschlechter-Schema von Kraus ist eine Abstraktion, die ihre idealistische Herkunft nicht verleugnen kann. Die

Achsenbegriffe der Romantik, Natur und Geist, kehren wieder, gefaßt in jene Sprache, die die vom erotischen Problem verhexte Moderne sprach, in die Metaphorik der Geschlechterbeziehung. Bei Kraus ist es die Sehnsucht nach einer Totalität der völlig reinen Form, die die Wunschgebilde des immerwährend schöpferischen Mannes und der immerwährend geschlechtlichen Frau erstehen läßt.[151] Aber auch im Entwurf solcher Phantome bleibt sein Weltbild vollkommen kohärent. Seiner Abscheu vor allen vermittelnden Formen im Kulturbereich korreliert die Forderung nach deutlich erkennbaren und unterscheidbaren Formen in der Erotik. Alle Zwischenformen sind Zwitterbildungen, Kompromisse, Verrat an der Unbedingtheit alles Echten, in der Kunst wie im Leben. Die geistige Frau und der geschlechtliche Mann, die vermännlichte Emanzipierte und der effeminierte Ästhet (auch der Feminist) sind für ihn denaturierte, amphibische Wesen, »Halbweiber« und »Halbmänner«, die auf erotisch-sexuellem Gebiet denselben »trübseligen Mischmasch« darstellen wie der Wechselbalg aus Literatur und Information, das Feuilleton.[152] Die Tatsache, daß sein alter Feind Hermann Bahr, immer am Puls der Zeit, sich für die Frauenbewegung engagiert und Feminist ist,[153] gießt dann nur Wasser auf die Mühlen seiner Antipathie gegen den Mann wie gegen die Sache. Und im Ersten Weltkrieg findet er eine Verkörperung des Mannweibes, das seine schlimmsten Vorstellungen noch übertraf, denn es handelte sich zusätzlich um eine Journalistin: die berüchtigte Frontbericht-Erstatterin Alice Schalek. Als der Inbegriff pervertierter Weiblichkeit geht sie durch *Die letzten Tage der Menschheit*.

Die Einheit von Misogynie und Gynolatrie, die sich bei Kraus findet, ist kein Paradox, sondern das einfache Resultat der Verabsolutierung des Modells Frau = Geschlecht. *Ex negativo* definiert, vom Mangel her, ist die Frau dann auch durch all das charakterisiert, was sie nicht ist oder besitzt. Eigenschaften der Geist-Losigkeit, der Bewußt-Losigkeit wirken, wenn sie auf das soziale Wesen Frau angewendet werden, schockierend. Das Kulturideal von Seelenadel und Marienspiritualität ist verletzt. Zurückversetzt auf die unterste Entwicklungsstufe, eingetaucht in den Sumpf des Allgemeinen und Typischen, der Gattung, ist Frau gleich Frau: »In der Nacht sind alle Kühe schwarz, auch die blonden«, sagt Kraus,[154] oder: »Die Frauen sind die besten, mit denen man am wenigsten spricht.«[155] Entpersonalisiert und reduziert auf die Funktion, ist die Frau nur noch »Weib«, ein Sexualautomat. Da die Bequemlichkeit dieses Automaten aber die größere Unbequemlichkeit des lebenden Wesens mit sich bringt, überspannt Kraus den Bogen nun so, daß die Partnerin als ein Hindernis für die sexuelle Erfüllung erscheint: »Ein Weib ist manchmal ein ganz brauchbares Surrogat für die Selbstbefriedigung. Freilich gehört ein Übermaß an Phantasie dazu.«[156] Kraus hat die allerhöchste Beglaubigung für diese extravagante Behauptung. Freud bezieht sich ausdrücklich auf diesen Aphorismus und bescheinigt seiner Aussage »Wahrheit«.[157] Unter dem Druck der repressiven Kulturmoral hätten die Sexualphantasien ein Ausmaß angenommen, hinter dem jede Realität als dürftig und enttäuschend zurückbleiben müsse. Die Unfähigkeit partnerschaftlichen Bezuges, die man Kraus vorgeworfen hat,[158] entpuppt sich als die Schilderung des realen Zustands der Geschlechter, deren hilflose Isolation noch in der Intimität Kraus beobachtet und wohl auch erlebt hat.

Kraus' Pointen zur Entfremdung zwischen den Geschlechtern beziehen sich außerdem nicht auf den Mann allein. Die Frau kennt die innere Beziehungslosigkeit ebenfalls, und Kraus stilisiert ihr die Kontaktarmut zur koketten Trotzhaltung zurecht: »Sie sagte sich: mit ihm schlafen, ja – aber nur keine Intimität!«[159] Die misogynen Äußerungen von Kraus wurden, besonders von liberaler und linker Seite, immer als Beweise für seine Frauenfeindlichkeit gewertet. Daß es aber auch der Bürgerschreck in Kraus ist, der die schneidigen Zynismen formuliert, darf hier nicht übersehen werden. Außerdem schwanken die entsprechenden Aphorismen immer zwischen einer echten Aggression gegen den Heiligenschein, den der poetische Bürgersinn um das Weib gewebt hat, und einer typisch wienerischen Haltung, dem »Schmäh«, einer unnachahmlichen Mischung von Ironie, Witz, Bosheit und Unernst.

Der Anarchist Erich Mühsam, von dem Kraus sechs Beiträge veröffentlichte und mit dem er zwischen 1906 und 1908 freundschaftlichen Kontakt hielt, appellierte in der *Fackel* an ». . . Verbrecher, Landstreicher, Huren und Künstler«, sich zusammenzuschließen, um einer neuen Kultur die Wege zu weisen.[160] Im Modell der Allianz von »Geist und Geschlecht« hat Kraus diesem Aufruf Folge geleistet. Die Solidarität von Künstler und Dirne stellt einen subversiven Akt dar, der den Kampf gegen die Normen der bürgerlichen Moral auf eine verschwörerische Weise vollendet. Auf eine bisher wenig beachtete Weise partizipiert Kraus an der anarchistischen Strömung, die um die Jahrhundertwende immer wieder Monarchen-Morde produziert hat und deren schriftliche Erzeugnisse – in schöner Harmonie mit den allzu freizügigerotischen – in den *Catalogus Librorum Prohibitorum* verbannt waren.[161]

Ein Versuch, dem Sinn zweier Aphorismen nachzugehen, die einen Zusammenhang zwischen »Geld« und »wahrer Liebe« herstellen, soll zweierlei Hypothesen untermauern: daß Kraus sich in symbolischer Doppelgängerschaft mit dem Begleiter der Dirne, dem Zuhälter, befindet und daß im Bündnis Zuhälter-Dirne das einzige Liebesmodell verwirklicht ist, das eine Bewältigung des Eifersuchtsproblems verspricht:

Daß die bürgerliche Gesellschaft mit Verachtung auf den Zuhälter blickt, ist begreiflich; denn er ist der heroische Widerpart ihrer Unterhaltungen. Sie sind bloß die schlechteren Christen, er aber ist der bessere Teufel. Er ist der Antipolizist, der die Prostituierte sicherer vor dem Staat schützt, als der Staat die Gesellschaft vor ihr. Er ist der letzte moralische Rückhalt eines Weibes, das an der guten Gesellschaft zuschanden geht. Von ihr kann sie nur reich werden, von ihm wird sie schön. Wenn er sie ausraubt, so hat sie mehr davon, als wenn die anderen sie beschenken. Weil er ›zu ihr hält‹, ist er mißachteter als sie selbst; aber diese Mißachtung ist nur ein Mantel des Neides: die Gesellschaft muß ihre Lust bezahlen, sie empfängt Ware für Geld; aber das Weib empfängt das Geld und behält die Lust, um den Einen doppelt zu beschenken. Dort ist die Liebe eine ökonomische Angelegenheit; hier macht eine Naturgewalt die Rechnung.[162]

Ein schauerlicher Materialismus predigt uns, daß die Liebe nichts mit dem Geld zu tun habe und das Geld nichts mit der Liebe. Die idealistische Auffassung gibt wenigstens eine Preisgrenze zu, bei der die wahre Liebe beginnt. Es ist zugleich die Grenze, bei der die Eifersucht dessen aufhört, der um seiner selbst willen geliebt wird. Sie hört auf, wiewohl sie jetzt beginnen könnte. Das Konkurrenzgebiet ist verlegt.[163]

Traditionell wird das Paar Zuhälter-Dirne unter dem Aspekt von Ausbeutung und Unterdrückung gesehen, als eine Variante des berühmten Duos Herr und Knecht. Der Zuhälter selbst gilt dabei als die üblere Figur, als derjenige, der die soziale Notlage des Mädchens ausnutzt, sich dieses sexuell hörig zu machen weiß, um es dann zu zwingen, für ihn auf die Straße zu gehen. Vom Ertrag ihres sexuellen Selbstverkaufs leistet er sich ein arbeitsfreies Leben, das ihm Bequemlichkeit, wenn nicht luxuriösen Müßiggang sichert. Als der Proletarier oder Kleinbürger, der er von Haus aus ist, würde er diesen ökonomischen Status kaum erreichen können. Das Mädchen löst ihn aus, es erlöst ihn aus den Zwängen der Arbeitswelt. Weininger hat die Figur des Zuhälters zum Inbegriff des Unethischen gestempelt.[164] Nicht so Kraus.

Aus den Zitaten spricht Sympathie mit ihm, sie zeigen Einfühlungsvermögen in seine Situation und spenden seiner Funktion Applaus. Das ist nicht unmittelbar verständlich, auch nicht im Rahmen der Beschützerrolle, die schon der junge Kraus den Frauen gegenüber eingenommen hatte, oder der allgemeinen Kampagne, die er für eine positive Bewertung der »Gefallenen« betreibt. Das Beziehungsgeflecht ist hier komplizierter. Es handelt sich niemals nur um das komplizenhaft miteinander verbundene Paar, sondern um den Dritten, der diese Bindung erst konstituiert, unauflöslich und einmalig macht, um den Klienten, im Jargon des Milieus der »Freier« geheißen. Von dem Geld, das ihm abgenommen wird, etablieren sich Dirne und Zuhälter einen Freiraum innerhalb der Gesellschaft, von der sie verachtet werden. Sie trotzen ihr diesen ökonomischen Freiraum ab, den bürgerlichen Spielregeln zum Hohn, daß nur der Arbeitsame sich ausruhen dürfe auf den wohlverdienten Früchten seines Tuns und Schaffens. Und mehr noch: sie schlagen diese Gesellschaft mit ihren eigenen Waffen, indem sie von den moralischen Marktgesetzen profitieren, die die Bourgeoisie selbst aufgestellt hat. Da die Ware Sexualität an der Jungfern- und Ehebörse der besseren Kreise im Sinne einer Rarität gehandelt wird, steigt ihr Wert; es steigt aber auch der Bedarf, der hier nicht gedeckt werden kann. Dies treibt den Preis dort in die Höhe, wo die Nachfrage erfüllt werden kann: in der »Unterwelt«. Der »Schandlohn« ist das Sühnegeld für die Sexualheuchelei. In die Kloaken der Großstädte abfließend, hält es die moralischen Fassaden der Villen rein. Daß Kraus die Dialektik dieser Revanche begriff und seine (Schaden-)Freude daran hatte, hängt direkt mit seinem Haß auf die Besitzbürger zusammen, deren durchkommerzialisiertem Dasein hier eine Grube gegraben wird. Das Paar Zuhälter-Dirne unterstützt auf seine Weise das »Kampfblatt« der *Fackel*.[165]

Damit ist jedoch nur die äußere Seite der subversiven Affinität von Satiriker und Zuhälter getroffen. Die Struktur des Dreiecks in dem Verhältnis Zuhälter-Dirne-Freier ist bedeutsamer noch für die psychische Disposition des liebenden Kraus. Er gesteht in einem Brief, daß er auch in der Liebe an »Vollkommenheitsfieber« leide, was nur ein anderer Ausdruck für seinen Totalitätsanspruch in allen Dingen des Lebens und der Kunst ist.[166] Dieses »Vollkommenheitsfieber« muß aber in Konflikt geraten mit seinem Konzept von der polyandrischen Natur der Frau und seiner Überzeugung von ihrem Recht, diese zu verwirklichen. Das Problem der Eifersucht ist vielleicht in der Theorie beseitigt bei Kraus, keineswegs aber auf der emotionellen Ebene. Welche Strategien er befolgt, um, gleichsam durch die Hintertür, als der wahrhaft Geliebte wieder die Szene zu betreten, die er der weiblichen Hemmungslosigkeit freigegeben hatte, wird aus seiner halluzinatorischen Identifikation mit dem Zuhälter deutlich. Dessen Beziehung zu seinem Mädchen ist unabhängig von der Tatsache, daß es sich anderen Männern hingibt; seine sexuelle »Untreue« ist beiden völlig gleichgültig. Die Komplizität beruht nicht darauf, daß sie exklusive Sexualpartner sind, sondern daß sie dem Klienten das Geld abnehmen, das ihnen die Freiheit sichert. Diese Interessengemeinschaft ist aber nur möglich durch eine affektive Bindung, die man als »wahre Liebe« bezeichnen kann. Auch Kraus hat für diese Liebe, die jenseits der »Preisgrenze« beginnt und über das sexuelle Alleinbesitzertum erhaben ist, keine anderen Worte bzw. noch das der »Naturgewalt«. Wie genau Kraus über die Riten und Regeln der »Unterwelt« informiert ist, zeigt sich an seiner Bemerkung über das doppelte Privileg, das der Zuhälter genießt. Er hat der Liebe, die ja nicht »meßbar« ist, zweierlei »Maßeinheiten« abgelistet, die ihm den Beweis ihrer Echtheit erbringen. Es ist zunächst der materielle Beweis, das Geld, das sie nicht für sich behält, sondern dem Geliebten aushändigt. Auf die moralische Genugtuung, die die Frau bei diesem finanziellen Transfer empfindet, spielt Kraus an: sie ist stolz auf ihre Leistung, den Mann, den sie wirklich liebt, mit dem beschenken zu können, was ihr das Liebesgeschäft mit einem anderen eingebracht hat. Und als Beweis des Beweises, daß dabei nicht über reines Geschäftsgebaren hinausgegangen wurde, reserviert sie ihre Wollust für ihn; seine »Einzigkeit« ist bestätigt.

Die Prostituiertenfiguren in Roman, Operette und Drama geben ein Beispiel für dieses Modell der »wahren Liebe«, für diese *prostitutio in integrum*:[167] Manon Lescaut beteuert ihrem Chevalier Des Grieux, während sie sich mit reichen Liebhabern prostituiert, daß ihm allein die »Liebe des Herzens« gehöre,[168] und Offenbachs Perichole aus dem gleichnamigen Stück, das Kraus bearbeitete und vortrug, tut Selbiges auch nur im Sinne der höheren Gemeinschaft mit dem wirklich Geliebten.[169] In Wedekinds Lulu-Dramen gibt es eine Beziehung der »wahren Liebe«. Es ist die Lulus zu Schigolch. Wieder dient das Geld als das Unterpfand und Ausdrucksmittel. Als sie reich sind, weil Doktor Schön ihren Mann, den Maler Schwarz, in die bessere Gesellschaft katapultiert hat, gebraucht Lulu ihres Mannes Geld, um es an Schigolch weiterzuleiten. Strukturell bleibt die Situation des Vermittelns von Geld durch Prostitution bestehen, denn Schön hatte Lulu an Schwarz »verkauft«, um seine eigene Haut, gesellschaftlich, zu retten. Und dieser, ein legalisierter Klient, sieht in ihr, wie Lulu klagt, nur »[e]in Tier . . .«.[170] Im Londoner Absteigequartier ist es wieder Schigolch, der in die Rolle des ökonomischen Nutznießers schlüpft. Während Alwa noch Hemmungen hat, Lulu »auf den Strich« zu schicken, tut Schigolch es ungeniert; er prostituiert sie, weil er sich nach einem »Weihnachtspudding« sehnt.[171] Das Ende des Stückes sprengt dann die realistischen Dimensionen, ohne das Schema der *prostitutio in integrum*, das Schema der »wahren Liebe«, zu verletzen. Im Dialog mit Jack the Ripper ist Lulu es schließlich, die ihm Geld anbietet. Jack, ein »höherer« Zuhälter, antwortet auf diesen Liebes-Antrag mit Mord. Er hat sie richtig verstanden. Im Tod gewinnt ihr absolutes Liebesverlangen die Integrität wieder, die vom bloß zweckdienlichen Verkauf ihres Körpers beschmutzt worden war.

Das sozioökonomische Vokabular, das Kraus bei seinen Reflexionen zum Thema Zuhälter-Dirne verwendet, darf nicht darüber hinwegtäuschen, daß es sich um eine Analogie-Konstruktion mit stark idealisierten Zügen handelt. Mit der Brutalität realer sozialer Verhältnisse hat sein imaginärer Doppelgänger nicht viel gemeinsam, denn Kraus verformt ihn allzu sehr in Richtung seines Idealbildes vom Mann und Künstler: ethisch integer, weil gegen die Gesellschaft, frei von Arbeitssklaverei, d. h. frei für die Kunst und beschenkt von der »wahren Liebe« einer Frau. Aber das »Unterwelts«-Modell hat seine spezifische Funktion für Kraus: es dient als Beispiel einer geglückten Bewältigung bzw. Ausschaltung des Eifersuchtsproblems. Das darin enthaltene Dreier-Schema kann er zur Rechtfertigung für eine Konstellation heranziehen, die er für sein eigenes Liebesleben herzustellen bemüht ist. An zwei Beispielen seines Verhaltens soll gezeigt werden, wie er versucht, diese Dreier-Konstellation zu errichten, in der er einmal real, einmal theoretisch, in die Lage dessen versetzt wäre, der nicht eifersüchtig zu sein braucht, weil er der wahrhaft Geliebte ist. Ein merkwürdig »ehrlicher« Aphorismus hat ihn verraten, ein Seufzer: »Wie viel gäbe er ihr, wenn sie ihn um seiner selbst willen liebte!«[172]

Am 15. Februar 1915 ist zwischen Karl Kraus und der geliebten Baronesse Sidonie Nádherný von Borutin, die er im September 1913 kennengelernt hatte, die Rede von einem Plan;[173] ein paar Tage später erwähnt Kraus einen »Vertrag«, dessen »übermenschlicher Sinn die menschlichen Bindungen nicht stört, sondern erleichtert«.[174] Erleichtern sollte der Vertrag das Beisammensein des Paares. Die beiden hatten verabredet, daß Sidonie eine standesgemäße Ehe eingehen solle. Nur durch die Einschaltung eines offiziellen »Dritten« könnten sie ohne lästige Rücksichten auf die Öffentlichkeit leben und reisen. Die äußere Situation ist sicherlich von sozialen Überlegungen gekennzeichnet gewesen, die innere aber, die psychologische, entspricht dem Schema der »wahren Liebe«. Kraus durchleidet Höllenqualen des Zweifels, denn die Möglichkeit, »der Dupierte« zu sein in diesem gewagten Spiel, ist groß angesichts ihrer schwankenden Solidarität mit ihm.[175] Er wartet auf den »Beweis« und ist voller Angst, daß der Freiraum verloren ginge, der erst zu gewinnen ist.[176] »Es darf doch nicht der Zweck auf das Mittel zu dessen Erreichung aufgehen«, schreibt er beschwörend[177] oder, mit erschütterndem Scharfblick: »Sieht sie denn nicht, wie er nach einer Illusion hungert?«[178] Zu ihrer Hochzeit (die dann nicht stattfand) sollte das vertonte Gedicht *Verwandlung* vorgetragen werden, sein erstes Liebesgedicht an sie: ein übermenschlicher Beweis von Nicht-Eifersucht und eine subversive Bekanntmachung, wer hier in »wahrer Liebe« zusammengehöre.[179] Das Schema, nach dem die beiden lebten, blieb im Prinzip dasselbe; sie »betrog« ihn mit anderen Männern auf ihrem Schloß im böhmischen Janowitz, heiratete sogar für kurze Zeit einen Vetter, und Kraus sah darin keine Gegenbeweise. Er versuchte vielmehr, die spärlichen Zuwendungen, die sie ihm gab, als Zeichen heimlicher Zugehörigkeit zu interpretieren. Daß sie ihm nicht die »wahre Liebe« entgegenbrachte, obwohl er ihr volle Selbständigkeit zubilligte und dies bekräftigte[180] – darin liegt die »Tragödie« seines großzügigen Liebes-Konzepts.[181]

Von Anfang an aber geht es Kraus um mehr als um die Frau. Es geht ihm um den Ort, an dem sie lebt, mit dem sie verwachsen ist, um Janowitz bzw. um den Park von Janowitz. Der dichterische Topos des *locus amoenus* tritt als Realität in sein Leben. Ein Stück Natur, umschlossen von einer alten Schloßmauer, weitab von Presse und Literatur, vom Kampf gegen Unrecht und vom Haß auf seine Repräsentanten, wird für Kraus zum Ziel seiner Sehnsucht. Janowitz ist die ästhetische Utopie und der Raum der Freiheit zugleich, eine letzte Bastion gegen eine Welt, die sich anschickt, in den Krieg zu ziehen. Er stilisiert den Ort zum Garten Eden,[182] wo in der Harmonie von Liebe und unverletzter Natur ». . . ein erstes Menschenpaar« wohnt,[183] zur »Insel im Ozean des Wahnsinns«.[184] Janowitz ist die Gegenwelt zu seinem »Kerker« in Wien,[185] in dem er, »halbtodt vor Arbeit«,[186] gehetzt und erschöpft, ein »unhaltbares Leben« führt.[187] Er heiligt sein Paradies, sein reales »Luftschloß«[188] mindestens so oft und so innig wie die Frau, die die Mittlerin ist zu diesem »Gedankenreich«, das er mit furchtbarer Inständigkeit gegen andere Eindringlinge verteidigt.[189] Nach der Krise, in die er gerät, als sein »Plan« Wirklichkeit werden soll und Sidonie zu ihrem Zukünftigen nach Rom fährt, unterzeichnet er seine Briefe an sie mit »Karl von Janowitz« oder mit K. v. J.[190] Die Geliebte geht, aber den Ort läßt er sich nicht nehmen. Er eignet ihn sich in der Imagination an. Was nicht mehr durch Assoziation mit der Schloßherrin geschehen kann, geschieht durch Identifikation mit dem Schloßherrn – der ebenfalls Karl hieß. Der halbe Scherz des Namenswechsels verbirgt freilich nur schlecht den bitteren Ernst seiner Lage.

»Ich bin zudringlich«, schreibt er über ein Jahr, nachdem er in Janowitz zum ersten Mal eingeladen war, »(i)ch will meine Welt retten.«[191] Die Welt, die er sich retten will, ist aber eine aristokratische, in der er als Fremdling gilt, weil er bürgerlich-jüdischer Abkunft ist und weil er sich durch Arbeit das Brot verdient. Sidonie, die aus der »fertigen Schönheitswelt« Gekommene,[192] die allein die Macht hat, ihm die Rettung zuteil werden zu lassen, ist nicht entschlossen genug, den Fremden zu integrieren.[193] Die Agentin der Befreiung ist zugleich die Agentin seiner endgültigen Ausgeschlossenheit. Für Kraus aber rinnen die Bilder zusammen: sein Heil, seine *promesse de bonheur* hat aristokratische Konturen. In der schönen Aristokratin nimmt es die ideale Gestalt an. Der Titel seines Essays *Sehnsucht nach aristokratischem Umgang*, in der er den Vorwürfen begegnet, er aspiriere auf gesellschaftlich Höheres, entspricht, trotz seines ironisch-affirmativen Charakters, der Wahrheit.[194] Daß in der Realität längst eine Verbrüderung von Graf und Bankier an der Tagesordnung ist, von der beide Seiten profitieren, übersieht Kraus nicht und moniert es ingrimmig. Dennoch beharrt er auf seiner »Sehnsucht« nach diesem »reineren« Dasein der Aristokratie, weil es der irdischen Verwirklichung seines Ursprungs-Ideals, der Harmonie von Kultur und Natur, am nächsten kommt. Und zur äußeren Harmonie von Schloß und Landschaft gesellt sich die innere, die (a)moralische. Libertinage, beim Adel, hat Tradition. Für Frauen gelten dynastische Rücksichten, ansonsten leben sie im Einklang mit ihrer »Natur«, mit ihren Sinnen. Kraus bezieht sich auf diese Möglichkeit der Frau, Kultur und Natur in sich zu vereinen, Vornehmheit und Sinnlichkeit auf einen Nenner zu bringen, wenn er an die Memoiren hochgestellter Frauen erinnert, die voll sind von erotischen Unbedenklichkeiten.[195] Der Platz des »vornehmen Obszönikers« Kraus (so nannte ihn der Literat Robert Müller)[196] wäre in der Tat im vorbürgerlichen Zeitalter, in den kulturellen Salons des aristokratischen Frankreichs des 18. Jahrhunderts, eher gewesen als im Ringstraßen-Wien.

Im gesellschaftlichen Extrem, das seines Klassencharakters entkleidet wird, findet Kraus die Heimat absoluter Werte, nach denen er in der Bürgerwelt vergeblich gesucht hatte. Da er das gesellschaftliche Gegen-Extrem, die »Unterwelt«, ebenfalls der sozialen Determinationen beraubt, um sie in unvermischt-reiner Form seinen idealistischen Bedürfnissen anzupassen, entsteht die eigenartige Analogie zwischen zwei so unvereinbaren Bereichen. Den ästhetischen und kulturellen Mehrwert allerdings bot die Aristokratie, deshalb orientiert er sich schließlich an diesem Modell. Der Typus der Schauspielerin, »normalerweise« die Erfüllung seiner ästhetischen und erotischen Wünsche, ist aus dem Feld geschlagen; sie partizipierte noch zu sehr an seiner eigenen, unvollkommenen Welt der Künstler und Bohemiens. In die Perspektive seiner Erlösungsvorstellungen paßt nur die aristokratische »femme fatale«. Und noch ihre Fatalität ist abgesichert, sie ist unabhängig von den individuellen Eigenschaften einer Sidonie von Nádherný. Angesichts der sozialen und geistigen Fremdheit, die er für sie darstellt und die nur einen vorübergehenden Reiz auslösen kann, muß sie das grausame Spiel des halben Gewährens und des halben Verweigerns spielen. Seine bedingungslose Leidenschaft zwingt sie dazu, eine Rolle zu übernehmen, der sie nur gewachsen ist, indem sie ihr nicht gewachsen ist. Weder entscheidet sie sich für ihn noch verläßt sie ihn ganz. Diese konstitutionelle Unentschiedenheit aber hält seine Passion für sie wach bis zu seinem Lebensende. In Janowitz wollte er begraben sein.

Neben der *grande passion* pflegte Kraus vielfältige Beziehungen zu anderen Frauen. Auch hier erscheint bisweilen, in milderen Versionen, die Dreier-Konstellation als das Prinzip seiner gelebten Erotik. Mit der schönen Schriftstellerin und Übersetzerin Gina Kaus, die er in den Nachkriegsjahren kennenlernte und die eine wildbewegte erotische Vergangenheit hatte (Kraus läßt sich das Wortspiel »Va-Gina Kaus« nicht entgehen),[197] ist er vorsichtiger. Er wird sofort ihr Komplize und Confident in Liebesangelegenheiten, hält sich selbst jedoch von unmittelbarem eigenen Engagement fern. Hier ist er nicht der Dupierte, sondern er genießt die Ersatzhandlungen der geschlechtlichen Rede. Nie ist er der Betrogene, sondern der Mitwisser, dem nicht nur nichts passieren kann, sondern der als Eingeweihter sogar über den geliebten Konkurrenten steht. (»In der Erotik gilt diese Rangordnung: Der Täter. Der Zeuge. Der Wisser.«[198]) In ihren Memoiren macht Gina Kaus eine durchaus glaubwürdige Feststellung, wenn man die Liebes-Strategien berücksichtigt, die Kraus anwendet, um mit den aus seiner Theorie von der promiskuitiven Frau und seinem emotionellen Totalitätsverlangen entstehenden Widersprüchen leben zu können: »Erst viel später habe ich begriffen, daß Kraus' Erotik vornehmlich darin bestand, sich Frauen, an denen er interessiert war, mit anderen Männern vorzustellen – eine höchst harmlose Perversion, die aber sehr stark bei ihm entwickelt war. Ich glaube, daß eine unschuldige Frau ihn niemals interessiert hat.«[199]

Der Kraus-Anhänger Robert Scheu und der Kraus-Gegner Anton Kuh waren sich einig in dem einen Punkt, der die erotische Identität von Kraus betrifft: er erscheint ihnen als »Page«[200] bzw. als »Sexualjüngling [...]« oder als »Knabe«.[201] Bei Scheu ist das Pagentum positiv angereichert durch Kraus' »innige Zärtlichkeit« für das Weib,[202] bei Kuh erhält es den negativen Beigeschmack eines niemals überwundenen »Pubertätsstadiums«.[203] Kraus selber bestätigt dieses Bild in einem Brief an Sidonie von Nádherný, in dem er sich als »ewiger Knabe durch Dich« bezeichnet, was eine genaue Entsprechung in seiner Liebeshaltung ihr gegenüber hat, die durch »warten« und »dienen«, so die häufig wiederholten Worte, charakterisiert ist.[204] Der Ritter und Retter der Frau war Kraus schon in früher Jugend gewesen. Er festigt dieses *image* im Kampf für das erotische Selbstbestimmungsrecht der Frau gegen Staat und Justiz. Vom Beschützer in rechtlichen Dingen zum Diener in Liebesdingen ist nur ein Schritt – und vom Diener zum Sklaven ein weiterer. »Ich glaube, daß ich vorgestern die Zügel meiner Großmeisterschaft endgültig verloren habe und zum Liebessklaven geworden bin«, schreibt er, Jahre vor der Liaison mit Sidonie, in einem Brief voller verzweifelter Selbstbeschuldigungen an seine damalige Geliebte, Berthe Maria Denk.[205] Der »andere« Kraus ist kein heroischer »Großmeister«, sondern ein weicher, verletzlicher, empfindlicher Mann. In seiner Geschlechter-Konstruktion ist diese Unterlegenheits-Position vorgesehen. Sie ist bedingt durch die übermenschlichen Dimensionen, die er der weiblichen Sexualität als einer Allmacht der Natur zuerkennt. Wo keine Konkurrenz denkbar ist, bleiben dem Manne nur die Demut und geduldiges Erleiden: »Er war so unvorsichtig, ihr vor jedem Schritt die Steine aus dem Weg zu räumen. Da holte er sich einen Fußtritt«, heißt es einsichtsvoll-resigniert in einem Aphorismus aus *Nachts*, der auf die unerwartete Hochzeit der Baronesse mit dem Grafen Thun gemünzt ist.[206]

Der Page, Knabe und Sklave Kraus legt andere Maßstäbe an die »femininen« Erscheinungsformen in der Kultur als der auf »Männlichkeit« pochende. Er hat positive Kriterien bereit für die Spielarten der künstlerischen und psychologischen

Décadence. Seine Décadence freilich ist keineswegs identisch mit der Décadence, die er an den Jung-Wiener Ästheten so scharf kritisiert hatte. Kraus verwendet die »Décadence« als polemischen Begriff, nicht als Akklamation affektierten Nervenkultes oder müder Baudelaire-Imitationen. Er versteht ihn als aktiven Protest gegen die herrschenden Vorstellungen von Normalität, Anstand und Gesundheit und verkehrt so die introvertierte Lebenshaltung, die die Bürgerkritik der ästhetizistisch ausgerichteten Décadence größtenteils ins Leere gehen ließ, ins Gegenteil. Seine Décadence meint das natürliche Attribut des Künstlers, das nur deshalb zum unnatürlichen Anderssein geworden war, weil die Bürgerwelt, eine Majorität, ihre Akzente so gesetzt hatte, daß sie in den Begleiterscheinungen der Décadence, in Müßiggang, Sensibilisierung der Wahrnehmung, Nuancierung des Ausdrucks und wählerischem Geschmack in der Lebenskultur, in erster Linie Verfallszeichen erblickte. Gegen philiströse Dickfelligkeit und Borniertheit (in der Erotik: »Sexualität der Stiere«[207]) hält Kraus, ganz im Sinne der poetischen Existenz Peter Altenbergs, an der Idee eines unverbildeten Potentials im Menschen fest, seiner künstlerischen Begabung. Daß sie, wo sie sich äußert, »dekadent« wirkt und keineswegs als Naturlaut vernommen wird, daran ist diejenige Mentalität der Umwelt schuld, die für die andere Gesetzlichkeit des Künstlers etwa so viel Verständnis aufbringt wie für die Umtriebe von Zigeunern oder Anarchisten. »Decadent ist jeder Poet«, erklärte schon der neunzehnjährige Kraus.[208] Der Vierunddreißigjährige fügt dieser kulturmorphologischen Bemerkung nur eine Ergänzung hinzu, wenn er für ein gesteigertes Raffinement der Sinnengenüsse plädiert. Gerade weil die Besonderheiten der geschlechtlichen Neigung als »Perversitäten« zu den Klischeevorstellungen von Décadence gehören, nennt er es ein Gütesiegel der Gesundheit, wenn ein Mensch über beide »Perversitäten«, über den Sadismus wie über den Masochismus, verfüge. Im Bewußtsein seines Andersseins, seines Künstlertums, besteht er stolz auf diesen

Karl Kraus (1915?)

Sidonie Nádherný von Borutin

Grete Wiesenthal mit Schwestern Else und Berta

Adele und Wilhelmine Sandrock

Frank Wedekind

Otto Weininger

August Strindberg

Peter Altenberg

Berthe Maria Denk

Lina Loos

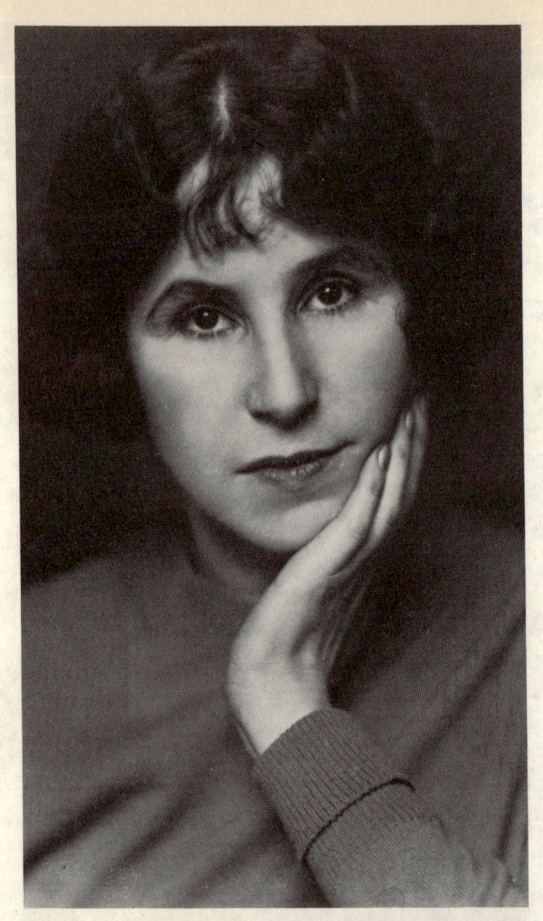

Gina Kaus

Helene Kann (1904)

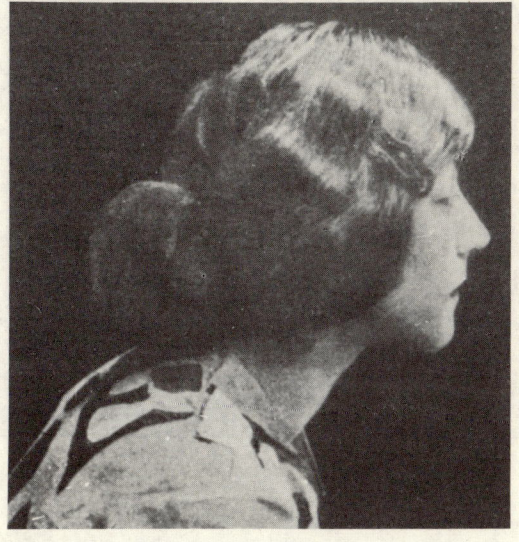

Kete Parsenow

Sigmund Freud

Insignien erotischer Vollkommenheit. Daß er, wenn er einmal die Aktivitäten eines gesunden Sadomasochisten darstellt, seine eigenen Impulse im Tagtraumspiel der losgelassenen Phantasie objektiviert, dürfte keinem Zweifel unterliegen. Die Gefühlswucht, die bei Kraus den leidenschaftlichen Haß ebenso einschließt wie die leidenschaftliche Unterwerfung, findet in sacher-masochartigen Imaginationen ihr befriedigendes Ventil. Obwohl er die Nomenklatur der Psychoanalyse ablehnt, benutzt er sie hier, weil keine treffenderen Kürzel für die entsprechenden Passionen im Umlauf sind:

> ... Trotzdem gelingt es einem Menschen mit künstlerischer Phantasie, vor einer echten Frau zum Masochisten zu werden und an einer unechten zum Sadisten. Man brutalisiert dieser die gebildete Unnatur heraus, bis das Weib zum Vorschein kommt. Die es schon ist, gegen die bleibt nichts mehr zu tun übrig, als sie anzubeten.[209]

Analog zur Verteidigung »dekadenter« Kulturerrungenschaften beruht eine andere Einstellung von Kraus – zwar nicht auf doppeltem Boden, aber doch auf einem höchst diffizilen psychologischen Unterbau. Seine Einstellung zu viriler Männlichkeit ist gespalten. Neben theoretischer Bewunderung männlich-autonomer Geistigkeit existieren ausgesprochene Phobien gegen das männliche Geschlecht. »... die wertlose Geilheit des Mannes«,[210] »... die sterile Lust des Mannes«,[211] »der ganze Mann in der Lust ist ein Greuel vor Gott«.[212] »Ich bin nicht für die Frauen, aber gegen die Männer.«[213] Die Worte dezidierter Abneigung gegen den Mann sind zahlreich und keineswegs auf die Aphorismen beschränkt. Was Kraus' intellektueller Haß auf die Männer und die von ihnen gemachte Welt der Börse, Presse und der Psychoanalyse leistet, davon zeugt das Gesamtwerk der *Fackel*.[214] Daneben gibt es den tiefverwurzelten Haß auf den Geschlechtsgenossen Mann, den sexuellen Mann. Daß dieser Sexualhaß komplexe Gefühle verbirgt wie Ekel und Konkurrenzangst und daß er den Hasser in eine schizophrene

Lage versetzt, denn er ist schließlich selber ein Mann, kann hier nur angedeutet werden. Im Protest gegen die männliche Sexualität manifestiert sich aber deutlich ein weiterer Protest gegen die leistungsorientierten, rationellen, auf Ökonomie bedachten bürgerlichen Werte, denn sie erstrecken sich auch auf die privateste Leistung und glorifizieren die sexuelle Potenz des Mannes. Im Gegensatz zur nicht meßbaren Sexualität der Frau, die dem Bürger uninteressant ist, herrscht Bewunderung für die phallischen Heldentaten. Kraus, ein Umwerter solcher Werte, sieht gerade auf physiologischem Gebiet die Beschränktheit des Mannes und scheut sich nicht, das ewige Mißverständnis zwischen den Geschlechtern aus naturgegebenen Funktionsmängeln – für die die Männer sich durch Unterdrückung der Frau rächen – abzuleiten:

> Der Zustand der Geschlechter ist so beschämend wie das Resultat der einzelnen Liebeshandlung: Die Frau hat weniger an Lust gewonnen, als der Mann an Kraft verloren hat. Hier ist Differenz statt Summe. Ein schnödes Minus, froh, sich in Sicherheit zu bringen, macht aus einem Plus ein Minus. Hier ist der wahre Betrug. Denn nichts paßt zu einer Lust, die erst beginnt, schlechter als eine Kraft, die schon zu Ende ist; keine Situation, in der Menschen zueinander geraten können, ist erbarmungsloser und keine erbarmenswürdiger. In dieser Lücke wohnt die ganze Krankheit der Welt. Eine soziale Ordnung, die das nicht erkennt und sich nicht entschließt, das Maß der Freiheit zu vertauschen, hat die Menschheit preisgegeben.[215]

Von der Abneigung gegen den sexuellen Mann her ergibt sich wieder eine neue Konstellation der Beziehungen zwischen Kraus und den »anderen Denkern« der Geschlechterproblematik. Mit Weininger bleibt Kraus sich einig. Vielleicht hat er auch jenen erschütternden Eintrag in das *Taschenbuch* gelesen, das ein Freund des Philosophen 1919 herausgegeben hatte, in dem Weininger, vollkommen hellsichtig, die Quellen seines fanatischen Antifeminismus erkennt: »Der Haß gegen die Frau ist immer nur noch nicht überwundener Haß gegen die eigene Sexualität«.[216] Mit Weininger gemeinsam hat Kraus auch die Bezeichnung für den Mann, die beiden aus dem Dilemma hilft: der eigentliche Mann ist »Erotiker«. Und bei beiden ist der Begriff des Erotischen scharf abgegrenzt vom Sexuellen. Weininger meint, ersteres dürfe man nicht mißverstehen als eine »Sublimation« des letzteren[217]: Die Liebe des Erotikers sei unabhängig von der physischen Existenz der geliebten Person, ja, es bedürfe sogar der Distanz, damit diese Liebe am Leben bleibe.[218] Bei Kraus darf die Geliebte immerhin häßlich sein, denn die erotische Phantasie des Mannes gleiche die Mängel aus.[219] Daß eine Distanz zum Objekt die Beziehung intensiviere, davon ist auch er überzeugt. Es sei ein erotisches Gesetz, daß Entfernung nähert.[220] Weininger übertreibt diese Liebesromantik bis zur Forderung platonischer Liebe schlechthin, eine Übersteigerung, die Kraus nicht mitmacht. Aber die beiden finden sich wieder in der entscheidenden Übereinkunft, daß der Erotiker und der Künstler Namensvettern sind. In der Konkretisierung der Idee, in der geistigen Produktion gelinge dem Erotiker erst die Selbstverwirklichung; ein Vorgang, der sein »niedriges« Analogon, auf sexueller Stufe, im leiblichen Kind habe. »Darum sucht der Künstler so oft das Weib, um das Kunstwerk schaffen zu können«, sagt Weininger ganz im Sinne der Komplementär-Theorie von Kraus.[221] Doch dieser »übertreibt« nun seinerseits: nur aufgrund seiner Anteile an »W«, aufgrund seiner eigenen femininen Natur, ist der Erotiker Künstler: »Ein Liebesverhältnis, das nicht ohne Folgen blieb. Er schenkte der Welt ein Werk.«[222]

Über Peter Altenberg schrieb Egon Friedell, daß er, wenn er die Frauen schildere, nicht in einer fremden Seele zu lesen brauche, sondern in seiner eigenen. Er besitze die Vorstellungs- und Gefühlswelt der Frau, verarbeite sie aber mit der Intelligenz des Mannes. »Er hat, um es bildlich auszudrücken, ein Gehirn, das der Materie nach weiblich und der Struktur nach männlich ist.«[223] Im »femininen« Peter Altenberg hat Kraus einen mindestens so entschiedenen Weggefährten im Haß auf die männliche Sexualität wie in Weininger. Nur kommt dieser Haß nicht aus ethisch-philosophischen Tiefen, sondern aus einer ästhetisch-erotischen Weltansicht, die ihn grundsätzlich näher an Kraus rückt. Altenbergs Besonderheit besteht in der vollkommen gelösten Zunge; ungehemmt, durch keinerlei Bedenken gefiltert oder retardiert, bricht sich sein Innenleben eine (Wort-)Bahn nach außen. Seine veröffentlichten Prosagedichte unterscheiden sich kaum vom poetischen Gestus der Briefe. »P. A.«, wie er sich nennt, hat den Unterschied zwischen offizieller Dichterpersönlichkeit und Privatmensch so weitgehend aufgehoben, wie dies nur möglich ist. Dennoch wird er in den Briefen noch um ein Gran deutlicher, wenn es sich um erotische Probleme handelt.

Weil er es als seine Aufgabe ansieht, die Frauen zu trösten, mit ihnen zu leiden, mitzufühlen und sie, die er immer als Opfer einstuft, aus den »Sexual-Pranken« der Bestie Mann zu retten,[224] verfolgt er die gesamte Männerwelt, in erster Linie den brutalen, ahnungslosen Gatten, der die Seele an seiner Seite zertritt, aber auch die Lebemänner und gemeinen Verführer der Caféhäuser und sogar seine Freunde, darunter Kraus und Loos, einfach alle, die nicht bloß die »Gärtner« der »exzeptionell zarten Orchidee« sein wollen, sondern aus den Frauen ». . . infamerweise ein eßbares Gemüse machen«.[225] Die Schönheit der Frau ist für ihn ein Kunstwerk der Natur, das durch die geschlechtliche Berührung zerstört werde. Eine Beute des »Wollust-Egoismus« der Männer, werde »diese Dichtung ›Weib‹« in den Schmutz gezogen, umgeschaffen zur »Kloake« für die »überschüssigen Säfte«.[226] Den Geschlechtsakt von seiten des Mannes verdammt Altenberg in einem der Briefe an Lina Loos als eine künstlerisch wertlose »Freß-Gelegenheit«[227] und, derber, in einem Zettel an Kraus, als eine »Pissoir-Angelegenheit«.[228] Altenberg sehnt sich danach, selbst eine Frau zu sein, und fühlt sich zutiefst irritiert durch die Zugehörigkeit zum falschen Geschlecht. Das beliebteste Attribut männlichen Stolzes, die Muskeln, möchte er zugunsten vergeistigter (asexueller) Magerkeit abgeschafft wissen und schlägt den Typus des »altenglischen Königsprinzen« zum Vorbild vor. Kraus druckt sein kurioses Plädoyer für den Neurastheniker in der *Fackel* ab.[229]

Aus psychologischer Sicht ist man unbarmherzig verfahren mit Altenberg; Freud wirft ihm »ästhetische Impotenz«[230] vor und eine Philologin »sexuellen Infantilismus«.[231] Immerhin führte diese neurotische Konstitution zu bezaubernden Freundschaftsbündnissen vor allem mit verachteten Frauen, den Stubenmädchen des Grabenhotels, in dem er lebte, und mit den »Primitiven«,[232] wie er sie nannte, mit den Prostituierten.[233] Kraus liebte Altenberg, obwohl er über dessen Fetischismus der Frauenseele den Kopf schüttelte, er liebte den kindlichen Sonderling und echten Dichter, weil sein buntes Leben eine Einheit bildete mit seinen fragmentarischen Skizzen; er war für ihn ein Stück elementare Natur (Friedell nennt sie »Dekadenz«!)[234] und die Verkörperung einer poetischen Verweigerung gegenüber dem Männlichkeitswahn der Zeit, gegen Besitz- und Konsumideologie. Altenbergs Integrität trotz cholerischer, hysterischer, hypochondrischer Charakterschwankungen trägt für Kraus alle Merkmale der Weiblichkeit, die er gleichfalls liebt. In der Grabrede auf »P. A.« rühmt Kraus die dirnenhaften Eigenschaften dieses Künstlerlebens: »Treue im Unbestand, rücksichtslose Selbstbewahrung im Wegwurf, Unverkäuflichkeit in der Prostitution.«[235]

Diese *prostitutio in integrum*, eine paradoxe Mischung aus substantieller innerer Zucht und akzidentieller äußerer Unzucht, kennzeichnet keine Figur so genau wie die dichterische Lieblingsgestalt von Kraus: Lulu. Schigolchs Kernsatz, den Kraus anerkennend herausgreift, heißt: »Die kann von der Liebe nicht leben, weil ihr Leben die Liebe ist.«[236] Kraus' Freundschaft mit dem »Dichter des Geschlechts«, mit Frank Wedekind,[237] erlebte eine intensive Phase zwischen 1903 und

1907, deren Höhepunkte die von Kraus veranstalteten Privataufführungen der *Büchse der Pandora* im Mai und im Juni 1905 bildeten. Die Briefe aus dieser Zeit druckte Kraus, mit einem Resumé ihrer Beziehung, 1920, fast zwei Jahre nach dem Tod Wedekinds, in der *Fackel* ab.[238] Anläßlich des zwanzigsten Jubiläums der Lulu-Vorstellung von 1905 liest Kraus im Juli 1925 seinen damals verfaßten Einleitungstext vor, nimmt ihn erneut in die *Fackel* auf und noch einmal, 1929, in den Essayband *Literatur und Lüge*.[239] Die Begeisterung für Wedekind und die beiden Lulu-Dramen hat über Jahrzehnte angehalten. Doch in der Zwischenzeit, in den Jahren aphoristischer Arbeit (*Tagebuch*, 1908, *Pro domo et mundo*, 1911, *Nachts*, 1912, 1913, 1915, 1918/19), nimmt Kraus eine entscheidende Kritik an der in den Stücken enthaltenen Auffassung vom Mann vor. Es ist eine Kritik an Wedekind, die Kraus in den Kampfjahren nur aus Gründen der wichtigeren Solidarität unterlassen hatte. Einig im Bekenntnis zur geschlechtlichen Natur der Frau und einig in der Propaganda für ihre sexuelle Libertinage, trennen sich die Wege der beiden in der Bewertung der geschlechtlichen Natur des Mannes.

Nicht auf realer, sondern auf fiktionaler Ebene wird die (einseitig von Kraus) betriebene Auseinandersetzung sichtbar und fruchtbar. An dem Sohn Doktor Schöns, dem Schriftsteller Alwa, findet eine Umdeutung statt, mit der Kraus sich diese Figur in seinem Sinne aneignet. Schon im Einleitungstext zur *Büchse der Pandora* hebt Kraus Alwa in jene Höhen, wo sonst nur sein eigenes Ich-Ideal thront: Alwa ist Wortkünstler, Erotiker und Denker, der einzige, der geistig über dem Strudel der Ereignisse um Lulu steht, indem er reflektiert:

Ein Dichter und Liebender, zwischen Liebe und künstlerischer Gestaltung der Frauenschönheit schwankend, hält Lulus Hand in der seinen und spricht die Worte, die der Schlüssel sind zu diesem Irrgarten der Weiblichkeit, zu dem Labyrinth, in dem schon manch ein Mann die Spur seines Verstandes verlor.[240]

Auf die Ansprache, die Alwa vor dem Porträt Lulus im letzten Akt hält, baut Kraus seine Deutung der Tragödie, weil er findet, daß diese Sätze, ». . . wie nur eine epilogische Shakespeare-Wendung, die Katastrophe überschauen und das zertrümmerte Leben entsühnen«.[241] Sie lauten:

> Diesem Portrait gegenüber gewinne ich meine Selbstachtung wieder. Es macht mir mein Verhängnis begreiflich. Alles wird so natürlich, so selbstverständlich, so sonnenklar, was wir erlebt haben. Wer sich diesen blühenden schwellenden Lippen, diesen großen, unschuldsvollen Kinderaugen, diesem rosig weißen, strotzenden Körper gegenüber in seiner bürgerlichen Stellung sicher fühlt, der werfe den ersten Stein auf uns.[242]

Rückblickend, im Jahr 1925, erinnert sich Kraus seiner Differenzen mit Wedekind über die Inszenierung dieser Stelle. Kraus wollte »Pathos«, Wedekind schien dies nicht ertragen zu können. Wedekind fügte sich, äußerlich, den Wünschen von Kraus, unterlief ihn aber, indem er in die damals benutzte Textausgabe die szenische Anweisung setzte: »(›Spricht von nun an in leichtem, muntrem Konversationston‹)« und indem er die biblische Wucht des letzten Ausrufs in eine Feststellung von trockener Sachlichkeit umschrieb.[243]

Wedekinds Alwa ist ein ganz anderer als der Alwa, den Kraus sehen will; die Figur des Erfinders der Figur steht sogar in flagrantem Gegensatz zu dem Doppelgängertum, das Kraus ihr andichtet. Der originale Alwa ist jenes dekadente Produkt der Caféhauswelt, das Kraus im Journalisten, im Feuilletonisten und Ästheten immer bekämpft hat. Dieser Alwa möchte aus seinem Erlebnis mit Lulu sofort Literatur machen, ein poetisches Boulevard-Verfahren, das von der stofflichen Sensation ausgeht, im Oberflächlich-Stofflichen dann auch hängenbleibt und damit das Erlebnis desavouiert.

Dementsprechend fällt das stilistische Kleid aus, das er seiner Liebeserklärung an Lulu überwirft; es ist in dem blumigen Zwitterstil zwischen Lyrik und Feuilleton gehalten, der für Kraus den Untergang einer Kultur signalisiert: »Durch dieses Kleid empfinde ich deinen Wuchs wie eine Symphonie. Diese schmalen Knöchel, dieses Cantabile; dieses entzückende Anschwellen; und diese Knie, dieses Capriccio; und das gewaltige Andante der Wollust.«[244] Wedekind läßt seine Kritik an dem existentiellen und schöngeistigen Dilettanten Alwa durch den grobschlächtigen Realisten Rodrigo aussprechen:

> Und wissen Sie, was aus Ihnen geworden wäre, wenn Sie das Käseblatt, das Ihr Vater redigierte, nicht um zwei Millionen veräußert hätten? Sie hätten sich mit dem ausgemergeltsten Ballettmädchen zusammengetan und wären heute Stallknecht im Zirkus Humpelmeier. Was arbeiten Sie denn?[245]

Daß der Dramatiker für den weichlichen Alwa, das »Muttersöhnchen«,[246] am Ende keine philosophische Aufwertung erlaubt, sondern den »Konversationston« beibehält und ihn so nebenbei von einem kräftigen Klienten der Lulu erledigen läßt, ist eher folgerichtig, als den masochistisch-heroischen Gefangenen der Liebe in ihn hineinzuinterpretieren, wie Kraus es durchsetzen möchte.[247] Die Rechtfertigung, die der Umdeuter heranzieht, hat ihm scheinbar das Werk selbst, dessen mehrdimensionale Auslegbarkeit er rühmt, gestattet.[248] Dank des rhetorischen Geschicks von Kraus schmiegt sich nun, über alle Diskrepanzen hinweg, Alwa in das Wunschbild, das Kraus vom Manne – von sich – entworfen hat. In der Überwindung der logischen Hindernisse zeigt sich, wie stark das Bedürfnis nach der Existenz einer solchen Figur, und sei es nur einer Theaterfigur, gewesen sein muß. Kraus sucht einen Bruder, der mit dem Schema seiner Frauen- wie mit seiner Männer-Theorie harmoniert, einen, der noch im Scheitern siegt, der an der hoffnungslosen Liebe nicht zugrundegeht, sondern »[a]lle Enttäuschung, alle Qual«, die die Geliebte ihm bereitet, als »Wonnen« einsaugt.[249] Daß der Masochismus ». . . nun einmal der Boden künstlerischen Empfindens« sei, gibt Kraus hier in seltener Unumwundenheit zu.[250] Er braucht die Apologie und dichterische Verklärung des »femininen« Mannes, des Mannes, der, wie er, der Frau unterliegt. Er braucht die Bestätigung der qualvoll-lustvollen Bedingungen seines eigenen Schaffens. Die kathartische Wirkung dieser Feier des theatralischen alter egos dürfte nicht ausgeblieben sein. So einschmeichelnd muß seine Alwa-Interpretation geklungen haben, daß auch Alban Berg, geladener Gast der Privatvorstellung, die positive Identifikation mit Alwa vorgezogen hat; der Alwa seiner Oper *Lulu* ist Komponist.

In der Aphorismensammlung *Nachts* stellt Kraus verschiedene Überlegungen an, in denen die Korrektur an Wedekind deutliche Sprache annimmt. Er beschuldigt ihn, daß er es mit dem Erzfeind des schöpferischen Menschen halte, mit dem sexuellen Mann, und daß ihm der Besitzer der Frau, letztlich ihr Vernichter, näher stehe als ihr Anbeter. Wedekind optiere damit für die Begrenztheit der männlichen Natur, die dasselbe bedeute wie künstlerische Begrenztheit:

> Denn in nichts setzt sich die Hemmungslosigkeit des Mannes um. Sie bleibt irdisch. Die Lust aber, die der Erdgeist genannt wird, braucht ihren Zunder, doch auf den Funken kommt es an, den sie in eine Seele wirft. Dieser Dichter hat Lulu erkannt; aber er beneidet ihren Rodrigo.[251]

Ob Kraus recht hat, dem Wedekindschen Werk die metaphysische Dimension abzusprechen – der die Welt aus dem Geschlecht erschaffen hat, könne sie nicht daraus erlösen, sagt er –, sei dahingestellt.[252] (Der Selbstmord des Mädchenhändlers aus dem *Totentanz*, begangen aus Verzweiflung über die ausweglose Immanenz seiner Philosophie des Sinnengenusses, spräche zugunsten der Auslegung von Kraus.) Jedenfalls stört Wedekind die diffizile Balance der Konstruktion von

»Geist und Geschlecht«. Die komplementäre Bezogenheit der beiden Pole ist für Kraus unterbrochen, wenn die maskuline, die herrische Komponente in der Triebstruktur des Mannes überwiegt. Er hält die männliche Sexualität für unfruchtbar, eitel und steril. Sie müßte sich ihrer eigenen Existenz schämen, wäre sie nicht eine Funktion weiblichen Genießens. Und diese Funktion darf keinen anderen als dienenden Charakter haben. Dann erst ist die Möglichkeit der dichterischen Erlösung gegeben. Um die Nuance herauszumodellieren, die den Erotiker (Kraus) vom sexuellen Mann (Wedekind) unterscheidet, wählt Kraus ein letztes Mal (1919) das Beispiel Alwas:

> ›Bei mir besteht die intimste Wechselwirkung zwischen meiner Sinnlichkeit und meinem geistigen Schaffen‹, bekennt Lulus Alwa mit der seinem Dichter eigentümlichen großartigen Sachlichkeit. Aber da ist jene, die Sinnlichkeit, im Vorsprung. Es heiße so: ›Bei mir besteht die intimste Wechselwirkung zwischen deiner Sinnlichkeit und meinem geistigen Schaffen!‹.[253]

Denkt man die Alwa-Kraus-Analogie zu Ende, so wird klar, worin die »Qual« besteht, die Kraus an Alwa wahrnimmt und von der in so häufigen Anspielungen auf sich selbst in den Aphorismen die Rede ist. Die Qual rührt nicht bloß aus der narzißtischen Kränkung, niemals der glückliche Alleinbesitzer der Frau sein zu können, sondern aus einer viel grundsätzlicheren Verlassenheit. Sie hängt mit den Bedingungen des erotischen Systems von Kraus selbst zusammen. Wenn er von der Notwendigkeit einer maximalen Distanz und einer extrem gegensätzlichen Bestimmung der Geschlechter überzeugt ist, so nimmt er doch gleichzeitig die Verhinderung eines partnerschaftlichen Glückes in Kauf. Denn die absolut sinnliche Frau, Lulu, sucht nicht nach dem »femininen« Typ Alwa, sondern sie wird unwiderstehlich von dem angezogen, der ebenso extrem ist wie sie, von Jack the Ripper. Ihm fliegt sie zu, »wie die Motte dem Licht«.[254] Die sexuellste Frau will nicht den Erotiker, der ein Gedicht aus ihr macht, sondern sie will den Ebenbürtigen, den sexuellsten Mann. Im Äußersten, im Lustmord, liegt die eigentliche, die notwendige Erfüllung ihrer Natur. Das Messer ist die radikale Antwort auf die radikale Forderung, die Lulu stellt und darstellt. Jack, wie Kraus ihn sieht, begeht eine symbolische Handlung, er waltet eines sakralen Amtes. Lulu ist, in diesem abstrakten Sinne, kein Opfer und Jack kein Mörder; sie agieren gewissermaßen im Auftrag der Sexualität. Daß die Idee der Vernichtung und Selbstvernichtung im Wesen der Dirne verankert und das innerste Ziel ihres Wolluststrebens der Tod sei, hatte Weininger behauptet.[255] Kraus bestätigt diese philosophische Deutung der autodestruktiven Tendenzen der Sexualität. Der Lustmord an Lulu vollziehe sich ». . . wie ein aus den tiefsten Tiefen der Frauennatur geholtes Verhängnis«.[256] Die Welt der bloßen Sexualität, einer glühenden Wüste gleich, in der die Tiere einander auffressen, birgt eine tödliche Geschlossenheit, drängt auf ihr eigenes Ende zu, verweigert den Bezug auf das Leben und bleibt daher steril, ohne Kontinuität und Zukunft. Nur die Liebe eines Erotikers, die selbstlose, verzichtende, ewig unerfüllte, so scheint es, könnte die Frau vor den infernalischen Konsequenzen ihrer Natur retten, die Liebe eines Alwa, die Liebe eines Kraus . . .

»Die Qual läßt mich nicht zur Wahl? Doch, ich wähle die Qual . . .« »Es ist Lohn genug, unter dem eigenen Rad zu liegen.« ». . . Ich lasse mich nicht hindern zu gestalten, was mich hindert zu gestalten« . . .[257] – solche Selbstaussagen haben allerdings zu psychoanalytischen Deutungen eher Anlaß gegeben als zu mythisierenden. Hatte Fritz Wittels seine Analyse des *Fackel*-Herausgebers noch im Angesicht Freuds vorgetragen, so stellte Margarete Mitscherlich-Nielsen 1974, zum 100. Geburtstag von Kraus, dessen ödipale Grundstörungen zur Debatte.[258] Mit Hinweis auf Freuds *Über einen besonderen Typus der Objektwahl beim Manne* kommt sie zu dem Schluß, daß für die Wahl der promiskuitiven Frau

»unbewußte Strafbedürfnisse« verantwortlich seien, die aus der als schuldhaft empfundenen Gefühlsambivalenz der Mutter gegenüber entstanden waren.[259] *Die Angst und das Paradies des Nörglers* von Manfred Schneider (1977) ist ein weiterer Versuch, die Leidenszustände von Kraus mit den Begriffen der Psychoanalyse zu untersuchen; er basiert auf der vorhergehenden Arbeit, führt aber tiefer in die besonderen Bedingungen der literarischen Kreativität des Satirikers.[260] Schneider geht davon aus, daß Kraus, um die traumatischen Verlustängste, die die gestörte »Dualunion« von Mutter und Kind hervorgerufen habe, nicht aufkommen zu lassen, sich Lebensbedingungen gesichert habe, die einzig der Verhinderung solcher Ängste dienten.[261] Eine Reaktionsbildung habe stattgefunden, die seiner Abhängigkeit von der Frau ein Äquivalent entgegenzusetzen wußte. Diese beruhe auf der narzißtischen Überhöhung seines Ich, auf einer »Größenvorstellung« von künstlerisch-schöpferischer Potenz, die ihm geholfen habe, die zugefügten Ängste und Schmerzen zu kompensieren.[262] Kraus ist nicht der Ausgelieferte, sondern er habe sich eine psychische Position geschaffen, die der Frau eine bestimmte Aufgabe zuweist: nämlich das »narzißtisch-projektive Selbst des Mannes« zu spiegeln.[263] Nicht genug mit der gegebenen geistigen Unterlegenheit einer Frau ihm gegenüber – Kraus muß sie noch tiefer in die Inferiorität stürzen. Die Rolle der »Hörerin« ist die ideale Rolle der Frau, die Rolle Echos, deren Aufgabe es ist, die Gedanken ihres »poetischen Narziß« rückzustrahlen. »So gesellte sich dem uralten Glauben an die männliche phallische Superiorität noch ein wohliges zerebrales Kraftgefühl hinzu«, schreibt der Autor der Studie.[264] Doch bleibt er nicht beim Bilde des *male-chauvinist* Kraus stehen. Er betont, daß Kraus sich mit der Imagination der untreuen, ungeistigen, aber sinnlichen Frau die »schöpferische Grundstimmung« verschaffte, die er brauchte.[265] Gerade die Trennungsängste und die Abschiedsschmerzen bildeten die kreativen Antriebe seiner Arbeit, denn nur in der Arbeit fänden sich

Mittel gegen Wunden, die zu früh geschlagen wurden, um heilbar zu sein:

> Ganz abseits von den untergangsberauschten Schöpfungsmythen der Lebensphilosophie begegnen wir hier der Dramaturgie, in welcher die Tragödie der Kreativität gespielt werden kann: Die wirkliche Geliebte muß die traumatischen Bedingungen des frühesten kindlichen Lebens immer wieder erneuern, damit die Leidenschaft des Mannes für seine inneren Objekte entflammt wird. K.K.'s Frauenphilosophie liefert das Szenario seiner gestörten Objektbeziehungen und gibt zugleich das Geheimnis seiner literarischen Größe preis.[266]

Die Deutung Schneiders ist zweifellos die scharfsinnigste und beziehungsreichste, die auf dem Gebiet psychoanalytischer Literaturinterpretation möglich ist. Dennoch verschwindet auch hier die Differenz zwischen dem psychologischen Typus und der aktuellen, entwicklungsfähigen Person. Die Grundstruktur der »antifeministischen« Bedürfnisse wirkte sich im Sonderfall Kraus sicherlich positiv auf die Produktionsbedingungen aus, die Gewalt anderer Instanzen, wie die der stark ausgebildeten moralischen, verhinderte jedoch den Übertritt negativer Projektionen ins Leben. Der »Sadismus« von Kraus findet ja gerade seine Befriedigung in dem genußreichen Ausmalen von grausamen Handlungen, die er dort vornimmt, wo ihm Natur-Bilder durch Kultureinflüsse verdorben scheinen. (»Die Frauenemanzipation macht rapide Fortschritte. Nur die Lustmörder gehen nicht mit der Entwicklung. Es gibt noch keinen Kopfaufschlitzer.«[267]) Kraus repräsentiert, wenn man will, den vollendeten »Schreibtischtäter«, der, wie er selbst sagt, ». . . eine Tat in einen Gedanken« umzusetzen bestrebt ist.[268] Es darf auch nicht übersehen werden, daß Kraus mit Frauen gelebt hat, auch wenn er nicht im bürgerlichen Sinne verheiratet war. Sein Verhältnis zu Frauen war wahrscheinlich sogar weit weniger »prekär«, als man sich das aufgrund seiner Abschirmung und Mystifizierung des Privatlebens vorstellte.[269] Er scheint es sich, viel eher, mit einer listigen Rationalität so geordnet zu haben, daß sowohl seine metaphysischen wie seine physischen Wünsche eine ausreichende Erfüllung fanden. Helene Kann, eine schöne und intelligente Frau, die er schon um 1904 kennengelernt hatte, wurde später die treue Begleiterin seines Alltags, sie führte den Haushalt und verwaltete sein Leben auf so tolerante Weise, daß er sich sowohl seiner Arbeit, gelegentlichen Amouren,[270] als auch seiner leidenschaftlichen Fernliebe zu Sidonie von Nádherný widmen konnte.[271] Außerdem übersieht die statisch fixierte psychoanalytische Methode subtile Veränderungsprozesse innerhalb eines gesteckten Rahmens. Kraus' Verurteilung der geistigen Frau war von Anfang an von einem polemischen Ferment durchtränkt und galt der Bildungsbeflissenheit gelangweilter Gattinnen und den journalistischen Nachbeterinnen männlicher Binsenweisheiten. Viele der frühen Aphorismen sind Federwetzereien in einem modischen Genre, das aus Frankreich herüberkam; sie wiegen nicht schwerer als die Adam-und-Eva-Banalitäten anderer »Wiener Chamforts«, eines Emmanuel Wertheimer oder Alexander Engel.[272] Kraus hat seine antifeministischen Äußerungen um 1912 deutlich abgeschwächt und zeigte sich in der Praxis intelligenten Frauen immer geneigt, ganz zu schweigen von seiner Verehrung für die wirklich schöpferischen wie Else Lasker-Schüler.

»Eine Wissenschaft, die vom Geschlecht so wenig weiß wie von der Kunst, verbreitet das Gerücht, daß im Kunstwerk die Sexualität des Künstlers ›sublimiert‹ werde. Eine saubere Bestimmung der Kunst, das Bordell zu ersparen! Da ist es doch eine viel feinere Bestimmung des Bordells, die Sublimierung durch ein Kunstwerk zu ersparen«: Kraus hat die dilettantischen Anfänge der psychoanalytischen Interpretation von Literatur erlebt und sich vehement dagegen verwahrt.[273] Seiner Überzeugung nach gehörte das menschliche Genie in den Bereich des »Mysteriums« und ließ sich nicht aus pathogenen Faktoren erklären.[274] Seine Angriffe auf diese

Methode mag man als berechtigte Notwehr verstehen, als pure Romantik oder als laienhaftes Vorurteil – die Frage nach der Kompetenz des psychoanalytischen Instrumentariums für die Literatur muß offenbleiben. Die Psychoanalyse sollte sich in diesem Falle eher als eine Art Sprach-Spiel verstehen, als eine Weise der Verständigung, die nicht auf »Aussage« ausgeht; für verifizierbare Aussagen nämlich fehlen hier die unentbehrlichen Grundlagen, die freie Assoziation und die Träume, d. h. die aktive Mitarbeit des Patienten. Auch ist der Künstler nicht einfach ein Kranker, und logische Zusammenhänge zwischen einem komplizierten Verhältnis zum Weiblichen und unerhörter literarischer Kreativität lassen sich höchstens mutmaßen. Vor allem Kraus ist ständig darauf bedacht, sich nicht in die Karten blicken zu lassen, und er ist darüber zum Meister der »Immunisierungsstrategien« geworden,[275] d. h., er versucht, alles, was man über und gegen ihn vorbringen könnte, schon zu entkräften, indem er es vorwegnimmt. Musil hatte dies erkannt und deshalb Karl Kraus für ebenso uneinnehmbar erklärt wie die Psychoanalyse selbst,[276] die jedem Einwand gegen die Lehre mit dem Begriff des »Widerstandes« begegnet, der selber ein neurotisches Symptom sei. Ein Thema z. B., das Kraus durch vielfältige und bestätigende Vorwegnahme matt setzt, ist das seiner Eitelkeit, seiner narzißtischen Selbstbespiegelung im Medium der *Fackel*. Beide Untersuchungen aus psychoanalytischer Sicht gelangen am Ende dorthin, von wo sie ausgegangen waren, zur Sprache. Und beide Male wird der Sprache eine aus Lebensnot rettende Funktion zugesprochen – eine Einsicht, die Kraus seinen Interpreten ebenfalls voraus hat. »Aus Lebensüberdruß zum Denken greifen: ein Selbstmord, durch den man sich das Leben gibt.«[277]

Erotik ist ein geistiges Prinzip. Als Erotiker untersteht Kraus auch im Bereich des Sinnlichen dem Kulturideal des Abendlandes, das die Entscheidung über Gelingen oder Scheitern des Lebens eines geistigen Mannes kaum von seiner individuellen Glückseligkeit abhängig macht, sondern von der Transzendierung des Individuums durch seine Werke, durch eine Leistung, die ihn unsterblich macht. Kunst ist eine, vielleicht die höchste Form dieser Leistung. Kraus' Sprachtheorie, die den stofflichen Anlaß der Satire, die Gebundenheit an ein Ereignis, in die übergeordnete Kategorie des Sprachkunstwerks aufheben will, ist ganz auf dieses Ziel angelegt.

Erst aus seiner Beziehung zur Sprache wird auch der Sinn seines eigenartigen Vexierspiels mit männlichen und weiblichen Identitäten verständlich. Nicht nur, daß er über die Sprache fast nur in Metaphern aus der Sphäre des Geschlechtlichen spricht, seine Beziehung zur Sprache zeigt auch das gleiche Spaltungsbild wie das Geschlechter-Schema. Auch die Sprache ist doppelt bestimmt: ethisch (= männlich) und erotisch (= weiblich). Ihre ethische Funktion besteht in der Kritik an den gesellschaftlichen, politischen, geistigen Zuständen der Zeit bzw. an ihren sprachlichen Artikulationsformen. Hier wird Sprache aktiv gegen Sprache, weil in ihr selbst die Sache enthalten ist, die Mißfallen erregt. Sprache hat dann einen bestimmten Auftrag, sie muß zeigen, anprangern, plädieren, reinigen; sie verwirklicht damit ihren kommunikativen Aspekt. In erotischer Funktion dagegen enträt sie, so möchte es Kraus, der kommunikativen Qualität. Sie ist nicht mehr zur Mitteilung oder Auseinandersetzung da, sie ist kein Mittel, sondern trägt ihren Sinn und Zweck in sich selbst. Sie ist autonom kraft ihres poetischen und semantischen Potentials, denn zur Bestimmung der Sprache als Wortkunst tritt die Überzeugung von der »Präformiertheit der Gedanken«.[278] Im Sprachkunstwerk sind Form und Gedanke vollkommen miteinander verwachsen, zusammen konstituieren sie die ästhetische Sphäre. Daß Ethik und Ästhetik eins sind, eine grundsätzliche Überzeugung von Kraus, die er mit anderen »Anti-Wienern« teilt, wird von der Doppelbestimmung ein und desselben Mediums her einsichtig.[279] Auch die sorgfältige Untersuchung zum Sprachverständnis von Kraus, die Josef Quack geleistet hat, kommt, nach der Widerlegung vielfacher Annahmen einer »Sprachphilosophie« oder »Sprachmystik«, auf die einzigen beiden Dimensionen zurück, die für Kraus' Sprachauffassung Gültigkeit haben, die ethisch-erotische.[280] Der Aphorismus: »Ich beherrsche nur die Sprache der anderen. Die meinige macht mit mir, was sie will«, beschreibt das wechselseitige Abhängigkeitsverhältnis.[281]

Auf der Bifunktionalität des Sprachverständnisses und der Sprachverwendung beruht die Besonderheit von Karl Kraus. Nicht jedem Schriftsteller leiht das Ausdrucksmedium Sprache die zweifache Fähigkeit, sie als Waffe zu nutzen und sie als Ort existentieller Geborgenheit, als »Glück im Wortstecke«, zu empfinden.[282] Es ist die geniale Doppelbegabung des Satirikers und Sprachdenkers, sich auf die rhetorisch-forensischen Qualitäten der Sprache ebenso zu verstehen wie auf ihre ästhetisch-erotischen. Zur Pflege beider Sprachhaltungen bedurfte es aber der Fähigkeit, die eigene doppelpolige Identität, die eigene »mannweibliche« Anlage zu akzeptieren – wozu ein Weininger und ein Altenberg nicht imstande waren. Zwischen aktiven und passiven Tendenzen des Ichs darf da kein Wertunterschied gemacht werden, »agieren« und »reagieren«, »unterwerfen« und »sich ergeben«, »rufen« und »hören«, »zeugen« und »empfangen« dürfen nur Richtungsänderungen bedeuten und keinen Sinneswandel. (Analog dazu bestehe, meint Kraus, zwischen Normalität und Perversion in der Erotik kein größerer Unterschied als zwischen dem direkten sprachlichen Ausdruck und dem metaphorischen).[283] Mit den Entdeckern und Theoretikern der doppelgeschlechtlichen Grundstruktur des Menschen, mit Wilhelm Fliess, Sigmund Freud und vor allem mit Otto Weininger, müßte man sagen, Kraus realisiere seine Bisexualität auf metaphorische Weise, auf der sprachlichen Ebene, im Medium der Kunst: eine psychische Leistung, die in der von extrem geschlechtsspezifischen Wertungen und Abwertungen durchzogenen Epoche erstaunlich ist. Die dualistischen Bahnen, in denen sich das Denken von Kraus bewegt und die zur Vorliebe für die Sprachform der Antithese (des Widerspruchs) geführt haben, spiegeln in letzter und höchster Instanz noch die formale Ur-Prägung durch den Geschlechtergegensatz. Und wie er mit den männlich-weiblichen Komponenten seines Ichs spielt, so gewinnt auch seine Sprachwelt ihren dynamischen Antrieb aus seiner Technik der blitzschnellen Vertauschung der antithetischen Positionen. Ob bei Sprichwörtern, Denkgewohnheiten oder Gemeinplätzen, die Umkehrung der Verhältnisse erweist sich bei Kraus als fruchtbare, erkenntnissprühende Methode. (Es ist eine Methode, die von jüdisch-talmudistischen Denktraditionen profitiert; intellektueller »Erzjude« ist Kraus darum immer noch eher als der Antisemit, den schon die Zeitgenossen in ihm vermutet haben).[284] Die Erotomanie seiner Bildlichkeit (auch seiner Neologismen) zeugt vom Einfluß der erotisch gestimmten Moderne auf Kraus, in einem tieferen Sinn aber zieht sie ihre Berechtigung aus dem Wesen der Erotik selbst. »Im Hin- und Wiederfluten / der holden Sprachfiguren . . .«,[285] dem Kraus sich so begeistert hingibt wie dem überwirklichen Sinn und Unsinn der Offenbachiaden, liegt Erotik.[286] In seiner Sprach-Erotik kommt Kraus der Bild-Erotik eines Klimt wieder näher als er meint.

Ein Platzwechsel innerhalb der Geschlechterpolaritäten und ein Platzwechsel der Bereiche von Sprache und Geschlecht: Kraus nutzt die Spielmöglichkeiten vor allem in der Form des Aphorismus: »Meine Sprache ist die Allerweltshure, die ich zur Jungfrau mache«, sagt Kraus in der *Fackel* vom Juli 1911, sagt er als der Retter des Sprach-Mädchens vor ihrer Prostitution durch den Journalismus, als der Ritter, der sie vor dem trostlosen Schicksal eines Verständigungsmittels bewahrt.[287] Noch intensiver wiederholt er dieselbe Metapher im Oktober 1925 und mischt eine Anspielung auf die Verkehrtheit seiner Lebensweise, die die Nacht zum Arbeitstag macht, hinein: »Mit heißem Herzen und Hirne / naht' ich ihr Nacht für Nacht. / Sie war eine dreiste Dirne, /

die ich zur Jungfrau gemacht.«[288] Das Imago der jungfräulichen Braut wechselt jedoch schnell, der Bräutigam macht sie zur Mutter. »Die Sprache ist die Mutter, nicht die Magd des Gedankens.«[289] »Die Sprache die Mutter des Gedankens? Dieser kein Verdienst des Denkenden? O doch, er muß jene schwängern«,[290] denn: »Nur aus der Wonne sprachlicher Zeugung wird aus dem Chaos eine Welt.«[291] Die häufigen Schwangerschaftsmetaphern im Werke von Kraus – Harden gegenüber z. B. trägt er einen Haß unter dem Herzen und wartet fiebernd darauf, ihn auszutragen[292] – mögen die »Schöpfungsaugenblicke«, die die Aphorismen bedeuten,[293] besonders verdeutlichen: »Ein Werk ward zur Welt gebracht: hier zeugte das Weib, was der Mann gebar.«[294] In einem der schönsten Aphorismen sind dann die Rollen gleichgültig und die Sprache wird nur mehr mit der Liebe verglichen, nicht mit der besitzenden, sondern mit der ewig suchenden, mit der platonischen: »Die Sprache tastet wie die Liebe im Dunkel der Welt einem verlorenen Urbild nach. Man macht nicht, man ahnt ein Gedicht.«[295]

Nach Werner Kraft hat Kraus 1910, mit dem Essay *Heine und die Folgen*, die Sprache »entdeckt«.[296] Der Interpret Josef Quack formuliert dies genauer, wenn er den Heine-Essay als den Übergang von der Krausschen Stilkritik zur Sprach-Erotik bezeichnet.[297] Die Vorstadien dieser Entwicklung waren schon durchlaufen: das Weib hatte in der Periode von *Sittlichkeit und Kriminalität* das indirekte Thema gebildet; zwischen 1903 und 1911 war die Diskussion um die Liebe und das Weib, nicht zuletzt durch die analytische und belletristische Mitarbeit von anderen Schriftstellern, intensiviert worden. Kraus selber hatte dazu erheblich beigetragen durch seine Aphorismen zwischen 1906 und 1918, vor allem durch jene zwischen 1907 und 1913. Nach einzelnen Vorboten von Sprach-Erotik in der Sammlung *Tagebuch* von 1908 überlagern sich in der Auseinandersetzung mit Heine tatsächlich die Bereiche von Sprache und Erotik zum ersten Mal auf virtuose Weise. Eine einzige Metaphorik verschmilzt sie so kunstvoll, daß Kraus viele Sätze dieses Essays unverändert unter die Aphorismen mischen konnte. Die Sprache hat ihr terminologisches Double im Weib gefunden. Gegen Heine: »Die Sprache war ihm zu willen. Doch nie brachte sie ihn zu schweigender Extase.«[298] Voraussetzung für die Personalisierung der Sprache und die Abstrahierung des Weibes war die Entdeckung gewesen, daß beider Eigenschaften sich deckten. Nimmermüde hatte Kraus das Weib als »Natur« definiert, und diese Natur – in physiologischer Romantik – mit Unerschöpflichkeit ausgestattet. Dieselbe Unerschöpflichkeit im Geben ist auch der Sprache zu eigen; Kraus begreift sie als lebendigen »Organismus«,[299] dem »Naturgewalten« innewohnen,[300] als eine eigenschöpferische Kraft, die dem, der sich in Demut nähert, Gedanken schenkt. Zwischen Liebesakt und sprachschöpferischem Akt gibt es keinen Unterschied; aus jenem wie aus diesem empfängt der »Geist« die innere Erregung, die sich im Bauen von Sätzen niederschlägt. Kraus verfolgt diese Kongruenz bis in die bedrohlichen Details. »Den Rätseln ihrer Regeln, den Plänen ihrer Gefahren nahezukommen, ist ein besserer Wahn als der, sie beherrschen zu können.«[301] Die verwirrenden Eigenschaften des »Rätsels Weib« kehren wieder im Rätsel-Charakter der Sprache. Noch inmitten der Durchdringung von (weiblicher) Sprache und (männlichem) Geist befällt ihn, dem Schock eines Schlafwandlers vergleichbar, der angerufen wird, die Unsicherheit, ob er sie denn wirklich besitze. Wo er liebt, hurt er nicht, und das weckt all die mit Besitzfragen verbundenen Ängste. »Je näher man ein Wort ansieht, desto ferner sieht es zurück«[302] – das ist nicht »platonische Sprachliebe«, wie Benjamin meinte,[303] sondern ein Ausdruck derselben »Liebestodesangst«, die Kraus in der Beziehung zu Sidonie von Nádherný kennengelernt hat.[304] Eine Nähe, die sich als Ferne entpuppt, eine Innigkeit, die sich Fremdheit bewahrt, schafft zweifache Gefühle, schafft jenen »Zweifel«, von dem Kraus so oft spricht, wenn von seiner Spracharbeit die Rede ist.[305] Die Instabilität der Worte, so wunderbar nutzbar im Wortspiel oder in der Lyrik, ergibt eine Atmosphäre der Vieldeutigkeit. Glaubt man die Sprache fast schon unter Kontrolle, scheint sie sich eben deshalb zu entziehen. Verführerische Assonanzen locken in andere Wortverbindungen, schillernde Verdrehungen bieten einen neuen Sinn an. Die Vieldeutigkeit, die das erotische Klima schafft, stößt Kraus zugleich in die Hölle des Zweifels. Vor den Untiefen der Liebe wie der Sprache gibt es keine Sicherheit. Noch in die größte Intimität spukt das Gespenst der Untreue; nie weiß der Liebende, ob die Geliebte ihn nicht in Gedanken betrügt. Der Besitzanspruch auf Sprache ist deshalb für Kraus ebenso absurd wie der Besitzanspruch auf eine Frau.

Man wäre hier versucht, das psychoanalytische Sprach-Spiel aufzunehmen und das Bild jener Frau zu finden, die dem gleichnishaften Sprechen von gläubiger Liebeshingabe und schockartigem Erwachen inmitten der traumwandlerisch vollzogenen Einheit entspricht. Es geht um das Urbild, zu dem die wechselnden Geliebten nur die Abbilder sind, um den Urzustand auch, an den Kraus so oft appelliert, der die Harmonie bedeutete, bevor die Antithese die Schöpfung zerriß.[306] In dieses müßte der orale Aspekt einfließen, der bei Kraus in der (vorgelesenen) Sprache eine große Rolle spielt. Über den Weg des Verhältnisses zur Sprache verrät sich etwas von dem Verhältnis zu jener Frau, die er sonst verschweigt.[307] Das Urbild der Frau ist die Mutter; die Mutter nicht als empirische Person, sondern als »phantasmère«, als längst in die Imagination entrücktes Bild von Nahrung, Schutz, Geborgenheit, aber auch von immerdar verhinderter Liebe;[308] nur in der Mutter-Sprache findet er das vollkommene Äquivalent.

Als Kraus im Juni 1921 an einem der Beiträge *Zur Sprachlehre* arbeitet,[309] erfindet er für das Ineinander von Form und Inhalt in der Dichtung den Ausdruck »Wortgestalt«.[310] Im gleichnamigen Essay wagt er ein Experiment, das deshalb aufschlußreich ist, weil es ihn wieder in doppelter Funktion zeigt. Am Beispiel einer eigenen Gedichtstrophe aus dem Jahre 1917 *(Verlöbnis)* analysiert er, wie es ihm gelungen ist, die Geschlechterpaarung und ihre Tragik, die er in der physiologischen Unstimmigkeit gefunden zu haben glaubt, mit dem Wesen der Sprache zu koordinieren und »Wortgestalt« werden zu lassen. Zunächst zitiert er seinen Vers: »Und seine Armut flieht von dem Feste, / daß sie nicht an der Fülle vergeh'. / Weibsein beruht in Wonne und Weh. / Mann zu sein rettet er seine Reste.«[311] Um die Idee der »Wortgestalt« verständlich zu machen, geht der Interpret Kraus dann, vier Jahre später, daran, den Dichter Kraus auszulegen. (Daß jener diesem überlegen ist, kann freilich nicht verborgen bleiben.) *Verlöbnis* realisiert nur bedingt die Balance zwischen Gefühlsexaltation und Geschlechtertheorie. Vielleicht hat Kraus deshalb die Notwendigkeit einer Exegese gespürt:

> Welche Hast, die eben noch sich raffend Zeit hat, den Bürger in Ordnung zu bringen, verrät da schnöde die Natur, die eingebettet ruht zwischen diesen rapiden Versen der fliehenden Armut und der geretteten Reste. Wonne und Weh sollen sie nicht lyrisch verklären, darin ist scheinbar etwas von der vorausgesetzten Schönheit, die der Laie für den Wert nimmt. Sie sollen die Pole des weiblichen Wesens bezeichnen, und daß sie im eigenen W alliterieren, ist ihr Gedanke. Nun aber wird die Wesenhaftigkeit der geschlechtlichen Natur ihrer Zweckhaftigkeit gegenübergestellt: Fülle und Haltung, Entsagen und Versagen, Sein und zu sein – um wie viel länger währt doch dieses ›Weibsein‹, das verkürzte, als dieses ›Mann zu sein‹; wie bleibt jenes, verflüchtigt sich dieses und wie dürftig, wie weltabschließend, wie ›zu‹, ist diese Partikel, die in ihrer Zielstrebigkeit noch kaum je so zur Anschauung gebracht war. Und wenn er längst dahin ist, sieht man noch Weibsein in Wonne und Weh beruhn.[312]

Der mythologische Orpheus ist das Sinnbild des Dichters.

Musik, Sprache und Natur liegen in seiner Figur noch ungeschieden ineinander. Seit er von den Mänaden zerrissen wurde, tönt seine Stimme aus der belebten und unbelebten Natur und hat die Dichter, so wollen es *Die Sonette an Orpheus* von Rilke, zu »Hörenden« gemacht.[313] Wollen sie zum orphischen Urzustand der Poesie zurückfinden, so müssen sie ihrem Vers die verlorene akustische Dimension wiedergeben. Die Wege der unterschiedlichsten Dichter haben dieses selbe Ziel. Das zu Schaffende ist schon einmal gewesen, alles Neue ein Wiederfinden der Einheit des Ältesten. Mit »rühmender« Geste feiert Rilke diesen Gedanken;[314] Kraus, der ein anderes Pathos hat, reflektiert ihn sprachtheoretisch. Während für Rilke das Prinzip der Grenzaufhebung zwischen dem Singenden und dem Seienden inspirierend wirkt, holt Kraus sich die schöpferische Stimmung aus dem erotischen Prinzip, ein Prinzip, das keineswegs auf der konfliktlos glücklichen Vereinigung beruht, sondern, im Gegenteil, auf dem Errichten eines Hindernisses, eines Widerstands, einer Hemmung. Erst im Überwinden der Barriere leuchtet dann das Glück der lyrischen Sprache auf. Nur das Hinauszögern steigert es zur wirklichen Vollkommenheit. In der Musik heißt das Stilmittel, das das Einmünden in die auflösende Grundtonart kurzfristig retardiert, ein »Vorhalt«. In der Erotik gibt es die verschiedensten Gelegenheiten, aufreizende Hindernisse zu errichten (die gesellschaftlichen Riten gehören dazu, die psychologischen Taktiken des Entzuges oder einfach die Multiplikation der äußeren Hemmnisse, der Kleider); gemeinsam ist ihnen nur die eine Funktion: den unmittelbaren Zugang aufzuhalten. »Das erotische Vergnügen ist ein Hindernisrennen«, heißt es diesbezüglich in den Aphorismen.[315] Der sprachliche »Vorhalt« ist ein hinzugefügtes akustisches Partikel bei Kraus. Sinn und Funktion dieser erogen wirkenden »Widerstandssilbe« erläutert er in dem Essay *Der Reim*,[316] der das Herzstück des sprachkritischen Werkes *Die Sprache* bildet und zugleich einen Höhepunkt der erotischen Ästhetik von Kraus.[317] »Er ist das Ufer, wo sie landen / sind zwei Gedanken einverstanden.« An diesen Zeilen, die einem Kraus-Gedicht des Jahres 1917 entnommen sind,[318] wird die echte Reimkunst im Unterschied zum bloß nachäffenden Wortgeklingel (»akustischer Zierat«) à la Heine expliziert.[319] Die Sprache, in der Kraus über das höchste poetische Vermögen der Sprache spricht, ist wieder durchsexualisierte Metaphorik. »Reimpartner« buhlen umeinander,[320] »Werbung«[321] betreibt der eine »Reimkörper« um den anderen,[322] die eine Hälfte des einen Worts wird von der »reimwilligen« Hälfte des anderen Worts »angegangen und genommen«, zur »Paarung« streben beide,[323] die »Sphären« wollen zur »Deckung« kommen.[324] Kämen sie nur äußerlich zur glatten Deckung (»landen – standen«), so bliebe die Qualität des Reimes auf niedrigem Niveau, d. h. am leeren Signal hängen; mit wachsender Länge der hemmenden Silben (»landen – verstanden«; »landen – einverstanden«) erhöht sich der geistige Impetus der »Paarung«. Die nicht mitreimenden Partikel bleiben als klanglicher Reiz, als Erinnerung an eine Dissonanz im Ohr und versüßen die Gegenwart der gleichlautenden Innigkeit. Die Lust an der Wiederherstellung der ursprünglichen Einheit von »Ding und Klang, Idee und Bild«, die dem Reim gelingt, profitiert bei Kraus noch von der Lust, die aus der gelungenen Überwindung resultiert.[325] Ein Zurück zum Naturlaut genügt diesem Orpheus nicht, ein psychologisches Raffinement muß die »Erotik der Sprachwelt« erhitzen.[326]

Ein Grund für diesen gewundenen Weg zur Natur ist in Kraus' Epigonen-Bewußtsein zu finden, in dem Bewußtsein, die Probleme einer kulturellen Spätzeit reflektieren zu müssen. Die Einfachheit der Natur gibt es nicht mehr, und wo es sie gibt, erscheint sie dem empfindlichen Sprachgewissen korrumpiert. Zu oft schon wurde »Herz« auf »Schmerz« und »Sonne« auf »Wonne« gereimt, um noch die Wahrheit zu vergegenwärtigen, die einstmals auch in diesen Wortkoppelungen gesteckt hat.[327] Im Appetit auf Hindernisse, in der willentlichen Komplizierung der Lebens- und Sprachverhältnisse zum Zwecke des größeren Lohnes, des »genialeren« Verses, zeigt sich etwas von den extremen Anforderungen seines intellektuellen Milieus, dessen Konkurrenzbedingungen den ehrgeizigen einzelnen zu geistigen Hochleistungen anspornen. Die Spuren der Anstrengung sind aus der beträchtlichen lyrischen Produktion von Kraus nicht immer getilgt, und auch in den Briefen an Sidonie von Nádherný herrscht ein Klima permanenter Angespanntheit. Seine Lyrik verliert ihren prosaischen, oft polemischen Charakter selten zugunsten eines gelassenen Stimmungs- oder Gefühlsbildes; es ist hochintellektuelle Gedankenlyrik. Doch auch dem möglichen Mißverständnis, seine Reim-Künste mit denen etwa Rilkes vergleichen zu wollen, kommt Kraus zuvor. Der Titel seines Gedichtbandes annonciert *Worte in Versen*.

Die erotische Biographie von Kraus verzeichnet insgesamt eine Entwicklung vom Leben zum Denken. Erotisches Erlebnis, Verteidigung des Eros im sozialen Bereich, Reflexion der erotischen Problematik auf kultureller Ebene, Integration der erotischen Grundvorstellung in die Kunst – so etwa ließen sich die Etappen im einzelnen benennen. Aber damit ist die Entwicklung nicht abgeschlossen. In einer äußersten Intensivierung des erotischen Denkens sprengt Kraus den Rahmen seiner bisherigen Überlegungen.

Manchmal bekräftigen private, unstilisierte Äußerungen einen Sachverhalt, der in der pointierten Form des Aphorismus eher nach einem Bonmot geklungen hatte. An seine sporadische Geliebte Berthe Maria Denk schreibt Kraus im Juli 1906: »Glaubst Du nicht, daß es Abenteuer des Geisteslebens geben kann, die einen Mann annähernd der Sensationen theilhaftig werden lassen, wie sie die erotische Abwechslung einer Frau bringt?«[328] Vor seiner Leserschaft kleidet er diese Anschauung in ein witziges Bild: »Nachts am Schreibtisch, in einem vorgerückten Stadium geistigen Genusses, würde ich die Anwesenheit einer Frau störender empfinden als die Intervention eines Germanisten im Schlafzimmer.«[329] In klar geordneter Antithetik sagt das Motto, das Kraus ursprünglich dem Band *Sprüche und Widersprüche* vorausgesetzt hatte, das gleiche: »Qual des Lebens – Lust des Denkens.«[330] Die direkte Aussage, die indirekte Aussage und die Abbreviatur bezeichnen ein und denselben Vorgang, der für Kraus' erotische Physiognomie entscheidend ist. Er siedelt die Lust, die nach der gängigen Wortverbindung »Lebenslust« dem vitalen Bereich zugehört, im Intellekt an. Eine Verschiebung der Affekte hat stattgefunden; das elementare Ungenügen am Leben erscheint umgeleitet in eine Zone, wo aus dem Minus ein Plus werden konnte. Deutlich wird, daß es sich bei dieser Transposition nicht um eine Aufhebung (Sublimation) auf eine höhere Ebene handelt, sondern um eine Parallelschaltung von »Qual« und »Lust«. Das Leben wird nicht entwertet oder für nichtig erklärt, sondern als das Böse, das stets das Gute schafft, als Helfershelfer der Lust, beibehalten. Der Gedankenstrich versinnbildlicht den Weg, auf dem der Tauschhandel vorgenommen wird, er ist auch die Brücke, die über den Abgrund führt, der die beiden Begriffe trennt. (Daß es ein Abgrund ist, bezeugt die Frequenz der Worte »Schwindel« und »Zweifel« bei Kraus.) Parallelschaltung aber bedeutet die unmittelbare Abhängigkeit des einen Pols vom anderen. Ohne die Negativ-Setzung des Lebens gibt es keinen Bonus für den Geist; hört die Negation auf, so endet die Lust.

Voraussetzung für das Funktionieren dieses psychischen Dualsystems ist jene Komponente im Wesen von Kraus, die ihn zu Kompromißbildungen, zu konzilianter Haltung, zu »wienerischer« Verbindlichkeit unfähig macht. Sein Totalitätsverlangen, in dem sich ein Rest kindlicher Ungebrochenheit erhalten hat, ist stärker. Die »Fieber der Kindheit«, von denen er meint, man müsse sie jederzeit heraufbeschwören können,[331] sind identisch mit seinem »Vollkommenheitsfieber«.[332] Auf das Leben, besonders auf das erotische Leben übertragen, bedeutet diese Disposition die prästabilierte Disharmonie. Kraus' Dilemma ist eine Variante der alten Spaltung zwischen Idealität und Realität, zwischen Bewußtsein und Wirklichkeit. Seine »Gesundheit« beruht allein auf der genialen Nutzbarmachung dieser tödlichen Krankheit. Dazu muß er die Realität mit extrem negativen Vorstellungen ausstatten, denn anders kann die lusterregende Umwandlung ins positive Extrem, ins Geistige, nicht in Gang gesetzt werden. Die Realität, d. h. das Leben, umschreibt Kraus immer wieder mit dem Begriff des Stofflichen; es ist definiert durch die Eigenschaft der Quantität[333] und tritt in der tausendfachen Partikularität von Personen, Gesetzen, Institutionen, Mißständen in Erscheinung, die er alle durch Negation vernichten muß. Als Quantität verstanden, ist das Leben unerschöpflich, es erneuert die »Qual« durch sein bloßes Vorhandensein. Diese Unendlichkeit des Unvollkommenen bildet die unendliche Reibungsfläche für den Satiriker. Daß ihm zu jedem Lumpen etwas einfalle, ist die rhetorische Klage dessen, dem unversiegbare Quellen kritischer Inspiration gegeben sind.[334] Auf der Ebene des Erotischen spielen sich dieselben Prozesse ab. Daß Kraus die Frau unter dem naturgebundenen, stofflichen und sexuellen Aspekt begreifen muß, ist notwendig, damit sich ein positives Verhältnis entwickeln kann; damit er nicht Misogyn bleiben muß, sondern Frauenfreund werden kann. Er erlöst sie aus der Knechtschaft seiner Negation in die Sphäre seiner Lust. So gesehen ist die Frau eine Funktion seiner Selbst-Erlösung. Diesen Willen zu sich selbst, diesen transzendentalen Liebes-Egoismus, aber büßt er ab durch die Gefühle der »Schuld« und der Dankbarkeit: er unterwirft sich der Frau.

»Die Liebe ist eigentlich immer ein Symbol für was andres«, hatte Schnitzler, sich selbst analysierend, in sein Tagebuch notiert.[335] Bei dem in Sprache denkenden, in Sprache lebenden Kraus ist das nicht anders; nur wird diese (amoralische) Erkenntnis nicht offen und leichtherzig zugegeben. Sie wird zu Lebzeiten nicht publik gemacht wie bei Schnitzler, sondern in den kompliziertesten Ausdruck gebracht. Wenn nämlich die gleichen Gesetze für die Schaffensbedingungen des Satirikers und die Liebesbedingungen des Erotikers gelten, so gilt auch die gleiche Zielsetzung: Umsetzung der Quantität in Qualität, »Rückverwandlung aus dem Stoff in den Gedanken«.[336] Damit aber ist der Satiriker dem Erotiker voraus. Erotik bleibt dem »stofflichen Anlaß« stärker verhaftet als die Sprache, sie bleibt gebunden an das Gegenüber, an die Person. Kraus jedoch geht auch hier bis an die Grenze seines Systems, das die Lust will und sie nur in der Abstraktion bekommen kann. Folgerichtig verschwindet – in der »wahren« Erotik – das Weib. Es erinnert noch immer zu sehr an das Leben. Es gekannt zu haben genügt, den Rest besorgt die Phantasie. Man könne sehr wohl ohne eine Frau leben, resumiert Kraus einmal, man könne nur nicht ohne eine Frau gelebt haben.[337] Als Wollust des Geistes geht die Phantasie noch weit über die Lust hinaus, die das Weib bieten konnte. Kraus sagte es bisweilen ja ungeniert in den Aphorismen: das Weib ist der Lust sogar hinderlich; seine Realität steht der Ausschweifung, derer der Geist fähig ist, im Wege. Ebenso sind die Liebes-Dialoge, die Kraus mit der Sprache führt, fiktiv; Imaginationen eines Gegenübers, das nicht existiert, denn er selbst »ist« die Sprache, sie hat ihren Sitz in seinem »Herzen und Hirne«. Mit ihr allein – *die Fackel*, endloser Monolog des »Nörglers«[338] –, ist er mit sich allein. Erotische Theorie und Sprachtheorie korrespondieren genau. Die Frau, reduziert zum »Anlaß« des erotischen Entzückens, entspricht dem »Anlaß«, der zum Sprachkunstwerk inspiriert. Ob metaphorisch oder wörtlich: Kraus bekennt sich zur Onanie.[339] Selbstverschwendung wie die geistige Produktion, ist sie die einzige Form der Erotik, die den lustvollen Abenteuern der Phantasie keine Grenzen setzt.

Die Gestaltung geistiger Erlebnisse nach dem Muster erotischen Empfindens bedeutet eine ungeheure Gratifikation. Sie ermöglicht jene Entgrenzung, die der Erotik der Körper verwehrt ist: die Lust, die, nach Nietzsche, Ewigkeit will, erhält diese Ewigkeit, indem sie die letzte irdische Fessel, die

Monopolisierung durch das Weib, aufsprengt. Der Geist, freigeworden vom Geschlecht, genießt sich selbst in einer Ekstase, die nur der Tod zu löschen vermag. Davon erzählt ein aphoristischer Text aus *Pro domo et mundo* vom 18. Mai 1911. Das lange und enthusiastische Satzgebilde, mit dem hier das Ende dem Anfang zustürzt, überblendet die Tropen der Sprachlehre und der Erotik mit einer Könnerschaft, die einmalig ist in der deutschen Sprache. Trotz seiner Länge sei der Aphorismus deshalb abschließend zitiert:

> Wo sollte der nahe Tod sein Signal geben, wenn nicht dort wo das Leben sitzt, im Geschlecht? Man hat bei Hingerichteten den letzten Vollzug der Wollust festgestellt. Aber neige dich über ein Treppengeländer, und du wirst die Stelle spüren, wo du sterblich bist. Nicht immer muß ein Weib der Abgrund sein, damit sich Gefahrlust melde, wie sie in fremdem Bett genossen wird. Wenn man dazu bedenkt, daß dort, wo der Tod steht, immer auch der Geist steht und daß es eine Spannung gibt vor dem Schlußpunkt, sei es des Lebens oder des Werkes, das Herzklopfen vor aller Vollendung, sei es in der Arbeit am Wort, an der Schwelle der Unabänderlichkeit, und sei es auch nur im Wettlauf von Schularbeit und Schulstunde oder im Streben an einer Kletterstange empor, wo Lust die Mühe lohnt, die ihr entgleitet – bedenkt man dies, so denke man, wie wenig es mit dem Weib zu schaffen hat, und lerne die Lust, die vom Weib nicht abhängt, nicht geringer achten. Das Weib ist unbequem, Vorstellung des Weibes ist nur bequeme Vorstellung des Unbequemen. Darf man so wenig Phantasie haben, um der Vorstellung des Weibes zu seinem Glück zu bedürfen? Der Geist hat tiefere Wollust, als der Körper beziehen könnte. Irgendwie lebt er davon, daß Wollust die Mitgift des Weibes ist. Er muß es erlebt haben. Und empfängt etwas von jener durchwaltenden Seligkeit weiblichen Empfindens, welche die arme Pointe männlicher Lust beschämt. Der Zerknirschung am Ziel

entweicht er zu den Wonnen des Weges. Jede Hemmung erhitzt ihn, und keinen Anteil an diesen Gluten hat selbst das Weib, das sie kühlen wird. Eine macht sich unerreichbar, um einen zu erreichen. Aber sie weiß nicht, daß sie nicht heute ihrer Anwesenheit, sondern gestern ihrer Abwesenheit zu danken hat. Schließlich steigt Phantasie vier Treppen hoch, um das Weib nicht zu finden, und bis zum Himmel, ohne es zu suchen. Sie hat sich des Stoffs begeben. Aber sie hat die Form, in der der Gedanke wird und mit ihm die Lust. Sie ahnt, was keiner zu wissen vermag. Sie hat sich an der Wollust gebildet und konnte von da an, durch immer neue Erlebniskreise zu immer neuen Potenzen dringend, nie versagen, wenn ungeistige Begierde längst versagt hätte. Nun bedarf sie des Anlasses nicht mehr und läßt sich an sich selbst, und genießt sich im Taumel der Assoziationen, hier einer Metapher nachjagend, die eben um die Ecke bog, dort Worte kuppelnd, Phrasen pervertierend, in Ähnlichkeiten vergafft, im seligen Mißbrauch chiastischer Verschlingung, immer auf Abenteuer aus, in Lust und Qual, zu vollenden, ungeduldig und zaudernd, immer auf zwei Wegen zum Glück, bis sie vor dem Abgrund, wo die Maschine lauert und das Unabänderliche beschlossen liegt, in Angst vergeht und an einem Hingerichteten die letzte Wollust vollzogen ist.[340]

Die Wiener Moderne, mit Verspätung partizipierend an der europäischen Fin de siècle-Stimmung und ihren Décadence-Symptomen, versetzt Kraus in eine komplizierte Lage. Insofern sie sich als Gegenbewegung zu dem materialistischen Ungeist des 19. Jahrhunderts versteht und Protest anmeldet gegen die zunehmende Urbanisierung, Industrialisierung und Verhäßlichung der Umwelt, müssen seine Sympathien auf seiten der Jungen sein, deren Generation er angehört. Auch Kraus verlangt es nach »Sezession«, nach Ablehnung der von den Bürgern und Vätern geschaffenen Welt, die durch Fetischisierung des Fortschritts in Wissenschaft, Ökonomie und Technik jene sprunghafte Entwicklung in den gesellschaftlichen und kulturellen Bereichen eingeleitet hat, die beim einzelnen in den Gefühlen der Entfremdung und Ohnmacht wiederkehren; auch Kraus hat Sehnsucht nach einer vorindustriellen, heilen Welt, die in Einklang mit der Schöpfung lebt, und auch er kultiviert den Begriff der Natur, den die Modernen wiederentdeckt haben. Aber er kann der künstlerischen und weltanschaulichen Gestaltung des Gegenprogramms, das die Jung-Wiener Dichter und die bildenden Künstler der *Sezession* (Klimt) durchführen, nicht zustimmen. Sein kritisches Naturell und seine satirische Sehweise lassen ihn in der ästhetischen Überwölbung des Daseins durch den schönen Stil und die einheitliche Stimmung nur eine Lüge entdecken, ein Überschminken der Wahrheit, d. h. der Gegensätze, aus denen für ihn die Realität besteht. Kraus fällt seine Entscheidungen auf ethischer Basis, nicht auf ästhetischer und entfernt sich damit von den neoromantischen, symbolistischen und impressionistischen Tendenzen seiner Zeit- und Altersgenossen, die insgesamt die Flucht von der Wirklichkeit in die Kunst angetreten haben, von der Klarheit ins Halbdunkel, vom Urteilen ins Fühlen, von der Substanz ins Ornament, von der Liebe in die Liebelei, von der Sexualität in die Galanterie.

Die Beibehaltung sauberer Polaritäten, nicht die Vermittlung, Vertauschung und Verwischung der Gegensätze, wie sie die Wiener Moderne bevorzugt und propagiert, gehört zu den Lebens- und Denkprinzipien von Kraus, und es ist gleichgültig, um welche Bereiche es sich dabei handelt. Im Dienste der Wahrheitsfindung müssen die Grenzen zwischen den einzelnen Künsten, zwischen Wissenschaft und Kunst, zwischen Leben und Kunst erhalten bleiben. Im Jonglieren mit Medien und Stilen, im Ineinanderfließen der Formen und Empfindungen entsteht für ihn – wie für den Architekten und Freund Adolf Loos – ein Amalgam der Werte, der zum Untergang der Kultur beiträgt. Für die Kulturprobleme, deren sich die Moderne allgemein bewußt ist, hält

Kraus Lösungen bereit, die auf das Gegenteil synästhetischer Bestrebungen abzielen. Die *Fackel* hat eine reinigende Funktion und Mission, und sie beharrt auf Vorstellungen von Trennung, Ordnung und Korrektur. Damit verschreibt Kraus sich einem Ideal der ursprünglich reinen, unverdorbenen Form einer Sache oder eines Begriffes. Obwohl solch absolute Forderungen offensichtlich abstrakten Charakter haben, verhelfen sie ihm zu einer Perspektive, aus der die Satire fruchtbar werden kann; die Mischformen der Realität halten einem Reinheitsideal nicht stand. Der Widerspruch von Idealität und Realität, der dem Satiriker eine positive Ernte einbringt, bedeutet für den Erotiker aber eine Quelle von Schwierigkeiten und den Zwang zu Umgehungsmanövern. Das Wesen der Erotik nämlich beruht eher auf den »ornamentalen« Prinzipien von spielerischer Näherung und geheimnisvoller Verschleierung als auf den Fundamenten ethischer Lauterkeit. Als Gegner der künstlerischen Moderne aus ethischen Gründen geriete Kraus ins Lager der Bürger, das er aber aus erotischen Gründen erst recht nicht teilt. Vor die Wahl zwischen zwei Orientierungsmodellen gestellt, muß er beide ablehnen: die Verbindung von Ethik und Erotik gehört zu den bürgerlichen Konventionen, die er als Fesselung der Natur empfindet, und die Loslösung der Ethik von der Erotik, wie sie unter den »Anatols« modern ist, ist für ihn eine Verflüchtigung des Eros ins ästhetische Dekor. Kraus, hellsichtig und feinfühlig, befindet sich im Widerspruch zu der von Moral erstickten Erotik der Philisterwelt und der vom Ornament verschlungenen Erotik der Künstlerwelt. Sein Ziel ist die Rückkehr zur »wahren« Erotik, einer, die weder Verrat übt an der Natur der Sinne noch an der Integrität ethischen Bewußtseins. Dieses Verlangen nach Wahrheit, nach dem unverfälschten Urbild, führt ihn zur Konzeption des Schemas von »Geist und Geschlecht«. Als reinste Form des Mannes proklamiert er die Geistigkeit und als reinste Form der Frau die Geschlechtlichkeit. Sein Schema entwirft überdies das problematische Verhältnis des Satirikers und Polemikers Kraus zum Dichter und Sprachkünstler Kraus. Alle ethischen Lasten und Belastungen verschiebt er auf die männlich-geistige Seite, alle sinnlichen Freiheiten und Befreiungen auf die weiblich-erotische. In der Aufspaltung in konträre Aufgaben und Eigenschaften ist seinen doppelpoligen Ansprüchen Genüge getan, seinem Ordnungsverlangen und seinem Ursprünglichkeitsideal, seinem Wahrheitsbedürfnis und der Notwendigkeit von ästhetisch-hedonistischer Entspannung.

So privat die dualistische Aufteilung und Verabsolutierung des Geschlechtergegensatzes anmutet, so ergiebig erweist sich die zugrundeliegende Idee einer strikten Trennung der Funktionen und Kompetenzen auf gesellschaftskritischer Ebene. Kraus plädiert hier für ein klares Auseinanderhalten der öffentlichen und privaten Sphäre, der sittlichen und der sinnlichen. Wo die Unvereinbarkeit offizieller moralischer Urteilskriterien mit den bizarren Erscheinungsformen individueller erotischer Präferenzen nicht begriffen und beachtet wird wie in den Sittlichkeitsprozessen und Strafzumessungen, sieht er Verbrechen an der Menschlichkeit entstehen. Der zündende Funke für sein polemisch-satirisches Eingreifen für die Rechte des Individuums auf erotische Selbstbestimmung war die auf Sexualneugier und Skandalsucht basierende Verunglimpfung seiner Geliebten durch die Presse. Der Kampf für die von Moraljustiz und Triebverdrängungs-Rache verfolgte Frau, gleichgültig ob der Prinzessin oder der Prostituierten, nimmt denn auch einen besonderen Platz in seiner Verteidigung des Sexus ein. Im Einklang mit seiner Definition und Anerkennung der Frau als Geschlechtswesen jenseits von gut und böse billigt er ihr ein hemmungsloses Ausleben ihrer Sexualität zu. Er nimmt diejenigen in Schutz, die von der doppelten Moral der Bürger am meisten geschädigt werden, die käuflichen Frauen; als das notwendige, aber verachtete und drangsalierte Korrelat zu den anständigen Frauen entlarvt sich an ihnen die moralische Korruptheit des bürgerlichen Tugend- und Ehesystems auf deutlichste Weise. In der aggressiv zur Schau gestellten Allianz mit der Hure macht Kraus Ernst mit der schöngeistigen Schwärmerei um das Sexualidol der großen Hure, das durch die Köpfe und Schriften mancher Fin de siècle-Literaten geisterte. Im Zuge der Unabhängigkeitserklärung des Reiches der Sinne bezieht Kraus auch die Perversionen ein, zu denen u. a. die Homosexualität gerechnet und als Verbrechen eingestuft wurde; im Dienste der Aufklärung arbeitet Kraus parallel zu Freud. Ansonsten ist seine Stellungnahme zur männlichen Sexualität durch eine differenzierte Distanz charakterisiert, die sich auf seiner privaten, der affektiven Ebene zu haßerfüllter Abwehr steigert. Respektabel ist nur das Kulturidol Mann, der Künstler bzw. das Genie.

Es gehört zu den paradoxen Resultaten der Krausschen Denkweise, daß gerade seine *idée fixe* von der menschlichen Sexualität als einer geschichtslosen, konstanten Größe, als »Natur«, ihn zu einer präzisen und grundsätzlichen Kritik an den Ursachen gesellschaftlichen Fehlverhaltens führte. Der repressiven Sexualmoral der Vorkriegsepoche historisch verhaftet, sind die Anschauungen von *Sittlichkeit und Kriminalität* deshalb keineswegs zeitgebunden. Kraus' radikaler und zugleich höchst differenziert abwägender Querschnitt durch die Grenzbereiche der Rechte, Pflichten und Freiheiten, die das Verhältnis des einzelnen zum Staat regeln, und seine rückhaltlose Verteidigung humaner Werte sind von unverminderter Qualität und Triftigkeit.

Weit tiefer in den Kontext der Zeit stellt ihn die Formel von »Geist und Geschlecht« selbst. Kraus, der sonst weitgehend frei von Abhängigkeit an gängige Ideologien war, zeigt sich in seiner Sexualtheorie und in seinem Bild von der Frau den Obsessionen, die die modernen Bewegungen herauskristallisierten, eng verbunden. Auch der Jugendstil bzw. der Wiener Sezessionismus war des kostümierten Heroinen-Ideals des Historismus überdrüssig geworden und hatte das Weib als Naturwesen, als mythisch angehauchtes Elementargeschöpf entdeckt und vergöttert. Noch unbeschädigt von den Einflüssen der Zivilisation, symbolisiert es das Leben in den verschiedensten Gestalten, als beseelt-verfeinerte oder als seelenlos-dämonische Inkarnation von Natur. Der Biologismus der Epoche und die romantischen Regressionstendenzen überlagern sich und gebären das physiologische Wunder des Urweibes – wobei die soziokulturelle Ursache dieser Wunschfigur, die Entfremdung der Geschlechter, nicht reflektiert wird, sondern ein verstärkendes Moment der artistischen Überhöhung bildet. Während aber formale und dekorative Aspekte in den Gestaltungsmitteln der sezessionistischen und impressionistischen Moderne die Oberhand gewinnen, bleibt Kraus beim Grund-Entwurf, besteht er auf der Verbindlichkeit des Inhaltlichen. Der Erotisierung des Weibes durch das Ornament begegnet er durch die betonte Sexualisierung des Weibes, aus Protest gegen das Schwelgen in Oberflächendimensionen taucht er in die Tiefen des Archetypischen. Indem Kraus ein typologisierendes Denken vorzieht, assoziiert er sich einer anderen Strömung innerhalb der Moderne, die in Wedekind den dichterisch-theatralischen Gestalter gefunden hat und in Weininger den philosophisch-theoretischen. Wie Privatmythologie anmutend, reproduziert sein Schema von »Geist und Geschlecht« genau jene ideologisch durchtränkten Terminologien, wie sie von den naturwissenschaftlichen Gesetzgebern geprägt und von der Populärwissenschaft, der Literatur und der Philosophie übernommen worden waren. Als eine Rechtfertigung aller möglichen Suprematie-Ideologien – bis hin zu der Rassenideologie – hat das typologische Denken, ähnlich wie ein forciertes Denken in Geschlechter-Kategorien, in der Folge eine üble Rolle gespielt.

Für Kraus hatte diese Denkweise den Vorteil, Ordnung zu schaffen in der seit den neunziger Jahren um sich greifenden Verunsicherung über die Beziehung von Frau und Mann. Um die diffusen Probleme von Erotik und Sexualität psychisch zu bewältigen, bringt er sie in ein System. Daß diese Haltung ihn den Antifeministen zugesellt, die die zaghaften sozialen, rechtlichen und politischen Emanzipationsbestrebungen der Frauen zu verhindern und zu verhöhnen suchten, ergibt sich aus seiner Reduktion der Frau auf ihre sinnlichen und ästhetischen Eigenschaften. Gleichberechtigung würde für Kraus öde Gleichmacherei bedeuten, einen negativen Fortschritt in die Richtung jener Demokratisierung und Vermassung der Welt, die auch die anderen Intellektuellen und Künstler der Moderne fürchteten. Am Beispiel der beginnenden Einebnung der Geschlechtergegensätze diagnostiziert er einen Raubbau an den Entwicklungsmöglichkeiten der Kultur, die sich erst in der extremen Geistigkeit des Mannes (des großen Individuums) und der extremen Geschlechtlichkeit der Frau (der großen Hure) verwirklichen könne. Individualismus, Evolutionstheorie, Kulturangst und Geschlechterfragen gehen auch bei Kraus eine höchst zeittypische Mischung ein.

Dennoch fällt er den negativen Implikationen seiner Ordnungsformel nicht anheim, dennoch entzieht er sich der ausweglos androzentrischen Konsequenz und schreckerregenden Sexualmythologie vom Schlage Weiningers. Er löst die zu »Geist« und »Geschlecht« emporstilisierten Begriffe des Männlichen und Weiblichen aus der Fixierung auf statische Gegenpositionen. Statt eines antagonistischen Verhältnisses errichtet er ein komplementäres. Die Hypothese der Andersartigkeit findet einen gerechten Ausgleich in der Hypothese der Gleichwertigkeit. »Geist« und »Geschlecht« bedürfen einander, um der Gefahr von Sterilität zu entgehen. Erst in der Begegnung gelangen sie zu ihrer Bestimmung, der Geist zum Werk und das Geschlecht zur Lust, und in der potentiellen Unerschöpflichkeit der Natur hat die potentielle Unerschöpflichkeit der (Sprach-)Kunst ein Äquivalent. Die Beziehung der Ebenbürtigkeit zwischen den Geschlechtern zuzulassen, ist das Verdienst von Kraus und hebt ihn über die Reihe derjenigen hinaus, bei denen die Geschlechtsangst sich in Haß auf das Weibliche schlechthin verwandelt und in frauenfeindlichen Philosophien und Strategien zum Ausdruck kommt.

Sinn und Nutzen der Gleichwertigkeits-Theorie offenbarten sich jedoch nicht auf realer, sondern auf sprachlicher Ebene, nicht auf der öffentlichen und aggressiven Seite seines Werkes, sondern auf der Binnenseite produktionsästhetischer Überlegungen. Die verwahrloste Sprach-Dirne Umgangssprache reinigt er durch Kritik an den Sprachfehlern und -schlampereien seiner Zeitgenossen, der »femme fatale« Sprache unterwirft er sich als Diener am Wort und schließlich verehrt er sie als Mutter, als Inbegriff von Geborgenheit, Schutz und Glück. Im Medium der Sprache genießt er auch die Freiheit von den geschlechtsspezifischen Determinationen, »realisiert« er die doppelgeschlechtliche Anlage des Menschen, die psychische Bisexualität: auf dem Sprach-Theater darf der geschlechtliche Rollenwechsel stattfinden, der in der Wirklichkeit tabuisiert ist. Auf der parallelen Ebene der Kunst zeigt Kraus, wie unsinnig und unfruchtbar jegliche Herrschafts–Knechtschaftsverhältnisse sind.

Der Widerspruch, Topos seines Lebens und treibende Kraft seines Denkens, verliert seine Schmerzlichkeit erst in der Einsamkeit des Schaffensprozesses. Durch die Verwandlung der realen Gegebenheiten in imaginäre findet eine Versöhnung statt, in der Phantasie erfüllt sich die Utopie einer ursprünglich lustvollen Einheit. Was für die haßerregenden Personen gilt, gilt auch für die liebeserregenden: der Vollkommenheitsfanatiker Kraus muß sie von den Schlacken der Realität reinigen. Um sie liebend genießen zu können, muß er sie »Geist« werden lassen, muß er sie in den »Dialog« mit der Sprache aufheben. So dient die Sprache nicht bloß der Bewältigung von Liebesproblemen, sondern es tritt der Eros der Sprache an die Stelle des realen Liebesobjektes selbst. Nur schreibend-liebend ist Kraus glücklich. »Geist und Geschlecht« sind Denkfiguren der Leidenschaft – eines leidenschaftlichen Denkens in Sprache.

Anmerkungen

Einleitung
I. Eros und Doxa

1 Stefan Zweig, *Die Welt von gestern* (Wien, 1948).
2 Karl Kraus, *Die Fackel*, Nr. 300, 1910, S. 26. Zitiert wird grundsätzlich nach dem Reprint von 1977 in 12 Bänden mit dem Personenregister von Franz Ögg (Frankfurt/Main: Zweitausendeins, 1977); abgekürzt F. Bei allen Zitaten, die Kraus, z. T. verändert, in Buchform übernommen hat, wird auf die von Heinrich Fischer herausgegebene Werk-Ausgabe zurückgegriffen.
3 F. 264-265, 1908, S. 30. In dem Kommentar, den Sidonie von Nádherný zu dem Krausschen Gedicht *Vor einem Springbrunnen,* abgedruckt in F. 406-412, 1915, S. 137 f., gibt, erscheint dieselbe Formulierung. Deutlich bedient sie sich hier der Terminologie von Kraus; s. Karl Kraus, *Briefe an Sidonie Nádherný von Borutin, 1913-1936,* hg. von Heinrich Fischer und Michael Lazarus (München, 1974), S. 166. Die beiden Bände dieser Ausgabe werden abgekürzt zitiert als SN I und SN II.
4 Auf die komplizierten und hypothesenreichen Zusammenhänge von Sexualität und Ökonomie kann hier nicht weiter eingegangen werden. Siehe dazu: E. Shorter, *La naissance de la famille moderne*, Paris 1977 und J. Donzelot, *Die Ordnung der Familie*, Frankfurt/Main 1981.
5 Kraus war vertraut mit dem Vorwurf (oder bloß der Ansicht), er sei in »Widersprüche« verwickelt. »An die Sucher von Widersprüchen« heißt eine der »Inschriften« in der *Fackel* Nr. 588-594 vom März 1922, in der er darauf reagiert: »Mein Wort berührt die Welt der Erscheinungen, / die darunter oft leider zerfällt. / Immer doch meint ihr, es gehe um Meinungen, / aber der Widerspruch ist in der Welt.« (S. 87) Natürlich gilt es, daß die »Welt« aus »Widersprüchen« besteht, und natürlich sind dies die Voraussetzungen, die einen Satiriker inspirieren. Dennoch ist es zu wenig, seinem Fingerzeig nach außen – die Psychoana-

lyse würde eine »Projektion« vermuten – gläubig zu folgen; ein Gestus der Abwehr durch Ablenkung ist nicht abzustreiten. Und wenn der »Widerspruch« bei Kraus nur eine Arbeitshypothese wäre: er führt direkt und auf ergiebige Weise in sein Leben, Denken und Fühlen (s. auch Anmerkung 26).

6 Siehe Jens Malte Fischer, *Liberalismus und Konservatismus in Österreich*, in *Karl Kraus. Studien zum › Theater der Dichtung‹ und Kulturkonservatismus* (Kronberg/Taunus, 1973).

7 *Die demolirte Literatur* (1897/1899) und *Eine Krone für Zion* (1898/1899), in Karl Kraus, *Frühe Schriften 1892-1900*, hg. von Johannes J. Braakenburg (München, 1979), Bd. II, S. 277 f. Die beiden Bände dieser Ausgabe werden abgekürzt zitiert als *Frühe Schriften*.

8 Kraus, *Frühe Schriften*, Bd. I, S. 16.

9 F. 5, 1899, S. 6.

10 Kraus, *Frühe Schriften*, Bd. II, S. 101.

11 Kraus, *Eine Krone für Zion*, in *Frühe Schriften*, Bd. II, S. 298-314.

12 Kraus, *Eine Krone für Zion*, in *Frühe Schriften*, Bd. II, S. 312: »Die Söhne haben sich mit ihren arischen Sportgenossen zu innerer Leere und zu einer Aristokratie der Fingernägel gefunden ... Sie repräsentieren den vollendeten Typus des Feudaljuden, den von der verpokerten bürgerlichen Gesellschaft und dem Plebejer im Kaftan unendliche Standesunterschiede trennen.«

13 Kraus, *Frühe Schriften*, Bd. II, S. 313 und S. 314.

14 F. 2, 1899, S. 16.

15 F. 49, 1900, S. 15.

16 S. Alfred Pfabigan, *Karl Kraus und der Sozialismus. Eine politische Biographie* (Wien, 1976).

17 F. 185, 1905, S. 1.

18 F. 190, 1905, S. 15.

19 Bassenawohnungen hießen die typischen Ein/Zweizimmer-Wohnungen der sozialen Unterschicht in Wien. In dem anonym erschienenen Roman *Josefine Mutzenbacher. Die Lebensgeschichte einer wienerischen Dirne, von ihr selbst erzählt* (1905) werden die Lebensverhältnisse in solchen Wohnungen beschrieben. Das allgemeine Wohnungselend im Wien der Jahrhundertwende hatte zum Anwachsen der Kriminalität und der Prostitution erheblich beigetragen.

20 Als Arbeiter verkleidet, suchte Viktor Adler 1888 die Ziegel-

werke auf dem Wienerberg auf und beschrieb das dort herrschende System der »Blechwirtschaft«. Man bezahlte den Arbeitslohn nicht in Geld, sondern mit »Blech«, das nur in den Kantinen der Fabrik angenommen wurde, wo die Nahrungsmittel schlechter und teurer waren als im nächstgelegenen Ort; s. Ernst Joseph Görlich und Felix Romanik, *Geschichte Österreichs*, S. 440-441.
21 Roland Nitsche, *Der häßliche Bürger* (Gütersloh, 1969), S. 203.
22 Hermann Broch, *Hofmannsthal und seine Zeit. Eine Studie* in *Dichten und Erkennen. Essays*, hg. von Hannah Arendt (Zürich, 1955), Bd. I, S. 43 f. Alle folgenden Broch-Zitate sind diesem Band entnommen.
23 Broch, S. 83.
24 Broch, S. 76.
25 Arthur Schnitzler, *Paracelsus,* in *Die Dramatischen Werke*, I (Frankfurt/Main, 1972), S. 498. Alle Zitate aus Bd. I der *Gesammelten Werke* sind dieser Ausgabe entnommen.
26 Robert Musil, *Der Mann ohne Eigenschaften* (Hamburg, 1952), S. 55. Soweit nicht anders angegeben, sind alle Musil-Zitate dieser Ausgabe entnommen. Welche »Widersprüche« zu Lasten des Zeitgeists gingen, belegt die Fortsetzung des Zitates: »Es wurde der Übermensch geliebt, und es wurde der Untermensch geliebt; es wurden die Gesundheit und die Sonne angebetet, und es wurde die Zärtlichkeit brustkranker Mädchen angebetet; man begeisterte sich für das Heldenglaubensbekenntnis und für das soziale Allemannsglaubensbekenntnis; man war gläubig und skeptisch, naturalistisch und preziös, robust und morbid; man träumte von alten Schloßalleen, herbstlichen Gärten, gläsernen Weihern, Edelsteinen, Haschisch, Krankheit, Dämonien, aber auch von Prärien, gewaltigen Horizonten, von Schmiede- und Walzwerken, nackten Kämpfern, Aufständen der Arbeitssklaven, menschlichen Urpaaren und Zertrümmerung der Gesellschaft. Dies waren freilich Widersprüche ... aber in Wirklichkeit war alles zu einem schimmernden Sinn verschmolzen.«
27 Max Halbe schilderte diese Aufbruchbewegungen, vor allem in München und Berlin, sehr anschaulich in seiner Autobiographie. Von dem »Friedrichshagener Dichterkreis« schreibt er: »Im Vordergrund aller Erörterungen stand immer die neue

Sittlichkeit, die Umgestaltung des Verhältnisses der Geschlechter zueinander, freie Liebe und Gewissensehe.« Max Halbe, *Jahrhundertwende, Erinnerungen an eine Epoche* (München, 1976), S. 44.
28 Emile Zola, *Nana*, übers. von Gerhart Krüger nach der von Maurice le Blond besorgten Gesamtausgabe (Gütersloh, 1976).
29 Henrik Ibsen, *Nora oder ein Puppenheim*, in *Schauspiele*, übers. von Hans Egon Gerlach, eingel. von Joachim Kaiser (Hamburg, 1968), S. 243 f. Alle Ibsen-Zitate sind diesem Band entnommen.
30 August Strindberg, *Fräulein Julie*, in *Dramen* (München, 1964), I, S. 65 f. Alle Strindberg-Zitate sind diesem Band entnommen.
31 Richard Hamann und Jost Hermand, *Naturalismus* (München, 1972), S. 67.
32 Erich Ruprecht, Hg., Zur Einführung, in *Literarische Manifeste des deutschen Naturalismus 1880-1892* (Stuttgart, 1962), S. 55.
33 Hermann Bahr, *Zur Überwindung des Naturalismus. Theoretische Schriften 1887-1904*, hg. von Gotthart Wunberg (Stuttgart, 1968). In der Folge zitiert als Bahr, *Zur Überwindung des Naturalismus*.
34 Kraus, *Frühe Schriften*, Bd. I, S. 43.
35 Kraus, *Frühe Schriften*, Bd. II, S. 156.
36 Lobend oder schonend geht Kraus auf heute unbekannte Schriftstellerinnen ein. S. Kraus, *Frühe Schriften*, Bd. I, S. 87, S. 175, S. 217; Bd. II, S. 52, S. 57, S. 58.
37 Max Halbe, *Jahrhundertwende*, S. 65-86.
38 Kraus veranstaltete vor geladenem Publikum am 21. Oktober 1892 eine Vorlesung: »Im Reich der Kothpoeten«, mit der er die von dem Theaterkritiker Ludwig Speidel als »Kothpoeten« verunglimpften modernen Realisten rehabilitieren wollte; s. Paul Schick, *Karl Kraus* (Hamburg, 1965), S. 29. Alle Zitate von Paul Schick sind diesem Buch entnommen.
39 Kraus, *Frühe Schriften*, Bd. I, S. 244.
40 Kraus, *Frühe Schriften*, Bd. I, S. 12 f., S. 164 f., S. 37 f., S. 68 f., S. 89 f., S. 147 f., S. 169 f., S. 171 f.
41 Schnitzlers Tagebücher bieten einen Überblick über die Vielzahl von Personen, aus denen die Moderne bestand. Der feste Kern, die Clique, das waren Schnitzler, Richard Beer-Hof-

mann, Felix Salten, Leopold von Andrian und Hugo von Hofmannsthal. Kraus und Altenberg kamen etwas später in diesen Kreis um Hermann Bahr, der sich 1891 im Café Griensteidl etablierte. Es werden von Schnitzler und Bahr die Namen »Jung-Wien« oder auch »Das junge Österreich« benutzt. Wichtig sind noch die Lyriker und Übersetzer Felix Dörmann (Pseudonym für Felix Biedermann) und Richard von Schaukal; dann Ferry Bératon, Leo Ebermann, Leo Hirschfeld, Richard Specht, Gustav Schwarzkopf, Victor Leon, Leo Vanjung u. a. S. Reinhard Urbach, *Einführung,* in *Schnitzler-Kommentar* (München, 1974), S. 10-55.

42 Carl E. Schorske, *Schnitzler und Hofmannsthal. Politik und Psyche im Wien des Fin de siècle,* Wort und Wahrheit, Mai 1962, S. 369.

43 Hermann Bahr, *Das unrettbare Ich,* in *Inventur* (Berlin: Fischer, 1912), S. 36 f. Über den Einfluß von Ernst Mach auf die Jung-Wiener, auch auf Hofmannsthal, s. Kap. I, »Depersonalisation und Bewußtsein« und Kap. VI, »Rationale Epiphanie: Der Brief des Lord Chandos«, in Gotthart Wunberg, *Der frühe Hofmannsthal* (Stuttgart, 1965).

44 Vgl. Helmut Kreuzer, *Die Boheme* (Stuttgart, 1968) ist eine unentbehrliche Studie, die zwischen den verschiedenen Schattierungen dieser Boheme unterscheidet und sie an den literarischen Erzeugnissen nachweist. Obwohl die Einstellung zur Erotik von der Zugehörigkeit zum jeweiligen Boheme-Typus abhängt, kann hier auf die Boheme nicht näher eingegangen werden.

45 Hugo von Hofmannsthal, *Briefe 1890-1901* (Berlin, 1935), S. 160. Alle Zitate aus Hofmannsthal-Briefen sind diesem Band entnommen.

46 Arthur Schnitzler, *Jugend in Wien* (Wien, 1968).

47 August Bebel, *Die Frau und der Sozialismus,* 50. Aufl. (1879; Reprint Berlin, 1946), S. 550. Bebel bezieht diese Analyse speziell auf Deutschland. Alle folgenden Bebel-Zitate sind diesem Band entnommen.

48 Zit. nach Wolfdietrich Rasch, *Fin de Siècle als Ende und Neubeginn,* in *Fin de siècle. Zu Literatur und Kunst der Jahrhundertwende,* hg. von Roger Bauer et al. (Frankfurt/Main, 1977), S. 40.

49 Das berühmteste Gedicht, das das Lebensgefühl des »Erben« zum Thema hat, ist Hofmannsthals zuerst in der *Wiener Rund-*

schau am 15. 11. 1896 (noch ohne Titel) abgedrucktes Gedicht *Lebenslied*; s. Hugo von Hofmannsthal, *Gedichte und lyrische Dramen*, in *Gesammelte Werke in Einzelausgaben*, hg. von Herbert Steiner (Stockholm, 1946), S. 14-15.

50 Hofmannsthal, *Gedichte und lyrische Dramen*, S. 156-157. Als Epigonen, freilich in einem aktiven Sinn, bezeichnet Kraus sich auch; s. die Gedichte *Bekenntnis*, F. 443-444, 1916, S. 28 und *Jugend*, F. 462-471, 1917, S. 184. Jens Malte Fischer, *Karl Kraus*, S. 171 f. gibt eine detaillierte Analyse des Epigonenbegriffs bei Kraus.

51 Felix Dörmann, *Neurotica* (Dresden, 1891), S. 116.

52 Broch, S. 116.

53 Leopold von Andrian, *Der Garten der Erkenntnis* (Frankfurt/Main, 1970). Alle folgenden Andrian-Zitate sind diesem Band entnommen.

54 Richard von Schaukal, *Intérieurs aus dem Leben der Zwanzigjährigen*, in *Um die Jahrhundertwende*, hg. von Lotte von Schaukal und Joachim Schondorff (München, 1965), S. 31 f.

55 Schnitzler, *Jugend in Wien*, S. 129-130: »13. 2. 80. Ich stand wie gewöhnlich ziemlich spät auf und konnte vor neun, um welche Zeit meine anatomische Vorlesung begann, nichts Rechtes mehr anfangen. Nachdem ich Langers Vortrag über den Kehlkopf ziemlich aufmerksam angehört, verfügte ich mich ins chemische Laboratorium, wo ich mehr mit Richard Kohn plauderte als arbeitete. Dann nach Hause, wo ich mich eine Viertelstunde mit Zoologie beschäftigte, hierauf am Aegidius weiterschrieb, schließlich meinen Bruder auf dem Klavier zu einer Mozart'schen Sonate begleitete. Nach Tisch spielt' ich mit meiner Mama die Wagner'sche Faustouvertüre, dann ging ich mit Eugen ins Café Central, wo wir drei Partien Schach spielten (die erste gewann ich, die zweite er, die dritte remis). Als Dillmann dazukam, mußt' ich schon weg und begab mich in die Maria-Theresienstraße, auf den gewohnten Ort des Stelldicheins. Sie kam, wir begaben uns in den Quaipark, der Frühling kündigte sich durch gar erfreuliches Gequatsche an, und wir beide waren sehr gut aufgelegt. Sie hing sich in meinen Arm, und es ward immer dunkler, während wir das heitere Gespräch recht oft durch zärtliche Küsse auf süße Weise unterbrachen. Dann sprach ich, nachdem ich Kohn getroffen, Jac-

ques, auch noch Eugen. – Nach Hause gekommen, las ich Max Waldau ›Nach der Natur‹, phantasierte auf dem Piano und spielte mit meinem Bruder, den ich vergebens zu magnetisieren versuchte, Halb-Zwölf und Schach.«

56 Schnitzler, der als Arzt ausgebildet und tätig war, betont den engen Zusammenhang zwischen dem Neurastheniker und dem Künstler in einer Tagebuch-Eintragung vom 10. 2. 1892: »Loris las mir Nachmittags eine psychologische Studie vor, die ein Kind von acht Jahren behandeln soll, aber nur ihn darstellt, wie er mit acht Jahren durchmacht, was sonst Jünglinge von sechzehn, die bedeutende Künstler oder Neurastheniker werden wollen.« (sic). *Hofmannsthal-Forschungen III. Arthur Schnitzler: Hugo von Hofmannsthal, ›Charakteristik aus den Tagebüchern‹*, hg. von Norbert Altenhofer und Wolfram Mauser (Freiburg/Breisgau: Als MS vervielfältigt, 1975), S. 16.

57 Robert Scheu, *Karl Kraus. Zum zehnten Jahrestag des Erscheinens der »Fackel« (1899-1909)*, Die Fackel, Nr. 277-278 (1909), S. 13-14.

58 Hugo von Hofmannsthal, *Gabriele D'Annunzio (I)*, in Prosa I in *Gesammelte Werke in Einzelausgaben*, (Frankfurt/Main, 1950), S. 172.

59 Hofmannsthal, *Briefe 1890-1901*, S. 113.

60 Felix Dörmann, *Böse Träume*, in *Tuberosen. Ausgewählte Gedichte* (Wien: Wiener literarische Anstalt, 1920), S. 83. Dörmanns Gedicht zeigt die Krankheitssymptome des modernen neurasthenischen Künstlers sozusagen in Reinkultur. In ein Konglomerat der Angst verdichtet, erscheint das Leben personalisiert als diejenige Frau, der man hilflos unterliegt, weil sie stärker und fremd ist, als vulgäre Bürgerliche, unästhetische Mutter und als höhnisch-siegessichere Hure. Lebensfremdheit und Misogynie hängen miteinander zusammen:

Ich fuhr empor – an meines Lagers Rand
Hoch aufgerichtet, starr – das Leben stand.

Es war ein breites, fahles Bürgerweib,
Mit widerlich gedunsnem Mutterleib.

Die Hände in den Hüften eingestemmt,
Sah sie mich an: neugierig, frech und fremd.

Ein dumpfer Haß aus ihrem Auge rann,
Als heisren Tons zu reden sie begann:

Geduld, mein Söhnchen, ein paar Jahre noch,
Dann schleppst auch du vergnügt an meinem Joch,

Heut blähst du dich und findest mich gemein –
Und morgen – wirst du mein Geliebter sein.

61 Hofmannsthal, *Briefe 1890-1901*, S. 22.
62 Karl Kraus, *Die demolirte Literatur (1897-1899)*, in *Frühe Schriften*, Bd. II, S. 279.
63 Arthur Schnitzler, Tagebucheintragung vom 23. 10. 1892, in *Hofmannsthal-Forschungen III. Arthur Schnitzler: Hugo von Hofmannsthal, ›Charakteristik aus den Tagebüchern‹*, hg. von Norbert Altenhofer und Wolfram Mauser (Freiburg/Breisgau: Als MS vervielfältigt, 1975), S. 17.
64 S. Hugo von Hofmannsthal, *Aufzeichnungen*, in *Gesammelte Werke in Einzelausgaben* (Frankfurt/Main, 1959), S. 118.
65 Andrian, S. 14.
66 Andrian, S. 16.
67 Andrian, S. 23.
68 Andrian, S. 24.
69 Hans E. Goldschmidt, *Quer Sacrum. Wiener Parodien und Karikaturen der Jahrhundertwende* (Wien, 1976), S. 44.
70 Felix Salten, *Aus den Anfängen*, in *Jugend in Wien. Literatur um 1900* (München, 1974), S. 94. In der Folge zitiert als *Jugend in Wien. Literatur um 1900*.
71 Bahr, *Studien zur Kritik der Moderne*, S. 145.
72 Erwin Koppen, *Dekadenter Wagnerismus. Studien zur europäischen Literatur des Fin de siècle* (Berlin, 1973), S. 212.
73 Brief Hermann Bahrs an den Vater vom 14. 8. 1892. S. *Jugend in Wien. Literatur um 1900*, S. 101.
74 Bahr, *Studien zur Kritik der Moderne*, in *Zur Überwindung des Naturalismus*, S. 144.
75 Bahr, *Studien zur Kritik der Moderne*, S. 145.
76 Bahr, *Studien zur Kritik der Moderne*, S. 144. Wie sich der französische Einfluß im einzelnen auswirkte, kann hier nicht ausgeführt werden. Mit Bezug auf das Thema sei darauf hingewiesen, daß z. B. Hofmannsthal in der zarten, melancholi-

schen Bérénice aus Maurice Barrès' *Le Jardin de Bérénice* (Teil III der Romantrilogie *Le Culte du moi*, die Hofmannsthal 1891 für die *Moderne Rundschau* rezensierte) eine Präfiguration der Frauen seiner lyrischen Dramen fand. Um Maeterlinck bemühen sich die Wiener durch Übersetzungen und Theateraufführungen. In der *Wiener Rundschau*, dem Blatt der Wiener Moderne, erschien am 1. April 1897 ein Essay von Maeterlinck mit dem Titel *Über die Frauen*. Hier ist die Idee einer mystischen Gleichwertigkeit aller einzelnen Dinge des Lebens und des Liebens ausgesprochen. Maeterlincks Bilder von den Frauen als den »verschleierten Schwestern aller großen unsichtbaren Dinge« (S. 381), von den Frauen als den Verkörperungen des Mysteriums Seele, die dem Mann durch ihre größere Nähe zu den »Quellen« (S. 381) des Seins überlegen sind, kehren bei den Wienern, vor allem bei Altenberg, in verschiedenen Variationen wieder. Begeistert paraphrasiert Altenberg einmal diese Maeterlinck-Frauen und beschreibt damit seine eigenen Ideale: »Woher, woher nimmt der begnadete Dichter Maeterlinck diese dem Irdischen so süß entrückten Gestalten, diese allerzartesten Frauengebilde, die wie mit Libellenflügeln über dem Leben schwirren und gleichsam edeleren Gesetzen gehorchen und aus einer Welt zu kommen scheinen, wo die primitiven Sexualkräfte bereits in seelisches Empfinden völlig umgesetzt und verbraucht wurden!?!« (Peter Altenberg, *Die Quelle*, in *Pròdromos* [Berlin: Fischer, 1906], S. 136.)
77 Bahr, *Studien zur Kritik der Moderne*, S. 157.
78 Bahr, *Die Überwindung des Naturalismus*, in *Zur Überwindung des Naturalismus*, S. 87.
79 Bahr, *Die Überwindung des Naturalismus*, S. 88.
80 Bahr, *Die Überwindung des Naturalismus*, S. 89.
81 Eine Gruppe von neunzehn Malern, Architekten und Bildhauern trat am 25. Mai 1897 aus der Wiener Künstlergenossenschaft aus und gründete die Vereinigung bildender Künstler Österreichs. Zu den Gründungsmitgliedern gehörten, außer dem 85jährigen Rudolf von Alt, der den Ehrenvorsitz übernahm, die Maler Carl Moll, Josef Engelhart und Wilhelm Bernatzik, die Architekten Josef Hoffmann und Joseph Maria Olbrich. Letzterer, ein Schüler Otto Wagners, entwarf das Gebäude, in das die Gruppe, die alsbald *Sezession* getauft

wurde, einzog und das am 12. November 1898 eröffnet wurde.

82 Wahrscheinlich ist der Titel *Ver Sacrum* dem gleichnamigen Uhlandschen Gedicht entlehnt, in dem sich kriegerische, naturhafte, erotische und prophetische Motive verschlingen. Die Symbiose mit der Literatur ist auf diese Weise schon angekündigt; s. Ludwig Uhland, *Ver Sacrum*, in *Gedichte*, Bd. I der vollst. krit. Ausgabe, hg. von Erich Schmidt und Julius Hartmann (Stuttgart, 1898). Dichterische Beiträge, die gleichbedeutend sind mit einer semantischen Unterstützung des graphisch-malerischen Teils, stammen von Eichendorff, Keller, Meyer und von Saar; die neue Sensibilität schlägt sich nieder in Gedichten und Novellen von Schaukal, Rilke, Hofmannsthal, Altenberg, Dörmann; von Liliencron und Dehmel, Scheerbart, Gustav Falke und Bierbaum; von Maeterlinck und Hamsun. Kritisch-essayistische Artikel schreiben vor allem der Wiener Journalist und Sezessionschronist Ludwig Hevesi; außerdem Franz Servaes, der Kunstkritiker der *Neuen Freien Presse*, der Bühnenbildner Alfred Roller, der Architekt Adolf Loos, der Lyriker und Novellist Hugo Salus, Ricarda Huch und die Journalistin Bertha Zuckerkandl.

83 Hermann Bahr, *An die Secession, Ver Sacrum*, Mai-Juni 1898, S. 5.

84 Hofmannsthal lernt diese Empfindungsweise und ihre literarische Umsetzung durch den Verfechter des psychologischen Realismus, Paul Bourget, kennen, dessen *Physiologie de l'amour moderne* er 1891 für die Berliner Zeitschrift *Die Moderne* bespricht. Hofmannsthal resumiert hier die Lehre von der psychologischen Gleichzeitigkeit heterogener Eindrücke: »Man denkt manchmal über allerlei Tiefstes, aber während es einem durch die Seele zuckt, steht man ganz ruhig vor der Affiche eines café chantant oder sieht zu, wie eine hübsche Frau dem Wagen entsteigt, große Gedanken, die eigentlichen Lebensgedanken der ›oberen Seele‹ stimmen die ›untere‹ *nicht* weihevoll, und wir können ganz gut einer abgebrochenen Gedankenreihe Nietzsches nachspüren und zugleich einen blöden crevé um sein englisches smoking beneiden.« (Hofmannsthal, *Prosa I*, S. 14.)

85 Darüber hinaus kommt es zu einer engen Zusammenarbeit der

Künstler selber. Eine Vielzahl der Gedichte des *Ver Sacrum* sind vertont worden, darunter Dehmel, Bierbaum, Falke, Eichendorff, Keller, Meyer. Die musikalische Wiener Moderne, Schönberg und seine Schüler Alban Berg und Anton von Webern, komponieren vorzugsweise die zeitgenössischen Lyriker; am häufigsten George und Rilke, aber auch Nietzsche, Dehmel, Kraus, Jacobsen, Maeterlinck und die Naturalisten Schlaf, Henckell, Mackay, Conradi. Bergs Orchesterlieder nach Texten von Peter Altenberg stellen – neben dem *Pierrot lunaire* Schönbergs (Giraud/Hartleben) – einen Höhepunkt musikalisch-dichterischer Symbiose dar. (*Fünf Orchesterlieder nach Ansichtskarten-Texten von Peter Altenberg.* op. 4.) In ihrer Subtilität und Farbgebung sind sie ein Bekenntnis zu der impressionistischen Empfindungswelt Altenbergs, trotz der scheinbaren Inkongruenz von aphoristischen kleinen Stücken und eines Riesenorchesters à la Mahler oder Strauss.

86 *Märchen des Lebens* heißt bezeichnenderweise ein Band Altenbergscher Kurzprosa, der die Erlebnisse in einer Nervenklinik skizziert; s. Peter Altenberg, *Märchen des Lebens* (Berlin: Fischer, 1908).

87 Die erwähnten Bilder sind, wenn nicht anders angegeben, folgendem Buch entnommen: Hans H. Hofstätter, *Symbolismus und die Kunst der Jahrhundertwende* (Köln, 1965). Benutzt wurde die 3. Auflage von 1975. Ihrer Aufzählung im Text entsprechend, handelt es sich um: Franz von Stuck, *Ödipus und die Sphinx* (o. J.), Abb. 67; Franz von Stuck, *Sünde* (1893), Abb. 73; Ferdinand Khnopff, *Die Kunst (Die Zärtlichkeit; Die Sphinx)*, (1896), in *Symbolismus in Europa*, Katalog zur Ausstellung in der Staatlichen Kunsthalle Baden-Baden vom 20. März bis 9. Mai 1976, S. 91; Edvard Munch, *Vampyr* (o. J.), S. 145; Edvard Munch, *Madonna* (1895-1902), Abb. 95; Félicien Rops, Titelbild für *Les Diaboliques* (o. J.), Abb. 69; Alfred Kubin, *Die Spinne* (um 1901/1902), in *Das zeichnerische Frühwerk bis 1904*, hg. von Hans Albert Peters, Texte von Christoph Brockhaus. Katalog zur Ausstellung der Staatlichen Kunsthalle Baden-Baden vom 1. April bis 30. Mai 1977, S. 155; Puvis de Chavannes, *Die Hoffnung* (um 1871), in *Symbolismus in Europa*, S. 170; Franz von Stuck, *Innocentia* (1889), in *Symbolismus in Europa*, S. 223.

88 Kraus, *Frühe Schriften*, Bd. I, S. 68.
89 Kraus, *Frühe Schriften*, Bd. I, S. 69.
90 Kraus, *Die demolirte Literatur*, in *Frühe Schriften*, Bd. II, S. 287.
91 Kraus, *Die demolirte Literatur*, S. 295.
92 Kraus, *Die demolirte Literatur*, S. 278. Kraus zitiert hier Ausdrücke, die Hermann Bahr in der *Überwindung des Naturalismus* geprägt hatte.
93 Kraus, *Die demolirte Literatur*, S. 278.
94 Kraus, *Die demolirte Literatur*, S. 278.
95 Kraus, *Die demolirte Literatur*, S. 278.
96 Werner Hofmann, *Gustav Klimt und die Wiener Jahrhundertwende*, in *Gustav Klimt. Die goldene Pforte. Bilder und Schriften zu Leben und Werk* (Salzburg, 1978), S. 236. Dieser Bildband wird hinfort nur gekennzeichnet als *Gustav Klimt. Die goldene Pforte*.
97 Werner Hofmann, *Gustav Klimt und die Wiener Jahrhundertwende*, in *Gustav Klimt. Die goldene Pforte*, S. 236.
98 In einer Ansprache auf Klimt am 17. September 1917 charakterisiert Altenberg Gustav Klimt als literarischen Verwandten: »Gustav Klimt, als erschauender Maler bist Du zugleich ein moderner Philosoph, ein ganz moderner Dichter! Indem Du malst, verwandelst Du Dich urplötzlich, ja fast märchenhaft, in den ›modernen Menschen‹, der Du vielleicht im realen Dasein des Tages und der Stunde gar nicht bist! Deine Bauern-Gärten-Landschaften mit hunderttausend Blüthen und einer riesigen Sonnenblume sind die idealste Verbindung von Naturalismus und Romantik! Ja, die theoretisch-praktische Lösung dieser Frage! Deine düsteren Weiher, Deine Wald-Teiche, Deine Schilf-Tümpel, sind melancholische ganz moderne Dichtungen und Lieder! Deine Birkenwälder könnten überzarten Seelen zum Weinen verhelfen, so einsam-lieblich-düster sind sie! Deine kleinen Städte am Meer sind wie aus den tragisch-tiefen Romanen des Victor Hugo, gespenstisch-verlassen und zugleich naturalistisch-phantastisch! Ebenso sind die nackten Leiber aller dieser Frauen, asketisch-mager-zärtlich-zart, die Finger, die Hände, die Arme, die Beine dieser Holdesten, von der öden bösen, nur Geist und Seele belastenden Materie fast Erlösten! Phantastischer Naturalismus des modernen echtesten Schönheits-Ideales!« (Zit. nach Fritz Novotny,

Im Zusammenhang – Im Gegensatz, in *Gustav Klimt. Die goldene Pforte*, S. 190.)

99 Vgl. Werner Hofmann, *Gustav Klimt und die Wiener Jahrhundertwende*, in *Gustav Klimt. Die goldene Pforte*, S. 268.

100 Kraus hat die Ausstellungen der *Sezession* zwischen 1899 und 1903 mehrfach besucht und mit seinen Kommentaren begleitet. Er kannte die II. Ausstellung, die Klimts impressionistischen *Schubert* enthielt, Arbeiten von Klinger und von dem Pointillisten van Rysselberghe; er kannte die VII. Ausstellung mit der noch unfertigen, vom Unterrichtsministerium für die Aula der Universität bestellten *Philosophie* von Klimt sowie einige seiner Landschaften, dazu Gemälde des Symbolisten Jan Toorop. In der VIII. Ausstellung sah er Werke von Hodler und den schottischen Jugendstilmalern, in der X. Ausstellung die Klimtsche *Medizin* und die allegorische Mädchenfigur *Nuda Veritas*. Höchstwahrscheinlich hat er auch die XIV. Ausstellung mit Klingers Beethoven-Statue und Klimts *Beethovenfries* gesehen, sicher aber die XVIII. Ausstellung, in der das dritte Fakultätsbild von Klimt, die *Jurisprudenz* gezeigt wurde. Von der Kunstschau im Jahre 1908 berichtete sein Mitarbeiter Otto Stoessl (F. 259, 1908, S. 24 f.); er selber ist, wie aus einem Brief Alban Bergs an seine Frau hervorgeht, ebenfalls dort gewesen. (»1. Juli 1908. Nachmittags ging ich dann in die Kunstschau ... und da kamen sie alle aufmarschiert: die von der Altenberg-Seite – dann die Klimt-Gruppe – – dann einsam Karl Kraus – – – wir gesellten uns zueinander, zwei Einsame.« S. Alban Berg, *Briefe an seine Frau* [München, 1965], S. 26.)

101 Karl Kraus, »An Arthur Schnitzler«, Brief vom 19. 3. 1893. In Reinhard Urbach, *Karl Kraus und Arthur Schnitzler. Eine Dokumentation*, *Literatur und Kritik*, Okt. 1970, S. 517.

102 F. 59; Mitte November 1900, S. 20. Kommentare zum *Sezessions*-Geschehen und Klimt s. a. F. 36, Ende März 1900, S. 16 f.; F. 41, Mitte Mai 1900, S. 18 f.; F. 73, Anfang April 1901, S. 1 f.; F. 90 vom 4. Jänner 1902, S. 25-26; F. 106, Anfang Juni 1902, S. 17 f.; F. 139 vom 30. Mai 1903, S. 18-19; F. 147 vom 21. November 1903, S. 10 f.

103 F. 73, Anfang April 1901, S. 9.

104 *Gegen Klimt*, Vorw. von Hermann Bahr (Wien: Eisenstein & Co., 1903). Bahr, bzw. Max Burckhard, hatte in diesem Buch

zeitgenössische Presse-Reaktionen auf die *Philosophie*, die *Medizin*, *Goldfische* und den *Beethovenfries* zusammengestellt und sie durch Auszüge und Randglossen bloßzustellen versucht. Zitate aus diesem Werk werden gekennzeichnet als *Gegen Klimt*.

105 F. 36, Ende März 1900, S. 16.
106 Text der Interpellation vom 20. März 1901 in *Zu Leben und Werk*, in *Gustav Klimt. Die goldene Pforte*, S. 12-13.
107 F. 73, Anfang April 1901, S. 5-8. Zum widersprüchlichen Verhältnis von Politik und Kunst, d. h. vom liberalen Regierungsprogramm der Ära des Ministerpräsidenten Ernst von Koerber und der »liberalen« Malerei Klimts s. die detaillierte Analyse des Historikers Carl E. Schorske, *Gustav Klimt: Painting and the Crisis of the Liberal Ego*, in Carl E. Schorske, *Fin-de-siecle Vienna, Politics and Culture* (New York, 1980); insbesondere S. 231 ff. Paradoxerweise war nämlich das Unterrichtsministerium dazu angehalten, die *Sezession* zu unterstützen. Mit Hilfe der international ausgerichteten modernen Kunst hoffte man, den zwischen 1897 und 1900 im Nationalitätenproblem, im Sprachenproblem und in Parlamentarismuskrisen steckengebliebenen Regierungskarren wieder flott zu machen – als ob ein übergeordnetes Kulturinteresse das in ethnische und politische Sonderinteressen zerfallende Reich noch einmal hätte verklammern können. Der Unterrichtsminister von Hartel mußte dem Druck der alten und neuen Rechtsparteien nachgeben, und die staatliche Förderung der Sezessionskünstler bzw. Klimts ließ erheblich nach.
108 F. 155 vom 24. Februar 1904, S. 8.
109 F. 106; Anfang Juni 1902, S. 19.
110-113 *Gegen Klimt*, S. 63; S. 70; S. 72; S. 23.
114 F. 74, Mitte April 1901, S. 27.
115 F. 73, Anfang April 1901, S. 10.
116 *Gegen Klimt*, S. 71.
117 F. 59, Mitte November 1900, S. 19.
118 Felix Salten z. B. liest den Klimtschen »Text« ganz anders. In seiner Schrift über Klimt meint er, Klimt habe in jenen Gattinnen eine mythische Qualität aufgespürt und sie ihnen, als ihre eigentliche Wahrheit, zurückgegeben. »Diese Judith denke man sich bekleidet mit einer Pailletten-Robe aus einem Wie-

ner Ringstraßen-Atelier, und es ist eine schöne jüdische Jourdame, die man überall trifft, die einherrauschend in ihren Seidenjupons bei allen Premièren die Männeraugen anlockt. Ein schlankes, schmiegsam-biegsames Weib mit einem schwülen Feuer in den dunklen Blicken, mit einem grausamen Mund und mit Nasenflügeln, die vor Leidenschaft beben. Rätselhafte Gewalten scheinen in diesem lockenden Weibe zu schlummern, Energien, Heftigkeiten, die nicht mehr zu stillen wären, wenn sie einmal in Brand gerieten ... Da streift ein Künstler ihnen die modischen Kleider vom Leibe, nimmt Eine davon und stellt sie im Schmuck ihrer zeitlosen Nacktheit vor uns hin, und – ecce Judith – die Heldenfrauen der Vorzeit steigen vor unseren Blicken empor ...« (Felix Salten, *Gustav Klimt* [Wien: Wiener Verlag, 1903], S. 26-27.)

119 Hermann Bahr, *Im eigenen Hause*, in *Secession* (Wien: Wiener Verlag, 1900), S. 66.
120 Zit. nach Otto Breicha, *Erste und letzte Tage*, in *Finale und Auftakt. Wien 1898-1914* (Salzburg, 1964), S. 168.
121 Peter Altenberg, *Kunstschau 1908 in Wien*, in *Das große Peter Altenberg Buch*, hg. von Werner J. Schweiger (Wien, 1977), S. 369.
122 S. Anmerkung 118.
123 Ludwig Hevesi, *Weiteres zur Klimt-Ausstellung*, in *Acht Jahre Sezession* (Wien: Konegen, 1906), S. 450.
124 Ludwig Hevesi, *Weiteres zur Klimt-Ausstellung*, in *Acht Jahre Sezession*, S. 449.
125 Arthur Schnitzler, *Anatol*, in *Die Dramatischen Werke*, I, S. 57.
126 Arthur Schnitzler, *Anatol*, in *Die Dramatischen Werke*, I, S. 59.
127 Seiner Erstveröffentlichung *Wie ich es sehe* (Berlin: Fischer, 1896) setzte Altenberg einen Auszug aus dem 14. Kapitel von Huysmans Décadence-Roman *A rebours* voran, in dem des Esseintes die Form der »Poèmes en prose« lobt, die er bei Baudelaire und Mallarmé verwirklicht findet. Altenberg übernahm dieses Prinzip für die eigenen Schöpfungen, was die Abhängigkeit der deutschen und österreichischen Literatur der neunziger Jahre von der französischen bezeugt. Zitiert wird hier nach der 5. Auflage von 1910. Vgl. auch die genaue Darstellung bei Jens Malte Fischer, *Peter Altenberg: Wie ich es sehe (1896)*, in *Fin de siècle. Kommentar zu einer Epoche* (München, 1978), S. 158-159.

128 Peter Altenberg, *Selbstbiographie*, in *Was der Tag mir zuträgt*, 2. Aufl. (Berlin: Fischer, 1902), S. 6.
129 Altenberg, *Kunst*, in *Wie ich es sehe*, S. 294.
130 Hofmannsthal, *Das Buch der Freunde*, in *Aufzeichnungen*, S. 26.
131 Altenberg, *Spätsommer-Nachmittag*, in *Wie ich es sehe*, S. 32-33. Ähnlich wie bei Kraus, aus dessen umfangreichem Werk die Germanisten, Kritiker und Rezensenten immer wieder dieselben Zitate herausgreifen, gibt es offenbar auch bei Altenberg, unter der Menge so vieler gleichartiger Skizzen, die besonders typischen. Jens Malte Fischer z. B. wählt ebenfalls einen Ausschnitt aus dem *Spätsommer-Nachmittag* für sein Altenberg-Kapitel in *Fin de siècle, Kommentar zu einer Epoche* (München, 1978), S. 160.
132 Schnitzler, *Reigen*, in *Die Dramatischen Werke*, I, S. 327 f.
133 Altenberg, *Selbstbiographie*, in *Was der Tag mir zuträgt*, S. 6.
134 Ludwig Marcuse, *Berlin 1920. Sex, Politik und Kunst – im ›Reigen‹*, in *Obszön. Geschichte einer Entrüstung* (München, 1962; hier: Taschenbuchausgabe von 1965), S. 129.
135 F. 227-278, 1909, S. 59.
136 Erich Heller weist darauf hin in dem Kapitel *Karl Kraus*, in *Enterbter Geist* (Frankfurt/Main, 1954), S. 360.
137 F. 315-316, 1911, S. 31.
138 Felix Dörmann, *Intérieur*, in *Sensationen* (Wien, 1892), S. 32. Als Beispiel für die dekorative, theatralische Pose, die die Erotik des Wiener Fin de siècle liebte und die der schwülen Szenerie des Wohnstiles angepaßt war, sei Dörmanns Gedicht hier angeführt:
Ein Intérieur von lichter Scharlachseide,
Ein wohldurchwärmtes, traulich-enges Heim.
Aus schlankgeformten Ständerlampen quillt,
Von buntgefärbten Abas-jours gedämpft, –
Ein rosig warmer Lichtstrom zitternd nieder.
Orangen und Narzissen hauchen träumend
Die duftig-schweren Blüthenseelen aus –
Und tiefes, tiefes Schweigen. –

         Hingelagert
Auf üppig weichen Eisbärfellen ruht
Ein schlankes Weib, die Lippen halberbrochen,

> Mit leicht-umblauten, müden Schwärmeraugen, –
> Und träumt und träumt von seelenheißer Freude,
> Von zügellosem Schwelgen, trunknem Rasen,
> Von einem hochgepeitschten Taumelreigen
> Der abgestumpften, wurzelwelken Nerven,
> Von einem letzten, niegekannten Glück,
> Von einer Wonne, die der Wonnen höchste
> Und doch nicht Liebe heißt – und träumt
> und träumt.

139 F. 389-390, 1913, S. 37. »Zwischenstufen« war ein damals beliebter Ausdruck für die typologischen Übergänge zwischen Hetero- und Homosexualität. Populär wurde der Begriff – und Kraus kannte ihn wohl auch daher – durch das *Jahrbuch für sexuelle Zwischenformen*, das der bekannte Arzt und Sexualwissenschaftler aus Berlin, Dr. Magnus Hirschfeld, ab 1899 herauszugeben begann. S. a. S. 73 dieser Arbeit.

140 Karl Kraus, *Sprüche und Widersprüche*, in *Beim Wort genommen*, Bd. III der Werke von Karl Kraus (München, 1955), S. 93. Die anderen Unterabteilungen dieses Aphorismen-Bandes lauten: *Pro domo et mundo* und *Nachts*. Sofern die zitierten Aphorismen nicht der *Fackel* entnommen sind (entweder weil sie für die Buch-Ausgaben überarbeitet wurden oder weil Kraus sie aus einem seiner *Fackel*-Artikel herausgelöst hat), stammen sie aus diesem Band.

141 Kraus, *Pro domo et mundo*, in *Beim Wort genommen*, S. 231.

142 Kraus, *Nachts*, in *Beim Wort genommen*, S. 338.

143 Kraus, *Pro domo et mundo*, in *Beim Wort genommen*, S. 219.

144 F. 333, 1911, S. 5.

145 F. 333, 1911, S. 4.

146 Beitrag von Alfred Polgar in *Adolf Loos. Zum 60. Geburtstag* am 10. Dezember 1930 (Wien, Verlag der Buchhandlung Richard Lanyi, 1930), S. 42.

147 Karl Marilaun, *Adolf Loos* (Wien: Wiener literarische Anstalt, 1922), S. 11. Alle Zitate von Marilaun sind aus diesem Büchlein.

148 S. Bericht über die Stellungnahme Alfred Polgars zu dem Prozeß gegen Loos in Ulrich Weinzierl, *Er war Zeuge Alfred Polgar* (Wien, 1978), S. 97 f.

149 S. F. 32, 1900, S. 31.

150 Marilaun, S. 9.
151 Adolf Loos, *Architektur* (1910), in *Sämtliche Schriften*, hg. von Franz Glück (Wien, 1962), S. 314. Alle folgenden Loos-Zitate sind aus diesem Band entnommen.
152 Marilaun, S. 12/13.
153 Loos, S. 153.
154 W. Sch., *Wiener Rundschau*, Jg. 3, 1898-99, Nr. 12, S. 296; zit. nach *Jugend in Wien, Literatur um 1900*, S. 312 f.
155 W. Sch., *Wiener Rundschau*, Jg. 3, 1898-99, Nr. 12, S. 296; zit. nach *Jugend in Wien. Literatur um 1900*, S. 312-313.
156 Rudolf Lothar, *Von der Secession, Die Wage*, Jg. 1, 1898, Heft 49, S. 813; zit. nach *Jugend in Wien. Literatur um 1900*, S. 277.
157 S. F. 300, 1910, S. 24.
158 F. 1, 1899, S. 2.
159 F. 300, 1910, S. 24.
160 F. 279-280, 1909, S. 8.
161 Adolf Loos, *ornament und verbrechen*, in *Sämtliche Schriften*, S. 279.
162 F. 389-390, 1913, S. 37.
163 Adolf Loos, *ornament und verbrechen*, in *Sämtliche Schriften*, S. 277.
164 Adolf Loos, *ornament und verbrechen*, in *Sämtliche Schriften*, S. 276-277.
165 Daß im scheinbar Nebensächlichen die entscheidende Mitteilung verborgen liegt, gehört zu den frühen Erkenntnissen von Sigmund Freud. Die therapeutischen Erfolge der Psychoanalyse hängen von diesen indirekten Manifestationen des Unbewußten ab. In *Zur Psychotherapie der Hysterie* (1885) schreibt Freud: »Die wichtigsten Aufklärungen kommen häufig mit der Ankündigung als überflüssiges Beiwerk, wie die als Bettler verkleideten Prinzen der Oper: ›Jetzt ist mir etwas eingefallen, das hat aber nichts damit zu schaffen. Ich sage es Ihnen nur, weil Sie alles zu wissen verlangen‹. Mit dieser Einbegleitung kommt dann meist die lang ersehnte Lösung; ich horche immer auf, wenn ich den Kranken so geringschätzig von einem Einfalle reden höre.« (Sigmund Freud und Josef Breuer, *Studien über Hysterie* [Frankfurt/Main: 1970], S. 225. Alle Zitate aus den *Studien über Hysterie* sind dieser Taschenbuchausgabe entnommen.)

166 Loos, *ornament und verbrechen*, in *Sämtliche Schriften*, S. 282.
167 F. 406-412, 1915, S. 137-138. S. a. Karl Kraus, *Worte in Versen*, Bd. VII der *Werke* von Karl Kraus (München, 1959), S. 51. Hier hat Kraus in Klammern noch den Entstehungsort des Gedichtes unter den eigentlichen Titel gesetzt: »(Villa Torlonia)«.
168 Kraus, *Worte in Versen*, S. 178.
169 Kraus, *Worte in Versen*, S. 11.
170 Es ist außerdem nicht unwahrscheinlich, daß einige der nicht ausdrücklich gekennzeichneten Stellungnahmen zu Klimt in der *Fackel* statt von Kraus von Mitarbeitern geschrieben wurden. Kraus delegierte öfters, wenn er sich auf einem Gebiet (z. B. Musik) nicht kompetent genug fühlte.

II. Eros und Themis

1 Houston Stewart Chamberlain, *Die Grundlagen des neunzehnten Jahrhunderts*, 14. Aufl. (München: Breckmann, 1922), S. 1. Alle Chamberlain-Zitate sind dieser Ausgabe entnommen.
2 Chamberlain, S. X.
3 Chamberlain, S. X.
4 Hans Mayer, *Außenseiter* (Frankfurt/Main, 1975), S. 122.
5 Otto Weininger, *Geschlecht und Charakter. Eine prinzipielle Untersuchung*, 12. Aufl. (Wien: Braumüller, 1910). Sofern nicht anders angegeben, sind alle Weininger-Zitate diesem Band entnommen.
6 Weininger, *Vorwort zur ersten Auflage*, in *Geschlecht und Charakter*, S. V.
7 Weininger, *Vorwort zur ersten Auflage*, in *Geschlecht und Charakter*, S. IX.
8 Wilhelm Bölsche, der schon *Die naturwissenschaftlichen Grundlagen der Poesie* (1887) erforscht hatte, gibt zwischen 1898 und 1903 *Das Liebesleben in der Natur* heraus, ein damals beliebtes Aufklärungswerk, das nichts anderes ist als ein darwinistischer Roman, der die *Entwickelungsgeschichte der Liebe* in einer kuriosen Mischung aus naturwissenschaftlichem Materialismus, poetischen Exaltationen und kindlichem Märchenton darstellt.

Oder Max Nordaus *Paradoxe* (1885), die im funkensprühenden Bonmot-Journalismus ebenfalls Naturgesetzliches über das Weib und den Mann verkünden. S. Wilhelm Bölsche, *Das Liebesleben in der Natur. Eine Entwickelungsgeschichte der Liebe*, 3 Bde. (Jena: Diederichs, 1898-1903), und Max Nordau, *Paradoxe* (Leipzig, 1885).

9 Zit. nach Mayer, *Außenseiter*, S. 118.
10 F. 144, 1903, S. 17.
11 S. Paul Englisch, *Geschichte der erotischen Literatur*, 2. Aufl. (1927; Reprint Wiesbaden, 1977), S. 305 f. Englisch gibt hier einen Überblick über die entsprechenden Publikationen.
12 F. 237, 1907, S. 18.
13 Eduard Fuchs, *Illustrierte Sittengeschichte vom Mittelalter bis zur Gegenwart* (München: Langen Müller, 1912), III, 275-276.
14 Weininger, S. 483.
15 Richard von Krafft-Ebing, *Psychopathia sexualis. Eine klinisch-forensische Studie* (Stuttgart, 1886), S. IV. Alle folgenden Krafft-Ebing-Zitate sind diesem Buch entnommen.
16 Krafft-Ebing, S. V.
17 Krafft-Ebing, S. VI.
18 Krafft-Ebing, S. 103.
19 Krafft-Ebing, S. 104.
20 Krafft-Ebing, S. 9-10.
21 Krafft-Ebing, S. 10.
22 Krafft-Ebing, S. 63 und S. 90.
23 Maxie Freimann *Über den physiologischen Stumpfsinn des Mannes* (1902; Reprint München, 1978), S. 27. Im Original heißt der Autor Max Freimann und ist ein Mann. Die feministisch engagierten (Neu-)Herausgeber Matthes & Seitz haben sich hier einen Spaß im Dienst ihrer Sache erlaubt.
24 Otto Soyka, *Zwei Bücher, Die Fackel*, Nr. 191 (1905), S. 7-8. Otto Soyka, *Sexuelle Ethik, Die Fackel*, Nr. 206 (1906), S. 12-13.
25 Otto Soyka, *Zwei Bücher, Die Fackel*, Nr. 191 (1905), S. 7.
26 Otto Soyka, *Zwei Bücher, Die Fackel*, Nr. 191 (1905), S. 10.
27 Friedrich Wilhelm Foerster, *Sexualethik und Sexualpädagogik. Eine Auseinandersetzung mit den Modernen* (Kempten: Kösel'sche Buchhandlung, 1907), S. 22.
28 Foerster, *Sexualethik und Sexualpädagogik*, S. 25.

29 Foerster, *Sexualethik und Sexualpädagogik*, S. 32.
30 Foerster, *Sexualethik und Sexualpädagogik*, S. 75 f.
31 Foerster, *Sexualethik und Sexualpädagogik*, S. 93.
32 Zit. nach Claus Heinrich Meyer, *Die selbstbeherrschten Untertanen*, in *Erziehung zur Anpassung. Die Dressur des Menschen*, hg. von Klaus Antes (München, 1973), S. 27.
33/34 Oskar Panizza, *Die sexuelle Belastung der Psyche als Quelle künstlerischer Inspiration*, Wiener Rundschau, 1 (1897), 350.
35 Zit. nach Meyer, *Die selbstbeherrschten Untertanen*, in *Erziehung zur Anpassung. Die Dressur des Menschen*, S. 27.
36 Bebel, S. 126.
37 John Stuart Mill, Harriet Taylor Mill und Helen Taylor, *Die Hörigkeit der Frau* (Frankfurt/Main, 1976), S. 127 f. Zitate von Mill sind aus diesem Band.
38 Dr. Paul Julius Möbius, *Über den physiologischen Schwachsinn des Weibes*, 8. Aufl. (1900, Reprint München, 1977).
39 Mill, S. 158.
40 Johann Jakob Bachofen, *Das Mutterrecht. Eine Untersuchung über die Gynaikokratie der alten Welt nach ihrer religiösen und rechtlichen Natur* (Stuttgart, 1861).
41 Lewis H. Morgan, *Ancient Society, or Researches in the Lines of Human Progress from Savagery, through Barbarism, to Civilisation* (London, 1877), zit. nach Friedrich Engels, *Der Ursprung der Familie, des Privateigentums und des Staates*, 23. Aufl. (Berlin, 1928), S. VII.
42 Bebel, S. 125.
43 Bebel, S. 140.
44 Bebel, S. 163.
45 Bebel, S. 140.
46 Bebel, S. 140.
47 Bebel, S. 282 f.
48 Bebel, S. 515 f.
49 Die aktuelle Publikationssituation hat sich, was feministische Literatur einst und jetzt anbetrifft, in den letzten Jahren beträchtlich verbessert. Hier sei nur hingewiesen auf zwei Bände, die eine repräsentative Auswahl früher Texte bringen: *Die Frau in der Gesellschaft, Zur Psychologie der Frau* (Frankfurt/Main, 1978) und *Die Frau in der Gesellschaft, Frauenarbeit und Beruf* (Frankfurt/Main, 1979), hg. von Gisela Brinker-Gabler.

50 S. F. 207, 1906, S. 23-24 und F. 219-220, 1907, S. 23.
51 Auguste Fickert, Marie Lang und Rosa Mayreder, Hg., *Dokumente der Frauen* (Wien, 1899-1902), S. 3.
52 »Allgemeiner österreichischer Frauenverein«. Gegründet 1893 von Auguste Fickert; Archiv der Stadtbibliothek Wien, Inv. Nr. 116 542, 4 fol.
53 *Dokumente der Frauen*, S. 2.
54 *Dokumente der Frauen*, S. 1.
55 »Hohes Abgeordnetenhaus!« Archiv der Stadtbibliothek Wien, Inv. Nr. 116 542, fol. 1.
56 Rosa Mayreder, *Zur Kritik der Weiblichkeit* (Jena: Diederichs, 1905), S. 23. Alle Mayreder-Zitate entstammen diesem Buch.
57 Mayreder, S. 157 f.
58 Lou Andreas-Salomé, *Der Mensch als Weib*, in *Die Erotik*, hg. von Ernst Pfeiffer (1899; Reprint München, 1979), S. 33.
59 Mayreder, S. 177-178.
60 Zit. nach Mayreder, S. 158.
61 Mayreder, S. 161.
62 Ellen Key, *Über Liebe und Ehe*. Essays, übers. von Francis Maro (Berlin: Fischer, 1904), S. XV. Alle Zitate von Ellen Key sind diesem Buch entnommen.
63 Key, S. 239.
64 Key, S. 126 f.
65 Key, S. 110-111.
66 Mayreder, S. 166.
67 Grete Meisel-Hess, *Die sexuelle Krise. Eine sozial-psychologische Untersuchung* (Jena: Diederichs, 1909), S. 408 f.
68 Bertha von Suttner, *Die Frauen*, in *Zur Psychologie der Frau*, hg. von Gisela Brinker-Gabler (Frankfurt/Main, 1978), S. 45 f.
69 Irma von Troll-Borostyáni, *Das Märchen von der »besseren Natur«*, in *Zur Psychologie der Frau*, hg. von Gisela Brinker-Gabler (Frankfurt/Main, 1978), S. 68.
70 Musil, *Der Mann ohne Eigenschaften*, S. 882.
71 Musil, S. 878.
72 Musil, S. 882.
73 Musil, S. 889.
74 Musil, S. 891.
75 F. 300, 1910, S. 27.
76 F. 300, 1910, S. 28.

77 Schnitzler, *Jugend in Wien*, S. 287.
78 S. »Frauen an Karl Kraus«, Briefe, Kraus-Archiv der Stadtbibliothek Wien, HJN. Ib 163 325.
79 Paul Schick zitiert in diesem Zusammenhang einen Brief Detlev von Liliencrons an Kraus vom 6. Dezember 1902: »Wenn ich zuweilen, lieber Herr Karl Kraus, alte Photographien heraushole, dann sehe ich immer mit herzlicher Freude unsere gemeinsamen Bilder ... Und erinnere mich noch immer mit demselben Interesse eines blutjungen frischen Kerlchens, der damals (in Leipzig) – wir gingen zum Bahnhof – noch ganz trunken war von den Küssen irgendeiner Hotelschönheit. Bravissimo!« (S. Paul Schick, S. 29.)
80 F. 2, 1899, S. 29.
81 F. 3, 1899, S. 28.
82 F. 4, 1899, S. 26-27.
83 Annie Kalmar, »An Karl Kraus«, Brief vom 22. April 1899, Kraus-Archiv der Stadtbibliothek Wien, HJN. 136 153.
84 Schnitzler, *Freiwild*, in *Die Dramatischen Werke*, I, S. 265 f.
85 Reinhard Urbach, *Arthur Schnitzler*, 2. Aufl. (Velber/Hannover, 1972), S. 46.
86 Annie Kalmar, »An Karl Kraus«, Brief vom 2. Februar 1900, Kraus-Archiv der Stadtbibliothek Wien, JNH. 136 154. Aus dem Kraus-Archiv stammen auch die beiden anderen Briefe vom 23. November 1900, HJN. 136 557 und vom 19. Dezember 1900, HJN 136 510.
87 S. »Notizen von Frau Helene M. Kann (Lugano) zum Schlußpassus der Briefe Annie Kalmars an Karl Kraus vom 22. 4. 1899«, in *Unveröffentlichte Briefe von Annie Kalmar, Karl Kraus, Detlev von Liliencron und Alfred von Berger, Das Silberboot*, Heft 1 (1951), S. 40. Auch die folgenden Informationen über die Ereignisse um die Krankheit und den Tod von Annie Kalmar sind der Notiz von Helene M. Kann entnommen. Die Zitate aus weiteren Briefen der genannten Personen entstammen dem Abdruck in dieser Zeitschrift.
88 Alfred von Berger, »An Annie Kalmar«, Brief vom 21. August 1900, *Das Silberboot*, S. 40.
89 Paul Schick, S. 48.
90 Alfred von Berger, »An Karl Kraus«, Brief vom 15. Dezember 1903, *Das Silberboot*, S. 43. Genau genommen handelte es sich

nicht um ihre Bestattung, sondern um die Umbettung des Sarges an einen schöneren Platz im Ohlsdorfer Friedhof.
91 Detlev von Liliencron, »An Karl Kraus«, Brief vom 30. Dezember 1903 und Brief vom 9. April 1907, *Das Silberboot*, S. 45 und S. 46.
92 Dorothea Kaldwasser, »An Karl Kraus« , Brief vom 16. Oktober 1901, Kraus-Archiv der Stadtbibliothek Wien, HJN. 136 258/7.
93 Eine der späteren Freundinnen von Karl Kraus, die Wiener Schriftstellerin Gina Kaus, bestätigt diesen Ruf in ihren Memoiren. Es muß unmittelbar nach dem Krieg gewesen sein, als Kraus sie zu einem Besuch in seine Wohnung einlud: »Auf dem Schreibtisch, zwischen Stößen von Zeitungsausschnitten, stand die Photographie eines wunderschönen jungen Mädchens. Ich fragte, wer sie sei, und er sagte, sie sei Schauspielerin gewesen und schon lange tot. Später erfuhr ich, daß diese Frau sich jedem hingegeben hatte, Jungen und Alten, Reichen und Armen. Ich möchte sie nicht eine Nymphomanin nennen, weil das so medizinisch klingt, denn für Kraus war es etwas Poetisches, und er liebte sie. Als sie, kaum vierundzwanzig Jahre alt, schwindsüchtig wurde, verliefen sich alle ihre unzähligen Liebhaber, und nur Kraus blieb um sie und liebte und betreute sie bis an ihr Ende.« (Gina Kaus, *Und was für ein Leben . . . mit Liebe und Literatur, Theater und Film* [Hamburg, 1979], S. 126.)
94 Zit. nach Paul Schick, S. 49.
95 F. 107, 1902, S. 18.
96 Als Kraus ab Februar 1907 an die Überarbeitung der Artikel ging, die in dem Buch *Kultur und Presse*, geplant als Bd. II der *Ausgewählten Schriften von Karl Kraus* (Bd. I: *Sittlichkeit und Kriminalität*), erscheinen sollten, fügte er dem Artikel aus F. 107, 1902, S. 15-24, genannt *Die Beleidigung einer Sterbenden (Der Fall Buchbinder)*, eine Fußnote hinzu, aus der hervorgeht, daß Kraus selber diesen Prozeß angestrengt und die Mutter nur vorgeschoben hatte, um nicht in den Verdacht zu kommen, eine persönliche Angelegenheit öffentlich verhandeln zu wollen; s. Sigurd Paul Scheichl, »*Kultur und Presse*«. *Ein Archivbericht, Kraus-Hefte*, Nr. 2 (1977), S. 8.
97 F. 107, 1902, S. 23.
98 F. 107, 1902, S. 23.

99 S. F. 106, 1902, S. 1 f. und F. 107, 1902, S. 1 f.
100 F. 257-258, 1908, S. 16.
101 F. 257-258, 1908, S. 41 f.
102 F. 234-235, 1907, S. 1-36.
103 F. 234-235, 1907, S. 25.
104 F. 234-235, 1907, S. 26.
105 F. 234-235, 1907, S. 30. Kraus nimmt denselben Standpunkt schon im Jahr 1902, anläßlich der Homosexuellen-Affäre um den deutschen Industriellen Krupp, ein; s. F. 123, 1902, S. 25.
106 F. 234-235, 1907, S. 25.
107 F. 251-252, 1908, S. 15. Kraus benutzt hier zur Charakterisierung des Hardenschen Stils das Wort »ornamental«.
108 F. 234-235, 1908, S. 6.
109 Vgl. *Übersetzung aus Harden, Die Fackel*, Nr. 251-252 vom 28. April 1908, S. 15-18; *Übersetzung aus Harden, Die Fackel*, Nr. 254-255 vom 22. Mai 1908, S. 41-45; *Harden-Lexikon, Die Fackel*, Nr. 261-262 vom 13. Oktober 1908.
110 F. 254-255, 1908, S. 44.
111 F. 257-258, 1908, S. 47.
112 F. 257-258, 1908, S. 47.
113 S. F. 81, 1901, S. 24.
114 Arthur Schnitzler, *Das Märchen*, in *Die Dramatischen Werke*, I, S. 125 f.
115 Peter Altenberg, *Wie Genies sterben, Die Fackel*, Nr. 81 (1901), S. 18 f. Inzwischen hat sich, aufgrund von Schrift-Vergleichen, herausgestellt, daß dieser Nachruf von Kraus selber stammt. Von Altenberg war es offenbar ein Freundschaftsdienst, mit seinem Namen die Privatsphäre des Herausgebers zu schützen; andrerseits gehörte er auch wirklich zu den Verehrern Annie Kalmars.
116 S. F. 521-530, 1920, S. 11.
117 Arthur Schnitzler, *Jugend in Wien*, S. 281 f.
118 Siehe Hartmut Scheible, *Besitz*, in *Arthur Schnitzler und die Aufklärung* (München, 1977), S. 58 f.
119 S. Günter Seehaus, *Frank Wedekind* (Hamburg, 1974), S. 116.
120 F. 287, 1909, S. 20.
121 F. 241, 1908, S. 2.
122 In Form einer versteckten Widmung, auf der Kehrseite des letzten Blattes, zitiert Kraus einen Shakespeare-Vers aus *Ende*

gut, alles gut, der wie auf sein Empfinden der Annie-Kalmar-Figur gemünzt scheint: »Für sie, die ohne Wahl und Hoffnung liebt, / Alles verlierend, stets von neuem gibt; / Nie zu besitzen hofft, wonach sie strebt, / Und rätselgleich in süßem Sterben lebt.«

123 Karl Kraus, *Traumtheater*, in *Dramen*, Bd. XIV der *Werke* von Karl Kraus (München, 1967), S. 95 f. *Traumtheater* wurde 1912 geschrieben, aber erst 1924 publiziert.

124 Karl Kraus, »An Sidonie von Nádherný«, Brief vom 19. Februar 1931, in SN I, S. 622.

125 F. 852-856, 1931, S. 48-51. Das Gedicht war zum dreißigsten Todestag Annie Kalmars geschrieben worden und ist ein Nachdruck aus *Worte und Versen*, S. 490-491.

126 »Eros und Themis« war erwogen worden als Titel für den Sammelband *Sittlichkeit und Kriminalität*. Kraus, der keine Zeit für die Zusammenstellung der *Fackel*-Aufsätze hatte, beauftragte den Salzburger Schriftsteller Karl Hauer damit. Während eines Sommeraufenthaltes auf Norderney (Juli 1907) legte Kraus dann letzte Hand an die Auswahl, die Hauer ihm vorgeschlagen hatte. Damals stand die Betitelung noch nicht fest. Am 11. 8. 1907 schreibt Hauer an Kraus: ». . . Sie haben den Band in erstaunlich kurzer Zeit hergestellt. Der Titel ›Eros und Themis‹ ist ganz AUSGEZEICHNET. Vielleicht ließe sich auch für Bd. I ein ähnlicher finden? . . .« (Mit Bd. I ist der geplante Band *Kultur und Presse* gemeint, den Kraus in F. 244, 1908, S. 23-24 ankündigt, der aber auch als Bd. II der *Ausgewählten Schriften* dann nicht erschienen ist); s. Sophie Schick, *Die Vorarbeiten zu »Kultur und Presse«*, Kraus-Hefte, Nr. 2 (1977), S. 13-14.

127 Karl Kraus, »An Alfred von Berger«, Brief vom 14. August 1902; zit. nach Paul Schick, *Zu den Briefen Karl Kraus' an Alfred von Berger*, Das Silberboot, Heft 2 (1951), S. 128: »Ich habe förmliche Angst vor dem Thema, zu dessen Bearbeitung ich nur fähig bin, wenn Stoffmangel mich von jedem anderen, kleineren befreit.«

128 F. 632-639, 1923, S. 22.

129 Walter Benjamin, *Karl Kraus*, in *Gesammelte Schriften* (Frankfurt/Main, 1977), II. 1., S. 249.

130 Kraus integriert diese Stelle aus Shakespeares *Maß für Maß* in sein Gedicht *Nach zwanzig Jahren*; F. 508-513, 1919, S. 67.

131 F. 123, 1902, S. 25.
132 Karl Kraus, *Eros und Themis*, in *Sittlichkeit und Kriminalität*, Bd. XI der *Werke* von Karl Kraus (München, 1970), S. 154. Zum Thema Sittlichkeit und Kriminalität wird grundsätzlich aus diesem Band zitiert.
133 Kraus, *Sittlichkeit und Kriminalität*, in *Sittlichkeit und Kriminalität*, S. 18.
134 Kraus, *Sittlichkeit und Kriminalität*, in *Sittlichkeit und Kriminalität*, S. 14.
135 Siehe Gisela von Wysocki, *Städtisches Grottensystem*, in *Peter Altenberg. Bilder und Geschichten des befreiten Lebens* (München, 1979), S. 41-44.
136 Kraus, *Sittlichkeit und Kriminalität*, in *Sittlichkeit und Kriminalität*, S. 17.
137 Kraus, *Ein Unhold*, in *Sittlichkeit und Kriminalität*, S. 41.
138 Kraus, *Irrenhaus Österreich*, in *Sittlichkeit und Kriminalität*, S. 90.
139 Kraus, *Irrenhaus Österreich*, in *Sittlichkeit und Kriminalität*, S. 92.
140 Kraus, *Ein Unhold*, in *Sittlichkeit und Kriminalität*, S. 41 f.
141 Kraus, *Katastrophen*, in *Sittlichkeit und Kriminalität*, S. 39 f.
142 Kraus, *Die Kinderfreunde*, in *Sittlichkeit und Kriminalität*, S. 173.
143 Kraus, *Sittlichkeit und Kriminalität*, in *Sittlichkeit und Kriminalität*, S. 14.
144 Kraus, *Sittlichkeit und Kriminalität*, in *Sittlichkeit und Kriminalität*, S. 16.
145 Kraus, *Sittlichkeit und Kriminalität*, in *Sittlichkeit und Kriminalität*, S. 16.
146 Dr. Heinrich Grün, *Prostitution in Theorie und Wirklichkeit* (Wien: J. Deubler, 1907), S. 28 f. Alle folgenden Zitate von Grün sind dieser Studie entnommen.
147 Zit. nach Karl Franz Kocmata, *Die Prostitution in Wien. Streifbilder vom Jahrmarkt des Liebeslebens* (Wien: o.V., 1927), S. 37. Alle Zitate von Kocmata sind diesem Band entnommen.
148 Grün, S. 23.
149 S. Kraus, *Der Fall Riehl* und *Die Ära nach dem Prozeß Riehl*, in *Sittlichkeit und Kriminalität*, S. 226 f. und 261 f. Die Verhaftung der Bordellbesitzerin Regine Riehl wegen Ausbeutung ihrer Mädchen im November 1906 scheint vor allem deshalb viel Staub aufgewirbelt zu haben, weil die Polizei mit ihr unter einer Decke steckte. Auch der Polizeiarzt Dr. Heinrich Grün

wurde zu seiner Broschüre über die Prostitution durch den Riehl-Prozeß angeregt. Jetzt werde über die Riehl hergefallen, meint er, obwohl man wisse, daß sie ihr Gewerbe mit Billigung der Polizei »ehrlich und rechtschaffen«, mit der »Strenge eines Kerkermeisters« führte. Die hohe Strafe für sie scheint ihm ungerecht. Analog zu Kraus schreibt er: »Alle Sünden des Kupplerinnentums, welches vielfach mit Einverständnis der Behörde existiert, wurden an der unglückseligen Bordellinhaberin des IX. Bezirks in Wien gebüßt. Die ›Freiheitsbeschränkung‹, die man ihr unter anderen Anklagen momentan vorwarf, sie waren eigentlich eine indirekte Folge polizeilicher Vorschriften, und der Polizeivorschriften aller Länder, die nach außen hin die Prostitution de facto unsichtbar machen, direkte freiheitsbeschränkende Bestimmungen gegen die Prostituierten [sic].« (Grün, S. 19.)

150 Kraus, *Sittlichkeit und Kriminalität*, in *Sittlichkeit und Kriminalität*, S. 18.
151 Siehe Kraus, *Die Presse als Kupplerin*, in *Sittlichkeit und Kriminalität*, S. 33-34.
152 Siehe Grün, S. 30.
153 Wie schlimm diese Demütigungen im einzelnen waren, zählt Kraus in F. 71, 1901, S. 22 auf: »Die Freiheitsbeschränkungen, denen diese unglücklichen Frauen unterliegen, sind weit härter als jene, die über gefährliche Individuen durch die Stellung unter Polizeiaufsicht – nach dem Gesetz vom 10. Mai 1873 – verhängt sind. Die Bestrafung der geheimen wie der evident gehaltenen Dirnen ist durch den § 5 des Vagabundengesetzes der Sicherheitsbehörde anheimgegeben, und diese bestimmt willkürlich und oft sinnlos, was strafbar ist. Daß sie nach dem gleichen Paragraphen auch gegen jene, die ›aus der gewerbsmäßigen Unzucht anderer ihren Unterhalt suchen‹, einzuschreiten und die Prostituierten gegen die maßlose Ausbeutung durch die Kupplerinnen zu schützen hat, kümmert sie nicht. Ein polizeilicher Verfolgungswahn, der die früher einzeln lebenden Dirnen in Scharen in die Bordelle trieb, hat jene Ausbeutung vielmehr noch verschärft. Dabei sind die sittenpolizeilichen und die sanitätspolizeilichen Vorschriften, namentlich in Wien, ebenso grausam wie unerfüllbar. Die Prostituierte soll eine gründliche Untersuchung an ihren Kun-

den vornehmen, der sicherlich kein einziger sich unterzieht; sie darf bei Tag nicht die Gasse betreten, auch nicht der nothwendigsten Einkäufe halber, sie darf – auch im vierten Stockwerk – nicht zum Fenster hinausblicken. Und alle Beschränktheit des Polizeigeistes zeigt sich wohl in einer Verordnung, die ihr verbietet, mit den Bildern höchster Personen ihr Zimmer zu schmücken.«

154 Siehe Grün, S. 18. Grün berichtet auch, wie die *Fackel* Nr. 71 vom März 1901, S. 19 f., von den Mißgriffen, die hierbei geschehen konnten, z. B. von der »Affaire der Französin«, eines Falles, der vor allem unter den Frauenrechtlerinnen aus dem Umkreis der *Dokumente der Frauen* Aufsehen erregte; die Wiener Sittenpolizei hatte auf der Straße, trotz ihres Widerstandes, eine Französin festgenommen und sie zu einer Untersuchung durch den Amtsarzt gezwungen. Es stellte sich heraus, daß sie völlig unschuldig und keineswegs eine Prostituierte war.

155 Kocmata, S. 58. Der Verfasser zitiert den diesbezüglichen § 19 des Polizei-Direktions-Erlasses vom 5. April 1911.

156 Siehe Grün, S. 15.

157 Siehe Grün, S. 23.

158 Kraus, *Notizen*, in *Sittlichkeit und Kriminalität*, S. 337.

159 Kocmata, S. 67. Der Verfasser zitiert den diesbezüglichen § 48 des Polizei-Direktions-Erlasses vom 5. April 1911.

160 S. *Das österreichische Strafgesetz*, hg. von Dr. Gustav Kaniak, 5. Aufl. (Wien, 1960), § 516, S. 726 f.

161 Theodor W. Adorno, *Sittlichkeit und Kriminalität*, in *Noten zur Literatur III* (Frankfurt/Main, 1965), S. 78.

162 Kraus, *Die Ära nach dem Prozeß Riehl*, in *Sittlichkeit und Kriminalität*, S. 262-264.

163 Kraus, *Die Ära nach dem Prozeß Riehl*, in *Sittlichkeit und Kriminalität*, S. 264.

164 Siehe Kocmata, S. 5.

165 Kraus, *Sittlichkeit und Kriminalität*, in *Sittlichkeit und Kriminalität*, S. 25.

166 Arthur Schnitzler, *Therese. Chronik eines Frauenlebens*, in *Die erzählenden Schriften*, II (Frankfurt/Main, 1961), S. 625 f. Alle Zitate aus dem Bd. II der Erzählungen dieser Ausgabe sind diesem Band entnommen.

167 Kraus, *Katastrophen*, in *Sittlichkeit und Kriminalität*, S. 40.

168 Siehe Karl Riha, *Heiraten in der »Fackel«. Zu einem Zeitungs-Zitat-Typus bei Karl Kraus*, in *Karl Kraus*, hg. von Heinz Ludwig Arnold (München, 1975), S. 116 f.
169 F.J., *Wirtschafts-Moral, Die Fackel*, Nr. 127 (1903), S. 11-14.
170 August Strindberg, *Der Vater*, in *Dramen*, S. 7 f.
171 Grün, S. 29-30.
172 Stefan Zweig, *Die Welt von gestern*, S. 122.
173 S. Kraus, *Rund um den Schandlohn*, in *Sittlichkeit und Kriminalität*, S. 134 f. und *Das Ehrenkreuz*, in *Die chinesische Mauer*, Bd. XII der *Werke* von Karl Kraus (München, 1964), S. 50 f. Die folgenden Zitate aus der *Chinesischen Mauer* entstammen diesem Band.
174 Kraus, *Die Hetzjagd auf das Weib*, in *Sittlichkeit und Kriminalität*, S. 35.
175 Kraus, *Sittlichkeit und Kriminalität*, in *Sittlichkeit und Kriminalität*, S. 26.
176 Kraus, *Eros und Themis*, in *Sittlichkeit und Kriminalität*, S. 150.
177 F. 287, 1909, S. 29.
178 F. 297, 1909, S. 28.
179 Siehe Kraus, *Irrenhaus Österreich, Die Kinderfreunde*, und *Gerichtspsychiatrie*, in *Sittlichkeit und Kriminalität*, S. 75 f., S. 164 f. und S. 293 f.; s. a. Otto Soyka, *Psychiatrie, Die Fackel*, Nr. 186 (1905), S. 20-22.
180 Kraus, *Der Fall Hervay*, in *Sittlichkeit und Kriminalität*, S. 100.
181 Siehe *Minutes of the Vienna Psychoanalytic Society*, 4 vols. ed. by Herman Nunberg and Ernst Federn (New York, 1962-1975).
182 Siehe Kraus, »An Berthe Maria Denk«, (undat.) Brief, wahrscheinlich vom März 1907, Deutsches Literaturarchiv im Schiller-Nationalmuseum, Marbach a.N., Inv. Nr. 78.457/5: »Übrigens besuch ich jetzt die Vorlesungen des Professors Freud (auf der Klinik) – über das Traumleben. Da werden stundenlang Träume gedeutet (meist in erotischem Sinne) – das würde Dich gewiß interessieren.« Vgl. auch Aphorismen zur *Traumdeutung*: F. 237, 1907, S. 4 und S. 9; zur infantilen Sexualität und zur Verdrängung: F. 229, 1907, S. 4; *Nulla dies*, in F. 225, 1907, S. 9-10; zu Witz und Traum: F. 229, 1907, S. 4; zu Witz und Erotik: F. 237, 1907, S. 10-11; zum Witz und dem Unbewußten: F. 241, 1908, S. 21.
183 Zit. nach Edwin Hartl, *Karl Kraus und die Psychoanalyse*, *Merkur*, Februar 1977, S. 146.

184 Fritz Wittels, *The »Fackel«-Neurosis*, in *Minutes of the Vienna Psychoanalytic Society*, vol. II, S. 382-393.
185 F. 381-383, 1913, S. 73.
186 Edwin Hartl, *Karl Kraus und die Psychoanalyse*, Merkur, Februar 1977, S. 144-162 gibt eine einfühlsame und genaue Beschreibung der Beziehung Kraus–Freud. Hier nur die wesentlichen Punkte: es ist Freud, der den Kontakt mit dem *Fackel*-Herausgeber sucht. Er gratuliert ihm zu seiner Stellungnahme im Fall der verfolgten Bigamistin Leontine von Hervay, und Kraus druckt dieses Lob vier Jahre später in der *Fackel* Nr. 257 vom 16. September 1908 (S. 40) ab. Im Falle des wegen Verdachts auf homosexuelle Handlungen verhafteten Universitätsprofessors Theodor Beer *(Die Kinderfreunde)* bezieht sich Kraus ausdrücklich und ehrerbietig auf Freud: »Mit Professor Freud habe man die Einsicht und den Mut, zu bekennen, daß der Homosexuelle weder ins Zuchthaus noch in den Narrenturm gehört ... Mit Professor Freud muß man der Ansicht sein, daß die Tat, deren Herr Dr. Beer bezichtigt wird, nicht unter dem Gesichtspunkt der Homosexualität zu beurteilen ist ... und daß die Verurteilung in solchem Falle aus demselben Grunde erfolgen müßte, wie wenn ein Mädchen unter vierzehn Jahren geschlechtlich mißbraucht worden wäre.« (F. 187, 1905, S. 21-22.) Im Oktober 1906 bittet Freud den Publizisten um Hilfe in dem Prioritätenstreit, der um die Entdeckerschaft der Bisexualität ausgebrochen war. Kraus geht nur unter den »Antworten des Herausgebers« darauf ein (F. 210, 1906, S. 27). Über die große Polemik *Der Prozeß Riehl*, die ein ganzes *Fackel*-Heft umfaßte (F. 211 vom 13. November 1906), schrieb Freud noch einmal einen bewundernden Brief an Kraus. Danach erlischt der direkte Kontakt, obwohl Freud einen Aphorismus von Kraus lobend hervorhebt in seiner Abhandlung *Die »kulturelle« Sexualmoral und die moderne Nervosität* (1908). Ab dem Sommer 1907 beginnt in der *Fackel* die kritische Betrachtung der Psychoanalyse und von Freud ist nur noch eine einzige, überraschend abwertende Stellungnahme aus dem Jahr 1927 gegen Kraus bekannt geworden. Siehe Thomas Szasz, *Karl Kraus and the Soul-Doctors* (Baton Rouge, 1976), S. 22.
187 Sigmund Freud, *Die »kulturelle« Sexualmoral und die moderne Nervosität*, in *Fragen der Gesellschaft. Ursprünge der Religion*. Bd.

IX der Studienausgabe (Frankfurt/Main, 1974), S. 26. Alle Zitate aus diesem Essay entstammen diesem Band.
188 Sigmund Freud und Josef Breuer, *Studien über Hysterie*, S. 209 und S. 11.
189 Kraus, *Zum Prozeß Klein*, in *Sittlichkeit und Kriminalität*, S. 160.
190 F. 275-276, 1909, S. 27.
191 Kraus, *Notizen*, in *Sittlichkeit und Kriminalität*, S. 304.
192 Sigmund Freud und Josef Breuer, *Studien über Hysterie*, S. 11.
193 Kraus, *Sittlichkeit und Kriminalität*, in *Sittlichkeit und Kriminalität*, S. 10.
194 Kraus, *Der Hexenprozess von Leoben*, in *Sittlichkeit und Kriminalität*, S. 104.
195 Fritz Wittels, *Die drei Schwestern*, *Die Fackel*, Nr. 221 (1907) S. 11-15.
196 Fritz Wittels, *Ladislaus Posthumus*, *Die Fackel*, Nr. 218 (1907), S. 14-20.
197 Fritz Wittels, *Die Versuchung des jungen Prenberger*, *Die Fackel*, Nr. 244 (1908), S. 11-20.
198 Sigmund Freud, *Das Tabu der Virginität*, in *Sexualleben*, Bd. V der Studienausgabe (Frankfurt/Main, 1972), S. 211 f. Alle folgenden Zitate aus *Sexualleben* sind diesem Band entnommen.
199 Fritz Wittels, *Das Gottesurteil*, *Die Fackel*, Nr. 254-255 (1908), S. 14-19.
200 Siehe Wilhelm Stekel, *Nervöse Leute. Kleine Federzeichnungen aus der Praxis* (Wien: Knepler, 1911); s. Wilhelm Stekel, *Die Menschen nennen es – Liebe ... 4 Szenen vom Krankenlager der Liebe* (Wien: Knepler, 1914). Die 1. Aufl. war von der Zensur eingezogen worden.
201 Kraus, *Die chinesische Mauer*, in *Die chinesische Mauer*, S. 291.
202 Siehe Kraus, Fußnote zu *Erpressung*, in *Sittlichkeit und Kriminalität*, S. 52.
203 Sigmund Freud, »An Karl Kraus«, Brief vom 12. Januar 1906, zit. nach Thomas Szasz, *Karl Kraus and the Soul-Doctors*, S. 20.
204 Freud, *Über die allgemeinste Erniedrigung des Liebeslebens*, in *Sexualleben*, S. 206.
205 F. 229, 1907, S. 3.
206 Freud, *Über die allgemeinste Erniedrigung des Liebeslebens*, in *Sexualleben*, S. 209.

207 Freud, *Die »kulturelle« Sexualmoral und die moderne Nervosität*, S. 20. Dieser Artikel wird nur mehr abgekürzt zitiert.
208 Freud, *Die »kulturelle« Sexualmoral*, S. 20.
209 Freud, *Drei Abhandlungen zur Sexualtheorie*, in *Sexualleben*, S. 64.
210 Karl Hauer, »An Karl Kraus«, Brief vom 5. Juni 1908, Kraus-Archiv der Stadtbibliothek Wien, HJN. 140.954.
211 F. 256, 1908, S. 25.
212 Freud, *Die »kulturelle« Sexualmoral*, S. 20 f.
213 Freud, *Die »kulturelle« Sexualmoral*, S. 28.
214 Freud, *Die »kulturelle« Sexualmoral*, S. 29.
215 Freud, *Die »kulturelle« Sexualmoral*, S. 28.
216 F. 194, 1906, S. 27.
217 Siehe Walter Benjamin, *Karl Kraus* in *Gesammelte Schriften*, II. 1, S. 352. Benjamin meint, Kraus sei der »geschulte Literat, Artist, ja Dandy, der seinen Ahnen in Baudelaire hat«, weil seine unbedingte Gegnerschaft zu dem Philister in Dingen der Liebe einzig mit der Haltung der Décadence zu vergleichen sei, der das l'art-pour-l'art für die Liebe ebenso gelte wie für die Kunst. Auf den Décadencebegriff von Kraus wird im letzten Kapitel der vorliegenden Arbeit noch eingegangen werden.
218 Karl Kraus, *Perversität*, in *Sittlichkeit und Kriminalität*, S. 301.
219 Karl Kraus, *Perversität*, in *Sittlichkeit und Kriminalität*, S. 299.
220 Karl Kraus, *Der Fall Hervay*, in *Sittlichkeit und Kriminalität*, S. 98.
221 Freud, *Die »kulturelle« Sexualmoral*, S. 22.
222 Fritz Wittels, *Weibliche Ärzte*, *Die Fackel*, Nr. 225 (1907), S. 10 f.
223 *Protokolle der Wiener psychoanalytischen Vereinigung*, hg. von Herman Nunberg und Ernst Federn, übers. und eingel. von Margarete Nunberg, Bd. I (Frankfurt/Main, 1976), S. 187.
224 *Protokolle der Wiener psychoanalytischen Vereinigung*, Bd. I, S. 187.
225 Karl Kraus, *Sittlichkeit und Kriminalität*, in *Sittlichkeit und Kriminalität*, S. 11.

III. Eros und Logos

1 Bernhard Bauer, *Wie bist Du Weib. Betrachtungen über Körper, Seele, Sexualleben und Erotik des Weibes* (Wien: Rikola, 1923).
2 Mayreder, S. 244 f.
3 Hofmannsthal, *Briefe 1890-1901*, S. 242.
4 August Strindberg, Mann und Weib, *Die Fackel*, Nr. 236, 1907, S. 2-15 und Nr. 281-282, 1909, S. 18-29.
5 Weininger, S. VI.
6 Schnitzler, *Anatol*, in *Die Dramatischen Werke*, I, S. 113.
7 Arthur Schnitzler, Komödie der Verführung, in *Die Dramatischen Werke*, II (Frankfurt/Main, 1962), S. 883. Alle Zitate aus dem Bd. II der Dramen dieser Ausgabe sind diesem Band entnommen.
8 Altenberg, *Wie ich es sehe*, S. 273.
9 Adolf Loos, Damenmode, in *Sämtliche Schriften*, S. 158.
10 Siehe Alma Mahler-Werfel, *Mein Leben* (Frankfurt/Main, 1960), S. 154. Alle Zitate von Alma Mahler-Werfel sind diesem Buch entnommen.
11 Adolf Loos, Damenmode, in *Sämtliche Schriften*, S. 159-160.
12 Arthur Schnitzler, »An Adele Sandrock«, Brief vom 23. Januar 1894, in *Adele Sandrock und Arthur Schnitzler. Dilly* (Wien, 1975), S. 95.
13 Wolfdietrich Rasch, Nachwort zu *Die tanzende Törin* von Albert Paris Gütersloh (München, 1973), S. 378.
14 Anton Lindner (Ps. Pierre D'Aubecq), Die Barrisons, zit. nach *Jugend in Wien. Literatur um 1900*, S. 380.
15 Hugo von Hofmannsthal, *Das Tagebuch eines jungen Mädchens*, in *Prosa I*, S. 121 f. Vgl. auch die hymnische Rezension der *Tagebücher* von Marie Baskirtseff durch den prominenten Zeitschriften-Herausgeber *(Liebelei, Wiener Rundschau, Die Wage)*, Novellisten und Stückeschreiber Rudolf Strauß: *Die wahre Baskirtscheff, Wiener Rundschau*, 2 (1897), S. 585-588. Seine negative Einstellung zu den Frauen im allgemeinen und seine Schwärmbereitschaft für große Ausnahmen im besonderen ist typisch für die Intellektuellen dieser Ära: »Ich bin gewiß ein Feind der Emancipation, aber ich bin auch ein Freund, ein warmer Freund der Emancipierten selbst. Wenn ich die

Frauenschaft im Allgemeinen der Emancipation wohl kaum für fähig halte, so beug' ich willig doch mein Knie vor jenen wenigen erlauchten Frauen, die durch ihr Tun uns laut bekundet [sic], daß sie die Macht und Majestät der starken königlichen Geister haben. Zu diesen holden, blassen Prinzessinnen aus Genieland hat auch Marie Bashkirtscheff gehört. Das Glück, von dem sie träumte, war nicht das fahle Glück der Heerdenfrau.« (S. 587)

16 Alma Mahler-Werfel, *Mein Leben*, S. 97 und S. 105 f.
17 Siehe Heinz Federick Peters, *Lou Andreas-Salomé. Das Leben einer außergewöhnlichen Frau*, 4. erw. Aufl. (München, 1964), S. 160 f. und S. 247 f.
18 Siehe Franziska Gräfin zu Reventlow, *Herrn Dames Aufzeichnungen,* in *Romane,* (München, 1976), S. 99–250.
19 Gina Kaus, *Und was für ein Leben . . .* (Hamburg, 1979).
20 Siehe *Adele Sandrock und Arthur Schnitzler. Dilly,* S. 34, S. 236 f. und S. 63.
21 Siehe »Frauen an Karl Kraus«, Briefe, Kraus-Archiv der Stadtbibliothek Wien, HJN. Ib 163 625.
22 F. 203, 1906, S. 19.
23 Fritz Wittels, *Ezechiel der Zugereiste* (Berlin: Fleischel, 1910).
24 Diese erst vor kurzem aufgefundenen Briefe von Kraus an Berthe Maria Denk befinden sich im Deutschen Literaturarchiv des Schiller-Nationalmuseums in Marbach a. N. unter den Inv. Nr. 78.456/1 f.
25 Siehe F. 251-252, 1908, S. 37: »Kann man aus der Büchse der Pandora auch eine Prise Schnupftabak nehmen? Wohl bekomm's, mein Freund!« Die kleinen Veränderungen, die dieser Aphorismus erfährt, zeugen von den Stimmungswechseln eines Kraus, der eifersüchtig ist auf den anderen Liebhaber, Wedekind, und dies überspielt. Im Brief an Berthe Maria Denk vom März/April 1908, geschrieben *vor* dem Erscheinen der *Fackel* am 28. April, heißt es in ungläubig-resigniertem Ton: »So kann man denn auch einer Büchse der Pandora eine Prise Schnupftabak entnehmen. Wohl bekomm's ihm!« (Deutsches Literaturarchiv des Schiller-Nationalmuseums in Marbach a. N., Inv. Nr. 457.11.) Dazu ist anzumerken, daß Kraus die erotische Naturkraft B. M. Denks bewunderte; es also wohl nicht verstehen wollte, daß diese auch zu flüchtigen Liaisons

taugte. In der Unterabteilung »Stimmungen, Worte« – bezeichnenderweise nicht in den »erotischen« Rubriken von »Weib, Phantasie« oder »Moral, Christentum« – der Aphorismensammlung *Sprüche und Widersprüche*, die im März 1909 erschienen war, ist der Ton gelassener und der »Freund« ist für Kenner zu erraten: »Kann man aus der Büchse der Pandora auch eine Prise Schnupftabak nehmen? Wohl bekomm's, Freund W.!« (*Beim Wort genommen*, S. 158.) Andere direkt auf B. M. Denk gemünzte Worte in der F. 251-252 sind: S. 37: »Mit Frauen muß man, wenn sie lange fort waren ...« S. 40: »Es kann aber eine Wohltat der Sinne sein ...« S. 41: »Ihre Brauen waren Gedankenstriche ...«

26 Ersichtlich aus der Sammlung »Frauen an Karl Kraus«, Briefe, Kraus-Archiv der Stadtbibliothek Wien, HJN. Ib 163 325.

27 Schnitzler, *Die Komödie der Verführung*, in *Die Dramatischen Werke*, II, S. 872.

28 Schnitzler, *Anatol*, in *Die Dramatischen Werke*, I, S. 28 f.

29 Schnitzler, *Liebelei*, in *Die Dramatischen Werke*, I, S. 215 f.

30 Arthur Schnitzler, *Die kleine Komödie*, in *Die Erzählenden Schriften*, I (Frankfurt/Main, 1961), 176 f. Alle Zitate aus dem Bd. I der Erzählungen dieser Ausgabe sind diesem Band entnommen.

31 Schnitzler, *Die überspannte Person*, in *Die Dramatischen Werke*, I, S. 201 f.

32 Schnitzler, *Halbzwei*, in *Die Dramatischen Werke*, I, S. 207 f.

33 Schnitzler, *Die Toten schweigen*, in *Die Erzählenden Schriften*, I, S. 296 f.

34 Schnitzler, *Zwischenspiel*, in *Die Dramatischen Werke*, I, S. 895 f.

35 Schnitzler, *Der Ruf des Lebens*, in *Die Dramatischen Werke*, I, S. 963 f.

36 Schnitzler, *Der Weg ins Freie*, in *Die Erzählenden Schriften*, I, S. 635 f.

37 Schnitzler, *Das weite Land*, in *Die Dramatischen Werke*, II, S. 217 f.

38 Schnitzler, *Frau Beate und ihr Sohn*, in *Die Erzählenden Schriften*, II, S. 42 f.

39 Schnitzler, *Das weite Land*, in *Die Dramatischen Werke*, I, S. 302.

40 Ariane Thomalla, *Die ›femme fragile‹. Ein literarischer Frauentyp der Jahrhundertwende* (Düsseldorf, 1972).

41 Die angeführten Beispiele sind zum größten Teil dem »Verzeichnis fragiler Frauengestalten« entlehnt, das Ariane Thomalla in *Die ›femme fragile‹*, S. 101 erstellt hat.

42 Richard Dehmel, *Bastard*, in *Hundert ausgewählte Gedichte* (Berlin: Fischer, 1918), S. 16.

43 Siehe Helmut Schelsky, *Soziologie der Sexualität* (Hamburg, 1955), S. 45.

44 Hugo Wolf, *Die große Hure Babylon*, *Die Fackel*, Nr. 311-312 (1910), S. 30. Dieser Hugo Wolf, ein Wiener Rechtsanwalt und mit zehn Gedichten in der *Fackel* vertreten, ist nicht zu verwechseln mit dem Komponisten Hugo Wolf. Diesen Irrtum begeht Franz Ögg im Register der Reprint-*Fackel*. Dr. Victor Suchy klärt den Fall auf und gibt Hinweise zur Person des schriftstellernden Hugo Wolf; s. *Kraus-Hefte*, Nr. 9 (1979), S. 13 f.

45 Leopold von Sacher-Masoch, *Grausame Frauen* (Leipzig: Leipziger Verlag, o.J.).

46 Leopold von Sacher-Masoch, *Venus im Pelz*, 2. Aufl. (Dresden: Dohrn, 1901).

47 F. 185, 1905, S. 23.

48 Felix Dörmann, *Neurotica*, S. 67-71 und S. 83-99.

49 Marquis de Sade, *Sätze*, eingel. von Karl Hauer, *Die Fackel*, Nr. 203 und 206 (1906), beide Male S. 1.

50 Karl Hauer, *Spiegel sterbender Welten*, *Die Fackel*, Nr. 207 (1906), S. 14 f.

51 Karl Kraus, »An Berthe Maria Denk«, (undat.) Brief vom Januar 1907, Deutsches Literaturarchiv im Schiller-Nationalmuseum, Marbach a. N., Inv. Nr. 78.457/3.

52 Karl Hauer, *Erotik der Grausamkeit*, *Die Fackel*, Nr. 223-224 (1907), S. 18 f., vgl. auch Karl Hauer, *Lob der Hetäre*, *Die Fackel*, Nr. 188 (1905), S. 11 f. und Karl Hauer, *Weib und Kultur*, *Die Fackel*, Nr. 213 (1906), S. 5 f.

53 Henrik Ibsen, *Hedda Gabler*, in *Schauspiele*, S. 850.

54 Henrik Ibsen, *Rosmersholm*, in *Schauspiele*, S. 597 f.

55 Hermann Bahr, *Kritiken* (Wien, 1963), S. 37.

56 Hermann Bahr, *Kritiken*, S. 43.

57 Frank Wedekind, *Erdgeist*, in *Gesammelte Werke*, Bd. III (München, 1920), S. 8. Alle Zitate aus dem *Erdgeist* und der *Büchse der Pandora* sind diesem Band entnommen.

58 Fritz Wittels, *Das Kindweib*, *Die Fackel*, Nr. 230-231 (1907), S. 14 f.
59 *Josefine Mutzenbacher. Die Lebensgeschichte einer wienerischen Dirne, von ihr selbst erzählt.* Vorbemerkung von K. H. Kramberg. Im Anhang Beiträge zur Ädöologie des Wienerischen von Oswald Wiener (München, 1970).
60 Karl Kraus, »An Alfred von Berger«, Brief vom 2./3. Januar 1904, *Das Silberboot*, S. 45.
61 Heinrich Mann, *Die Göttinnen oder Die drei Romane der Herzogin von Assy, Gesammelte Werke*, II (Berlin: Zsolnay, 1925).
62 Heinrich Mann, *Die Jagd nach Liebe, Gesammelte Werke*, III (Berlin: Zsolnay, 1925).
63 Heinrich Mann, *Professor Unrat oder Das Ende eines Tyrannen, Gesammelte Werke*, IV (Berlin: Zsolnay, 1925).
64 Heinrich Mann, *Alt, Die Fackel*, Nr. 196 (1906), S. 12 f.
65 Heinrich Mann, *Die Unschuldige, Die Fackel*, Nr. 301-302 (1910), S. 1 f.
66 Frank Wedekind, *Totentanz, Die Fackel*, Nr. 183-184 (1905), S. 31, S. 32-33.
67 Frank Wedekind, *Confession, Die Fackel*, Nr. 172 (1904), S. 21-22 und Frank Wedekind, *Ave Melitta! Die Fackel*, Nr. 182 (1905), S. 23-24.
68 Stanislaw Przybyszewski, *Das Geschlecht, Die Fackel*, Nr. 239-240 (1907), S. 1 f.
69 Stanislaw Przybyszewski, *Auf Kains Pfaden, Die Fackel*, Nr. 307-308 (1910), S. 8 f.
70 Stanislaw Przybyszewski, *Die Tat, Die Fackel*, Nr. 301-302 (1910), S. 19 f.
71 Hermann Bahr, *Die gute Schule* (Berlin, 1890).
72 Hermann Bahr, *Fin-de-siècle* (Berlin, 1891).
73 Hermann Bahr, *Die Mutter* (Berlin, 1891).
74 F. 68, 1901, S. 8.
75 Bahr, *Die Mutter*, S. 62.
76 Hofmannsthal, *Prosa I*, S. 16-23.
77 Marie Janitschek, *Vom Weibe*, zit. nach Albert Soergel und Curt Hohoff, *Dichtung und Dichter der Zeit* (Düsseldorf, 1961), I, S. 299.
78 Siehe Mario Praz, *Liebe, Tod und Teufel. Die schwarze Romantik*, übers. von Lisa Rüdiger (München, 1963).

79 Arthur Schnitzler, *Der Schleier der Beatrice*, in *Die Dramatischen Werke*, I, S. 553 f.
80 Freud, *Über einen besonderen Typus der Objektwahl beim Manne*, in *Sexualleben* (1972), S. 190.
81 Alfred Adler, *Über den nervösen Charakter* (Wiesbaden: Bergmann, 1912).
82 Freud, *Über die allgemeinste Erniedrigung des Liebeslebens*, in *Sexualleben*, S. 206.
83 August Strindberg, *Der Vater*, in *Dramen*, S. 45-46.
84 Alma Mahler-Werfel, *Mein Leben*, S. 27.
85 Alma Mahler-Werfel, *Mein Leben*, S. 50.
86 Alma Mahler-Werfel, *Mein Leben*, S. 109.
87 Siehe Heinz Federick Peters, *Lou Andreas-Salomé*, S. 256.
88 Das Vokabular verrät, wie sehr Freud an die bürgerliche Ideologie der Normalität gebunden bleibt, nach der ein Aspekt der Liebe, die Genitalität, zum ausschlaggebenden Kriterium für die Gesundheit eines Menschen gemacht wird. Nicht das Liebesspiel ist wichtig, sondern die Fähigkeit zur Fortpflanzung.
89 Freud, *Über die allgemeinste Erniedrigung des Liebeslebens*, in *Sexualleben*, S. 204.
90 Alma Mahler-Werfel, *Mein Leben*, S. 40.
91 Kraus benutzt dieses Bild in dem Gedicht *Abschied und Wiederkehr*, Untertitel »Offenbarung«, einem Gedicht vom 6./7. November 1915 (F. 413-417, 1915, S. 126), das sein erotisches Erleben mit Sidonie von Nádherný in das mythologische Gleichnis von Echo und Narziß bringt; s. *Worte in Versen*, S. 54-55, vgl. SN II, S. 184 und S. 187.
92 Weininger, S. 3.
93 Herbert Marcuse, *Triebstruktur und Gesellschaft* (Frankfurt, 1965), S. 160.
94 August Strindberg, *Der Vater*, in *Dramen*, S. 45.
95 Kraus, *Frühe Schriften*, Bd. II, S. 62.
96 F. 351-353, 1912, S. 1-3.
97 F. 351-353, 1912, S. 3.
98 F. 389-390, 1913, S. 38.
99 Karl Bleibtreu, *Otto Weininger's »Geschlecht und Charakter«*, *Die Fackel*, Nr. 157 (1904), S. 16.
100 Karl Hauer, *Weib und Kultur*, *Die Fackel*, Nr. 213 (1906), S. 5 f.

101 Ludwig Erik Tesar, *Die Wissenschaft und der einzelne Mensch*, *Die Fackel*, Nr. 324-325 (1911), S. 36 und S. 34.
102 Siehe Weininger, S. 95.
103 Weininger, S. 454.
104 Karl Bleibtreu, *Otto Weininger's »Geschlecht und Charakter«*, *Die Fackel*, Nr. 157 (1904), S. 14.
105 F. 360-362, 1912, S. 14.
106 F. 381-383, 1913, S. 43.
107 F. 360-362, 1912, S. 14.
108 F. 389, 1913, S. 31.
109 F. 309-310, 1910, S. 28.
110 F. 309-310, 1910, S. 28.
111 F. 360-362, 1912, S. 6.
112 F. 185, 1905, S. 1.
113 S. a. F. 300, 1910, S. 32; vgl. F. 360-362, S. 16: *Am Ursprung gibts kein Plagiat*. Vgl. Werner Kraft, *Die Idee des »Ursprungs« bei Karl Kraus*, Süddeutsche Zeitung, 12./13. Juni 1971, Nr. 140, Wochenendbeilage, S. 4.
114 F. 508-513, 1919, S. 80.
115 F. 868-872, 1932, S. 101.
116 S. Werner Kraft, *Das Ja des Neinsagers. Karl Kraus und seine geistige Welt* (München, 1974), S. 53.
117 F. 182, 1905, S. 5.
118 F. 143, 1905, S. 26.
119 F. 86, 1901, S. 20.
120 F. 182, 1905, S. 11.
121 F. 182, 1905, S. 8.
122 Weininger, S. 277.
123 Persönliches Interview mit Richard Weininger vom April 1978. Richard Weininger ist der Bruder und lebte bei New York. 1979 ist er gestorben.
124 Weininger, S. 199.
125 Weininger, S. 209.
126 Weininger, S. 90-91 und S. 244.
127 Weininger, S. 320.
128 Weininger, S. 469.
129 Weininger, S. 320.
130 F. 169, 1904, S. 7.
131 Weininger, S. 115.

132 Weininger, S. 354.
133 F. 229, 1907, S. 13.
134 Weininger, S. 359.
135 Weininger, S. 345.
136 Weininger, S. 403.
137 Weininger, S. 404.
138 Es würde sich lohnen, den möglichen Zusammenhängen zwischen Antisemitismus und Antifeminismus, die hier aufscheinen, in einer eigenen Untersuchung nachzugehen.
139 Otto Basil, *Arabeske über die Jugendstilfrau*, in *Ein wilder Garten ist dein Leib*, hg. von Otto Basil (Wien, 1968), S. 116.
140 F. 152, 1904, S. 20.
141 F. 144, 1903, S. 3.
142 F. 229, 1907, S. 14.
143 Peter Altenberg, *Wie Genies sterben*, *Die Fackel*, Nr. 81 (1901), S. 19.
144 F. 298-299, 1910, S. 1-4.
145 F. 298-299, 1910, S. 55.
146 F. 298-299, 1910, S. 56.
147 Kraus, *Sprüche und Widersprüche*, in *Beim Wort genommen*, S. 45. In der originalen Fassung der *Fackel* hatte Kraus statt des Ausdrucks »Naturtrieb« das schwächere »Eigenschaft« gesetzt: »Die Eifersucht des Mannes ist eine soziale Einrichtung, die Prostitution der Frau ist eine Eigenschaft.« F. 229, 1907, S. 2.
148 Weininger, S. 303.
149 F. 298-299, 1910, S. 56.
150 Kraus, *Sprüche und Widersprüche*, in *Beim Wort genommen*, S. 13. (Erste Fassung in F. 211, 1906, S. 27.)
151 Siehe F. 272-273, 1909, S. 40.
152 F. 389-390, 1913, S. 29.
153 Siehe Hermann Bahr, *Frauenrecht*, in *Inventur*, S. 119 f.
154 F. 241, 1908, S. 8.
155 F. 202, 1906, S. 2.
156 Kraus, *Sprüche und Widersprüche*, in *Beim Wort genommen*, S. 33 (Erste Fassung in F. 229, 1907, S. 2.)
157 Freud, *Die »kulturelle« Sexualmoral*, S. 28-29.
158 Siehe Alfred Pfabigan, *Karl Kraus und der Sozialismus*, S. 100.
159 Kraus, *Sprüche und Widersprüche*, in *Beim Wort genommen*, S. 19. (Erste Fassung in F. 202, 1906, S. 2.)

160 Erich Mühsam, *Bohême*, *Die Fackel*, Nr. 202 (1906), S. 10.
161 *Catalogus Librorum in Austria Prohibitorum. Verzeichnis der in Österreich bis Ende 1895 verbotenen Druckschriften*, hg. von A. Einsle (Wien, 1896) und *Catalogus Librorum in Austria Prohibitorum: Verzeichnis der in Österreich bis Ende 1901 verbotenen Druckschriften*, hg. von Carl Junker (Wien, o. V., 1902).
162 Kraus, *Sprüche und Widersprüche*, in *Beim Wort genommen*, S. 46. (Erste Fassung in F. 241, 1908, S. 4.)
163 F. 241, 1908, S. 4.
164 Weininger, S. 326.
165 Kraus, *Sprüche und Widersprüche*, in *Beim Wort genommen*, S. 164. (Erste Fassung in F. 229, 1907, S. 6.)
166 Karl Kraus, »An Sidonie von Nádherný«, Brief vom 4. Dezember 1915, in SN I, S. 256.
167 Siehe F. 229, 1907, S. 9. Kraus benutzt hier den Ausdruck »prostitutio in integrum« in einem Aphorismus gegen die Frauenemanzipation.
168 Siehe Antoine Prévost d'Exilles, *Geschichte der Manon Lescaut und des Chevalier des Grieux*, übers. von Wilhelm Cremer, hg. von Herbert Eulenberg (Berlin, o. J.), S. 177 und S. 196.
169 Karl Kraus, *Brief der Perichole*, in *Worte in Versen*, S. 503.
170 Frank Wedekind, *Erdgeist*, in *Gesammelte Werke*, Bd. III, S. 4.
171 Frank Wedekind, *Die Büchse der Pandora*, in *Gesammelte Werke*, Bd. III, S. 173.
172 F. 237, 1907, S. 6. Nach Auskunft von Frau Sophie Schick, die das Karl-Kraus-Archiv der Stadt Wien katalogisiert, ist dieser Aphorismus auf Fritz Wittels gemünzt und auf den Charakter seiner Liaison mit Irma Karczewska, dem »Tierchen«. Die aphoristische Redeweise geht darauf aus, Persönliches auf eine überpersönliche Ebene zu transponieren; sie muß es sich jedoch gefallen lassen, daß diese »Allgemeingültigkeit« mißverständliche Rückschlüsse provoziert. Als ein Seufzer Wittels' bedeutet der Aphorismus außerdem eine Unterstellung: solche Einfühlung verrät eben doch, daß Kraus es ist, der an seiner Stelle so empfunden hätte.
173 Kraus, »An Sidonie von Nádherný«, Brief vom 15. Februar 1915, in SN I, S. 133.
174 Kraus, »An Sidonie von Nádherný«, Brief vom 26. Februar 1915, in SN I, S. 141.

175 Kraus, »An Sidonie von Nádherný«, Brief vom 3. Februar 1915, in SN I, S. 122.

176 Kraus, »An Sidonie von Nádherný«, Brief vom 3. Februar 1915, in SN I, S. 123.

177 Kraus, »An Sidonie von Nádherný«, Brief vom 15. Februar 1915, in SN I, S. 132.

178 Kraus, »An Sidonie von Nádherný«, Brief vom 26. Februar 1915, in SN I, S. 142.

179 F. 406-412, 1915, S. 136. S. a. *Worte in Versen*, S. 11.

180 Kraus, »An Sidonie von Nádherný«, Brief vom 11. Dezember 1915, in SN I, S. 279.

181 Kraus, »An Sidonie von Nádherný«, Brief vom 23./24. September 1915, in SN I, S. 201.

182 Siehe Kraus, »An Sidonie von Nádherný«, Brief vom 1. Dezember 1915, in SN I, S. 251.

183 F. 406-412, 1915, S. 136.

184 Kraus, »An Sidonie von Nádherný«, Brief vom 21./22. November 1914, in SN I, S. 93.

185 Kraus, »An Sidonie von Nádherný«, Brief vom 20. Juli 1915, in SN I, S. 172.

186 Kraus, »An Sidonie von Nádherný«, Brief vom 14. September 1915, in SN I, S. 196.

187 Kraus, »An Sidonie von Nádherný«, Brief vom 10. Dezember 1910, in SN I, S. 107.

188 Kraus, »An Sidonie von Nádherný«, Brief vom 13./14. Februar 1922, in SN I, S. 532.

189 Kraus, »An Sidonie von Nádherný«, Brief vom 11. Dezember 1915, in SN I, S. 283.

190 Siehe Kraus, SN I, S. 150, S. 152, S. 153, S. 155, S. 157.

191 Kraus, »An Sidonie von Nádherný«, Brief vom 21. November 1914, in SN I, S. 91.

192 Kraus, »An Sidonie von Nádherný«, Brief vom 12./13. November 1915, in SN I, S. 225.

193 Persönliches Interview mit Paul Graf Schönborn vom Februar 1979 in Paris. Die böhmische Linie der Schönborns war mit den Nádhernýs befreundet. Graf Schönborn, der als Halbwüchsiger Karl Kraus in der geselligen Runde auf Schloß Janowitz erlebt hat, bestätigte diese »Fremdheit« von Kraus. Man sprach dort entweder von der Jagd, oder man erörterte

die verwandtschaftlichen Verzweigungen der aristokratischen Familien.

194 F. 400-403, 1914, S. 90 f.

195 F. 389-390, 1913, S. 34.

196 Robert Müller, *Karl Kraus oder Dalai Lama, der dunkle Priester. Eine Nervenabtötung*, zit. nach Jens Malte Fischer, *Affe oder Dalai Lama? Kraus-Gegner gestern und heute*, in *Karl Kraus*, hg. von Heinz Ludwig Arnold (München, 1975), S. 149. Müller gehörte, wie Wittels, zu den abtrünnigen Kraus-Verehrern. Mit Recht weist Fischer auf diesen zwischen 1910 und 1925 in Wien publizierenden Autor hin, der eine höchst interessante Figur ist. Seinem Anti-Kraus-Pamphlet spricht Fischer richtige Einzelerkenntnisse zu.

197 Mitgeteilt von Dr. Reinhard Urbach, einem der besten Kenner des Wiener Fin de siècle.

198 Kraus, *Sprüche und Widersprüche*, in *Beim Wort genommen*, S. 27. (Erste Fassung in F. 256, 1908, S. 25.)

199 Gina Kaus, *Und was für ein Leben*, S. 23.

200 Robert Scheu, *Karl Kraus, Die Fackel*, Nr. 277-278 (1909), S. 17.

201 Anton Kuh, *Der Affe Zarathustras*. Eine Stegreifrede, gehalten am 25. Oktober 1925 im Wiener Konzerthaus-Saal. Wieder abgedruckt in *Von Goethe abwärts* (Wien, 1963), S. 228 und S. 230.

202 Robert Scheu, *Karl Kraus, Die Fackel*, Nr. 277-278 (1909), S. 16.

203 Anton Kuh, *Der Affe Zarathustras*, in *Von Goethe abwärts*, S. 228.

204 Kraus, »An Sidonie von Nádherný«, Brief vom 13. März 1915, in SN I, S. 145.

205 Kraus, »An Berthe Maria Denk«, (undat.) Brief, wahrscheinlich vor 1906, Deutsches Literaturarchiv im Schiller-Nationalmuseum Marbach a. N., Inv. Nr. 74.456/12.

206 F. 508-513, 1919, S. 77.

207 F. 229, 1907, S. 17. Der vollständige Kontext lautet: »Die Stiere aller Parteien haben sich darüber geeinigt, daß die ›Fackel‹ ein Blatt ist, das die Unzucht propagiert. Es ist freilich wahr, daß ich als das einzige Mittel zur Beseitigung der männlichen Dummheit die Anerkennung der weiblichen Schönheit emp-

fehle und daß ich auf die durch Jahrhunderte geübte grausame Verschüttung und boshafte Verunreinigung der Quelle alles Lebens alle Übel dieser Welt zurückführe. Aber für die Sexualität der Stiere habe ich mich nie begeistert!«

208 Kraus, *Frühe Schriften*, Bd. I, S. 89.
209 F. 259-260, 1908, S. 41.
210 F. 229, 1907, S. 12.
211 F. 229, 1907, S. 12.
212 F. 360-362, 1912, S. 5.
213 F. 360-362, 1912, S. 25.
214 S. F. 300, 1910, S. 27.
215 F. 389-390, 1913, S. 35.
216 Otto Weininger, *Taschenbuch und Briefe an einen Freund*, hg. von Arthur Gerber (Leipzig: Tal & Co., 1919), S. 66; s. a. Abdruck des einzig erhalten gebliebenen Gedichtes von Otto Weininger, das seinen Ambivalenzen der Frau gegenüber Ausdruck gibt: F. 613-621, 1923, S. 158.
217 Weininger, S. 317.
218 Weininger, S. 319.
219 S. F. 229, 1907, S. 3 und S. 5.
220 F. 389-390, 1913, S. 32.
221 Weininger, S. 332.
222 Kraus, *Sprüche und Widersprüche*, in *Beim Wort genommen*, S. 21. (Erste Fassung in F. 256, 1908, S. 16. Dort heißt es noch deutlicher: »Er schenkte der Welt ein Buch.«)
223 Egon Friedell, *Peter Altenberg*, in *Kleine Portraitgalerie*, hg. von Walther Schneider (München, 1953), S. 144.
224 Peter Altenberg, »An Frau R. R.«, Brief vom Sommer 1913, in *Das Altenbergbuch*, hg. von Egon Friedell (Leipzig: Verlag der Wiener Graphischen Werkstätten, 1921), S. 110.
225 Peter Altenberg, »An Karl Kraus«, (undat.) Brief, wahrscheinlich aus dem Jahr 1904, Kraus-Archiv der Stadtbibliothek Wien, HJN. 160.437.
226 Peter Altenberg, »An Lina Loos«, Brief aus dem Jahr 1906, in *Das Altenbergbuch*, S. 182.
227 Peter Altenberg, »An Lina Loos«, Brief aus dem Jahr 1906, in *Das Altenbergbuch*, S. 181.
228 Peter Altenberg, »An Karl Kraus«, (undat.) Brief, Kraus-Archiv der Stadtbibliothek Wien, Secreta, Blatt 5.

229 Peter Altenberg, *Zur Männer-»Schönheits«-Concurrenz*, *Die Fackel*, Nr. 139 (1903), S. 21.
230 Sigmund Freud in der Diskussion zum Wittels-Vortrag *The ›Fackel‹-Neurosis*, in *Minutes of the Vienna Psychoanalytical Society*, II, S. 392. Engl.: »the aestheticism of the impotent«.
231 Ariane Thomalla, *Die ›femme fragile‹*, S. 62.
232 Siehe Altenberg, *Wie ich es sehe*, S. 120.
233 Egon Friedell erhielt nach dem Tode Altenbergs den Brief einer Prostituierten an den Dichter, der Zeugnis ablegt von dessen Wärme und Menschlichkeit. Abgedruckt in *Das Altenbergbuch*, S. 389-390.
234 Egon Friedell, *Peter Altenberg*, in *Kleine Portraitgalerie*, S. 143.
235 F. 508-513, 1919, S. 9-10.
236 F. 182, 1905, S. 13.
237 F. 333, 1911, S. 2.
238 F. 521, 1920, S. 101 f.
239 F. 691-696, 1925, S. 43 f. und *Literatur und Lüge*, Bd. VI der *Werke* von Karl Kraus (München, 1958), S. 9 f.
240 F. 182, 1905, S. 1.
241 F. 691-696, 1925, Fußnote zu Seite 53.
242 F. 182, 1905, S. 2.
243 F. 691-696, 1925, Fußnote zu S. 53.
244 Frank Wedekind, *Die Büchse der Pandora*, in *Gesammelte Werke*, Bd. III, S. 143.
245 Frank Wedekind, *Die Büchse der Pandora*, in *Gesammelte Werke*, Bd. III, S. 131.
246 Frank Wedekind, *Die Büchse der Pandora*, in *Gesammelte Werke*, Bd. III, S. 179.
247 F. 182, 1905, S. 5.
248 S. F. 182, 1905, S. 12.
249 F. 182, 1905, S. 5.
250 F. 182, 1905, S. 6. Im späteren Abdruck des Textes, 1925, schwächt Kraus die Behauptung, daß der Masochismus »nun einmal« die Voraussetzung künstlerischer Kreativität sei ab zu einem »vielleicht« (F. 691-696, 1925, S. 47).
251 F. 360-362, 1912, S. 5.
252 F. 406-412, 1915, S. 134.
253 F. 508-513, 1919, S. 77.
254 F. 182, 1905, S. 6.

255 Weininger, S. 307.
256 F. 182, 1905, S. 10.
257 Kraus, *Pro domo et mundo*, in *Beim Wort genommen*, S. 294, S. 284, S. 294.
258 Margarete Mitscherlich-Nielsen, *Sittlichkeit und Kriminalität. Psychoanalytische Bemerkungen zu Karl Kraus*, in *Karl Kraus*, hg. von Heinz Ludwig Arnold (München, 1975).
259 Mitscherlich-Nielsen, S. 34.
260 Manfred Schneider, *Die Angst und das Paradies des Nörglers* (Frankfurt/Main, 1977). Alle Zitate von Schneider sind diesem Band entnommen.
261 Schneider, S. 160.
262 Schneider, S. 161.
263 Schneider, S. 160.
264 Schneider, S. 161. »Der Hörerin« (Sidonie von Nádherný) widmet Kraus den Bd. III der *Worte in Versen*.
265 Schneider, S. 161.
266 Schneider, S. 162.
267 F. 272-273, 1909, S. 41.
268 F. 241, 1908, S. 1.
269 Heinz Politzer, *Die letzten Tage der Schwierigen. Hofmannsthal, Karl Kraus und Schnitzler*, Merkur, März 1974, S. 223.
270 Zeugnis von den amourösen Abwechslungen von Kraus gibt u. a. wieder Gina Kaus in *Was für ein Leben* . . ., S. 126: »Dann hatte sie [Helene] es anscheinend übernommen, ihn mit ›Freundinnen‹ zu versehen und geeignete Frauen aufzutreiben, da er selbst ja überhaupt nicht in Gesellschaft ging. Offenbar hatte sie gefunden, ich sei geeignet. Warum? Dutzende junger Schauspielerinnen wären bereit gewesen, seine Geliebte zu werden, teils aus wirklicher Verehrung, teils in der Hoffnung auf eine lobende Zeile . . . Er brauchte eine sehr polygame Frau, die gut zu erzählen verstand und keine Ansprüche an ihn stellte, weder an sein Geld noch an seine Zeit. Ich war Helenes Meinung nach die ideale Frau für ihn.«
271 Siehe Paul Schick, *Karl Kraus*, S. 53.
272 Vgl. Emmanuel Wertheimer, *Aphorismen. Gedanken und Meinungen*. Vorwort von François Coppée (Stuttgart, Leipzig, Berlin, Wien, o. J.), S. 65: »Beim Verlust eines geliebten Wesens bringen die Frauenkleider den Frauen den ersten Trost.«

Kraus: »Kosmetik ist die Lehre vom Kosmos des Weibes.«
(F. 251-252, 1908, S. 35.)
Wertheimer, S. 60: »Eine alternde Frau zankt jahrelang mit ihrem Spiegel, ehe sie nachgibt.«
Kraus: »Keine Grenze verlockt mehr zum Schmuggeln als die Altersgrenze.« (F. 272-273, 1909, S. 42)
Vgl. Alexander Engel, *Herr Adam und Frau Eva, Neue Folge* (Wien, 1923). 1892, als junger Rezensent hatte Kraus Novelletten und Aphorismen dieses Alexander Engel für *Die Gesellschaft* besprochen (*Frühe Schriften*, I, S. 51-52). Die folgenden Aphorismen sind wesentlich später entstanden, ihr Charakter ist jedoch der gleiche wie um 1900:
S. 54: »Der Liebe bleibt auch die untreue Frau treu.«
Kraus: »Es geht nichts über die Treue einer Frau, die in allen Lagen an der Überzeugung festhält, daß sie ihren Mann nicht betrüge.« (F. 272-273, 1909, S. 41)
Engel, S. 54: »Liebesbriefe! Wenn die Orthographie falsch, ist das Herz zumeist echt.«
Kraus: »Die weibliche Orthographie schreibt noch immer ›genus‹ mit zwei und ›Genuss‹ mit einem ›s‹.« (F. 198, 1906, S. 1)
Engel, S. 61: »2 × 2 sagt die Mathematik. 2 × 2 ist 5 oder 8, wenn eine Frau im Spiele ist, denn in solchen Fällen verrechnet sich selbst die Mathematik.«
Kraus: Die Frauenseele =

$$\frac{x^2 + \sqrt{31 \cdot 4 - 20 + 4 \cdot 6 - (4 \times 2)} + y^2 + 2 \times y - (0.53 + 0.47)}{(x+y)^2 - 3 \cdot 8 + 6 - 6 \cdot 2}$$

(F. 288, 1909, S. 15)

Engel, S. 6: »Die Liebe einer Frau ist eine Ballade, ihre Treue ein Epigramm.«
Kraus: »Weibeslust liegt neben der männlichen wie ein Epos neben einem Epigramm.« (F. 315-316, 1911, S. 31)

273 F. 406-412, 1915, S. 132.
274 F. 300, 1910, S. 27.
275 Alfred Pfabigan, *Karl Kraus und der Sozialismus*, S. 110.
276 Robert Musil, *Tagebücher, Aphorismen, Essays und Reden*, hg. von Adolf Frisé (Hamburg, 1955), S. 354.
277 F. 270-271, 1909, S. 35.
278 F. 329-330, 1911, S. 24.

279 Ausführlich zu diesem Thema: Allan Janik und Stephen Toulmin, *Wittgenstein's Vienna* (New York, 1973).
280 Josef Quack, *Bemerkungen zum Sprachverständnis von Karl Kraus* (Bonn, 1976).
281 F. 389-390, 1913, S. 42.
282 F. 443-444, 1916, S. 5. S. a. *Worte in Versen*, S. 66.
283 F. 256, 1908, S. 25: »In der Sprachkunst nennt man es eine Metapher, wenn etwas ›nicht im eigentlichen Sinne gebraucht wird‹. Also sind Metaphern die Perversitäten der Sprache oder Perversitäten die Metaphern der Liebe.«
284 Berthold Viertel, *Karl Kraus. Ein Charakter und die Zeit*, in *Dichtungen und Dokumente*, hg. von Ernst Ginsberg (München, 1956), S. 259.
285 F. 443-444, 1916, S. 8. S. a. *Worte in Versen*, S. 66.
286 Siehe F. 241, 1908, S. 22.
287 F. 326-328, 1911, S. 45.
288 F. 697-705, 1925, S. 91.
289 F. 288, 1909, S. 14.
290 F. 300, 1910, S. 17.
291 Kraus, *Pro domo et mundo*, in *Beim Wort genommen*, S. 292. (Erste Fassung in F. 329-330, 1911, S. 25.)
292 S. F. 234-235, 1907, S. 1.
293 Dietrich Simon, *Literatur und Verantwortung, Zur Aphoristik und Lyrik von Karl Kraus*, in *Karl Kraus*, hg. von Heinz Ludwig Arnold (München, 1975), S. 99.
294 F. 229, 1907, S. 12.
295 F. 381-383, 1913, S. 69.
296 Werner Kraft, *Das Ja des Neinsagers*, S. 8.
297 Quack, S. 10.
298 F. 329-330, 1911, S. 33.
299 Karl Kraus, *Die Sprache*, Bd. II der *Werke* von Karl Kraus (München, 1962), S. 436. Alle Zitate aus *Die Sprache* sind diesem Band entnommen.
300 Kraus, *Die Sprache*, S. 422.
301 Kraus, *Die Sprache*, S. 438.
302 F. 326-328, 1911, S. 44.
303 Benjamin, *Karl Kraus*, S. 362.
304 F. 413-417, 1915, S. 126. S. a. *Worte in Versen*, S. 55.
305 Siehe o. S. 154.

306 Siehe F. 360-362, 1912, S. 1. Der Aphorismus, ein wesentlicher für das Verständnis von Kraus, lautet: »In der Schöpfung ist die Antithese nicht beschlossen. Denn in ihr ist alles widerspruchslos und unvergleichbar. Erst die Entfernung der Welt vom Schöpfer schafft Raum für die Sucht, die jedem Gegenteil das verlorene Ebenbild findet.«

307 Auf seine reale Mutter, Ernestine Kraus, die er sehr geliebt haben muß (er bewahrte eine Haarlocke, einen Brief, ein Blatt von ihrem Grab bis zu seinem Tode auf; s. Schick, S. 14), kommt Kraus nur zu sprechen in dem Gedicht *Jugend*. (F. 462-471, 1917, S. 181; s. a. *Worte in Versen*, S. 180.) In einer Fußnote zu einem Fremdbeitrag *Die Mütter* (F. 261-262, 1908, S. 41) distanziert er sich von der soziopsychologisch argumentierenden Verurteilung der Mütter, die hier stattfindet. »Nicht für alle Mütter scheint mir diese Betrachtung zu gelten . . .«

308 Die psychoanalytische Arbeit von Gabrielle Rubin, *Les Sources inconscientes de la misogynie* (Paris, 1977) bedient sich dieses Ausdrucks, um die Mutter der Kindheit, Inbegriff der Liebe, aber auch der Abhängigkeit, abzusetzen von der realen Mutterperson der späteren Jahre. Aus der tragischen Konfusion zwischen der früher als übermächtig empfundenen Mutter und der realen Person entstehe die Misogynie, eine Abwehrreaktion gegen die Gottheit Mutter, die sich dann auf die Frauen im allgemeinen erstrecke.

309 Es ist wichtig, die zeitlichen Überschneidungen der Themen und Formen bei Kraus im Auge zu behalten. Wie die aphoristische Phase schon in die Zeit von *Sittlichkeit und Kriminalität* fällt, so geht die lyrische Produktion (die ersten Gedichte entstehen 1913) parallel zu den großen politischen und dramatischen Schriften der Weltkriegszeit. Nach dem Krieg setzen dann die dichtungstheoretischen Abhandlungen ein, auch beginnt Kraus seine Überlegungen zur »Sprachlehre«, die in dem posthum herausgegebenen Band *Die Sprache* erscheinen. Im wesentlichen waren die Geschlechterfragen, die soziale und kulturelle Bestimmung der Frau und des Mannes in den Jahren zwischen 1903 und 1911 geklärt worden. Die Faszination des komplementären Schemas von »Geist und Geschlecht« hält jedoch an, da es nicht nur eine Ordnungsfunktion ausübt, sondern auch der Produktionsästhetik zugrundeliegt. Die Lie-

besgedichte der *Worte in Versen* I-IX, ausgelöst durch Sidonie von Nádherný, aber durchaus nicht alle an sie gerichtet (Buch VIII ist der Freundin Mary Dobrženský gewidmet und Buch IX Helene Kann), bringen die lyrische Fassung der Geschlechtertheorie.

310 Kraus, *Die Sprache*, S. 349.
311 F. 462-471, 1917, S. 79-80; s. a. *Worte in Versen*, S. 120-121.
312 Kraus, *Die Sprache*, S. 352.
313 Rainer Maria Rilke, *Werke in drei Bänden*, I, S. 504.
314 Rilke, S. 491.
315 F. 229, 1907, S. 5.
316 Kraus, *Die Sprache*, S. 415.
317 Kraus, *Die Sprache*, S. 388-423.
318 F. 443-444, 1916, S. 31; s. a. *Worte in Versen*, S. 80.
319 Kraus, *Die Sprache*, S. 389.
320 Kraus, *Die Sprache*, S. 391.
321 Kraus, *Die Sprache*, S. 392.
322 Kraus, *Die Sprache*, S. 390.
323 Kraus, *Die Sprache*, S. 390.
324 Kraus, *Die Sprache*, S. 392.
325 Kraus, *Die Sprache*, S. 351.
326 Kraus, *Die Sprache*, S. 413.
327 Kraus, *Die Sprache*, S. 392.
328 Kraus, »An Berthe Maria Denk«, Brief vom 10. Juli 1906, Deutsches Literaturarchiv im Schiller-Nationalmuseum Marbach a. N., Inv. Nr. 74.456/17.
329 F. 309-310, 1910, S. 40.
330 F. 275-276, 1909, S. 30.
331 F. 241, 1908, S. 10. Über die positive Orientierungsfunktion, die die Kindheit, als »Rückkehr in die Zeit«, für Karl Kraus hatte, gibt das Kapitel über die Anamnesis bei Michael Naumann, *Der Abbau einer verkehrten Welt* (München, 1969) Auskunft.
332 S. Anm. 177. In einem anderen Brief an Sidonie von Nádherný vom 2./3. Dezember 1914 drückt er sich noch deutlicher aus: »Meiner Maßlosigkeit kann das Leben nicht genügen, und darum auch die Liebe nicht, wenn sie sich mit dem Leben abfinden muß.« In SN I, S. 101.

333 Im Krieg wurde ihm dieser Gedanke besonders augenfällig: »Die Quantität ist kein Gedanke. Aber daß sie ihn fraß, ist einer«, schrieb er im Oktober 1915. F. 406-412, 1915, S. 111.
334 F. 323, 1911, S. 20.
335 Arthur Schnitzler, Tagebucheintragung vom 4. 5. 1895, in *Adele Sandrock und Arthur Schnitzler. Dilly*, S. 272.
336 Dietrich Simon, *Literatur und Verantwortung*, in *Karl Kraus*, S. 98.
337 F. 241, 1908, S. 28.
338 Der »Nörgler« ist das alter ego von Kraus im Drama *Die letzten Tage der Menschheit*.
339 Eine Anekdote, die Friedrich Torberg erzählte, kursiert in Wien. Als Torberg in der Nacht nach einem Caféhausbesuch noch zu einer Frau wollte, soll Kraus zu ihm gesagt haben: »Wozu? Das kann man doch allein viel besser.« Zumindest ist die Anekdote gut erfunden von Torberg.
340 F. 323, 1911, S. 21-23.

Literaturverzeichnis

Bibliographien

Fischer, Jens Malte, *Karl Kraus*, Stuttgart: Metzler, 1974.
Kerry, Otto, *Karl-Kraus-Bibliographie*. Mit einem Register der Aphorismen, Gedichte, Glossen und Satiren, München: Kösel, 1970.
- *Nachtrag zur »Karl-Kraus-Bibliographie«*, in: *Modern Austrian Literature. Special Karl Kraus Issue*. Vol. 8, No. 1/2, 1975, S. 103-210.
Scheichl, Sigurd Paul, *Kommentierte Auswahlbibliographie zu Karl Kraus*, in: *Karl Kraus*. München: text und kritik, 1975. S. 158-241.

Schriften von Karl Kraus

Kraus, Karl (Hg.), *Die Fackel* (1899-1936). 922 Nummern in 37 Jgg., 39 Bände. Hg. des photomechanischen Nachdrucks Heinrich Fischer. Reprint ab 1968 (München: Kösel-Verlag).
Kraus, Karl (Hg.), *Die Fackel*. Wien, 1899-1936. Reprint in 12 Bänden (Frankfurt/Main: Zweitausendeins, 1977). Mit einem Personenregister von Franz Ögg.
- *Werke*. 14 Bände und 3 Supplementbände. Hg. Heinrich Fischer. München: Kösel-Verlag, 1952-1967. Diese Ausgabe unterteilt sich wie folgt:
  Bd. I: *Die dritte Walpurgisnacht* (1952).
  Bd. II: *Die Sprache* (1954).
  Bd. III: *Beim Wort genommen* (1955).
  Bd. IV: *Widerschein der Fackel* (1956).
  Bd. V: *Die letzten Tage der Menschheit* (1957).
  Bd. VI: *Literatur und Lüge* (1958).
  Bd. VII: *Worte in Versen* (1959).
  Bd. VIII: *Untergang der Welt durch schwarze Magie* (1960).
  Bd. IX: *Unsterblicher Witz* (1961).
  Bd. X: *Mit vorzüglicher Hochachtung* (1962).

Bd. XI: *Sittlichkeit und Kriminalität* (1963).
Bd. XII: *Die chinesische Mauer* (1964).
Bd. XIII: *Weltgericht* (1965).
Bd. XIV: *Dramen* (1967).
- *Frühe Schriften 1892-1900*. 2 Bde. Hg. Johannes J. Braakenburg, München: Kösel, 1979.
- *Briefe an Sidonie Nádherný von Borutin. 1913-1936.* 2 Bde. Hg. Heinrich Fischer und Michael Lazarus. München: Kösel, 1974.
- »An Berthe Maria Denk.« Unveröffentlichte Briefe aus dem Nachlaß Berthe Maria Denks. Literaturarchiv im Schiller-Nationalmuseum, Marbach a. N., Inv. Nr. 78.456/1 f.

Literatur zu Karl Kraus

Adorno, Theodor Wiesengrund, *Sittlichkeit und Kriminalität*, in: *Noten zur Literatur III*. Frankfurt/Main: Suhrkamp, 1965, S. 57-82.
Arntzen, Helmut, *Karl Kraus und Hugo von Hofmannsthal*, in: *Sprache im technischen Zeitalter*, 26 (1968), S. 147-163.
- *Karl Kraus und die Presse*, München: Fink, 1975.
- *Karl Kraus als Kritiker des Fin de siècle*, in: *Fin de siècle. Zu Literatur und Kunst der Jahrhundertwende*. Hg. Roger Bauer et al., Frankfurt/Main: Klostermann, 1977, S. 112-124.
Bauer, Roger, *Karl Kraus: Von der Prosa zum Vers*, in: *Laßt sie koaxen. Die kritischen Frösch' in Preußen und Sachsen! Zwei Jahrhunderte Literatur in Österreich*, Wien: Europaverlag, 1977, S. 200-216.
Benjamin, Walter, *Karl Kraus*, in: *Gesammelte Schriften*, Bd. II. 1. Hg. Rolf Tiedemann und Hermann Schweppenhäuser, Frankfurt/Main: Suhrkamp, 1977, S. 334-367.
Bilke, Martina, *Zeitgenossen der Fackel*, Wien: Löcker und Wögenstein, 1981.
Blume, Bernhard, *Karl Kraus und Sidonie Nádherný von Borutin. Zum Erscheinen der Briefe des Schriftstellers*, in: *Neue Zürcher Zeitung*, 28. April 1974, Nr. 194, S. 53.
Canetti, Elias, *Der Neue Karl Kraus*, in: *Neue Rundschau*, 1 (1975), S. 1-21.

Fischer, Jens Malte, *Karl Kraus. Studien zum ›Theater der Dichtung‹ und Kulturkonservativismus*, Kronberg/Taunus: Scriptor, 1973.

- *Affe oder Dalai Lama? Kraus-Gegner gestern und heute*, in: *Karl Kraus*. Hg. Heinz Ludwig Arnold, München: Sonderband text und kritik, 1975, S. 145-157.

Frauenbriefe. »An Karl Kraus«. Unveröffentlichte Briefe von Frauen aus dem Nachlaß. Kraus-Archiv der Stadtbibliothek Wien, HJN. Jb 163.325 f.

Hartl, Edwin, *Karl Kraus und die Psychoanalyse*, in: *Merkur*, Februar 1977, S. 144-162.

Hauer, Karl, »An Karl Kraus«. Unveröffentlichte Briefe aus dem Nachlaß. Kraus-Archiv der Stadtbibliothek Wien, HJN. 140.901 f.

Heller, Erich, *Flucht aus dem zwanzigsten Jahrhundert. Eine kulturkritische Skizze*, Wien: Saturn, 1938.

- *Karl Kraus*, in: *Enterbter Geist. Essays über modernes Dichten und Denken*. Frankfurt/Main: Suhrkamp, 1954, S. 333-370.

- *Beim Aphorismus genommen*, in: *Forum*, März 1956, S. 217-220.

- *›Liebes Leid und Lust‹*, in: *Merkur*, November 1974, S. 1071-1079.

- *Karl Kraus und die Ethik der Sprache. Zum 100. Geburtstag von Karl Kraus: 28. April 1974*, in: *Austriaca. Beiträge zur österreichischen Literatur. Festschrift für Heinz Politzer zum 65. Geburtstag*. In Zusammenarbeit mit Richard Brinkmann hg. von Winfried Kudszus und Hinrich C. Seeba. Tübingen: Niemeyer, 1976, S. 298-314.

Jenaczek, Friedrich, *Zeittafeln zur ›Fackel‹. Themen – Ziele – Probleme*, Gräfelfing: Gans, 1965.

Kaldwasser, Dorothea, »An Karl Kraus.« Unveröffentlichte Briefe aus dem Nachlaß. Kraus-Archiv der Stadtbibliothek Wien, HJN. 136.258 f.

Kalmar, Annie, »An Karl Kraus.« Unveröffentlichte Briefe aus dem Nachlaß. Kraus-Archiv der Stadtbibliothek Wien, HJN. 136.153 f.

Kann, Helene, *Karl Kraus und sein Alltag*, in: *Forum*, April 1954, S. 20-21.

Kimpel, Dieter, *Nachwort*, in Karl Kraus, *Die demolirte Literatur*, Steinbach: Anabasis 1972, S. 54-64.

Kohn, Caroline, *Karl Kraus*, Stuttgart: Metzler, 1966.

Kohn, Hans, *Karl Kraus, Arthur Schnitzler, Otto Weininger. Aus dem jüdischen Wien der Jahrhundertwende*, Tübingen: Mohr, 1962.

Kosler, Hans Christian, *Karl Kraus und die Wiener Moderne*, in *Karl Kraus*. Hg. Heinz Ludwig Arnold. München: Sonderband text und kritik, 1975, S. 39-57.

Kraft, Werner, *Karl Kraus. Beiträge zum Verständnis seines Werkes*, Salzburg: Müller, 1956.

- *Ludwig Wittgenstein und Karl Kraus*, in: *Rebellen des Geistes*, Stuttgart: Kohlhammer, 1968, S. 102-134.

- *Das Ja des Neinsagers. Karl Kraus und seine geistige Welt*, München: text und kritik, Boorberg, 1974.

- *Die Idee des »Ursprungs« bei Karl Kraus*, in: *Süddeutsche Zeitung*, 12./13. Juni 1971, Nr. 146, Wochenendbeilage, S. 4.

Kraus, Karl, Annie Kalmar, Detlev von Liliencron, Alfred von Berger, *Unveröffentlichte Briefe*, in: *Das Silberboot*, Heft 1 (1951), S. 39-46.

Krenek, Ernst, *Alban Bergs »Lulu«*, in: *Zur Sprache gebracht*, München: Langen Müller, 1958, S. 241-250.

Kuh, Anton, *Der Affe Zarathustras*, in: *Von Goethe abwärts. Aphorismen, Essays, Kleine Prosa*. Wien: Forum, 1963, S. 207-241.

Lasker-Schüler, Else, *Briefe an Karl Kraus*. Hg. Astrid Gehlhoff-Claes. Köln: Kiepenheuer & Witsch, o. J. [1959].

Lichnowsky, Mechthilde, *Karl Kraus zum Gedächtnis*, in: *Merkur*, Februar 1956, S. 162-165.

Liegler, Leopold, *Karl Kraus und sein Werk*, Wien: Lanyi, 1920.

Mayer, Hans, *Karl Kraus*, in: *Der Repräsentant und der Märtyrer. Konstellationen der Literatur*, Frankfurt/Main: Suhrkamp, 1971, S. 45-64.

Mitscherlich-Nielsen, Margarete, *Sittlichkeit und Kriminalität. Psychoanalytische Bemerkungen zu Karl Kraus*, in: *Karl Kraus*. Hg. Heinz Ludwig Arnold. München: Sonderband text und kritik, 1975, S. 21-38.

Naumann, Michael, *Der Abbau einer verkehrten Welt. Satire und politische Wirklichkeit im Werk von Karl Kraus*, München: List, 1969.

Pfabigan, Alfred, *Karl Kraus und der Sozialismus. Eine politische Biographie*, Wien: Europaverlag, 1976.

Politzer, Heinz, *Die letzten Tage der Schwierigen. Hofmannsthal, Karl Kraus und Schnitzler*, in: *Merkur*, März 1974, S. 214-238.

Quack, Josef, *Bemerkungen zum Sprachverständnis von Karl Kraus*, Bonn: Bouvier, 1976.

Radecki, Sigismund von, *Über Karl Kraus' »Worte in Versen«*, in: *Gesichtspunkte*, Köln: Hegner, 1964, S. 89-93.

Reich-Ranicki, Marcel, *Karl Kraus, sein Haß, seine Liebe*, in: *Überprüfung. Aufsätze über deutsche Schriftsteller von gestern*, München: Piper, 1977, S. 76-92.

Riha, Karl, *»Heiraten« in der »Fackel«. Zu einem Zeitungs-Zitat-Typus bei Karl Kraus*, in: *Karl Kraus*. Hg. Heinz Ludwig Arnold. München: Sonderband text und kritik, 1975, S. 116-126.

Scheichl, Sigurd Paul und Christian Wagenknecht (Hg.), *Kraus-Hefte*, München: text und kritik, 1977 f.

Scheu, Robert, *Karl Kraus*, Wien: Jahoda & Siegel, 1909. Auch in *Die Fackel*, Nr. 277-278 (1909), S. 1-24.

Schick, Paul, *Karl Kraus in Selbstzeugnissen und Bilddokumenten*, Hamburg: Rowohlt, 1965.

- *Zu den Briefen Karl Kraus' an Alfred von Berger*, in: *Das Silberboot*, Heft 2 (1951), 122-128.

Simon, Dietrich, *Karl Kraus. Stimme gegen die Zeit*, in: *Kommentare zu Karl Kraus*. Beiheft zur dreibändigen Karl-Kraus-Auswahl. Hg. Kurt Krolop und Dietrich Simon. Berlin (DDR): Volk und Welt, 1971, S. 3-88.

- *Literatur und Verantwortung. Zur Aphoristik und Lyrik von Karl Kraus*, in: *Karl Kraus*. Hg. Heinz Ludwig Arnold. München: Sonderband text und kritik, 1975, S. 88-107.

Schneider, Manfred, *Die Angst und das Paradies des Nörglers. Versuch über Karl Kraus*, Frankfurt/Main: Syndikat, 1977.

Stephan, Joachim, *Satire und Sprache. Zu dem Werk von Karl Kraus*, München: Pustet, 1964.

Stern, J. P., *Karl Kraus' Vision of Language*, in: *Modern Language Review*, No. 61 (1966), S. 71-84.

Sternbach-Gärtner, Lotte (d. i. Kohn, Caroline), *Mechthilde Lichnowsky und Karl Kraus*, in: *Forum*, September 1958, S. 324-326.

Szasz, Thomas, *Karl Kraus and the Soul-Doctors*, Baton Rouge: Louisiana State Univ. Press, 1976.

Urbach, Reinhard, *Karl Kraus und Arthur Schnitzler. Eine Dokumentation*, in: *Literatur und Kritik*, Oktober 1970, S. 513-530.

- *Crêpe de Chine. Karl Kraus und die Zeitschrift »Liebelei«*, in: *Neue Zürcher Zeitung*, 28. April 1974, S. 52.

- *Karl Kraus und Hugo von Hofmannsthal. Eine Dokumentation, I. 1892-1899, II. 1899-1935*, in: *Hofmannsthal-Blätter*, Heft 6 (1971),

S. 447-458 und *Hofmannsthal-Blätter*, Heft 12 (1974), S. 372-424.
Viertel, Bertold, *Karl Kraus. Ein Charakter und die Zeit*, in: *Dichtungen und Dokumente*. Hg. Ernst Ginsberg, München: Kösel, 1956, S. 203-280.
Weigel, Hans, *Karl Kraus oder die Macht der Ohnmacht. Versuch eines Motivberichts zur Erhellung eines vielfachen Lebenswerks*, München: dtv, 1972.

Weitere Quellen und zeitgenössische Literatur

Adler, Alfred, *Über den nervösen Charakter. Grundzüge einer vergleichenden Individualpsychologie und Psychotherapie*, Wiesbaden: Bergmann, 1912.
Altenberg, Peter, *Das große Peter Altenberg Buch*. Hg. von Werner J. Schweiger, Wien: Zsolnay, 1977.
- *Leben und Werk in Texten und Bildern*. Hg. Hans Christian Kosler. München: Matthes & Seitz, 1981.
- *Das Altenbergbuch*. Hg. Egon Friedell. Leipzig: Verlag der Wiener Graphischen Werkstätten, 1921.
- *Auswahl aus seinen Büchern von Karl Kraus*, Wien: Schroll, 1932.
- *Wie ich es sehe*, Berlin: Fischer, 1896.
- *Was der Tag mir zuträgt. 55 neue Studien*, Berlin: Fischer, 1901.
- *Pròdromos*, Berlin: Fischer, 1906.
- *Märchen des Lebens*, Berlin: Fischer, 1908.
Altmann Loos, Elsie, *Adolf Loos der Mensch*, Wien: Herold 1968.
Andreas-Salomé, Lou, *Die Erotik. Vier Aufsätze*. Hg. Ernst Pfeiffer. München: Matthes & Seitz, 1979.
- *Lebensrückblick. Grundriß einiger Lebenserinnerungen*. Hg. Ernst Pfeiffer. Wiesbaden: Insel, 1951.
Andrian, Leopold von, *Der Garten der Erkenntnis*. Hg. Walter H. Perl. Frankfurt/Main: Fischer, 1970.
D'Annunzio, Gabriele, *Il piacere*, Milano, 1896.
Bahr, Hermann, *Zur Überwindung des Naturalismus. Theoretische Schriften 1887-1904*. Hg. Gotthart Wunberg, Stuttgart: Kohlhammer, 1968.
- *Die gute Schule. Seelenstände*, Berlin, 1890.

- *Fin de siècle. Novellen*, Berlin, 1891.
- *Die Mutter*, Berlin, 1891.
- *Secession*, Wien: Wiener Verlag, 1900.

Bahr, Hermann (Hg.), *Gegen Klimt*, Wien: Eisenstein & Co., 1903.
Bebel, August, *Die Frau und der Sozialismus*, 1879; Reprint Berlin: Dietz, 1946.
Beer-Hofmann, Richard, *Novellen*, Berlin: Freund & Jeckel, 1893.
- *Der Tod Georgs*, Berlin: Fischer, 1900.
- *Der Graf von Charolais. Ein Trauerspiel*, Berlin: Fischer, 1904.

Berg, Alban, *Briefe an seine Frau*, München: Langen Müller, 1965.
Blei, Franz (Hg.), *Der Amethyst*, Oldenburg, Rottig, 1906.
- Übers., *Hetärengespräche des Lukian*, Leipzig, o. V., 1907.

Bölsche, Wilhelm, *Das Liebesleben in der Natur. Eine Entwickelungsgeschichte der Liebe*, 3 Bde. Jena: Diederichs, 1898-1903.
Broch, Hermann, *Hofmannsthal und seine Zeit. Eine Studie*, in: *Dichten und Erkennen. Essays.* Bd. I. Hg. Hannah Arendt, Zürich: Rhein, 1955.
Dehmel, Richard, *Weib und Welt. Gedichte und Märchen*, Berlin: Schuster & Loeffler, 1901.
- *Zwei Menschen. Roman in Romanzen*, Berlin: Schuster & Loeffler, 1903.
- *Hundert ausgewählte Gedichte*, Berlin: Fischer, 1918.

Dörmann, Felix, *Neurotica*, Dresden, 1891.
- *Sensationen*, Wien, 1892.
- *Tuberosen. Ausgewählte Gedichte*, Wien: Wiener literarische Anstalt, 1920.

Engels, Friedrich, *Der Ursprung der Familie, des Privateigentums und des Staates*, 1884; 23. Aufl., Berlin: Dietz, 1923.
Foerster, Friedrich Wilhelm, *Sexualethik und Sexualpädagogik. Eine Auseinandersetzung mit den Modernen*, Kempten: Kösel'sche Buchhandlung, 1907.
- *Lebensführung*, Berlin: Reimers, 1911.

Forel, August, *Sexuelle Ethik*, München: Reinhardt, 1906.
- *Die sexuelle Frage. Eine naturwissenschaftliche, psychologische, hygienische und soziologische Studie*, 8. Aufl. München: Reinhardt, 1909.

Freud, Sigmund und Josef Breuer, *Studien über Hysterie*, Frankfurt/Main: Fischer, 1970.
Freud, Sigmund, *Vorlesungen zur Einführung in die Psychoanalyse*.

- *Und neue Folge*, in: *Studienausgabe*. Bd. I. Hg. Alexander Mitscherlich, Angela Richards und James Strachey. Frankfurt/Main: Fischer, 1969.
- *Die Traumdeutung*, in: *Studienausgabe*. Bd. II. Hg. Alexander Mitscherlich, Angela Richards und James Strachey. Frankfurt/Main: Fischer, 1972.
- *Psychologie des Unbewußten*, in: *Studienausgabe*. Bd. III. Hg. Alexander Mitscherlich, Angela Richards und James Strachey. Frankfurt/Main: Fischer, 1975.
- *Psychologische Schriften*, in: *Studienausgabe*. Bd. IV. Hg. Alexander Mitscherlich, Angela Richards und James Strachey. Frankfurt/Main: Fischer, 1970.
- *Sexualleben*, in: *Studienausgabe*. Bd. V. Hg. Alexander Mitscherlich, Angela Richards und James Strachey. Frankfurt/Main: Fischer, 1972.
- *Fragen der Gesellschaft / Ursprünge der Religion*, in: *Studienausgabe*. Bd. IX. Hg. Alexander Mitscherlich, Angela Richards und James Strachey. Frankfurt/Main: Fischer, 1974.
- *Bildende Kunst und Literatur*, in: *Studienausgabe*. Bd. X. Hg. Alexander Mitscherlich, Angela Richards und James Strachey. Frankfurt/Main: Fischer, 1969.

Friedell, Egon, *Peter Altenberg*, in: *Kleine Portraitgalerie*. München: Beck, 1953, S. 116-146.
- *Kulturgeschichte der Neuzeit*. Bd. III. München: Beck, 1931.

Grün, Heinrich, *Prostitution in Theorie und Wirklichkeit*, Wien: Deubler, 1907.

Gütersloh, Albert Paris, *Die tanzende Törin*. Hg. v. Wolfdietrich Rasch, München: Langen Müller, 1973.

Halbe, Max, *Jahrhundertwende. Erinnerungen an eine Epoche*. Hg. Anneliese Halbe. München: Langen Müller, 1976.

Hauer, Karl, *Von den fröhlichen und unfröhlichen Menschen. Gesammelte Essays*, Wien: Jahoda und Siegel, 1911.

Hauptmann, Gerhart, *Hanneles Himmelfahrt*, in: *Sämtliche Werke*. Bd. I. Hg. Hans-Egon Hass. Frankfurt/Main: Ullstein, 1966.
- *Die versunkene Glocke*, in: *Sämtliche Werke*. Bd. I. Hg. Hans-Egon Hass. Frankfurt/Main: Ullstein, 1966.
- *Und Pippa tanzt!*, in: *Sämtliche Werke*. Bd. II. Hg. Hans-Egon Hass. Frankfurt/Main: Ullstein, 1965.

Herzfeld, Marie, *Menschen und Bücher. Literarische Studien*, Wien, 1893.

Hevesi, Ludwig, *Acht Jahre Sezession. März 1897 – Juni 1905. Kritik – Polemik – Chronik*, Wien: Konegen, 1906.

Hofmannsthal, Hugo von, *Gedichte und lyrische Dramen*, in: *Gesammelte Werke in Einzelausgaben*. Hg. Herbert Steiner. Stockholm: Bermann-Fischer, 1946.

- *Briefe 1890-1901*, Berlin: Fischer, 1935.
- *Prosa I*, in: *Gesammelte Werke in Einzelausgaben*. Hg. Herbert Steiner. Frankfurt/Main: Fischer, 1950.
- *Dramen I*, in: *Gesammelte Werke in Einzelausgaben*. Hg. Herbert Steiner. Frankfurt/Main: Fischer, 1953.
- *Aufzeichnungen*, in: *Gesammelte Werke in Einzelausgaben*. Hg. Herbert Steiner. Frankfurt/Main: Fischer, 1959.

Hofmannsthal, Hugo von – Arthur Schnitzler, *Briefwechsel*. Hg. Therese Nickl und Heinrich Schnitzler. Frankfurt/Main: Fischer, 1964.

Hofmannsthal, Hugo von – Leopold von Andrian, *Briefwechsel*. Hg. Walter H. Perl. Frankfurt/Main: Fischer, 1968.

Hofmannsthal, Hugo von – Richard Beer-Hofmann, *Briefwechsel*. Hg. Eugene Weber. Frankfurt/Main: Fischer, 1972.

Ibsen, Henrik, *Schauspiele in einem Band*. Übers. von Hans Egon Gerlach, Vorw. Joachim Kaiser. Hamburg: Hoffmann und Campe Lizenzausgabe, 1968.

Jugend in Wien. Literatur um 1900. Katalog der Ausstellung des Deutschen Literaturarchivs im Schiller-Nationalmuseum Marbach a.N. Hg. Ludwig Greve und Werner Volke. München: Kösel, 1974.

Kaus, Gina, *Und was für ein Leben . . . mit Liebe und Literatur, Theater und Film*, Hamburg: Knaus, 1979.

Key, Ellen, *Das Jahrhundert des Kindes. Studien*, Berlin: Fischer, 1902.
- *Über Liebe und Ehe. Essays*, Berlin: Fischer, 1904.

Keyserling, Eduard von, *Beate und Mareile. Eine Schloßgeschichte*, Frankfurt/Main: Fischer, 1903.

Kläger, Emil, *Durch die Wiener Quartiere des Elends und Verbrechens. Ein Wanderbuch aus dem Jenseits*, Wien: Mitschke, 1908.

Klimt, Gustav, *Die goldene Pforte. Werk – Wesen – Wirkung*. Hg. Otto Breicha. Salzburg: Galerie Welz, 1978.
- *Zeichnungen* aus Albertina- und Privatbesitz. Ausstellungskatalog des Folkwang Museums Essen, 1976.
- *Die erotischen Zeichnungen*. Einl. Hans H. Hofstätter. Köln: Du Mont, 1979.

Kocmata, Karl Franz, *Die Prostitution in Wien. Streifbilder vom Jahrmarkt des Liebeslebens*, Wien: o. V., 1927.

Kokoschka, Oskar, *Mein Leben*, Vorw. und Mitarb. von Remigius Netzer. München: Bruckmann, 1971.

Krafft-Ebing, Richard von, *Psychopathia sexualis. Eine klinisch-forensische Studie*, Stuttgart, 1886.

Kubin, Alfred. *Das zeichnerische Frühwerk*. Hg. Hans Albert Peters. Texte von Christoph Brockhaus. Katalog einer Ausstellung der Staatlichen Kunsthalle Baden-Baden, 1977.

Loos, Adolf, *Sämtliche Schriften*. Hg. Franz Glück. Wien: Herold, 1962.

- *Das Werk des Architekten Adolf Loos*. Hg. Heinrich Kulka, 1931; Reprint Wien: Löcker, 1979.

Loos, Lina, *Das Buch ohne Titel. Erlebte Geschichten*, Wien: Wiener Verlag, 1947.

- *Du silberne Dame du. Briefe von und an Lina Loos*. Hg. Franz Theodor Csokor und Leopoldine Rüther. Wien: Zsolnay, 1966.

Lublinski, Samuel, *Die Bilanz der Moderne*, 1904. Hg. Gotthart Wunberg. Tübingen: Niemeyer, 1974.

- *Der Ausgang der Moderne*. 1909. Hg. Gotthart Wunberg; Reprint Tübingen: Niemeyer, 1976.

Lucka, Emil, *Otto Weininger. Sein Werk und seine Persönlichkeit*, Wien: Braumüller, 1905.

- *Die drei Stufen der Erotik*, Berlin: Schuster & Loeffler, 1919.

Mahler-Werfel, Alma, *Mein Leben*, Frankfurt/Main: Fischer, 1960.

Maeterlinck, Maurice, *Über die Frauen*, Übers. von Clara Theumann, in: *Wiener Rundschau*, 1 (1897), 377–382.

- *La Princesse Maleine*, in: *Théâtre*. Tome I. Paris: Bibliothèque Charpentier, ed. Fasquelles, 1929.

- *Pelleas und Melisande*, Übers. von Friedrich von Oppeln-Bronikowski, Leipzig: Diederichs, 1902.

Malmberg, Helga, *Widerhall des Herzens. Ein Peter Altenberg Buch*, München: Langen Müller, 1961.

Mann, Heinrich, *Die Göttinnen oder Die drei Romane der Herzogin von Assy*, in: *Gesammelte Werke*, Bd. II. Berlin: Zsolnay, 1925.

- *Die Jagd nach Liebe*, in: *Gesammelte Werke*, Bd. III. Berlin: Zsolnay, 1925.

- *Professor Unrat oder Das Ende eines Tyrannen*, in: *Gesammelte Werke*, Bd. IV, Berlin: Zsolnay, 1925.

Mann, Thomas, *Tristan*, in: *Die erzählenden Schriften*, Bd. II, Berlin: Fischer, 1928.

Mayreder, Rosa, Auguste Fickert und Marie Lang (Hg.), *Dokumente der Frauen*, Wien: Reissner & Werthner, 1899-1902.

- *Zur Kritik der Weiblichkeit*, Jena: Diederichs, 1905.

Meisel-Hess, Grete, *Die sexuelle Krise. Eine sozialpsychologische Untersuchung*, Jena: Diederichs, 1909.

Mill, John Stuart, Harriet Taylor Mill und Helen Taylor, *Die Hörigkeit der Frau und andere Schriften zur Frauenemanzipation*. Hg. Hannelore Schröder. Frankfurt/Main: Syndikat, 1976.

Möbius, Paul Julius, *Über den physiologischen Schwachsinn des Weibes*, 1900; Reprint München: Matthes & Seitz, 1977.

Mühsam, Erich, »An Karl Kraus.« Unveröffentlichte Briefe aus dem Nachlaß. Kraus-Archiv der Stadtbibliothek Wien, HJN. 138.043 f.

- *Namen und Menschen. Unpolitische Erinnerungen*, 1921; Reprint Berlin: Guhl, 1977.

Musil, Robert, *Der Mann ohne Eigenschaften*, Hg. Adolf Frisé. Hamburg: Rowohlt, 1952.

- *Tagebücher, Aphorismen, Essays und Reden*, Hg. Adolf Frisé. Hamburg: Rowohlt, 1955.

Mutzenbacher, Josefine, *Die Lebensgeschichte einer wienerischen Dirne, von ihr selbst erzählt*. Vorbemerkg. K. H. Kramberg. Im Anhang Beiträge zur Ädöologie des Wienerischen von Oswald Wiener. München: Rogner & Bernhard, 1970.

Nordau, Max, *Paradoxe*, Leipzig, 1885.

Nunberg, Herman and Ernst Federn (ed.), *Minutes of the Vienna Psychoanalytic Society*, Vol. II: 1908-1910, New York: International Univ. Press, 1967.

Nunberg, Herman und Ernst Federn (Hg.), *Protokolle der Wiener psychoanalytischen Vereinigung*, Bd. I: 1906-1908. Übers. und eingel. von Margarete Nunberg. Frankfurt/Main: Fischer, 1967.

Panizza, Oskar, *Die sexuelle Belastung der Psyche als Quelle künstlerischer Inspiration*, in: *Wiener Rundschau*, 1 (1897), 349-353.

Reventlow, Franziska Gräfin zu, *Herrn Dames Aufzeichnungen*, in: *Romane*. Hg. Else Reventlow. München: Langen-Müller, 1976.

Rilke, Rainer Maria, *Werke in drei Bänden*, Bd. I. Hg. Beda Allemann. Frankfurt/Main: Insel, 1966.

Rosner, Karl, *Decadence. Novelletten*, Leipzig, o. J.

- *Gefühle. Psychopathische Fälle*, Leipzig, 1895.
- ›*Damals* . . .‹ *Bilderbuch einer Jugend*, Düsseldorf: Vier Falken Verlag, 1948.

Sacher-Masoch, Leopold von, *Venus im Pelz*, Dresden: Dohrn, 1901.
- *Grausame Frauen*, Leipzig: Leipziger Verlag, o. J.

Salten, Felix, *Gustav Klimt. Gelegentliche Anmerkungen*, Wien: Wiener Verlag, 1903.
- *Gestalten und Erscheinungen*, Berlin: Fischer, 1913.

Schaukal, Richard von, *Meine Gärten. Einsame Verse*, Berlin, 1897.
- *Einer, der seine Frau besucht und andere Scenen. Dramatische Skizzen*, Linz: Österreichische Verlagsanstalt, 1902.
- *Mimi Lynx. Eine Novelle*, Leipzig: Insel 1904.
- *Eros thanatos. 4 Erzählungen*, 2. verb. Aufl. München: Müller, 1910.
- *Selbstdarstellung*, in: *Um die Jahrhundertwende*. Hg. Lotte von Schaukal und Joachim Schondorff. München: Langen Müller, [1965].
- *Intérieurs aus dem Leben der Zwanzigjährigen*, in: *Um die Jahrhundertwende*. Hg. Lotte von Schaukal und Joachim Schondorff. München: Langen Müller [1965].
- *Leben und Meinungen des Herrn Andreas von Balthesser*, in: *Um die Jahrhundertwende*. Hg. Lotte von Schaukal und Joachim Schondorff. München: Langen Müller [1965].

Schnitzler, Arthur, *Gesammelte Werke*, 4 Bde. Frankfurt/Main: Fischer, 1961/62.
- *Tagebuch 1909-1912*, Wien: Verlag der Österreichischen Akademie der Wissenschaften, 1981.
- *Aphorismen und Betrachtungen*, in: *Gesammelte Werke*. Hg. von Robert O. Weiss. Frankfurt/Main: Fischer, 1967.
- *Jugend in Wien. Eine Autobiographie*. Hg. Therese Nickl und Heinrich Schnitzler. Wien: Molden, 1968.

Schnitzler, Arthur – Olga Waissnix. *Liebe, die starb vor der Zeit. Ein Briefwechsel*. Vorw. Hans Weigel. Hg. Therese Nickl und Heinrich Schnitzler. Wien: Molden, 1970.
- *Hugo von Hofmannsthal. Charakteristik aus den Tagebüchern*, in: *Hofmannsthal-Forschungen III*. Hg. Norbert Altenhofer und Wolfram Mauser. Freiburg/Br.: MS. 1975.

Sandrock, Adele und Schnitzler, Arthur. *Dilly. Geschichte einer Liebe in*

Briefen, Bildern und Dokumenten. Hg. Renate Wagner. Wien: Amalthea, 1975.

Strindberg, August, *Dramen*, Bd. I, München: Langen Müller, 1964.

– *Heiraten. Ehegeschichten.* Übers. von Else v. Hollander. Berlin: Hyperionverlag, 1919.

Ver Sacrum. Organ der Vereinigung bildender Künstler Österreichs. Wien: Gerlach und Schenk, 1898-1903.

Wedekind, Frank, *Gesammelte Werke*, 9 Bde., München: Müller, 1920.

Weininger, Otto, *Geschlecht und Charakter. Eine prinzipielle Untersuchung*, 12. Aufl. Wien: Braumüller, 1910.

– *Über die letzten Dinge*, 4. Aufl. Wien: Braumüller, 1918.

– *Taschenbuch und Briefe an einen Freund.* Hg. Arthur Gerber. Wien: Tal & Co., 1919.

Wilde, Oscar, *Salome.* Übers. von Hedwig Lachmann. Wiesbaden: Insel, 1959.

Wittels, Fritz, *Ezechiel der Zugereiste*, Berlin: Fleischel, 1910.

– »An Irma Karczewska.« Unveröffentlichte Briefe. Handschriftensammlung der Stadtbibliothek Wien, HJN. 102.554 f.

Zuckerkandl, Bertha, *Österreich intim. Erinnerungen 1892 bis 1942.* Hg. Reinhard Federmann. Frankfurt/Main: Ullstein, 1970.

Zweig, Stefan, *Die Welt von gestern*, Wien: Bermann-Fischer, 1948.

Literaturwissenschaft

Adorno, Theodor Wiesengrund, *Wien*, in: *Quasi una fantasia. Musikalische Schriften II*, Frankfurt/Main: Suhrkamp, 1963, S. 274-303.

Barea, Ilse, *Vienna. Legend and Reality*, London: Secker & Warburg, 1966.

Basil, Otto (Hg.), *Ein wilder Garten ist dein Leib. Die Frau um die Jahrhundertwende*, Wien: Forum, 1968.

Bauer, Roger et al. (Hg.), *Fin de siècle. Zu Literatur und Kunst der Jahrhundertwende*, Frankfurt/Main: Klostermann, 1977.

Beauvoir, Simone de, *Das andere Geschlecht. Sitte und Sexus der Frau.*

Übers. von Eva Rechel-Mertens und Fritz Montfort. Hamburg: Rowohlt, 1951.

Breicha, Otto und Gerhard Fritsch (Hg.), *Finale und Auftakt. Wien 1898-1914. Literatur. Bildende Kunst. Musik*, Salzburg: Müller, 1964.

Brinker-Gabler, Gisela (Hg.), *Zur Psychologie der Frau*, in: *Die Frau in der Gesellschaft. Frühe Texte*, Frankfurt/Main: Fischer, 1978.

Brinker-Gabler, Gisela (Hg.), *Frauenarbeit und Beruf*, in: *Die Frau in der Gesellschaft. Frühe Texte*, Frankfurt/Main: Fischer, 1979.

Diersch, Manfred, *Empiriokritizismus und Impressionismus. Über Beziehungen zwischen Philosophie, Ästhetik und Literatur um 1900 in Wien*, Berlin (DDR): Rütten und Loening, 1973.

Englisch, Paul, *Geschichte der erotischen Literatur*, 1927; Reprint Wiesbaden: Fourier, 1977.

Federmann, Reinhard, *Sacher-Masoch oder die Selbstvernichtung*, Graz: Stiasny, 1961.

Fischer, Jens Malte, *Fin de siècle. Kommtentar zu einer Epoche*, München: Winkler, 1978.

Fritz, Horst, *Die Dämonisierung des Erotischen in der Literatur des Fin de Siècle*, in: *Fin de siècle. Zu Literatur und Kunst der Jahrhundertwende*. Hg. Roger Bauer et al. Frankfurt/Main: Klostermann, 1977, S. 442-463.

Fuchs, Albert, *Geistige Strömungen in Österreich. 1867-1918*. Einf. von Georg Knepler. 1949; Reprint Wien: Löcker, 1978.

Glaser, Hermann, *Sigmund Freuds Zwanzigstes Jahrhundert. Seelenbilder einer Epoche. Materialien und Analysen*, München: Hanser, 1976.

- *Literatur des 20. Jahrhunderts in Motiven. Band I: 1870 bis 1918*, München: Beck, 1978.

Glaser, Horst Albert, *Arthur Schnitzler und Frank Wedekind – Der doppelköpfige Sexus*, in: *Wollüstige Phantasie. Sexualästhetik der Literatur*. Hg. Horst Albert Glaser. München: Hanser, 1974, S. 148-184.

Görlich, Ernst Joseph und Felix Romanik, *Geschichte Österreichs*, Innsbruck: Tyrolia, 1977.

Goldschmidt, Hans E., *Quer Sacrum. Wiener Parodien und Karikaturen der Jahrhundertwende*, Wien: Jugend und Volk, 1976.

Graf, Hansjörg (Hg.), *Der kleine Salon. Geschichten des Wiener Fin de Siècle*, Stuttgart: Goverts, 1970.

Gutt, Barbara, *Emanzipation bei Arthur Schnitzler*, Berlin: Spiess, 1978.

Haas, Willy, Die Belle Epoque, München: Desch, 1967.

Hamann, Richard und Jost Hermand, *Naturalismus*, in: *Epochen deutscher Kultur von 1870 bis zur Gegenwart*, Bd. II, München: Nymphenburger Verlag, 1972.

- *Stilkunst um 1900*, in: *Epochen deutscher Kultur von 1870 bis zur Gegenwart*, Bd. IV., München: Nymphenburger Verlag, 1973.

Hauser, Arnold, *Sozialgeschichte der Kunst und Literatur*, München: Beck, 1975.

Hermand, Jost, *Undinen-Zauber. Zum Frauenbild des Jugendstils*, in: *Der Schein des schönen Lebens*, Frankfurt/Main: Athenäum, 1972, S. 147-179.

Hofmann, Werner, *Gustav Klimt und die Wiener Jahrhundertwende*, Salzburg: Galerie Welz, 1970.

Hofstätter, Hans H., *Symbolismus und die Kunst der Jahrhundertwende. Voraussetzungen, Erscheinungsformen, Bedeutungen*, Köln: DuMont Schauberg, 1965.

Janik, Allan und Stephen Toulmin, *Wittgenstein's Vienna*, New York: Simon and Schuster, 1973.

Janz, Rolf-Peter und Klaus Laermann, *Arthur Schnitzler: Zur Diagnose des Wiener Bürgertums im Fin de siècle*, Stuttgart: Metzler, 1977.

Johnston, William, M., *Österreichische Kultur- und Geistesgeschichte. Gesellschaft und Ideen im Donauraum 1848 bis 1938*. Übers. von Otto Grohma. Graz: Böhlau, 1972.

Koppen, Erwin, *Dekadenter Wagnerismus. Studien zur europäischen Literatur des Fin de siècle*, Berlin: de Gruyter, 1973.

Kreuzer, Helmut, *Die Boheme. Beiträge zu ihrer Beschreibung*, Stuttgart: Metzler, 1968.

Marcuse, Herbert, *Triebstruktur und Gesellschaft*, Frankfurt/Main: Suhrkamp, 1965.

Marilaun, Karl, *Adolf Loos*, Wien: Wiener literarische Anstalt, 1922.

Mattenklott, Gert und Klaus Scherpe (Hg.), *Positionen der literarischen Intelligenz zwischen bürgerlicher Reaktion und Imperialismus*, Kronberg/Taunus: Scriptor, 1973.

Mayer, Hans, *Außenseiter*, Frankfurt/Main: Suhrkamp, 1975.

Nebehay, Christian, *Ver Sacrum 1898-1903*, München: dtv, 1979.

Nitsche, Roland, *Der häßliche Bürger*, Gütersloh: Mohn, 1969.

Pehnt, Wolfgang, *Nachwort*, in: *Das Spiegelkabinett. Englische und französische Erzählungen des Fin de siècle*, München: dtv, 1969.

Peters, Heinz Federick, *Lou Andreas-Salomé. Das Leben einer außergewöhnlichen Frau*, München: Heyne, 1962.

Politzer, Heinz, *Diagnose und Dichtung. Zum Werk Arthur Schnitzlers*, in: *Das Schweigen der Sirenen. Studien zur deutschen und österreichischen Literatur*, Stuttgart: Metzler, 1968, S. 110-141.

Powell, Nicolas, *The Sacred Spring. The Arts in Vienna 1898-1918*, London: Studio Vista. Cassell and Collier Macmillan, 1974.

Praz, Mario, *Liebe, Tod und Teufel. Die schwarze Romantik*. Übers. von Lisa Rüdiger. München: Hanser, 1963.

Rasch, Wolfdietrich, *Aspekte der deutschen Literatur um 1900*, in: *Zur deutschen Literatur seit der Jahrhundertwende*, Stuttgart: Metzler, 1967, S. 1-48.

- *Fin de Siècle als Ende und Neubeginn*, in: *Fin de siècle. Zu Literatur und Kunst der Jahrhundertwende*. Hg. Roger Bauer et al. Frankfurt/Main: Klostermann, 1977, S. 30-49.

Ruprecht, Erich (Hg.), *Literarische Manifeste des deutschen Naturalismus 1880-1892*, Stuttgart: Metzler, 1962.

Ruprecht, Erich und Dieter Bänsch (Hg.), *Literarische Manifeste der Jahrhundertwende 1890-1910*, Stuttgart: Metzler, 1970.

Schaefer, Camillo, *Peter Altenberg. Ein biographischer Essay*, Wien: Freibord, 1979.

Schäfer, Hans Dieter, *Peter Altenberg und die Wiener »Belle Epoque«*, in: *Literatur und Kritik*, Juli/August 1968, S. 382-390.

Seehaus, Günter, *Frank Wedekind in Selbstzeugnissen und Bilddokumenten*, Hamburg: Rowohlt, 1974.

Scheible, Hartmut, *Arthur Schnitzler in Selbstzeugnissen und Bilddokumenten*, Hamburg: Rowohlt, 1976.

- *Arthur Schnitzler und die Aufklärung*, München: Fink, 1977.

Schelsky, Helmut, *Soziologie der Sexualität*, Hamburg: Rowohlt, 1955.

Schorske, Carl E., *Fin-de-Siècle Vienna. Politics and Culture*, New York: Alfred A. Knopf, 1980.

Soergel, Albert und Curt Hohoff, *Dichtung und Dichter der Zeit*, Bd. I, Düsseldorf: Bagel, 1961.

Sternberger, Dolf, *Über Jugendstil*, Frankfurt/Main: Insel, 1977.

Sydow, Eckart von, *Die Kultur der Dekadenz*, Dresden: Sibyllen Verlag, 1921.

Symbolismus in Europa. Katalog der Ausstellung in Baden-Baden vom 20. März bis 9. Mai 1977. Baden-Baden: Staatliche Kunsthalle, 1977.

Szondi, Peter, *Das lyrische Drama des Fin de siècle*. Hg. Henriette Beese. Studienausgabe der Vorlesungen. Bd. 4. Frankfurt/Main: Suhrkamp, 1975.

Thomalla, Ariane, *Die ›femme fragile‹. Ein literarischer Frauentyp der Jahrhundertwende*, Düsseldorf: Bertelsmann Univ. Verlag, 1972.

Urbach, Reinhard, *Arthur Schnitzler*, Velber/Hannover: Friedrich, 1972.

- *Schnitzler-Kommentar zu den erzählenden Schriften und dramatischen Werken*, München: Winkler, 1974.

Weinzierl, Ulrich, *Polgar und Kraus*, in: *Er war Zeuge. Alfred Polgar. Ein Leben zwischen Publizistik und Literatur*, Wien: Löcker und Wogenstein, 1977, S. 31-34.

Wunberg, Gotthart (Hg.), *Die literarische Moderne. Dokumente zum Selbstverständnis der Literatur um die Jahrhundertwende*, Frankfurt/Main: Athenäum, 1971.

Wysocki, Gisela von, *Peter Altenberg. Bilder und Geschichten des befreiten Lebens*, München: Hanser, 1979.

Register

Adler, Alfred 146
Adler, Viktor 18, 19, 216
Alberti, Konrad 23
Alt, Rudolf von 223
Altenberg, Peter 9, 27, 44, 48, 51-52, 53, 103-104, 105, 132, 134-140, 150, 160, 176, 179, 180, 181, 193, 219, 223-226, 229, 230, 239, 260
Andreas-Salomé, Lou 88, 89, 135, 148
Andrian, Leopold von 29, 32, 140, 219
D'Annunzio, Gabriele 32, 139

Bachofen, Johann Jakob 83
Bahr, Hermann 24, 26, 29, 33-43, 44, 45, 47, 97, 134, 135, 142, 144, 145, 146, 163, 219, 227
Balzac, Honoré de 34
Barrès, Maurice 32, 34, 139, 223
Barrison Sisters 134
Bartels, Max 73, 80
Baskirtseff, Marie 135, 248
Baudelaire, Charles 13, 34, 35, 176, 229
Bebel, August 81, 83, 84
Beer-Hofmann, Richard 139, 218-219
Benjamin, Walter 105, 106, 196, 247
Beraton, Ferry 219
Berg, Alban 185, 225, 227
Berger, Alfred von 96, 97, 103, 105, 143

Bernatzik, Wilhelm 223
Bernhardt, Sarah 134
Beutler, Margarethe 85, 86
Bierbaum, Otto Julius 24, 224, 225
Bismarck, Otto von 7, 151, 155
Bisson, Alexandre 95
Blei, Franz 135, 140
Bleibtreu, Karl 153
Bloch, Iwan 72
Bloch-Bauer, Adele 45
Böhlau, Helene 85
Bölsche, Wilhelm 70, 233
Bourget, Paul 34, 224
Breuer, Josef 119, 120, 121
Broch, Hermann 20-21, 27, 29
Bruce, Bessie 135
Buchbinder, Bernhard 98, 99
Bülow, Frieda von 85
Bukovics, Emmerich von 97
Burckhard, Max 36, 43, 135, 227

Chamberlain, Houston Steward 68, 70
Chavanne, Puvis de 36
Conrad, Michael Georg 23, 24, 25, 85
Conradi, Hermann 23, 225

Darwin, Charles 7, 67, 75
Dehmel, Richard 140, 224, 225
Denk, Berthe Maria 136, 141, 175, 201, 249, 250
Dobrženský, Mary von 265

Dörmann, Felix 26, 28, 31, 141, 219, 221, 224, 230
Dühren, Eugen s. Bloch, Iwan
Duncan, Isidora 134
Duse, Eleonora 134, 142

Ebermann, Leo 219
Ebner-Eschenbach, Marie von 34
Eichendorff, Joseph von 224, 225
Ellis, Havelock 72
Engel, Alexander 190, 262
Eschstruth, Nathalie von 85
Eulenburg, Philipp Fürst zu 99, 100

Falke, Gustav 224, 225
Ferrero, Gugliemo 76
Fickert, Auguste 87
Fischer, Jens Malte 230, 258
Fischer, Paul 26
Flaubert, Gustave 14
Fliess, Wilhelm 193
Foerster, Friedrich Wilhelm 78, 81
Forel, August 77, 78
Freud, Sigmund 8, 9, 21, 27, 46, 67, 77, 78, 80, 91, 118, 119, 120, 121, 123-130, 146, 147, 148, 151, 164, 181, 187, 193, 210, 232, 245, 253, 260
Friedell, Egon 27, 135, 179, 181, 260
Fuchs, Eduard 73, 74
Fulda, Ludwig 25

George, Stefan 225
Gide, André 140

Girardi, Alexander 95
Glümer, Marie 104
Goethe, Johann Wolfgang von 11, 151, 155
Grabowsky, Norbert 80

Halbe, Max 25, 217
Hamsun, Knut 224
Hansson, Ola 89
Harden, Maximilian 99, 100, 101, 102, 124, 129, 195, 239
Hartel, Wilhelm Ritter v. 228
Hauer, Karl 127, 136, 140, 141, 142, 153, 240
Hauptmann, Gerhart 22, 23, 25, 139
Heeger, Jeanette 103
Heine, Heinrich 155, 195, 196, 200
Heller, Erich 230
Henckell, Karl 225
Herzl, Theodor 18, 19
Hevesi, Ludwig 36, 43, 44, 48, 49, 224
Heyse, Paul 23
Hirschfeld, Leo 219
Hirschfeld, Magnus 73, 231
Hoffmann, Josef 223
Hofmann, Werner 41
Hofmannsthal, Hugo von 17, 26, 27, 28, 29, 31, 32, 33, 47, 52, 132, 135, 136, 139, 140, 145, 219, 222, 223, 224
Huch, Ricarda 224
Hugo, Victor 34
Huysmans, Joris Karl 34, 51, 229

Ibsen, Henrik 22, 142

Jacobsen, Jens Peter 225
Jones, Ernest 119

Kaldwasser, Dorothea 98, 99
Kalmar, Annie 95-99, 101-105, 160, 239, 240
Kann, Helene M. 190, 237, 265
Kant, Immanuel 157
Karczewska, Irma 136, 256
Kaus, Gina 135, 174, 238, 261
Keller, Gottfried 224, 225
Key, Ellen 89, 90, 91, 143
Keyserling, Eduard von 139
Khnopff, Fernand 36
Kind, Alfred 74
Klimt, Gustav 9, 36, 40-48, 51, 57, 58, 64, 65, 140, 148, 194, 207, 226, 227, 228, 233
Klinger, Max 227
Koerber, Ernst von 99, 228
Kokoschka, Oskar 148
Kraft, Werner 195
Krafft-Ebing, Richard von 74, 75, 141
Kraus, Ernestine 264
Krupp, Friedrich Alfred von 239
Kubin, Alfred 149
Kuh, Anton 174, 175

Lagarde, Paul Anton 67
Langbehn, Julius 68
Lasker-Schüler, Else 136, 190
Leon, Victor 219
Lichnowsky, Mechthilde 85, 135
Liliencron, Detlev von 98, 224, 237
Lippowitz, Jakob 99
Lombroso, Cesare 76
Loos, Adolf 40, 55-61, 104, 133, 135, 180, 207, 224, 231

Loos, Lina s. Obertimpfler, Lina
Lueger, Karl 18, 160

Mach, Ernst 26, 77, 219
Mackay, Henri 225
Maeterlinck, Maurice 34, 139, 223, 224, 225
Mahler, Alma Maria 133, 135, 148
Mahler, Gustav 148, 149, 225
Makart, Hans 7, 36, 42
Mallarmé Stéphane 34, 229
Mann, Heinrich 140, 143
Mann, Thomas 139
Marholm, Laura 88, 89
Marlitt E[ugenie] 85
Mayr, Richard 136
Mayreder, Rosa 87, 88, 89, 90, 132
Meisel-Hess, Grete 90, 91
Mendès, Catulle 34
Meyer, Conrad Ferdinand 224, 225
Meynert, Theodor 74
Mill, John Stuart 81, 82, 83
Mitscherlich-Nielsen, Margarete 187
Möbius, Paul J. 82
Moll, Albert 73
Moll, Carl 223
Moltke, Helmuth von 99, 100
Moreau, Gustave 36
Morgan, Lewis H. 83
Mühsam, Erich 85, 125, 136, 140, 165
Müller, Robert 173
Musil, Robert 22, 26, 91, 93, 139, 151, 191

Nádherný von Borutin, Sidonie
    61, 105, 170, 172, 173, 175,
    190, 196, 201, 215, 253, 261,
    264-65
Napoleon 151
Naumann, Michael 265
Newes, Tilly 104
Nietzsche, Friedrich 7, 30, 60,
    67, 68, 69, 78, 135, 204, 225
Nordau, Max 68, 70, 118, 234

Obertimpfler, Lina 135, 180
Offenbach, Jacques 169
Olbrich, Joseph Maria 45, 223

Panizza, Oskar 80
Paris-Gütersloh, Albert 134
Parsenow, Kete 136
Péladan, Joséphin 34
Ploß, Hermann Heinrich 73, 80
Pötzl, Eduard 44, 45
Polgar, Alfred 55, 231
Popp, Adelheid 86
Przybyszewski, Stanislaw
    140, 144

Quack, Josef 193, 195

Redon, Odilon 36
Reuter, Gabriele 85
Reventlow, Franziska von
    85, 135
Rilke, Rainer Maria 135, 139,
    140, 148, 199, 201, 224, 225
Rimbaud, Arthur 34
Roller, Alfred 224
Rosner, Karl 26
Rubin, Gabrielle 264
Rysselberghe, Theo von 227

Saar, Ferdinand von 34, 224
Sacher-Masoch, Leopold von
    140
Sade, Marquis de 72, 141
Salten, Felix 9, 27, 43, 48, 135,
    143, 219, 228
Salus, Hugo 224
Sandrock, Adele 134, 135, 142
Sandrock, Wilhelmine 135
Schalek, Alice 163
Schaukal, Richard von 26, 29,
    139, 140, 219, 224
Scheerbart, Paul 224
Scheu, Robert 30, 174, 175
Schick, Paul 237
Schick, Sophie 256
Schiller, Friedrich 151
Schlaf, Johannes 225
Schmuljow-Classen, Ria 132
Schneider, Manfred 188, 189
Schnitzler, Arthur 9, 21, 26, 27,
    28, 29, 31, 32, 33, 39, 43, 46,
    50, 53, 93, 96, 102, 103, 114,
    115, 123, 132, 134, 135, 137,
    138, 143, 146, 203, 218, 219,
    221
Schönberg, Arnold 225
Schönborn, Paul Graf 257
Schopenhauer, Arthur 67
Schwarzkopf, Gustav 219
Servaes, Franz 224
Shakespeare, William 108, 121,
    155, 183, 239, 240
Soyka, Otto 77, 117, 140
Specht, Richard 26, 219
Speidel, Ludwig 218
Spengler, Oswald 69
Spitzer, Daniel 17
St. Denis, Ruth 134

Stekel, Wilhelm 91, 123
Stendhal [Henri Beyle] 11
Sternheim, Carl 140
Stoessl, Otto 227
Strauss, Richard 225
Strauss, Rudolf 248
Strindberg, August 7, 23, 70, 71, 115, 116, 132, 140, 147, 150, 151, 152, 159, 160
Suchy, Victor 251
Sudermann, Hermann 25
Suttner, Bertha von 85, 91

Tesar, Ludwig Erik 153
Thun, Max Graf 175
Tönnies, Ferdinand 28
Toorop, Jan 36, 227
Torberg, Friedrich 266
Troll-Borostyáni, Irma von 91

Urbach, Reinhard 258

Vanjung, Leo 219
Verhaeren, Emile 34
Verlaine, Paul 34

Wagner, Otto 223
Webern, Anton von 225
Wedekind, Frank 85, 103, 104, 135, 136, 140, 142, 150, 155, 156, 169, 181-186, 211, 249
Weininger, Otto 9, 27, 69, 70, 71, 73, 74, 80, 82, 132, 140, 149, 150, 152-162, 178, 179, 180, 187, 193, 211, 212, 259
Weininger, Richard 254
Werfel, Franz 135, 148
Wertheimer, Emmanuel 190, 262
Wiesenthal Schwestern 134
Wilde, Oscar 140, 142
Wittels, Fritz 119, 123, 127, 130, 136, 142, 187, 256, 258
Wittgenstein, Ludwig 27, 45
Wolf, Hugo 251
Wolff, Theodor 96

Zasche, Theodor 33
Zola, Emile 22, 23
Zuckerkandl, Bertha 224
Zweig, Stefan 27, 116

Abbildungsnachweise

Kapitel 1
Karl Kraus: Wiener Stadtbibliothek, Wien. *Peter Altenberg:* Bildarchiv der Öst. Nationalbibliothek. *Hermann Bahr:* Entnommen aus: Jugend in Wien. Literatur um 1900, München 1974. *Leopold von Andrian:* Ebd. *Felix Salten:* Ebd. *Felix Dörmann:* Archiv Werner J. Schweiger, Wien. *Arthur Schnitzler:* Bildarchiv d. Öst. Nationalbibliothek. *Hugo von Hofmannsthal:* Bildarchiv d. Öst. Nationalbibliothek. *Loos-Haus auf dem Michaelerplatz, Wien:* Entnommen aus: Adolf Loos. Das Werk des Architekten. Herausgegeben von Heinrich Kulka, Wien 1979. *Adolf Loos:* Bildarchiv d. Öst. Nationalbibliothek. *Adolf Loos/Kärntner-Bar, Wien:* Aus: Adolf Loos. Das Werk des Architekten. Herausgegeben von Heinrich Kulka, Wien 1979. *Faksimile des Krausschen Gedichtes:* Kösel Verlag, München.

Kapitel 2
Karl Kraus: Bildarchiv d. Öst. Nationalbibliothek. *Annie Kalmar:* Bildarchiv d. Öst. Nationalbibliothek. *Friedrich Wilhelm Foerster:* Bildarchiv d. Öst. Nationalbibliothek. *Richard von Krafft-Ebing:* Bildarchiv d. Öst. Nationalbibliothek. *Leopold von Sacher-Masoch:* Bildarchiv d. Öst. Nationalbibliothek. *Adelheid Popp:* Bildarchiv d. Öst. Nationalbibliothek. *Rosa Mayreder:* Bildarchiv d. Öst. Nationalbibliothek. *Alma Mahler:* Bildarchiv d. Öst. Nationalbibliothek.

Kapitel 3
Karl Kraus: Bildarchiv d. Öst. Nationalbibliothek. *Sidonie Nádherný von Borutin:* Friedrich Pfäfflin. *Grete Wiesenthal mit Schwestern Else u. Berta:* Bildarchiv d. Öst. Nationalbibliothek. *Frank Wedekind:* Stadtbibliothek München. *Otto Weininger:* Bildarchiv d. Öst. Nationalbibliothek. *August Strindberg:* Ullstein Bilderdienst, Berlin. *Peter Altenberg:* Bildarchiv d. Öst. Nationalbibliothek. *Maria Berthe Denk:* Privatfoto. *Lina Loos:* Bildarchiv d. Öst. Nationalbibliothek. *Helene Kann:* Hans Roeder, Zürich. *Gina Kaus:* Ullstein Bilderdienst, Berlin. *Kete Parsenow:* Stadtbibliothek Wien.

Karl Kraus
Schriften
Herausgegeben von
Christian Wagenknecht
12 Bände

Band 1: Sittlichkeit und Kriminalität
Band 2: Die chinesische Mauer
Band 3: Literatur und Lüge
Band 4: Untergang der Welt durch schwarze Magie
Band 5: Weltgericht I
Band 6: Weltgericht II
Band 7: Die Sprache
Band 8: Aphorismen
Band 9: Gedichte
Band 10: Die letzten Tage der Menschheit
Band 11: Dramen
Band 12: Dritte Walpurgisnacht

edition suhrkamp
Eine Auswahl

Abelshauser: Wirtschaftsgeschichte der Bundesrepublik Deutschland (1945-1980). NHB. es 1241

Abendroth: Ein Leben in der Arbeiterbewegung. es 820

Achebe: Okonkwo oder Das Alte stürzt. es 1138

Adam/Moodley: Südafrika. es 1369

Adorno: Eingriffe. Neun kritische Modelle. es 10

- Gesellschaftstheorie und Kulturkritik. es 772
- Jargon der Eigentlichkeit. Zur deutschen Ideologie. es 91
- Kritik. Kleine Schriften zur Gesellschaft. es 469
- Ohne Leitbild. Parva Aesthetica. es 201
- Stichworte.

Kritische Modelle 2. es 347
- Zur Metakritik der Erkenntnistheorie. es 590

Das Afrika der Afrikaner. Gesellschaft und Kultur Afrikas. Hg. von R. Jestel. es 1039

Anderson: Die Entstehung des absolutistischen Staates. es 950
- Von der Antike zum Feudalismus. es 922

Andréa: M.D. es 1364

Arbeitslosigkeit in der Arbeitsgesellschaft. es 1212

Aus der Zeit der Verzweiflung. Zur Genese und Aktualität des Hexenbildes. es 840

Bachtin: Die Ästhetik des Wortes. es 967

Barthes: Elemente der Semiologie. es 1171

- Kritik und Wahrheit. es 218
- Leçon/Lektion. es 1030
- Literatur oder Geschichte. es 303
- Michelet. es 1206
- Mythen des Alltags. es 92
- Das Reich der Zeichen. es 1077
- Die Sprache der Mode. es 1318

Beck: Risikogesellschaft. es 1365

Jürgen Becker: Ränder. es 351
- Umgebungen. es 722

Beckett: Fin de partie. Endspiel. es 96
- Flötentöne. es 1098
- Mal vu, mal dit. Schlecht gesehen, schlecht gesagt. es 1119

Samuel Beckett inszeniert Glückliche Tage. es 849

Benjamin: Aufklärung für Kinder. es 1317
- Briefe. 2 Bde. es 930
- Das Kunstwerk im Zeitalter seiner technischen Reproduzierbarkeit. es 28
- Moskauer Tagebuch. es 1020
- Das Passagen-Werk. 2 Bde. es 1200
- Über Kinder, Jugend und Erziehung. es 391
- Versuche über Brecht. es 172
- Zur Kritik der Gewalt und andere Aufsätze. es 103

Bernhard: Die Billigesser. es 1006
- Ein Fest für Boris. es 440
- Prosa. es 213
- Ungenach. Erzählung. es 279
- Watten. Ein Nachlaß. es 353

Bertaux: Hölderlin und die Französische Revolution. es 344

Biesheuvel: Schrei aus dem Souterrain. es 1179

Blick übers Meer. Chinesische Erzählungen aus Taiwan. es 1129
Bloch: Kampf, nicht Krieg. Politische Schriften 1917-1919. es 1167
Boal: Theater der Unterdrückten. es 987
Böhme: Prolegomena zu einer Sozial- und Wirtschaftsgeschichte Deutschlands. es 253
Böni: Alvier. Erzählungen. es 1146
Bohrer: Plötzlichkeit. es 1058
Bond: Gesammelte Stücke 1/2. es 1340
Bottroper Protokolle, aufgezeichnet von Erika Runge. es 271
Botzenhart: Reform, Restauration, Krise. Deutschland 1789-1847. NHB. es 1252
Bovenschen: Die imaginierte Weiblichkeit. es 921
Brandão: Kein Land wie dieses. es 1236
Brasch: Engel aus Eisen. es 1049
Braun: Berichte von Hinze und Kunze. es 1169
Brecht: Der aufhaltsame Aufstieg des Arturo Ui. es 144
– Aufstieg und Fall der Stadt Mahagonny. es 21
– Ausgewählte Gedichte. es 86
– Baal. Drei Fassungen. es 170
– Baal. Der böse Baal der asoziale. es 248
– Das Badener Lehrstück. Die Rundköpfe. Die Ausnahme. es 817
– Der Brotladen. Ein Stückfragment. es 339
– Buckower Elegien. es 1397
– Die Dreigroschenoper. es 229
– Einakter und Fragmente. es 449
– Furcht und Elend des Dritten Reiches. es 392
– Gesammelte Gedichte. 4 Bde. es 835 – es 838
– Gedichte und Lieder aus Stükken. es 9
– Die Geschäfte des Herrn Julius Caesar. es 332
– Die Gesichte der Simone Machard. es 369
– Die Gewehre der Frau Carrar. es 219
– Der gute Mensch von Sezuan. es 73
– Die heilige Johanna der Schlachthöfe. es 113
– Herr Puntila und sein Knecht Matti. Volksstück. es 105
– Im Dickicht der Städte. es 246
– Der Jasager und Der Neinsager. es 171
– Der kaukasische Kreidekreis. es 31
– Kuhle Wampe. es 362
– Leben des Galilei. es 1
– Leben Eduards des Zweiten von England. es 245
– Mann ist Mann. es 259
– Die Maßnahme. es 415
– Mutter Courage und ihre Kinder. es 49
– Die Mutter. es 200
– Gesammelte Prosa. 4 Bde. es 182 – es 185
– Schweyk im zweiten Weltkrieg. es 132
– Stücke. Bearbeitungen. 2 Bde. es 788/789
– Die Tage der Commune. es 169
– Tagebücher 1920-1922. Autobiographische Aufzeichnungen 1920-1954. es 979
– Trommeln in der Nacht. es 490
– Der Tui-Roman. es 603

- Über den Beruf des Schauspielers. es 384
- Über die bildenden Künste. es 691
- Über experimentelles Theater. es 377
- Über Lyrik. es 70
- Über Politik auf dem Theater. es 465
- Über Politik und Kunst. es 442
- Über Realismus. es 485
- Das Verhör des Lukullus. Hörspiel. es 740

Brecht-Journal. es 1191
Brecht-Journal 2. es 1396
Brunkhorst: Der Intellektuelle im Lande der Mandarine. es 1403
Buch: Der Herbst des großen Kommunikators. es 1344
- Waldspaziergang. es 1412
Bürger: Theorie der Avantgarde. es 727
Buro/Grobe: Vietnam! Vietnam? es 1197
Celan: Ausgewählte Gedichte. Zwei Reden. es 262
Cortázar: Letzte Runde. es 1140
- Reise um den Tag in 80 Welten. es 1045
Deleuze/Guattari: Kafka. Für eine kleine Literatur. es 807
Deleuze/Parnet: Dialoge. es 666
Derrida: Die Stimme und das Phänomen. es 945
Determinanten der westdeutschen Restauration 1945-1949. Von H.-U. Huster u. a. es 575
Ditlevsen: Gesichter. es 1165
- Sucht. Erinnerungen. es 1009
- Wilhelms Zimmer. es 1076
Takeo Doi: Amae. Freiheit in Geborgenheit. es 1128
Dorst: Toller. es 294

Dubiel: Was ist Neokonservatismus? es 1313
Duerr: Satyricon. Essays und Interviews. es 1346
- Traumzeit: es 1345
Duras: Sommer 1980. es 1205
Duras/Porte: Die Orte der Marguerite Duras. es 1080
Eco: Zeichen. es 895
Eich: Botschaften des Regens. Gedichte. es 48
Elias: Humana conditio. es 1384
Enzensberger: Blindenschrift. es 217
- Deutschland, Deutschland unter andern. es 203
- Einzelheiten I. Bewußtseins-Industrie. es 63
- Einzelheiten II. Poesie und Politik. es 87
- Die Furie des Verschwindens. Gedichte. es 1066
- Landessprache. Gedichte. es 304
- Palaver. Politische Überlegungen (1967-1973). es 696
- Das Verhör von Habana. es 553
- Der Weg ins Freie. Fünf Lebensläufe. es 759
Esser: Gewerkschaften in der Krise. es 1131
Faszination der Gewalt. Friedensanalysen 17. es 1141
Feminismus. Hg. v. Luise F. Pusch. es 1192
Feyerabend: Erkenntnis für freie Menschen. es 1011
- Wissenschaft als Kunst. es 1231
Foucault: Psychologie und Geisteskrankheit. es 272
Fragment und Totalität. Hg. v. Dällenbach und Hart Nibbrig. es 1107
Frank: Der kommende Gott. es 1142

- Die Unhintergehbarkeit von Individualität. es 1377
- Was ist Neostrukturalismus? es 1203

Frauen in der Kunst. 2 Bde. es 952

Frevert: Frauen-Geschichte. NHB. es 1284

Frisch: Biedermann und die Brandstifter. es 41
- Die Chinesische Mauer. es 65
- Don Juan oder Die Liebe zur Geometrie. es 4
- Frühe Stücke. es 154
- Graf Öderland. es 32

Gerhard: Verhältnisse und Verhinderungen. es 933

Geyer: Deutsche Rüstungspolitik (1860-1980). NHB. es 1246

Goetz: Hirn. Krieg. 2 Bde. es 1320

Goffman: Asyle. es 678
- Geschlecht und Werbung. es 1085

Gorz: Der Verräter. es 988

Gröner: Ein rasend hingehauchtes Herbsteslicht. Bergeller Gedichte. es 1371

Habermas: Eine Art Schadensabwicklung. es 1453
- Legitimationsprobleme im Spätkapitalismus. es 623
- Die Neue Unübersichtlichkeit. es 1321
- Technik und Wissenschaft als Ideologie. es 287

Hänny: Zürich, Anfang September. es 1079

Handke: Die Innenwelt der Außenwelt der Innenwelt. es 307
- Kaspar. es 322
- Phantasien der Wiederholung. es 1168
- Publikumsbeschimpfung. es 177

- Der Ritt über den Bodensee. es 509
- Wind und Meer. Vier Hörspiele. es 431

Hawkes: Travestie. es 1326

Heimann: Soziale Theorie des Kapitalismus. es 1052

Henrich: Konzepte. es 1400

Hentschel: Geschichte der deutschen Sozialpolitik (1880-1980). NHB. es 1247

Hesse: Tractat vom Steppenwolf. es 84

Die Hexen der Neuzeit. Hg. von C. Honegger. es 743

Hilfe + Handel = Frieden? Friedensanalysen 15. es 1097

Hobsbawm: Industrie und Empire 1/2. es 315/316

Imperialismus und strukturelle Gewalt. Hg. von D. Senghaas. es 563

Irigaray: Speculum. es 946

Jahoda/Lazarsfeld/Zeisel: Die Arbeitslosen von Marienthal. es 769

Jakobson: Kindersprache, Aphasie und allgemeine Lautgesetze. es 330

Jasper: Die gescheiterte Zähmung. NHB. es 1270

Jauß: Literaturgeschichte als Provokation. es 418

Johnson: Der 5. Kanal. es 1336
- Begleitumstände. Frankfurter Vorlesungen. es 1019
- Karsch, und andere Prosa. es 59

Jones: Frauen, die töten. es 1350

Joyce: Werkausgabe in 6 Bdn. es 1434 – es 1439

Bd. 1 Dubliner. es 1434
Bd. 2 Stephen der Held. es 1435
Bd. 3 Ulysses. es 1100
Bd. 4 Kleine Schriften. es 1437

Bd. 5 Gesammelte Gedichte. Anna Livia Plurabelle. es 1438
Bd. 6 Finnegans Wake. Englischsprachige Ausgabe. es 1439
Hans Wollschläger liest »Ulysses«. es 1105
Mat. zu Joyces »Ein Porträt des Künstlers als junger Mann«. Hg. von K. Reichert und F. Senn. es 776
Kantowsky: Indien. es 1424
Kapitalistische Weltökonomie. Hg. von D. Senghaas. es 980
Marx: Die ethnologischen Exzerpthefte. es 800
Kenner: Ulysses. es 1104
Kindheit in Europa. Hg. von H. Hengst. es 1209
Kipphardt: In der Sache J. Robert Oppenheimer. es 64
Kirchhof: Body-Building. es 1005
Kluge: Gelegenheitsarbeit einer Sklavin. es 733
– Lernprozesse mit tödlichem Ausgang. es 665
– Neue Geschichten. Hefte 1-18. es 819
– Schlachtbeschreibung. es 1193
Kluge: Die deutsche Revolution 1918/1919. NHB. es 1262
Kolbe: Abschiede und andere Liebesgedichte. es 1178
– Hineingeboren. Gedichte 1975-1979. es 1110
Konrád: Antipolitik. es 1293
Kriegsursachen. Friedensanalysen 21. es 1238
Krippendorff: Staat und Krieg. es 1305
Kristeva: Die Revolution der poetischen Sprache. es 949
Kroetz: Bauern sterben. es 1388
– Frühe Prosa/Frühe Stücke. es 1172

– Furcht und Hoffnung der BRD. es 1291
– Mensch Meier. es 753
– Nicht Fisch nicht Fleisch. es 1094
– Oberösterreich. es 707
– Stallerhof. es 586
– Heimarbeit. es 473
Krolow: Ausgewählte Gedichte. es 24
Laederach: Fahles Ende kleiner Begierden. es 1075
Lefebvre: Einführung in die Modernität. es 831
Lehnert: Sozialdemokratie zwischen Protestbewegung und Regierungspartei 1848 bis 1983. NHB. es 1248
Lem: Dialoge. es 1013
Hermann Lenz: Leben und Schreiben. Frankfurter Vorlesungen. es 1425
Leroi-Gourhan: Die Religionen der Vorgeschichte. es 1073
Lessenich: »Nun bin ich die niemals müde junge Hirschfrau oder der Ajilie-Mann«. es 1308
Leutenegger: Lebewohl, Gute Reise. es 1001
– Das verlorene Monument. es 1315
Lévi-Strauss: Das Ende des Totemismus. es 128
– Mythos und Bedeutung. es 1027
Die Listen der Mode. Hg. von S. Bovenschen. es 338
Literatur und Politik in der Volksrepublik China. Hg. von R. G. Wagner. es 1151
Löwenthal: Mitmachen wollte ich nie. es 1014
Logik des Herzens. Hg. von G. Kahle. es 1042

Lohn: Liebe. Zum Wert der Frauenarbeit. Hg. von A. Schwarzer. es 1225
Lukács: Gelebtes Denken. es 1088
Maeffert: Bruchstellen. es 1387
Männersachen. Hg. von H.-U. Müller-Schwefe. es 717
Mandel: Marxistische Wirtschaftstheorie 1/2. es 595/596
– Der Spätkapitalismus. es 521
Marcus: Umkehrung der Moral. es 903
Marcuse: Ideen zu einer kritischen Theorie der Gesellschaft. es 300
– Konterrevolution und Revolte. es 591
– Kultur und Gesellschaft 1. es 101
– Kultur und Gesellschaft 2. es 135
– Versuch über die Befreiung. es 329
– Zeit-Messungen. es 770
Gespräche mit Herbert Marcuse. es 938
Mattenklott: Blindgänger. es 1343
Hans Mayer: Anmerkungen zu Brecht. es 143
– Gelebte Literatur. Frankfurter Vorlesungen. es 1427
– Versuche über die Oper. es 1050
Mayröcker: Magische Blätter. es 1202
– Magische Blätter II. es 1421
McKeown: Die Bedeutung der Medizin. es 1109
Medienmacht im Nord-Süd-Konflikt: Friedensanalysen 18. es 1166
Christian Meier: Die Ohnmacht des allmächtigen Dictators Caesar. es 1038

Menninghaus: Paul Celan. es 1026
– Schwellenkunde. es 1349
Menzel/Senghaas: Europas Entwicklung und die Dritte Welt. es 1393
Milosz: Zeichen im Dunkel. es 995
Mitscherlich: Freiheit und Unfreiheit in der Krankheit. es 505
– Krankheit als Konflikt 1. es 164
– Krankheit als Konflikt 2. es 237
– Die Unwirtlichkeit unserer Städte. es 123
Mitterauer: Sozialgeschichte der Jugend. NHB. es 1278
Moderne chinesische Erzählungen. 2 Bde. es 1010
Möller: Vernunft und Kritik. NHB. es 1269
Moser: Eine fast normale Familie. es 1223
– Der Psychoanalytiker als sprechende Attrappe. es 1404
– Romane als Krankengeschichten. es 1304
Muschg: Literatur als Therapie? es 1065
Die Museen des Wahnsinns und die Zukunft der Psychiatrie. es 1032
Mythos ohne Illusion. Mit Beiträgen von J.-P. Vernant u.a. es 1220
Mythos und Moderne. Hg. von K. H. Bohrer. es 1144
Nakane: Die Struktur der japanischen Gesellschaft. es 1204
Nathan: Ideologie, Sexualität und Neurose. es 975
Der Neger vom Dienst. Afrikanische Erzählungen. Hg. von R. Jestel. es 1028

Die neue Friedensbewegung. Friedensanalysen 16. es 1143
Ngũgĩ wa Thing'o: Verborgene Schicksale. es 1111
Nizon: Am Schreiben gehen. Frankfurter Vorlesungen. es 1328
Oehler: Pariser Bilder I. es 725
Oppenheim: Husch, husch, der schönste Vokal entleert sich. es 1232
Paetzke: Andersdenkende in Ungarn. es 1379
Paley: Ungeheure Veränderungen in letzter Minute. es 1208
Paz: Der menschenfreundliche Menschenfresser. es 1064
– Suche nach einer Mitte. es 1008
– Zwiesprache. es 1290
Peripherer Kapitalismus. Hg. von D. Senghaas. es 652
Petri: Zur Hoffnung verkommen. es 1360
Pinget: Apokryph. es 1139
Piven/Cloward: Aufstand der Armen. es 1184
Politik der Armut. Hg. von S. Leibfried und F. Tennstedt. es 1233
Populismus und Aufklärung. Hg. von H. Dubiel. es 1376
Powell: Edisto. es 1332
Psychoanalyse der weiblichen Sexualität. Hg. von J. Chasseguet–Smirgel. es 697
Pusch: Das Deutsche als Männersprache. es 1217
Raimbault: Kinder sprechen vom Tod. es 993
Darcy Ribeiro: Unterentwicklung, Kultur und Zivilisation. es 1018
João Ubaldo Ribeiro: Sargento Getúlio. es 1183
Rodinson: Die Araber. es 1051
Roth: Das Ganze ein Stück. es 1399
– Die einzige Geschichte. es 1368
– Krötenbrunnen. es 1319
Rötzer: Denken, das an der Zeit ist. es 1406
Rubinstein: Immer verliebt. es 1337
– Nichts zu verlieren und dennoch Angst. es 1022
– Sterben. es 1433
Rühmkorf: agar agar – zaurzaurim. es 1307
Russell: Probleme der Philosophie. es 207
– Wege zur Freiheit. es 447
Schindel: Ohneland. Gedichte. es 1372
Schlaffer: Der Bürger als Held. es 624
Schleef: Die Bande. es 1127
Schönhoven: Die deutschen Gewerkschaften. NHB. es 1287
Schrift und Materie der Geschichte. Hg. von C. Honegger. es 814
Schröder: Die Revolutionen Englands im 17. Jahrhundert. NHB. es 1279
Schubert: Die internationale Verschuldung. es 1347
Das Schwinden der Sinne. Hg. von D. Kamper und C. Wulf. es 1188
Sechehaye: Tagebuch einer Schizophrenen. es 613
Senghaas: Von Europa lernen. es 1134
– Weltwirtschaftsordnung und Entwicklungspolitik. es 856
– Die Zukunft Europas. es 1339
Simmel: Schriften zur Philosophie und Soziologie der Geschlechter. es 1333
Sinclair: Der Fremde. es 1007

Sloterdijk: Der Denker auf der Bühne. es 1353
- Kopernikanische Mobilmachung. es 1375
- Kritik der zynischen Vernunft. 2 Bde. es 1099

Sport-Eros-Tod. es 1335

Staritz: Geschichte der DDR. NHB. es 1260

Stichworte zur »Geistigen Situation der Zeit«. Hg. von J. Habermas. 2 Bde. es 1000

Struck: Kindheits Ende. es 1123
- Klassenliebe. es 629

Szondi: Theorie des modernen Dramas. es 27

Techel: Es kündigt sich an. Gedichte. es 1370

Tendrjakow: Sechzig Kerzen. es 1124

Theorie des Kinos. Hg. von K. Witte. es 557

Thiemann: Schulszenen. es 1331

Thompson: Entstehung der englischen Arbeiterklasse. 2 Bde. es 1170

Thränhardt: Geschichte der Bundesrepublik Deutschland. NHB. es 1267

Tiedemann: Studien zur Philosophie Walter Benjamins. es 644

Todorov: Die Eroberung Amerikas. es 1213

Treichel: Liebe Not. Gedichte. es 1373

Trotzki: Denkzettel. es 896

Vernant: Die Entstehung des griechischen Denkens. es 1150
- Mythos und Gesellschaft im alten Griechenland. es 1381

Versuchungen. Aufsätze zur Philosophie Paul Feyerabends. Hg. von H. P. Duerr. Band 1/2. es 1044/1068

Verteidigung der Schrift. Kafkas ›Prozeß‹. Hg. von F. Schirrmacher. es 1386

Vom Krieg der Erwachsenen gegen die Kinder. Friedensanalysen 19. es 1190

Martin Walser: Eiche und Angora. es 16
- Ein fliehendes Pferd. Theaterstück. es 1383
- Die Gallistl'sche Krankheit. es 689
- Geständnis auf Raten. es 1374
- Heimatkunde. es 269
- Lügengeschichten. es 81
- Selbstbewußtsein und Ironie. Frankfurter Vorlesungen. es 1090
- Wer ist ein Schriftsteller? es 959
- Wie und wovon handelt Literatur. es 642

Wehler: Grundzüge der amerikanischen Außenpolitik 1750-1900. NHB. es 1254

Peter Weiss: Abschied von den Eltern. es 85
- Die Besiegten. es 1324
- Fluchtpunkt. es 125
- Gesang vom Lusitanischen Popanz. es 700
- Das Gespräch der drei Gehenden. es 7
- Der neue Prozeß. es 1215
- Notizbücher 1960-1971. 2 Bde. es 1135
- Notizbücher 1971-1980. 2 Bde. es 1067
- Rapporte. es 276
- Rapporte 2. es 444
- Der Schatten des Körpers des Kutschers. es 53
- Stücke 1. es 833
- Stücke II. 2 Bde. es 910

- Die Verfolgung und Ermordung Jean Paul Marats. es 68
Peter Weiss im Gespräch. Hg. von R. Gerlach und M. Richter. es 1303
Wellershoff: Die Auflösung des Kunstbegriffs. es 848
Die Wiederkehr des Körpers. Hg. von D. Kamper und Ch. Wulf. es 1132
Winkler: Die Verschleppung. es 1177
Wippermann: Europäischer Faschismus im Vergleich (1922-1982). NHB. es 1245

Wirz: Sklaverei und kapitalistisches Weltsystem. NHB. es 1256
Wissenschaft im Dritten Reich. Hg. von P. Lundgreen. es 1306
Wittgenstein: Tractatus logico-philosophicus. es 12
Wünsche: Der Volksschullehrer Ludwig Wittgenstein. es 1299
Zimmermann: Vom Nutzen der Literatur. es 885
Ziviler Ungehorsam im Rechtsstaat. Hg. von P. Glotz. es 1214

edition suhrkamp. Neue Folge

165 Tove Ditlevsen, Gesichter
166 Medienmacht im Nord-Süd-Konflikt. Red.: Reiner Steinweg
167 Ernst Bloch, Kampf – nicht Krieg. Hg. v. Martin Korol
168 Peter Handke, Phantasien der Wiederholung
169 Volker Braun, Berichte von Hinze und Kunze
170 Edward P. Thompson, Die Entstehung der englischen Arbeiterklasse
171 Roland Barthes, Elemente der Semiologie
172 Franz Xaver Kroetz, Frühe Prosa/Frühe Stücke
173 Werner Koch, Intensivstation
174 Literatur der DDR in den siebziger Jahren. Hg. v. Peter Uwe Hohendahl u. Patricia Herminghouse
175 Lloyd de Mause, Grundlagen der Psychohistorie
176 Josef Esser/Wolfgang Fach/Werner Väth, Krisenregulierung
177 Josef Winkler, Die Verschleppung
178 Uwe Kolbe, Abschiede und andere Liebesgedichte
179 J. M. A. Biesheuvel, Der Schrei aus dem Souterrain
180 Jochen Hörisch, Gott, Geld und Glück – Zur Logik der Liebe
181 Georg Vobruba, Politik mit dem Wohlfahrtsstaat
182 Walter Vogl, Hassler
183 João Ubaldo Ribeiro, Sargento Getúlio
184 Francis F. Piven/Richard C. Cloward, Aufstand der Armen
185 Abschied vom Recht? Hg. v. Rüdiger Voigt
186 Celso Furtado, Brasilien nach dem Wirtschaftswunder
187 Martin Roda Becher, Der rauschende Garten
188 Das Schwinden der Sinne. Hg. v. Dietmar Kamper u. Christoph Wulf
189 Rüdiger Lautmann, Der Zwang zur Tugend
190 Vom Krieg der Erwachsenen gegen die Kinder. Red.: Reiner Steinweg
191 Brecht-Journal. Hg. v. Jan Knopf
192 Feminismus. Inspektion der Herrenkultur. Ein Handbuch. Hg. v. Luise F. Pusch
193 Alexander Kluge, Schlachtbeschreibung
194 Andrea Lee, Russisches Tagebuch

195 Taktische Kernwaffen. Die fragmentierte Abschreckung. Hg. v. Ph. Blanchard, R. Koselleck, L. Streit
196 Rüstung und soziale Sicherheit. Red.: Reiner Steinweg
197 Andreas Buro/Karl Grobe, Vietnam! Vietnam?
198 Franz Böni, Der Johanniterlauf
199 Ngũgĩ wa Thiong'o, Der gekreuzigte Teufel
200 Walter Benjamin, Das Passagen-Werk. Hg. v. Rolf Tiedemann. Zwei Bände
201 Jugend und Kriminalität. Hg. v. Horst Schüler-Springorum
202 Friederike Mayröcker, Magische Blätter
203 Manfred Frank, Was ist Neostrukturalismus?
204 Chie Nakane, Die Struktur der japanischen Gesellschaft
205 Marguerite Duras, Sommer 1980
206 Roland Barthes, Michelet
207 Julius Posener, Geschichte der Architektur im 20. Jahrhundert
208 Grace Paley, Veränderungen in letzter Minute
209 Kindheit in Europa. Hg. v. Heinz Hengst
210 Stanley J. Stein/Barbara H. Stein, Das koloniale Erbe Lateinamerikas
211 Naturplan und Verfallskritik. Zu Begriff und Geschichte der Kultur. Hg. v. Helmut Brackert u. Fritz Wefelmeyer
212 Arbeitslosigkeit in der Arbeitsgesellschaft. Hg. v. Wolfgang Bonß u. Rolf G. Heinze
213 Tzvetan Todorov, Die Eroberung Amerikas
214 Ziviler Ungehorsam im Rechtsstaat. Hg. v. Peter Glotz
215 Peter Weiss, Der neue Prozeß
216 Ein Jahrhundert geht zu Ende. Hg. v. Karl Dedecius
217 Luise F. Pusch, Das Deutsche als Männersprache
218 Alfred Sohn-Rethel, Soziologische Theorie der Erkenntnis
219 Randzonen. Interviews – Kurzgeschichten. Hg. von Judith Ammann
220 Claude Lévi-Strauss / Jean-Pierre Vernant u. a., Mythos ohne Illusion
221 Christiaan L. Hart Nibbrig, Der Aufstand der Sinne im Käfig des Textes
222 V-Leute – Die Falle im Rechtsstaat. Hg. v. Klaus Lüderssen
223 Tilman Moser, Eine fast normale Familie
224 Juan Goytisolo, Dissidenten
225 Alice Schwarzer, Lohn: Liebe. Zum Wert der Frauenarbeit
226 Paul Veyne, Glaubten die Griechen an ihre Mythen?
227 Thank you good night. Hg. v. Bodo Morshäuser

228 »Hauptsache, ich habe meine Arbeit«. Hg. v. Rainer Zoll
229 »Mit uns zieht die neue Zeit«. Hg. v. Thomas Koebner
230 Gregorio Condori Mamani, »Sie wollen nur, daß man ihnen dient ...«
231 Paul Feyerabend, Wissenschaft als Kunst
232 Meret Oppenheim, Husch, husch der schönste Vokal entleert sich. Hg. v. Christiane Meyer-Thoss
233 Politik der Armut. Hg. von Stephan Leibfried u. Florian Tennstedt
234 Die Ökologie des Körpers. Hg. v. R. Erben, P. Franzkowiak, E. Wenzel
235 Die wilde Seele. Hg. von Hans Peter Duerr
236 Ignácio de Loyola Brandão, Kein Land wie dieses
237 Gerold Foidl, Scheinbare Nähe
238 Kriegsursachen. Red. Reiner Steinweg
239 Reform und Resignation. Gespräche über Franz L. Neumann. Hg. v. Rainer Erd
240 Tim Guldimann, Moral und Herrschaft in der Sowjetunion
241 Werner Abelshauser, Wirtschaftsgeschichte der Bundesrepublik Deutschland 1945–1980
242 Dirk Blasius, Geschichte der politischen Kriminalität in Deutschland 1800–1980
243 Kurt Kluxen, Geschichte und Problematik des Parlamentarismus
244 Peter Marschalck, Bevölkerungsgeschichte Deutschlands im 19. und 20. Jahrhundert
245 Wolfgang Wippermann, Europäischer Faschismus im Vergleich 1922–1982
246 Michael Geyer, Deutsche Rüstungspolitik 1860–1980
247 Volker Hentschel, Geschichte der deutschen Sozialpolitik 1880–1980
248 Detlef Lehnert, Sozialdemokratie zwischen Protestbewegung und Regierungspartei 1848–1983
249 Jürgen Reulecke, Geschichte der Urbanisierung in Deutschland
250 Peter Alter, Nationalismus
251 Margret Kraul, Das deutsche Gymnasium 1780–1980
252 Manfred Botzenhart, Reform, Restauration, Krise. Deutschland 1789–1848
253 Jens Flemming, Deutscher Konservatismus 1780–1980
254 Hans-Ulrich Wehler, Grundzüge der amerikanischen Außenpolitik 1750–1900

255 Heide Wunder, Bäuerliche Gesellschaft in Deutschland 1524–1789
256 Albert Wirz, Sklaverei und kapitalistisches Weltsystem
257 Helmut Berding, Antisemitismus in Deutschland 1870–1980
258 Konrad H. Jarausch, Deutsche Studenten 1800–1970
259 Josef Mooser, Arbeiterleben in Deutschland 1900–1970
260 Dietrich Staritz, Geschichte der DDR 1949–1984
261 Gilbert Ziebura, Weltwirtschaft und Weltpolitik 1922/24–1931
262 Ulrich Kluge, Die Deutsche Revolution 1918/1919
263 Horst Dippel, Die Amerikanische Revolution 1763–1787
264 Karl-Egon Lönne, Politischer Katholizismus
265 Volker R. Berghahn, Unternehmer und Politik in der Bundesrepublik
266 Wolfram Siemann, Die Revolution 1848/49 in Deutschland
267 Dietrich Thränhardt, Geschichte der Bundesrepublik 1949–1984
268 Peter Christian Witt, Die deutsche Inflation 1914–1924
269 Horst Möller, Deutsche Aufklärung 1740–1815
270 Gotthard Jasper, Von der Auflösung der Weimarer Republik zum NS-Regime
271 Klaus J. Bade, Europäischer Imperialismus im Vergleich
272 Dieter Grimm, Deutsche Verfassungsgeschichte 1803–1980
273 Hanna Schissler, Geschichte des preußischen Junkertums
274 Jürgen von Kruedener, Deutsche Finanzpolitik 1871–1980
275 Rüdiger vom Bruch, Deutsche Universitäten 1734–1980
276 Reinhard Sieder, Geschichte der Familie
277 Heinz-Günther Reif, Sozialgeschichte des deutschen Adels
278 Michael Mitterauer, Sozialgeschichte der Jugend
279 Hans-Christoph Schröder, Die Englische Revolution 1640–1688
280 Ernst Hinrichs, Die Französische Revolution 1789
281 Bernd Wunder, Geschichte der deutschen Bürokratie
282 Wolfgang Hardtwig, Vereinswesen in Deutschland 1780–1980
283 Hans-Peter Ullmann, Wirtschaftliche und politische Interessenverbände in Deutschland 1870–1980
284 Ute Frevert, Geschichte der deutschen Frauenbewegung
285 Hartmut Kaelble, Europäische Sozialgeschichte 1880–1980
286 Dieter Langewiesche, Deutscher Liberalismus
287 Klaus Schönhoven, Deutsche Gewerkschaften 1860–1980
288 Martin Greschat, Politischer Protestantismus

290 Octavio Paz, Zwiesprache
291 Franz Xaver Kroetz, Furcht und Hoffnung der BRD
292 Wolfgang Hildesheimer, The Jewishness of Mr. Bloom/ Das Jüdische an Mr. Bloom. Engl./Dt.
293 György Konrád, Antipolitik
294 Alexander Kluge, Neue Geschichten
295 Reto Hänny, Ruch
296 Atomkriegsfolgen. Der Bericht des »Office of Technology Assessment«
297 Peter Sloterdijks »Kritik der zynischen Vernunft«
298 Die Selbstbehauptung Europas. Hg. von Willy Brandt
299 Konrad Wünsche, Der Volksschullehrer Ludwig Wittgenstein
300 edition suhrkamp. Ein Lesebuch